# UN'AVVENTURA ITALIANA NEL MONDO

GIUNTI PIAGGIO & C.s.p.a.

*progetto editoriale*
**Davide Mazzanti**

*testi*
**Davide Mazzanti**
(la storia della Vespa)

**Ornella Sessa**
architetto, docente al Corso di laurea
in Disegno industriale all'Università di Firenze
(i quindici modelli)

*contributi*
**Athos Bigongiali**
scrittore

**Bill Buford**
scrittore, corrispondente
dall'Europa per il "New Yorker"

**Tommaso Fanfani**
ordinario di Storia economica
all'Università di Pisa, presidente
della Fondazione Piaggio

**Lara-Vinca Masini**
storica dell'arte contemporanea

**Giorgio Notari**
consulente tecnico del Museo Piaggio
e vicepresidente del Registro Storico Vespa

**Roberto Segoni** †
ordinario di Disegno industriale,
presidente del Corso di laurea in Disegno
industriale all'Università di Firenze

La traduzione del testo
di Bill Buford è di **Giorgio Bizzi**.

*progetto grafico e art direction*
**Carlo Savona**

*impaginazione*
**Carlo Savona**
con l'assistenza di Paola Sardone
(i quindici modelli)

**Enrico Albisetti**
(la storia della Vespa)

*fotografie originali*
**Studio Lanza, Giovanni Petronio**
con l'assistenza di Lorenzo Borri,
Walter Mericchi, Izdeyar Setna

*ricerca iconografica*
**Cristina Reggioli**

Gli Autori ringraziano l'Archivio Storico Piaggio
"Antonella Bechi Piaggio" per la cessione gratui-
ta del materiale iconografico di documentazione
storica necessario alla migliore realizzazione della presente opera.

L'Editore ringrazia PIAGGIO & C. S.p.A. con
sede legale in Pontedera (Pisa), Viale Rinaldo
Piaggio 25, per la concessa licenza di riprodurre
disegni, fotografie, immagini e marchi contenuti all'interno del libro, di esclusiva titolarità della
Piaggio; quanto sopra non potrà essere utilizzato,
duplicato, modificato, elaborato, trasmesso o
distribuito, anche solo parzialmente, senza la specifica autorizzazione scritta di Piaggio & C. S.p.A.
Ogni uso non autorizzato verrà perseguito a termini di Legge.
I marchi "VESPA®", "PIAGGIO®","CELLA ESA-
GONALE NUOVO LOGO®" e "P PIAGGIO in
SCUDO E FIGURA ®" sono Marchi registrati e
di esclusiva titolarità della Piaggio & C. S.p.A.
Ogni uso non autorizzato viola i diritti di registra-
zione del marchio o le altre Leggi applicabili.

Si ringraziano la Fondazione Piaggio,
il personale dell'Archivio Storico "Antonella
Bechi Piaggio" e il Museo Piaggio "Giovanni
Alberto Agnelli" di Pontedera – il Presidente
Tommaso Fanfani, Maria Chiara Favilla,
Chiara Mani, Elisabetta Marchetti, Elisa
Mazzini, oltre a Stefano Bartoli, Edo Bernini –
per il consistente impegno, la disponibilità
e la competenza assicurate a questo progetto.

Si ringraziano per la collaborazione Paolo
Pezzini, Mario Santucci, Gaia Stefanelli,
Graziella Teta e Roberto Maria Zerbi
di Piaggio & C. S.p.A.

Si ringrazia Gilberto Filippetti per
l'acquisizione di materiale illustrativo
e la consulenza sulle campagne
pubblicitarie Vespa e Piaggio da lui stesso
ideate per l'Agenzia Leader di Firenze.

Si ringrazia Tam Fagiuoli per
l'autorizzazione a riprodurre le
immagini fotografiche da lui realizzate.

Si ringrazia l'Agenzia Leader di Firenze
per la cortese autorizzazione a riprodurre
i materiali relativi alle campagne pubblicitarie
realizzate per conto della Piaggio & C. S.p.A.

Si ringraziano Marco Lanza e, in particolare,
Stefano Marcelli per i testi tratti
da *Quelli della Vespa*, Pontedera 1996.

Si ringrazia Marco Riccardi,
del periodico "Motociclismo".

Un sentito ringraziamento all'ingegner
Carlo Doveri per la disponibilità e la pazienza
di cui ha dato prova, prestandosi a rivedere
le schede tecniche inserite nel testo corrente.

Per il brano dall'intervista a Steven Spielberg
si ringrazia Silvia Bizio.

Gli autori rivolgono un pensiero
alla memoria del professor Roberto
Segoni, prematuramente scomparso.

ISBN 88-09-02457-5

© 2003 Giunti Gruppo Editoriale, Firenze
Prima edizione: marzo 2003

Ristampa  Anno
6 5 4 3 2 1 0    2006 2005 2004 2003

Stampato presso Giunti Industrie Grafiche S.p.A. – Stabilimento di Prato

**Vespa: più industriale di così...**    9
di Roberto Segoni

**Roberto Segoni**

# VESPA: PIÙ INDUSTRIALE DI COSÌ...

Si è soliti dire che il design italiano ha avuto le sue migliori fortune negli anni Cinquanta e Sessanta; questo è vero e i libri di storia del design lo testimoniano ampiamente, ma è anche vero che il "Ventennio d'oro" era stato – per così dire – preannunciato, nell'immediato dopoguerra, dal "caso Vespa" quale esempio anticipatore della capacità creativa e di quella inventiva che avrebbero poi caratterizzato molti altri prodotti di design destinati a rimanere famosi nel mondo e a dare corpo a quell'Italian Style per il quale il nostro paese è universalmente riconosciuto come il luogo che vanta, per qualità e quantità, i migliori designer.

Designer, si badi bene, formatisi seguendo percorsi anche molto diversi e provenienti da ambienti caratterizzati da culture spesso distanti fra loro: la cultura materiale della bottega e dell'officina, da un lato, e quella delle Facoltà di Architettura, dall'altro, ma anche quella degli istituti tecnico-professionali e delle Facoltà di Ingegneria e quella delle Accademie e delle scuole d'arte.

Anche se la maggior parte dei più famosi designer italiani proviene dalle Facoltà di Architettura (le uniche in cui è possibile coniugare le scienze umane con le discipline tecnologiche così da acquisire quella cultura del progetto indispensabile per esprimersi con una progettazione "densa di senso"), si registrano non pochi casi di personaggi, altrettanto famosi, provenienti dalle scuole più diverse: da quella tipicamente progettuale di chi disegna nel proprio studio, a quella imprenditoriale-manageriale di chi è capace di trarre il meglio, coordinando sinergicamente, dalle competenze degli altri.

Ettore Bugatti aveva studiato nella bottega del padre Carlo, eclettico artigiano-artista, famoso per l'originalità dei suoi mobili. Enzo Ferrari aveva iniziato come pilota, divenendo poi abilissimo gestore di talenti (progettisti e piloti). Marcello Nizzoli era grafico e pittore e, quando fu chiamato da Adriano Olivetti a "disegnare" la Lexicon 80, ne plasmò direttamente il modello al vero, in plastilina.

Battista Farina, detto Pinin, ancora bambino, lavorava nella carrozzeria del fratello Giovanni ed era cresciuto "disegnando" le sue auto accanto agli abilissimi battilastra mentre sagomavano, colpo su colpo, le superfici delle carrozzerie, o ai modellisti che "tiravano il gesso" delle maquette. Dante Giacosa era invece un ingegnere capace di progettare le auto in ogni loro parte, dalla meccanica alla carrozzeria, riuscendo però a controllarne le proprietà morfologiche da designer, come nel caso della Fiat 500, suo capolavoro assoluto.

Il marchese Emilio Pucci, uno dei padri della moda italiana, era un outsider della nobiltà fiorentina ed aveva la dote innata dell'estro creativo e della sensibilità necessari per disegnare il "taglio" degli abiti delle sue collezioni.

Naturalmente sono molti i prodotti di design italiano famosi quanto quelli che hanno avuto

padri illustri ma che, invece, non hanno paternità certa o – addirittura – hanno avuto più padri, parte dei quali, magari, praticamente ignoti solo perché lavoravano a fianco di personaggi famosi. Basti pensare al design delle pistole Beretta, oppure alla raffinata eleganza delle scarpe di Gucci o Ferragamo; ovvero per tutti quei prodotti griffati in cui non deve assolutamente apparire il nome del designer, che si tratti di un team di progettazione o dell'opera di un singolo designer.

Nel '54, alla Triennale di Milano, mentre iniziava il dibattito su ciò che si riteneva essere il Disegno Industriale, dalla sua definizione alla figura e il ruolo del designer (ricercando altresì quegli esempi che più di altri avrebbero potuto contribuire a portare chiarezza su un tema di così vasta portata), si dimenticava – forse – che quasi dieci anni prima, a Pontedera, Corradino D'Ascanio, geniale ingegnere aeronautico, aveva già fornito un esempio più che tangibile di design di alta qualità nel concepire e realizzare la Vespa.

Bastava, probabilmente, prendere come esempio, uno fra tutti, il "caso-Vespa" e verificare come esso risultasse già a quel tempo perfettamente rispondente alle istanze che alimentavano lo storico evento che vedeva, riuniti allo stesso tavolo, alcuni dei più autorevoli "padri". Quegli stessi che avrebbero, da lì in seguito, gettato le basi per definire la figura dell'industrial designer nel panorama della vicenda, allora nascente, del Disegno Industriale Italiano.

Esistevano, è vero, anche casi precedenti di altrettanto famosi prodotti stranieri. Si pensi ai mobili Thonet, alla mitica Ford Modello T, alla macchina da cucire Singer, alla carabina Winchester e alla Colt Modello 1911, tanto per citarne alcuni; ma questi appartenevano al secolo precedente, o agli inizi del secolo e non potevano, in tal caso, essere considerati prodotti così "moderni" come quelli nati nell'immediato dopoguerra; ovvero proprio attorno alla metà del secolo.

Certo è che, sia i prodotti qui menzionati – nati tra la metà dell'Ottocento e i primi del Novecento – sia la Vespa, erano tutti assimilati dallo stesso minimo comun denominatore: ognuno di essi interpretava ed esprimeva al massimo livello il meglio dello stato dell'arte del momento storico in cui era stato concepito e conteneva valenze, sia sul piano funzionale che estetico, tali da risultare assolutamente anticipatrici e destinate a durare nel tempo, sì da ritenere che non si potesse intervenire su di esso, a posteriori, con operazioni di redesign, se non di lieve entità, senza correre il rischio di travisarne irrimediabilmente i caratteri originali e quindi la sua stessa identità.

Questo fatto appare tanto più importante se consideriamo che esistono ben pochi esempi di prodotti industriali che siano riusciti a restare in produzione per lungo tempo, sia pure con continui lievi aggiornamenti e quindi senza variazioni di rilievo, fino ai giorni nostri.

Anche la Fiat 500, apparsa dieci anni dopo la nascita della Vespa, protagonista anch'essa della motorizzazione di massa del nostro paese, pur rimanendo un esempio insuperato di piccola/grande vettura da città, non ha potuto sottrarsi al processo inevitabile di "invecchiamento estetico" che l'identifica, appunto, come una automobile degli anni Cinquanta. E questo benché sia stata capace di venir usata, anche dopo la sua uscita di produzione, ininterrottamente e senza nessuna riserva dai suoi fedeli ed accorti utilizzatori, divenendo (caso assai raro nella storia del design) direttamente "auto storica" ancor prima di essere "auto vecchia", nell'arco del suo lungo e onorato servizio.

Diversamente, la Vespa non ha subìto nessun ti-

po di invecchiamento: né estetico né funzionale, dal momento che, fin dalla sua prima edizione del '46, era caratterizzata da una morfologia talmente nuova e "diversa" che ben poco aveva a spartire con i canoni stilistici degli altri veicoli a due e a quattro ruote del momento. Fatto, questo, che non la fa apparire "datata" come i motorini dell'epoca, la stessa Fiat 500 e la Mini Minor.

È vero: è stata più volte oculatamente ridisegnata per adeguarla ai mutevoli gusti del mercato, così come all'evoluzione tecnologica e dei processi produttivi, con un occhio di attenzione alla parallela evoluzione stilistica della Lambretta, sua unica diretta antagonista.

Ma la Vespa, diversamente dalla Lambretta, è stata oggetto di maquillage sempre assai leggeri, quasi inavvertibili, facendo attenzione a non oltrepassare quel "limite di leggibilità" che avrebbe potuto farle perdere quella morfologia tanto forte e inconfondibile, dominio assoluto di un prodotto a così "alta connotazione". Ne sanno qualcosa i designer che, negli anni, hanno lavorato sul prodotto Vespa riuscendo a evitare il rischio di trasformarla in un'altra cosa…

Si può quindi dire che la Vespa appartenga a quella ristretta élite di prodotti industriali che fin dalla loro comparsa hanno conservato pressoché inalterata la loro morfologia, nell'intero arco della loro vita, e che sono giunti ai giorni nostri, sia pure con lievi interventi di redesign, mantenendo lo stesso indice di prestazione e la stessa carica

La Colt Modello 1911 è senza dubbio la pistola automatica più famosa della storia. Prodotta in oltre 5 milioni di esemplari, può essere considerata – a pieno titolo – un oggetto "definitivo" perché prodotta ancora oggi assolutamente identica al primo esemplare uscito di fabbrica.

Lexicon 80, presentata
da Olivetti nel 1948.
Adriano Olivetti sceglie
di chiamare artisti
e architetti, rappresentanti
di una cultura diversa
da quella di fabbrica,
a collaborare con
l'Ufficio progetti e studi
da lui creato nel '29.

espressiva originaria, senza accusare quell'obsolescenza estetica che – normalmente – fa invecchiare ogni prodotto e ne consente la datazione in ragione proprio degli stilemi che ne rivelano il periodo di appartenenza.

La Vespa, assieme alla più recente Porsche 911, rientra in questa categoria, preceduta solo dalla carabina Winchester e dall'incredibile Colt Modello 1911. Quest'ultima peraltro rappresenta un vero e proprio caso-limite nella storia del design: a distanza di quasi un secolo, continua ad essere prodotta assolutamente identica al primo esemplare realizzato, perché nata perfetta e immodificabile anche nel più minimo dettaglio.

Ciò dimostra che, indipendentemente dal percorso seguito, un prodotto di design ben disegnato può essere concepito da chiunque, singolarmente o collegialmente, sempreché il designer o l'imprenditore e – perché no – magari i due insieme, abbiano le capacità di concepire e sviluppare un'idea così fortemente innovativa, tale da lasciare una traccia significativa nella storia, come nel caso della Vespa e di altri famosi "pezzi" di design.

L'intuito di Enrico Piaggio e la mente geniale di Corradino D'Ascanio portarono alla Vespa, così come Samuel Colt e l'armaiolo John Moses Browning portarono alla migliore pistola automatica della storia (detronizzata solo dalla nostra Beretta 98F), nota come Modello 1911.

La Vespa nasceva come prodotto altamente innovativo, non solo rispetto al momento stesso in

cui veniva concepita, ma anche nei confronti di un futuro che – negli anni del dopoguerra – non era così facile prevedere.

Infatti i problemi del traffico di oggi e della mobilità urbana erano allora molto diversi dagli attuali, sia dal punto di vista qualitativo che quantitativo.

Nel dopoguerra il problema più impellente era dato dalla necessità di disporre di un mezzo di trasporto semplice ed economico, alla portata di tutti coloro che dovevano recarsi sul luogo di lavoro e che non potevano certo permettersi il lusso dell'automobile.

Il nuovo veicolo era più semplice e pratico della moto, facilmente guidabile anche da chi non aveva molta dimestichezza con le due ruote e vedeva nella moto, o motorino che fosse, un mezzo poco sicuro e troppo impegnativo; presentava, inoltre, il grande vantaggio di essere accettato dalle donne (alle quali era negato l'uso della moto, anche per questioni culturali) in virtù di quella "tranquillità psicologica" – per altro confermata all'atto dei primi approcci di guida – che infondeva istintivamente.

La sua "atipicità tipologica" la rendeva imparagonabile rispetto a tutti gli altri veicoli a due ruote fino allora conosciuti, proponendosi con una immagine totalmente nuova di veicolo utilitario, amichevole e rassicurante. Come D'Ascanio dice: «Si doveva iniziare un'impostazione del tutto nuova e antitradizionalista per eccellenza».

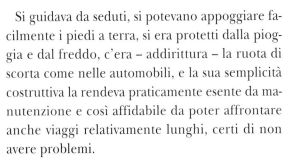

Si guidava da seduti, si potevano appoggiare facilmente i piedi a terra, si era protetti dalla pioggia e dal freddo, c'era – addirittura – la ruota di scorta come nelle automobili, e la sua semplicità costruttiva la rendeva praticamente esente da manutenzione e così affidabile da poter affrontare anche viaggi relativamente lunghi, certi di non avere problemi.

Il design della Vespa esprimeva tutto questo fin dal primo momento.

La modellazione delle sue forme rotondeggianti, raccordate dalla continuità delle superfici, la rendeva snella e sinuosa al tempo stesso, conferendole una connotazione che ricordava da un lato la rassicurante familiarità di molti oggetti d'uso domestico e dall'altro la naturale armonia di alcune forme bioniche che rimandano alla morfologia di certi insetti (non a caso Enrico Piaggio, alla vista del primo prototipo, esclamò: «Sembra una vespa!») o quella di alcune creature marine. Ed è per questo che la linea della Vespa (come della Porsche 911) esprime la sintesi tra il fascino di una forma bionica e l'idea del movimento, data dalla sfuggenza della sua estremità posteriore che si conclude con una forma a goccia, in tutto analoga all'apice di un insetto o alla rastremazione della coda di un pesce.

La Vespa era stata pensata anche come un veicolo "su misura", dimensionato esattamente per le reali esigenze di un'utenza molto allargata.

Un veicolo concepito organicamente, sia nella disposizione delle sue parti, sia in rapporto con l'uomo. Misurato in tutto: nella cilindrata del motore, nel peso e nelle sue dimensioni, in rapporto – naturalmente – alle prestazioni e all'uso a cui era destinata.

Potenza, manovrabilità e facilità di guida erano perfettamente in sintonia con quello che il pubblico richiedeva: non avrebbe avuto senso disporre di potenze maggiori, che avrebbero comportato, logicamente, un diverso dimensionamento generale del veicolo a scapito della sicurezza di marcia e della praticità d'uso, come ben sanno quanti sono abituati all'uso dello scooter e della moto (ma la stessa cosa vale anche per l'automobile e per ogni altro genere di veicolo).

La Fiat 500, introdotta nel 1957, nonostante la sua palese connotazione di auto dell'epoca, resta uno degli esempi più riusciti di veicolo da città.

Emilio Pucci a Firenze, nel 1959, mentre ritocca il disegno originale per uno dei suoi caratteristici tessuti stampati.

La lampada Arco, del 1962, di Achille e Piergiorgio Castiglioni, diversamente dalla quasi totalità degli oggetti di arredamento che ammettono infinite variazioni sul tema, è un oggetto che non può essere ridisegnato, pena il decadimento delle sue qualità estetiche e funzionali.

La genialità del progetto è tanto più evidente quando si consideri come la Vespa, così misurata e caratterizzata da un'immagine tanto familiare, sia in realtà assolutamente anticonvenzionale: scocca portante, al posto del vecchio telaio in tubi, che risolve il design della carrozzeria; motore collegato direttamente alla ruota posteriore; ruote a sbalzo, facilmente smontabili, per agevolare la loro sostituzione; presenza della ruota di scorta; posizione di guida seduta e non a cavalcioni come sulle moto; comandi disposti sul manubrio e scudo anteriore, a protezione del guidatore, integrato nella scocca-carrozzeria.

Un vero condensato di soluzioni assolutamente innovative, applicate e risolte brillantemente sullo stesso prodotto. Questo accadeva più di mezzo secolo fa ad opera di un ingegnere aeronautico geniale e versatile al tempo stesso. Geniale per aver fatto volare, nel 1930, il primo elicottero della storia e per i suoi brevetti in campo aeronautico, ma anche per aver ideato e realizzato lo scooter più famoso del mondo: praticamente "con la mano sinistra", su ordine di Enrico Piaggio, quando si doveva riconvertire l'azienda di Pontedera, distrutta dagli eventi bellici, e si era capito che il problema del trasporto individuale avrebbe avuto un sicuro sbocco di mercato.

L'originalità del progetto si deve quindi alla singolarissima "congiunzione" data dalle circostanze del particolare momento storico, dalla lungimiranza di un imprenditore e dalle straordinarie capacità e versatilità di un progettista che, come diremmo oggi, era riuscito a ottimizzare – in modo esemplare – i requisiti posti alla base del progetto e tradurli in un prodotto capace di esprimere, in termini di aderenza, la perfetta sintesi fra qualità estetiche, innovazione, contenuti tecnologici, razionalizzazione dei processi produttivi e indice di prestazione.

La Vespa costituisce quindi uno degli esempi più riusciti nel vasto mondo dei prodotti industriali, conservando intatte quelle qualità e potenzialità originarie che – allora come ora – ne fanno uno dei "segni" più importanti del nostro tempo.

R. S.

«L'intuizione di un mezzo moderno
che abbia la popolarità della bicicletta,
le prestazioni della motocicletta,
l'eleganza e la comodità dell'automobile,
è ormai realizzata».

Corradino D'Ascanio

PIAGGIO

*D*ove si narra di un'industria navale,
poi ferroviaria e infine aeronautica,
che si prova a scommettere sulle speranze
del dopoguerra e su un mezzo a due
ruote dall'aspetto forse un po' bizzarro,
ideato dall'uomo che inventò l'elicottero.

**1884 - 1946**

# Verso la prima Vespa

# DIETRO LA VESPA...

A breve distanza dalla nascita della Società Rinaldo Piaggio, fondata dal giovane erede in accordo con il padre Enrico, si notifica che il 14 settembre 1887 si è costituita la Piaggio & C. in cui Rinaldo, socio gerente e amministratore, è ormai del tutto autonomo.

Dietro alla Vespa c'è un aeroplano, ci sono un treno, un grande piroscafo e una nave a vela. L'industria che da oltre mezzo secolo ancora oggi la produce, quel 23 di aprile 1946 in cui venne depositata la domanda di brevetto per lo scooter più famoso al mondo, aveva già alle spalle quasi sessant'anni di storia.

In questa sorta di galleria del tempo, al fondo sta Rinaldo Piaggio, figlio di Enrico, nel 1884. Poco più che ventenne, sottoscrive l'atto di costituzione della Società Rinaldo Piaggio; si staccherà dal padre il 14 settembre 1887, trasformando la Società Rinaldo Piaggio in Piaggio & C., società in accomandita semplice con sede a Sestri Ponente, di cui lui stesso è "socio gerente e amministratore".

La crescita è veloce, corre parallela allo sviluppo delle grandi compagnie armatoriali e dei prestigiosi cantieri liguri dai quali prendono il mare brigantini, incrociatori e navi passeggeri. Tanto che, dopo avere realizzato gli interni dei piroscafi della Navigazione Generale Italiana, o del magnifico *Venezuela* della Società la Veloce varato nel 1898, è la volta dei transatlantici del Norddeutscher Lloyd e della *Lorelei*, l'unità da guerra della Marina Imperiale Germanica destinata a ospitare l'imperatore Federico. A cavallo del secolo, più di sessanta navi di vario tonnellaggio testimoniano la capacità produttiva dello stabilimento e la maestria dei suoi ebanisti. Sono arredi di lusso, facilmente in stile liberty e di grande eleganza, quelli destinati alle navi passeggeri; ispirate a un tono più sobrio le grandi commesse militari, incrociatori e super corazzate come la

Ebanisti al lavoro nel laboratorio dello stabilimento di Sestri Ponente. Rinaldo, a fianco, vuole fra i soci anche Pietro Costa, scultore, cui va la direzione tecnico-artistica dei lavori di decorazione e intaglio per gli arredi navali.

Un particolare gusto nella decorazione, ispirato ai modi del liberty allora in auge, si apprezza negli arredi realizzati per il piroscafo *Sicilia* (1900).

*Giulio Cesare* e l'*Andrea Doria*, o i piroscafi destinati ai viaggi della speranza per migliaia di emigranti verso le colonie africane o le coste del Nuovo Mondo.

All'indomani della Grande Guerra il settore tradisce qualche segno di crisi, ma sono già diversi anni che l'azienda ha aperto un nuovo fronte, quello della costruzione e riparazione di veicoli ferroviari.

### Ebanisteria più ferro: materiale rotabile

Lo sviluppo della rete ferroviaria è ormai avviato – nel 1905, mentre si completa il traforo del Frejus viene decretata la nazionalizzazione delle ferrovie italiane, estesa ben presto fino al Meridione e alla Sardegna – e le commesse si moltiplicano a dismisura in questo settore d'avanguardia per il quale è facile prevedere una costante espansione.

Piaggio azzarda una mossa impegnativa, dando vita a una nuova società e a un nuovo stabilimento, ancora una volta in riva al mare: stretto fra la litoranea, la strada ferrata e la spiaggia di Finale Ligure. Trecento operai per venticinquemila metri quadri di struttura, all'atto della inaugurazione (1908), destinati gli uni e gli altri a raddoppiare in breve tempo. Le lavorazioni in ferro rappresentano per l'azienda una novità fondamentale e aprono una via che ne segnerà la totale trasformazione. In questo si indovina l'apporto di Attilio Odero, presidente degli omonimi cantieri: un socio prezioso, sostenitore della naturale integrazione fra siderurgia e industria meccanica, anche lui, come

«Panorama e cantiere aeronautico», così recita la didascalia a una cartolina da Finale che già rimanda alla ulteriore diversificazione produttiva della società, dopo le costruzioni ferroviarie. I capannoni danno su un piazzale, a ridosso della spiaggia, dov'è installata la gru con la quale vengono ammarati gli idrovolanti.

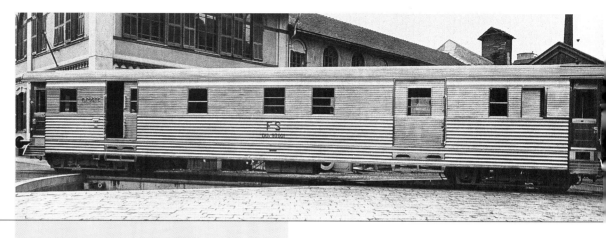

Nell'ambito delle carrozze ferroviarie e delle motrici, in almeno tre decenni di attività, la produzione Piaggio è molto articolata. Dalle realizzazioni in acciaio inox, come questa carrozza fotografata davanti allo stabilimento di Sestri Ponente, alle vetture tranviarie per il Comune di Milano, fra gli altri.

Nel 1937, ovvero in pieno regime autarchico, la Edward G. Budd di Philadelphia (la stessa che fornirà le presse destinate alla Vespa, vent'anni più tardi) cede all'azienda ligure un brevetto per saldatrici ad alta tecnologia che consentono di ottimizzare la lavorazione dell'acciaio inossidabile, rendendo possibile la costruzione di motrici e carrozze ferroviarie ultraleggere di nuova concezione, paragonabili ai convogli transcontinentali americani: una sorprendente iniziativa, destinata al fallimento nel quadro del conflitto mondiale ormai alle porte.

Rinaldo, futuro senatore del Regno e certamente bene inserito negli ambienti della grande industria.

Carrozze ferroviarie di ogni genere e tipo, dalle vetture postali al treno reale dei Principi di Piemonte nel quale si ritrovano il gusto e l'abilità di ebanisti e decoratori di casa Piaggio, ma anche vetture tranviarie e i più disparati mezzi di trasporto su rotaia: le potenzialità di sviluppo sono enormi. Al punto che, nel corso degli anni Venti, quello ferroviario tra i molti è il settore trainante di un'azienda che ha giocato a fondo la carta della diversificazione produttiva. Questa scelta le ha consentito di attraversare quasi indenne la inevitabile fase di contrazione che ha segnato l'industria nazionale all'indomani del conflitto, e poi le lotte sociali del "biennio rosso" (1919-20) sino alla crisi del Ventinove, che si ripercuoterà pesantemente sull'economia italiana nei primi anni Trenta.

## Staccarsi da terra

Attorno al 1915 un'improvvisa vocazione al volo si manifesta fra colossi industriali come Fiat, Breda e Ansaldo. Sono trascorsi poco più di dieci anni dall'esordio dei fratelli Wright, ma le esigenze belliche rappresentano un volano formidabile per lo sviluppo dell'aviazione. E in particolare gli idrovolanti, allora veri gioielli della tecnologia, paiono in qualche modo familiari a chi da sempre ha operato nella cantieristica. Inizialmente si tratta solo di lavori per conto terzi, ma ben presto Rinaldo Piaggio, poco più che cinquantenne, si risolve a rilevare le Officine Aeronautiche

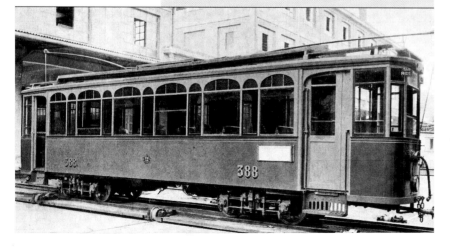

Siamo infine a Pontedera, nel 1926: alcuni tecnici e operai posano attorno al banco di prova d'un motore Piaggio prodotto su licenza della Gnôme et Rhône.

I prestigiosi idrovolanti della FBA (Franco British Aviation) sono i primi aerei, prodotti su licenza, a uscire dagli stabilimenti Piaggio, ancora nel 1915.

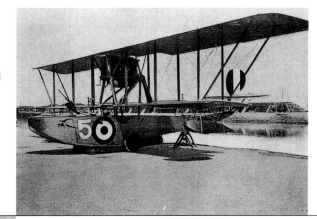

Francesco Oneto, sull'orlo del fallimento eppure ricche di commesse belliche. Con una fermezza poi trasmessa anche alla nuova generazione, ormai prossima a entrare in scena, Rinaldo procede a rinnovare l'intera direzione tecnica, assicurandosi la collaborazione di Giovanni Pegna, il migliore ingegnere aeronautico sulla piazza, e impone disinvolti trasferimenti di manodopera fra le diverse realtà produttive del gruppo.

Il nuovo assetto societario della Piaggio & Compagnia, con capitale sociale di 10 milioni di lire spartito fra Attilio Odero e Rinaldo Piaggio, è sancito nel 1920 contestualmente a una ridefinizione dell'oggetto, ovvero «la costruzione e riparazione di materiale mobile ferroviario, tranviario e rotabile di ogni genere, l'esercizio dei cantieri per costruzioni navali, costruzioni

Fuori dai capannoni di Finale Ligure, un Dornier Wall costruito su licenza. Il 7 aprile 1926, un velivolo identico a questo inaugura le rotte della Società Anonima Navigazione Aerea voluta da Rinaldo Piaggio. Sino a quindici idrovolanti, di cui tre quadrimotori, saranno attivi fra Genova, Napoli, Palermo, Tripoli e Barcellona, nel 1933.

«Cominciò tutto nel Ventiquattro. E fu allora che la Piaggio rilevò una piccola fabbrica a Pontedera e avviò la produzione di motori per aerei».

(da *Quelli della Vespa*, vedi bibliografia)

aeronautiche, costruzioni meccaniche in genere, arredamento di navi, lavorazioni di legnami in genere, estratti tannici e coloranti dal legno, coltivazione e sfruttamento di foreste, produzione di carboni e loro derivati ed estratti, commercio di legnami in genere». E ben presto è il decollo, per il settore aeronautico.

Dalla nuova sede di Pontedera, acquisita nel 1924 e che una ventina d'anni più tardi vedrà la nascita del moderno scooter, escono i primi motori Jupiter da 400 cavalli, su licenza francese. Le Costruzioni Meccaniche Nazionali, già produttrici di motori aeronautici e automobili, dopo l'acquisizione da parte di Rinaldo Piaggio e Attilio Odero sono divenute il cuore della produzione motoristica del gruppo ligure-toscano. Qui nascono i poderosi motori "stellari" che, alle soglie

del secondo conflitto mondiale, conquisteranno oltre venti primati: dal P VII per il volo rovescio al P XI RC, tutt'oggi detentore del record assoluto di volo in altezza per motori a pistoni, sino al P XII RC con ben diciotto cilindri a doppia stella per complessivi 1.750 cavalli, il più potente motore a pistoni prodotto in Italia.

Fra le due guerre – al riparo dell'ombrello protezionistico garantito dal regime alla grande industria – è tutta una galleria di prototipi, dai caccia monoposto agli aerei civili da trasporto, che montano le eliche Piaggio a passo variabile ben presto adottate dalla quasi totalità della produzione aeronautica nazionale.

E qui entra in scena uno dei protagonisti della vicenda che più ci sta a cuore, un tecnico aeronautico di assoluta genialità. Nell'interminabile lista delle

Nella stiva di un P 108
da trasporto, derivato dal
bombardiere quadrimotore
che prese il volo nel 1938,
vengono caricati gli stessi
motori nati a Pontedera.

invenzioni partorite dalla mente di Corradino D'A-
scanio – oltre all'elica a passo variabile in volo, per la
quale firma un accordo con Piaggio il 12 marzo 1932
– figurano un «forno elettrico per cottura di pane e
per pasticceria» (1919), un «fuoco di artifizio per aeromobili ad accensione ritardata e sue applicazioni a
proiettili lanciati dagli aeromobili a granata a tempo
e shrapnel» (1926), una «macchina elettropneumati-
ca per la catalogazione e ricerca rapida di documenti»
(1952), un portasigarette da tasca con apertura automatica a tempo, quest'ultimo ideato per esclusivo uso
personale. Oltre naturalmente alla Vespa, nel 1946.

Ma a questa altezza (1932) l'innovazione tecnologica impone fra l'altro di allestire nello stabilimento
di Finale Ligure un'ambiziosa galleria del vento, completa di vasche idrodinamiche. E sarà D'Ascanio a ri-
vederne la configurazione, inizialmente difettosa, così
da farne un banco di prova rinomato negli ambienti
aeronautici di mezza Europa.

Nel 1938, alla morte del padre, i fratelli Enrico e
Armando Piaggio assumono il controllo dell'azienda,
con la partecipazione del socio storico Attilio Odero,
in linea con una tradizione patrilineare che vede le
sorelle non esercitare alcun potere, pur detenendo
un consistente pacchetto azionario.

Nello stesso anno vede la luce un bombardiere quadrimotore, vera punta di lancia dell'aviazione italiana: il P 108, con soluzioni analoghe e per certi versi
più avanzate rispetto a quelle adottate dalle "fortezze
volanti" americane. Su uno di questi aerei, fra l'altro,
il 7 agosto del 1941 perse la vita Bruno Mussolini,

A lato: tensione e aspettative sui volti di Enrico Piaggio, in nero, e D'Ascanio, alla sua destra, durante il record stabilito dal colonello Pezzi, con 17.083 metri di quota, nel maggio 1937. Il suo Caproni 16 monta un motore Piaggio capace di 700 cavalli: il P XI RC raffreddato ad aria.

Lo sfruttamento dell'elica a passo variabile viene regolato nel marzo 1932. I brevetti, conclusa la sperimentazione, sono proprietà dell'azienda, che riconosce all'inventore una royalty del 10 per cento sul venduto, in Italia e all'estero, e del 40 per cento sulle licenze.

Rispetto alle celebrate "fortezze volanti", il P 108 anticipa di qualche anno l'adozione di comandi a distanza per le mitragliatrici poste nelle caratteristiche torrette. La Piaggio, negli anni del conflitto, ne farà un simbolo di eccellenza tecnologica e del proprio impegno bellico.

PIAGGIO

secondogenito del Duce, durante un'esercitazione nel cielo di Pisa.

Nel gennaio '44, i grandi stabilimenti di Pontedera – ormai nucleo principale dell'intera azienda, con settantamila metri quadri coperti e settemila dipendenti – a più riprese vengono devastati dalle incursioni aeree alleate. La pista di atterraggio è stata distrutta dalle mine tedesche già da alcuni mesi. Successivamente, con metodica applicazione, centinaia di piloni vengono minati dalla Wehrmacht in ritirata, e le mine fatte brillare.

## Dai quadrimotori alle padelle

Obiettivo militare primario per evidenti ragioni, tutti gli stabilimenti del gruppo, a eccezione di Sestri Ponente, subiscono pesanti danneggiamenti. La situazione di Pontedera è la più grave. I capannoni sono distrutti e gli impianti produttivi trasferiti a Biella, quando non requisiti e spediti direttamente in Germania. All'indomani del conflitto, i grandi spazi aperti all'interno del complesso industriale lungo la ferrovia sono occupati dalle forze americane, mentre le aree coperte risultano in massima parte impraticabili. La forza lavoro del gruppo è passata dai dodicimila operai del 1943 a meno di duemila, gli impiegati da oltre duemila a soli trecento. Ma a Pontedera, nel '45, si contano non più di sessanta operai e trenta impiegati.

Non sono queste le uniche cifre a parlarci d'un drammatico dopoguerra: fatto 100 il costo della vita nel 1938, nel gennaio '46 siamo a quota 2.700 per poi raddoppiare nell'arco di un anno; intanto che il potere di

acquisto dei salari è cresciuto solo della metà, in proporzione. Una famiglia operaia monoreddito, in cui il padre lavori nell'industria, vede svanire nell'acquisto di generi alimentari di prima necessità oltre il 90 per cento del salario. La produzione industriale cala da 100 a 29, dal 1938 al '45; ma a fine '46 siamo ancora a quota 60. All'incremento produttivo originato dallo sforzo bellico fa ora da contraltare la paurosa devastazione del tessuto industriale e delle infrastrutture.

Uscirne pur si deve. E, non solo alla Piaggio, la necessità primaria sta nell'individuare una linea di produzione attorno alla quale ricostituire progressivamente il nucleo vitale degli stabilimenti. Qualcosa che si venda, in sostanza: a misura di un paese stremato e ancora ingombro di macerie.

È in questa logica che, nell'ultimo anno di guerra, ancora sfollati a Biella, i migliori tecnici aeronautici mettono allo studio l'ipotesi di impiegare maestranze e macchinari per produrre pentole e padelle in alluminio. Ma le cose, in realtà, già seguono un'altra via.

Piaggio stava a significare, fino a quel momento, grandi commesse belliche o comunque statali, e soprattutto mezzi di trasporto: d'ogni genere, forma, dimensione. Non è il mero caso a porre di fronte a Enrico Piaggio uno strano mezzo a due ruote dalla collezione del conte Trossi, imprenditore tessile biellese presso il quale è alloggiata la dirigenza aziendale. Si tratta di dar forma a un mezzo di trasporto individuale che restituisca la mobilità a milioni di individui: una Ford T per l'Europa in ginocchio, all'indomani della guerra.

I bombardamenti del 1944 risparmiano l'area tecnico-amministrativa, dove ha il suo ufficio D'Ascanio fra gli altri, e la direzione aziendale, tra la ferrovia e viale Rinaldo Piaggio. Fonderia, magazzini e spedizioni, nell'area opposta del complesso, riportano danni diffusi. Le grandi officine di lavorazione, in posizione centrale, sono quasi completamente distrutte.

Si attesta che gli stabilimenti della Società Piaggio & C. di Pontedera, situato (sic) sul viale R.o Piaggio sono stati in parte demoliti durante la incursioni aeree nemiche avvenuta (sic) su Pontedera il 6, 18, 21 e 22 gennaio u.s. nonché quella del 14 febbraio 1944 – XXIII.

Ad uso amministrativo,
Il Podestà

I marzo 1944 – XXIII

Lo ABC Skootamota del 1921 sembra trovare la sua naturale collocazione sui campi di cricket. Ideata da Granville Bradshaw, ingegnere inglese, montava una monocilindro quattro tempi da 125 cc che consentiva di raggiungere i 40 chilometri l'ora.

Poco più che un monopattino: uno *scooter*, appunto. *Motor-scooter*: un mezzo a due ruote motorizzato, ideale per "correre a precipizio" – letteralmente – o per "filare via".

Lo scooter italiano del dopoguerra, capace d'imporsi con successo sui più diversi orizzonti, trasforma radicalmente un concetto che nei primi del secolo aveva visto la luce con l'Auto-Fauteil del 1904 o forse già da prima, con la bicicletta a motore integrato e telaio aperto prodotta dalla tedesca Hildebrand e Wolfmüller nel 1894. Detto questo, in realtà è necessario giungere agli anni Venti per individuare la britannica Skootamota, o piuttosto la sagoma tozza ma sorprendentemente fertile di anticipazioni della Unibus, vera "auto a due ruote" capace di ben venticinque

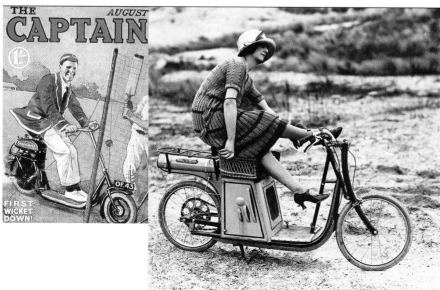

Le Touquet, ovvero "le jardin de la Manche", nei primi anni Venti con tutta probabilità vide sfilare molti di questi scooter ante litteram. Ecco una notevole variante dell'Auto-Fauteil, dotata di sedile in vimini imbottito, trasmissione finale a catena e tanto di sospensione anteriore.

Qui si cimenta alla guida Eleanore Whitney, protagonista di non indimenticabili pellicole quali *College Holiday*, *Turn off the Moon* e *Blonde Trouble*. La scena di Hollywood, prima della Depressione, sembra propizia al diffondersi di questi giocattoli a due ruote.

miglia orarie. Mezzi intesi più che altro come costosi giocattoli da adulti, per gli *happy few* che sciamano sui campi da golf o nei quartieri alti della capitale.

## Qualcosa più di un giocattolo

Di là dall'Atlantico, ormai i tempi sono maturi per l'epopea della Cushman Motor di Lincoln, Nebraska. Nata ai primi albori del secolo quale produttrice di motori a scoppio per uso agricolo, l'impresa di Everett Cushman e del cugino Clinton azzarda una piccola serie di scooter in lamiera stampata su progetto di certo Robert Ammon, al fine di incrementare le vendite dei suoi robusti motori a due tempi. Siamo nel 1938, e da questo mezzo rudimentale, goffo, subito ribattezzato *milking stool*, volendo alludere allo sgabello del mungitore, deriverà la serie fortunata dalle mille reincarnazioni che, negli anni Cinquanta, condivide con la Vespa il marchio Allstate sul mercato americano.

Venduti in diverse migliaia di esemplari sino al '65, anno di chiusura degli impianti, i Cushman mantennero fede alla loro linea squadrata e a una configurazione tradizionale – motore verticale e catena finale alla ruota – per quanto attualizzata, in alcuni modelli, da una pregevole trasmissione variomatic in sostituzione del cambio a due marce.

È la prima volta che "scooter" viene a significare un efficiente mezzo di trasporto per la città e i brevi tratti extraurbani. Eppure, oltreoceano, non giunse mai a decollare, non fosse altro che per la estrema pervasività del mercato automobilistico e l'eccezionale convenienza dei modelli più economici a quattro ruote.

## L'MP6 raccontato da Corradino D'Ascanio

Negli scantinati della residenza del conte Trossi, appassionato motociclista, i dirigenti Piaggio ospiti nell'esilio biellese avevano individuato forse un Cushman aviotrasportato e un esemplare del Velta, lo scooter italiano nato nel 1938, a Torino, dalla mano dell'ingegner Vittorio Belmondo. Da questi mezzi abbastanza rudimentali l'ingegner Spolti ricava il progetto siglato MP5, realizzato in una pre-serie di un centinaio di pezzi. Spinto da un analogo motore da 98 cc sul filo dei trentacinque chilometri orari, va già meglio dei modelli a cui si ispira, certo molto da vicino.

Sorprendente incursione
del colosso automobilistico
torinese in questo settore,
lo scooter Fiat è una
mera ipotesi rimasta
allo stadio di prototipo.
L'unico esemplare prodotto,
immatricolato e tuttora
circolante, ha telaio
tubolare, motore Sachs
a due tempi di 98 cc
e cambio a due velocità
con comando a leva.

Molto simile ad altri
progetti dell'epoca, il
primo prototipo di scooter
Piaggio ha comunque delle
particolarità interessanti,
come il grosso parafango
anteriore con funzione
portante, tale da sostituire
la forcella, o il cambio
automatico che equipaggia
la versione a cardano.

Eppure non convince l'amministratore delegato. Il brutto anatroccolo – o Paperino, come da subito lo ribattezzano in officina – appare goffo, scomodo, lento. E, molto semplicemente, brutto.

Enrico Piaggio convoca a Biella il suo uomo migliore affinché sia lui, anche stavolta, a risolvere il problema. E il 2 dicembre 1945, grazie al genio di D'Ascanio e a un piccolo miracolo dei tecnici e degli operai impegnati al suo fianco, la creatura è già venuta alla luce con la sua sagoma inconfondibile e le sconcertanti innovazioni tecniche. Una per tutte, il cambio comandato dalla rotazione della manopola, così che il movimento risulta naturale e conseguente all'azionamento della leva della frizione.

Basti dire che il prototipo Fiat del 1938 prevedeva

un cambio a leva di tipo automobilistico, mentre le prime serie di Lambretta Innocenti, ormai nel 1947, ancora si limitano al più classico cambio a bilanciere azionato dal piede destro del pilota.

A distanza di quattro anni e di quasi centotrentamila Vespe prodotte, una trasmissione radiofonica celebra quegli esordi gloriosi. Vale la pena di sottolineare i siparietti sonori, il curioso neologismo nella traduzione del termine inglese, e le stucchevoli ingenuità della promozione; ma anche la semplicità e la schiettezza del progettista.

«(Stacco motoristico musicale)

– Ed ora, gente, attenzione, s'ode a destra uno squillo di Vespa...

A distanza di tempo, gli operai che ribattezzarono la goffa creatura di Spolti e Casini ricordano quei giorni e le prime fasi di elaborazione del progetto.

5-4-46

*Il Paperino.*
*del Sig. Ing D. Spolti*
*Il nome a questa moto M.P.3*
*di Paperino le venne dato dal*
*sottoscritto e dal Sig. Mori Miro.*

*nell'Anniversario*
*dei 40 anni*

Di fronte al netto rifiuto di D'Ascanio, che vuole carta bianca dicendosi non disposto a lavorare su progetti altrui, Enrico Piaggio ha un moto di stizza: «Lei è il solito ostinato. Faccia come crede, ma faccia qualcosa!». A distanza di pochi mesi da quel colloquio, l'MP6 è una realtà concreta, ancora con lo storico marchio "aeronautico" della casa.

(rumore – passaggio con clacson di Vespa in corsa) ... a sinistra risponde Lambretta!

(rumore idem di Lambretta)

– Siamo nel campo dei motor-scooters. Vespa, Lambretta, Iso, MV e via dicendo: ci sono circa 150.000 motorscooteristi in Italia, e c'è da credere che parecchi di essi siano ora in ascolto. Cosa vuol dire motor-scooter? Letteralmente: motopattino. Com'è nata in Italia l'idea del signor motopattino agile e veloce? Ce lo dice l'ingegner Corradino D'Ascanio, che nel 1945 ha progettato la Vespa.

– Ignaro di motociclismo (mi sono infatti sempre occupato di aviazione), ho pensato di realizzare una macchina che potesse essere comoda per me che non sono un motociclista. Sono sempre rimasto male impressionato nel vedere il groviglio di organi esposti delle comuni motociclette e nel vedere queste, depezzate per le strade, per poter cambiare una ruota. I precedenti tentativi nel campo non corrispondevano a come io vedevo il problema, in quanto o erano delle piccole motociclette con tutti gli inconvenienti relativi, oppure erano poco più di giocattoli di lusso, soluzioni quindi che erano rimaste lontane dall'impiego utilitario.

– Giusto. E allora?

– Mi sono anzitutto imposto di isolare il gruppo motore-cambio dal pilota e di semplificare al massimo la trasmissione, di rendere smontabili le ruote come nelle automobili e di fare una struttura quanto possibile semplice ed economica che nascondesse, anche proteggendolo, il gruppo motopropulsore. Non volendo

Procedono i lavori di ripristino: gli edifici dell'attuale direzione, sino al 1944, avevano ospitato la sezione aeronautica.

La Vespa è per molti il nuovo oggetto del desiderio; naturale quindi inscenare una sfida fra Bartali e Coppi ai fini della promozione.

togliere le mani dal manubrio, per paura di cadere, ho abbinato tutti i comandi sul manubrio. Da questi propositi, dall'impostazione generale del problema e della critica costruttiva del dottor Piaggio, dall'entusiastica collaborazione di tutti, ingegneri e maestranze, si è concretato alla fine del 1945 il nuovo mezzo.

(l'orchestra sottolinea con una specie di squillo, dal basso in alto, vibrato)

– Questo offerto dalla Piaggio è il primo esempio di rapida conversione di una grande industria dalla produzione bellica a quella di pace. E dovete considerare che qui, a Pontedera, gli stabilimenti erano distrutti da bombardamenti e da razzie, e non vi era più una sola macchina utensile. Fu fatto un unico prototipo di motorscooter e, con intuito e coraggio, Piaggio decise la costruzione di 10.000 Vespe, senza che la ditta avesse alcuna prenotazione».

Numeri in libertà – moltiplicati con troppa disinvoltura almeno per quattro – sebbene non si possa disconoscere il ruolo dell'imprenditore che, nelle parole di D'Ascanio, «con vera lungimiranza, e bisogna ricordare i tempi, dato che si era alla fine del '45, quando tutti speculavano e nessuno costruiva, ha ordinato la messa a punto della Vespa e la sua costruzione in serie».

Ma, per tornare al progetto, in quelle poche battute già si ritrova il senso di un'operazione evocata altre volte con qualche maggiore impaccio, e forse qualche maggior dettaglio. Là dove ammette la filiazione da «concezioni aeronautiche che mi sono familiari, ad esempio il supporto monotubo per la ruota

Scrive D'Ascanio a Enrico Piaggio, il 2 agosto 1946: «Per l'estetica la Nibbio è ispirata forse sia dalla Vespa che dalla Motor Glide ma ne differisce per quel tanto sufficiente per sfuggire a un'azione per contraffazione di forma. Per la parte strutturale la Nibbio è differente radicalmente dalla nostra. La creazione di modelli simili al nostro dimostra che la via da noi presa è quella giusta e prima che il Nibbio possa costituire una reale minaccia ci vorrà molto tempo e noi saremo sempre in vantaggio, sia per l'aumentata produzione che per quei miglioramenti che introdurremo e che renderanno la nostra macchina molto prossima alla perfezione».

Sotto: D'Ascanio e la sua creatura si affrontano in un disegno satirico.

In basso, a destra: a fronte dei ricorrenti problemi di surriscaldamento emersi nei collaudi, da Biella poco felicemente propongono «un tegolo per convogliare aria». L'adozione di una ventola solidale al volano sarà invece la soluzione di D'Ascanio: geniale, semplice, efficace.

Mantenuto a tutt'oggi come irrinunciabile, il supporto della ruota anteriore è di schietta derivazione aeronautica. La sospensione anteriore verrà progressivamente elaborata, con gli anni.

anteriore che, ormai una esperienza triennale lo ha detto, sostituisce egregiamente la tradizionale forcella di origine ciclistica»; o dove ci si compiace d'essere andati «al di là della più moderna concezione automobilistica, perché la carrozzeria in lamiera della Vespa è insieme telaio, e per la sua particolare lavorazione offre una resistenza anche maggiore del vecchio sistema a tubi», caso mai qualcuno lo leggesse alla Innocenti, madre di tutte le Lambrette.

«Anche in questa soluzione mi ha sorretto l'esperienza in campo aeronautico, dove la leggerezza dell'organo non deve pregiudicare la robustezza» e dove, verrebbe da aggiungere, l'ottimizzazione della funzionalità e della resa aerodinamica è all'origine dell'armonia della forma e della sua bellezza.

La Piaggio, forte della sua esperienza in materia, ha adottato senz'altro la lamiera di acciaio costruendo un telaio a trave del quale fanno parte integrante le pedane, un abbondantissimo paragambe, il cannotto di sterzo e una scatola posteriore che contiene tutta la parte meccanica e sorregge la sella. (...) Il cambio è comandato dal manubrio con un sistema pratico e ingegnoso: la manopola sinistra è girevole e aziona la trasmissione del comando del cambio; con la manopola è solidale la leva della frizione. Per passare da una marcia all'altra si tira la leva della frizione e successivamente si gira manopola e leva fino alla posizione necessaria a innestare il rapporto voluto, rilasciando quindi la leva.

(da "Motociclismo" del 10 aprile 1946)

Fra i molti brevetti a nome D'Ascanio quello relativo all'inclinometro, per il controllo dell'assetto in volo, risale al 30 giugno 1916, quando il tecnico prestava servizio presso la società aeronautica torinese Giulio Pomilio.

I due soci, D'Ascanio e Trojani, davanti al DAT 2: l'articolazione rigida delle pale, corretta nel DAT 3, causerà la distruzione del prototipo e il ferimento di Trojani nell'ottobre 1926.

«L'aviazione è stata per me una continua febbre. Fin da bambino volare era per me il sogno più bello e accarezzato. Per ore stavo a guardare le rondini e le invidiavo». Una vocazione potente e una volontà di ferro, il genio della meccanica e della fisica, un tratto elegante che abbozza la soluzione sul tavolo da disegno o sul palmo della mano, a volte, per illustrare un concetto a chi stenta a tenere il passo: questo è D'Ascanio.

Il padre della Vespa è l'ingegnere sottotenente capace di risolvere ogni problema di assetto che affligga i piloti del Battaglione Aviatori; è l'ideatore di un monoposto da turismo con motore Harley Davidson da motocicletta, vera utilitaria con le ali, sogno americano degli anni Venti; è il padre di magnifici aeroplani, l'uomo che per riconquistare il record di altitudine non esita a immettere ossigeno puro nei cilindri dei grandi motori stellari nati dal suo tavolo da disegno. Ma prima d'ogni altra cosa D'Ascanio rimanda a un'ala portante, l'elicottero insomma. Sfida per molti versi perduta, e non senza responsabilità della Vespa.

Quando presenta la domanda di brevetto per un «elicottero a due eliche coassiali con dispositivo di discesa lenta automatica», il 7 aprile 1925, non sa che la strada imboccata con tanta decisione e il sostegno di un telegramma di S. E. Benito Mussolini al barone Pietro Trojani, socio e finanziatore, sarà ancora molto lunga da percorrere. Il primo prototipo va in pezzi in pochi minuti, pur accennando a staccarsi da terra. Il secondo non ha sorte migliore. Sarà il terzo tentativo quello buono, dopo una prova generale all'interno di un hangar, alla presenza della Commissione del Genio Aeronautico.

«Un minuto... due. Non passano mai. Mi sembra di essere dal dentista». È lo stesso D'Ascanio a rievocare quel giorno. «Otto minuti! Non ne posso più, faccio cenno al pilota di scendere; altrimenti divento pazzo davvero. Lui non capisce e mi fa cenno con la mano per chiedere: che cosa è successo? Niente è successo: ho semplicemente vinto la mia battaglia. I miei figli potranno essere contenti di me...».

Durata, altitudine e lunghezza del volo sulla pista di Ciampino sono altrettanti record assoluti per il DAT 3, primo elicottero della storia effettivamente manovrato dall'uomo (e con eliche montate correttamente su giunti cardanici). Ben poco costrutto tras-

Fra l'8 e il 13 ottobre 1930, qui nella tavola di Beltrame per la "Domenica del Corriere", il terzo prototipo trionfa stabilendo i record assoluti di durata (8 minuti e 34"), distanza in linea retta (1078,6 metri) e altezza da terra (18 metri).

Il DAT 3 è pilotato dal maggiore Marinello Nelli che, al cenno di D'Ascanio, poggia la mano sul giunto snodabile delle eliche.

sero i due soci da tanto clamoroso successo, e due anni più tardi il sodalizio si sciolse con considerevole danno del finanziatore. Ma a chi imputare altrimenti il pauroso errore di valutazione che li spinse a rispondere con una proposta economica irragionevole alla lettera del senatore Giovanni Agnelli, recapitata il giorno seguente la storica impresa...

Intanto siamo nel 1932 e, come abbiamo visto, il giovane Enrico Piaggio – Direttore dello stabilimento di Pontedera già da quattro anni, a quella data – si assicura la collaborazione di D'Ascanio e la proprietà dei brevetti per le eliche a passo variabile in volo. Il progettista chiede una royalty del 10 per cento anche sui proventi derivati dalla vendita dell'elicottero perché, scrive, «la mia famiglia ha risentito paurosamente

**Torino, 10 febbraio 1930 – IX**

Egregio Ingegnere, sono stato a Ciampino per vedere il Suo elicottero e sono dolente che, sebbene avessi cercato di Lei al telefono, non mi è stato possibile trovarLa e parlarLe. Desideravo congratularmi con Lei per i felici risultati del Suo trovato e per la genialità con cui Ella ha risolto così interessante problema. Non avendolo potuto fare di persona lo faccio per iscritto e sono lieto dell'occasione per inviarLe, insieme ai miei rallegramenti, i miei più cordiali saluti.

Mi creda,
*Giovanni Agnelli*

«L'elicottero è costituito da una fusoliera di forma molto allungata», scriveva D'Ascanio in una relazione tecnica databile al 1940, «sormontata verso la parte anteriore da un breve albero sul quale è calettata la grande elica tripala del diametro di 13 metri».

36

Sulla pista di atterraggio a Pontedera, davanti al motore del PD 3. Alla destra del progettista è Enrico Piaggio, affiancato da Francesco Lanzara, direttore generale dello stabilimento; di profilo, il giovane Carlo Doveri che poi succederà a D'Ascanio, come direttore tecnico Piaggio, nel 1961.

dei lunghi sacrifizi fatti», e c'è da credere alla buona fede di un uomo che non ha mai saputo trattare gli affari. D'Ascanio dal 1934 è a Pontedera. Comunque, alla produzione e vendita degli elicotteri non si giungerà mai.

Il Piaggio-D'Ascanio, o PD 3, ha una sagoma di sorprendente modernità e vanta, sulla carta, le prestazioni di un mezzo ormai pienamente funzionale. Sulla carta, perché il prototipo ha il suo battesimo dell'aria solo nel 1942 e subito, nella stretta della produzione bellica, viene riposto in un capannone. Oltreoceano si compie intanto con successo il primo trasferimento in volo di un elicottero, uno Sikorsky dell'Esercito Americano, dal Connecticut all'Ohio. Lo smacco è forte, inutile negarlo.

Poi lo scempio della guerra in casa, con i bombardamenti, il trasferimento degli impianti, il passaggio del fronte.

«Salendo a Biella mi chiedevo che cosa potesse volere da me», riferendosi a Enrico Piaggio. «Sapevo che era ridotto a fare le pentole. E non mi illudevo: di aerei e di elicotteri non c'era nemmeno da parlarne. Mi ricevette con entusiasmo e mi disse: "Voglio un mezzo che metta l'Italia su due ruote, però non voglio la solita motocicletta"».

Si riparlerà di elicottero, in Piaggio, dopo il IV Congresso della American Helicopter Society tenuto a Philadelphia nel 1948, che D'Ascanio presiede a fianco di Igor Sikorsky, fra gli altri: nuova versione del

Con il PD 4 l'elicottero secondo D'Ascanio giunge infine a piena maturità. Durante la messa a punto si registra un primo lieve incidente in atterraggio, causato dal sistema di controllo della inclinazione longitudinale, ancora da ottimizzare in quella fase.

PD 3 nel '49 e distruzione del mezzo in un incidente due anni più tardi. Terzo prototipo nato a Pontedera, il PD 4 è invece «un apparecchio triposto del tipo a rotori bipala controrotanti e sincronizzati disposti in tandem». Geniale, una volta di più, e integralmente originale rispetto ai precedenti.

D'Ascanio è emozionato come un ragazzo, la creatura prende vita il 5 agosto 1952 sul campo di Pontedera, si leva in volo ed evoluisce senza difficoltà per quasi mezz'ora; poi, inspiegabilmente si impunta, urta col carrello nella pista, fa perno e si sfascia al suolo.

Enrico Piaggio decreta la fine di un sogno con una lettera breve, durissima: «Ho appreso con dispiacere, ma senza sorpresa, del grave incidente avuto oggi...». E, congedandosi: «Il personale tecnico che si occupava di tale materia dovrà immediatamente essere destinato ad altri lavori più produttivi».

Sono infatti quasi trecentomila le Vespe, a quella data. E se questo assicura a D'Ascanio ormai la piena soddisfazione economica – già nel 1947 era il dirigente più pagato dell'azienda, con 86.700 lire mensili, e si accordava per una "interessenza" di lire 100 per ogni Vespa e lire 200 per ogni Ape uscite dalle linee di produzione – per altri versi è la sua rovina.

Dopo la chiusura del progetto PD 4, a seguito del grave incidente che ne ha distrutto il prototipo, D'Ascanio apparentemente abbandona il suo sogno. Ma a distanza di diversi anni, ormai in pensione, realizzerà nel garage di casa questo piccolo elicottero biposto destinato all'uso agricolo e all'addestramento.

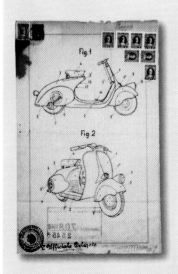

Il primo fra i numerosi brevetti che tutelano l'unicità della Vespa ne riassume i tratti salienti. Fra gli altri si evidenzia almeno un dettaglio, il parafango smontabile alla ruota anteriore, che dalla terza serie di produzione (1947) verrà abbandonato.

Naturale che la creatura sia tenuta a battesimo dall'amministratore delegato in persona: a lui spetta la celebrazione del rito che, con l'imposizione del nome, dona la vita. Centrale nella percezione dell'oggetto, nella definizione di una identità – e dunque per l'esito degli sforzi di molti –, il nome dovrà riassumere in sé molte cose. Agilità, brio, familiarità, schiettezza, simpatia, affidabilità, immediatezza e una certa naturale eleganza libera da ogni formalismo. Ma la storia vuole che sia stata in qualche modo lei stessa, con la sua linea pizzicata al centro e i fianchi rotondi, a suggerire l'osservazione di Enrico Piaggio, laconico: «Sembra una vespa». Ed è tutto.

Un sentore appena di mitologia aziendale, ma anche qualcosa dei modi netti e assertivi che erano propri del personaggio. «Il nome Vespa al motorscooter della Piaggio», si legge nelle risposte inoltrate al «Secolo XIX» per una intervista all'amministratore delegato nell'agosto 1962, «fu dato dal dr. Enrico Piaggio perché trovò che questo veicolo, per la sua forma (vita stretta e parte posteriore grossa), ricordasse l'imenottero omonimo. Nessun altro nome fu mai in predicato». Lo stesso tono, anche qui.

### 23 aprile 1946, il brevetto

Alle ore dodici di quel giorno, presso il competente ufficio nella città di Firenze viene depositata la domanda di brevetto industriale per modello «di utilità», relativo a una «motocicletta a complesso raziona-

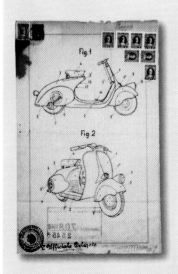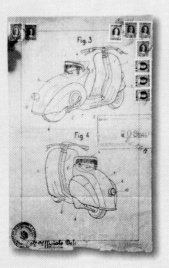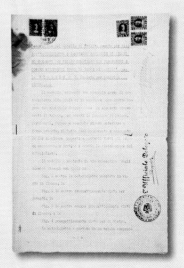

In questa fase nasce anche
il nuovo marchio Piaggio:
un classico scudo araldico
di estrema sobrietà,
riconfermata nel carattere
bodoniano della grande
iniziale bianca su fondo blu.

le di organi ed elementi con telaio combinato con parafanghi e cofano ricoprenti tutta la parte meccanica».

Vale la pena di entrare nei dettagli, almeno un poco.

«Il modello», si legge, «riguarda una speciale forma
di motocicletta alla quale si fa assumere una adatta
sagoma con razionale disposizione di elementi componenti il telaio, ed aventi la funzione di pedana, parafanghi, cofano e speciale riparo anteriore a forma
arcuata; il tutto così conformato e combinato da far
risultare coperti e protetti tutti gli organi meccanici,
e pratica e comoda la sistemazione del motociclista».

Poco più avanti: «È a rimarcarsi che la copertura 6»,
e viene allegato il disegno del dettaglio in questione,
«è conformata in modo tale che l'aria del ventilatore
destinato al raffreddamento del motore è obbligata
– uscita dal ventilatore stesso – a circolare con una
curva che la avvia contro il motore». È la modifica di
D'Ascanio per scongiurare il surriscaldamento e conseguente grippaggio del cilindro: l'aveva messa a punto sul banco di prova, azionando il motore e immet-
tendo borotalco nella ventola in funzione. Ne erano
seguite una folata di polvere e un accesso di tosse fra
gli astanti; ma la testata del cilindro risultava debitamente imbiancata dal getto d'aria.

L'attenzione è viva sia sul piano tecnico sia su quello estetico. Anche troppo, forse. Tanto che, al termine della descrizione, si vorrebbe sottolineare che
«mentre, come si vede dai disegni e come del resto è
indicato dalla descrizione, l'insieme costituisce una
motocicletta razionale e comoda con riparo da fango e polvere, d'altra parte sono conservate anche esi-

A questo imenottero il nuovo logotipo Vespa calza
come un guanto. È la firma in calce a una lettera
personale: un corsivo tondeggiante, quasi confidenziale
ma con un vezzo della penna che, senza staccarsi
dal foglio, torna di slancio all'origine della parola,
sottolineandola. E a ben vedere, la maiuscola, dal
tratto marcato come un arco teso a scoccare la freccia,
è curvata ad arte in avanti: l'insieme porta il segno
di una forza appena trattenuta, pronta allo scatto.

Il primo depliant destinato
a promuovere il nuovo
veicolo raffigura una donna
alla guida, e non per caso.
Disinvolta e a suo agio
nel condurre un mezzo
a due ruote che, cosa
del tutto insolita,
la vede fra i destinatari
privilegiati, si lascia
alle spalle il passato.

Agli albori della ripresa:
la rifinitura manuale delle
fusioni e due immagini
della lavorazione e
assemblaggio del veicolo.
Nell'ultima, in particolare,
con l'adeguamento degli
impianti è stata ormai
allestita una vera e propria
linea di montaggio.

genze di estetica ed eleganza». La penna del responsabile tecnico dell'Ufficio brevetti annota, nervosa, a margine: «È un modello d'utilità, non ornamentale», e cassa ogni riferimento all'estetica e all'eleganza.

Quanto sopra, il competente ufficio dà atto di concedere in data 9 novembre 1946.

## La presentazione in società

Il piccolo scooter nato a Pontedera porta inscritte nel codice genetico le sue potenzialità e le sue ambizioni. Il progetto è impostato in chiave "automobilistica", vale a dire all'insegna di un fordismo che in un'azienda come la Piaggio, con il suo passato, non ha niente di provinciale o di approssimativo. Tutto è predisposto, idealmente, per i grandi numeri. Resta da sollecitare la risposta del mercato; e questa, almeno nelle primissime battute, si fa attendere.

L'esclusivo Golf Club di Roma è la sede della presentazione alla stampa, organizzata da Umberto Barnato, uomo di fiducia di Piaggio che ritroveremo poi fra gli iniziatori di quella gioiosa macchina da guerra che saranno i Vespa Club, destinati a vedere la luce di lì a poco. Il cinegiornale americano "Movietone" non manca l'appuntamento, vista la presenza del generale Ellery W. Stone, comandante la Commissione Alleata, a fianco delle autorità civili e religiose.

Giornalisti italiani e stranieri scrutano perplessi le piccole ruote, il cambio a manopola, l'apparente ingenuità della sagoma rotondeggiante che caratterizza lo strano oggetto color verde pastello sul cui inevita-

bile successo si direbbero pronti a giurare l'amministratore delegato e i dirigenti di questa gloriosa ex-industria aeronautica ora pronta a giocarsi il tutto per tutto su di uno scooter, poco più che un giocattolo.

Alla prova su strada, la Vespa sembra conquistare gli scettici grazie alla sua maneggevolezza e alla facilità di messa in moto, alla resa fluida e omogenea del suo motore discretamente filtrato dalla sofisticata marmitta "a flauto" della prima serie, alla resa sorprendente, in prima e seconda, sulle salite, al comfort niente affatto motociclistico che riesce a garantire, nonostante l'assenza della sospensione posteriore.

Eppure la cinquantina di esemplari allestiti nella pre-serie rischia di rimanere invenduta. In un modo o nell'altro, e non senza difficoltà, vanno a buon fine

Disponendo di un prodotto innovativo, ma ancora estraneo al mercato, è inevitabile appoggiarsi a un marchio di riferimento. Altrettanto inevitabile che l'azienda leader nel settore – la Moto Guzzi del conte Parodi che, grazie al contributo di un progettista geniale quale l'ingegner Carcano, trova nuovo slancio in questi anni – non riesca a vederci l'affare: il pregiudizio nei confronti dello scooter è duro a morire. Meglio voltare le spalle al mondo delle due ruote.

«**P**artirono le prime quarantotto Vespe, ma la quarantanovesima e la cinquantesima non si vedevano partire», racconta l'ingegner Bartalucci. «Allora un bel giorno il dottor Piva che dirigeva la fonderia e io dicemmo: "Si va dal dottor Piaggio, pover'omo, gli si compran noi queste due ultime, tanto non se ne faranno più…". Ma poi cominciarono a piovere le ordinazioni».

(da A. Mondini, *Un'elica e due ruote*)

le prime quarantotto Vespe, ma proprio le ultime stentano a trovare il compratore. Poi, giorno per giorno, è un'accelerazione che si direbbe senza più sosta.

### Rateizzazione, affidabilità e prestigio

Mai prima di ora l'azienda si è misurata col libero mercato, avendo sempre fatto conto su commesse statali e gare d'appalto. E ancora per tutto il 1946 si stenta a trovare il modo e la misura, tanto che il bilancio a fine d'anno porterà i segni di questa fase incerta. Ma le cose, ormai, si muovono.

L'occasione è quella di inserirsi nell'aura di stile e qualità che sembra riflettersi attorno alle grandi berline Lancia. Non facili, comunque, i contatti per

L'avvio è stentato. Nulla lascia intravedere un successo superiore alle più rosee aspettative. Grazie al modello di cilindrata superiore, a soli due anni dall'esordio della Vespa 98 la fama dello scooter italiano si estenderà oltreconfine.

In un'atmosfera di rinascita, ma anche nel vivo di un drammatico scontro politico, giorno per giorno la Vespa diviene un'immagine familiare nelle grandi città e sulle strade del paese.

Prezioso come un gioiello, così appare il nuovissimo scooter in uno dei primi depliant promozionali che, significativamente, già viene stampato e distribuito in più lingue.

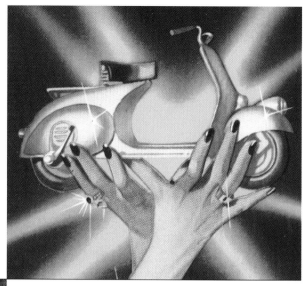

È un veicolo che a differenza della motocicletta vera e propria può andar bene per tutti i ceti sociali e per ambo i sessi. La sua struttura non implica acrobatismi per montare in sella e non impegna affatto per mantenerla in equilibrio a velocità ridotta in mezzo al traffico (...) Il grembiule anteriore vi ripara le gambe dalla polvere e dalla pioggia (...) È la macchina ideale per i rapidi spostamenti in città degli uomini di affari, professionisti, medici ecc., i quali, lasciatala in un posteggio pubblico, possono presentarsi al loro appuntamento perfettamente a posto, come se scendessero dall'automobile.

(da "Motociclismo" del 10 aprile 1946)

la neonata S.A.R.P.I. (Società Agenzia Rappresentanze Prodotti Industriali), piccola impresa fiorentina creata da Enrico Piaggio per la commercializzazione del prodotto.

I venditori si trovano a negoziare con autosaloni che espongono orgogliosamente le Appia e le Ardea, modelli di punta dell'industria automobilistica nazionale, a fianco delle quali – forse per la connotazione aristocratica dei vecchi scooter inglesi – devono sistemarsi i primi esemplari della Vespa 98. Si adotta una formula di pagamento rateizzabile – cosa del tutto singolare, a quella data – che consente a molti di accedere a questo bene, garantendo all'azienda una preziosa anticipazione di capitali nel quadro di tempi di consegna che sono ormai fra dieci e dodici mesi dall'ordine.

Viene allestita anche una rete di assistenza, con i necessari corsi di formazione per i meccanici autorizzati. Molto resta da fare, e prima d'ogni altra cosa nella produzione.

Non è la manodopera a scarseggiare in questi anni di bisogno e di stentata ripresa dell'economia nazionale, e i vertici aziendali sembrano averlo ben chiaro, specie ora che il "vento del Nord" levatosi con la Resistenza si va placando. E già l'amministratore delegato preme per la messa a punto di un nuovo modello, destinato a fare i grandi numeri.

Saranno anni di crescita tumultuosa e di forti tensioni sociali, di grandi soddisfazioni nella vendita e non solo sul mercato interno: gli anni della creazione di una icona del nostro tempo.

1945-46

MP6
VESPA98

Caratteristica saliente dell'MP6 è la scocca portante in lamiera stampata, con scudo protettivo che ingloba il supporto monotubo con ruota a sbalzo. Il manubrio, di chiara derivazione ciclistica, porta tutti i comandi, inclusa la leva del cambio.

I riferimenti tecnici e stilistici utilizzati da D'Ascanio per la definizione di Vespa derivano dallo studio di soluzioni formali adottate in veicoli di scala maggiore come locomotive, idrovolanti, automobili, elaborati attraverso le sue conoscenze aerodinamiche.

MP6 è la sigla del prototipo
Vespa che farà da base
per lo studio e la
ingegnerizzazione dei
modelli di serie immessi
sul mercato nel 1946.

# MP6

I l tema posto a D'Ascanio era quello di studiare un nuovo tipo di veicolo a due ruote,
estremamente semplice, economico, ad uso
assolutamente utilitaristico, unisex.

D'Ascanio intuisce come un corretto approccio
al progetto poteva avvenire solo attraverso la lettura ragionata sui problemi legati all'uso del veicolo, individuando bisogni e richieste dei potenziali utilizzatori unitamente alle possibili caratteristiche tecnico/prestazionali che il mezzo doveva
possedere; questo gli permette di delineare una
serie di requisiti su cui impostare la definizione
morfologica e funzionale del veicolo. Le scelte che
hanno permesso di configurare il prototipo della
Vespa ruotano attorno ad alcuni punti.

Grande accessibilità: è richiesta una soluzione
che permetta di inforcare comodamente la macchina. La risposta progettuale, che prende spunto
dalla bicicletta da donna, prevede di sgombrare
lo spazio tra seduta e manubrio solitamente occupato, nelle motociclette tradizionali, dal sistema
telaio-serbatoio-motore.

Comfort: la posizione seduta, di tipo automobilistico, piuttosto che a cavalcioni sul telaio, risulta ottimale per un'utenza sia femminile che maschile; inoltre la possibilità di poggiare comodamente i piedi a terra garantisce maggiore senso
di sicurezza rispetto agli standard motociclistici.

Massima manovrabilità della macchina: a tal
scopo era necessario poter guidare senza togliere
le mani dal manubrio; da qui la scelta di inserir-

vi tutti i comandi, compresa la leva del cambio
(brevetto del 1946).

Pulizia e sicurezza: D'Ascanio progetta lo scudo
frontale in modo tale da assicurare al conducente
una certa protezione dagli agenti atmosferici e
dagli urti. Quanto al motore, da prevedere coper-
to e isolato, ricerca una collocazione ottimale,
distante dal guidatore, ma allo stesso tempo facilmente accessibile per la manutenzione; da qui
la scelta di posizionarlo in modo che costituisca
un complesso unico con la ruota posteriore.

La copertura del propulsore è risolta attraverso
un cofano, a forma d'ala, fissato per inserzione
del bordo superiore nell'apposito canalino guar-

Il logo aziendale viene
posizionato al centro
dello scudo; ma già in
fase di elaborazione del
prototipo è allo studio
il nuovo logo Piaggio
che sarà adottato,
come la scritta "Vespa",
sin dalla prima serie.

Alla Piaggio l'innovazione è una tradizione. La sua abilità nel cercare soluzioni nuove e creative a problemi tecnologici o a bisogni sociali, è dichiarata già prima della creazione della Vespa. Sin dall'inizio, nel 1884, il successo della Piaggio fu fondato sull'idea di una costante ricerca verso le necessità di trasporto di un sempre più ampio target di clienti; ricerca che ha portato la compagnia verso una costante crescita sino a diventare leader mondiale dei veicoli per il trasporto leggero, in termini sia di volume di produzione sia d'innovazione ingegneristica.

Le sacche laterali sono diverse per forma e dimensione. Quella sul lato sinistro è più piccola e ingloba lo sportellino per l'accesso al vano porta-attrezzi. La sacca destra chiude il motore e prevede due griglie di aerazione; il suo disegno sarà modificato nel modello di serie.

**Particolare del silenziatore "a flauto" e della parte terminale della scocca dalla forma "a becco", con in evidenza i punti di saldatura.**

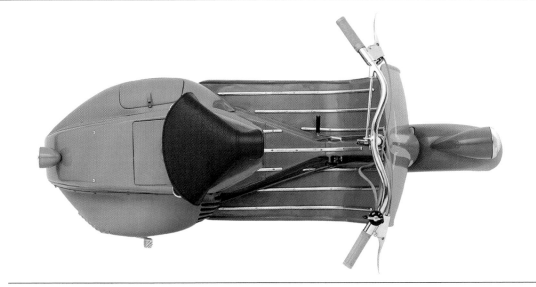

La vista dall'alto evidenzia il pianale con la trave centrale a sezione ribassata; la sua forma sarà poi ottimizzata nella versione finale.

MP6

47

nito in gomma e trattenuto mediante due pulsanti. La trasmissione senza catena, col cambio in linea e compreso nel gruppo ruota-motore, nasce come conseguenza di queste scelte.

Per alcune soluzioni tecniche fondamentali, D'Ascanio s'ispira a concezioni costruttive insolite in campo motociclistico. Così nel supporto monotubo anteriore con ruota a sbalzo, di chiara derivazione aeronautica, che sostituisce egregiamente la tradizionale forcella di origine ciclistica e consente la rapida sostituzione della ruota.

Quanto al sistema costruttivo, viene adottata la soluzione a scocca portante in cui telaio e carrozzeria coincidono. La scelta, di concezione automobilistica – già sperimentata con la Lancia Lambda nel 1923 – prevede la realizzazione in lamiera d'acciaio stampata delle varie parti costituenti il guscio, poi assemblate con saldatura elettrica per punti. La soluzione offre maggiore resistenza del sistema tradizionale in cui la carrozzeria era montata su telaio tubolare portante, oltre a migliorare il rapporto peso/potenza.

Stilisticamente la Vespa segue le forme aerodinamiche della coeva ricerca progettuale; si vedano gli idrovolanti (il Savoia-Marchetti del 1932), locomotive come la Mallard di Sir Nigel Gresley del '35, o il Maggiolino Volkswagen disegnato da Ferdinand Porsche tra 1935 e '38.

La morfologia del veicolo è caratterizzata dal profilo della parte posteriore ad "ala spessa", apparso sulle automobili dei primi anni Quaranta.

Il trasferimento di particolari concezioni costruttive, quali la soluzione della forcella monotubo anteriore con ruota a sbalzo, di chiara derivazione aeronautica, o la scocca in lamiera d'acciaio stampata con saldatura elettrica per punti, di concezione automobilistica, dimostrava già allora come queste tecniche, fino a quel momento riservate a settori industriali più evoluti, fossero perfettamente adottabili anche nella produzione motociclistica.

## MP6

La carenatura del gruppo motore-ruota poste-riore rimanda al profilo ad "ala spessa", apparso sulle automobili dei primi anni Quaranta come espressione delle ricerche orientate a integrare nella carrozzeria il maggior numero di parti, tra cui i parafanghi: questi, scomparendo nel corpo principale, danno lo spunto per un design più armonico, definito attraverso la modellazione dell'intera carenatura e non per sommatoria delle singole parti. La perfetta risoluzione in termini di design della parte posteriore conferisce al veicolo un'immagine slanciata e leggera, confermata dalla curvatura della carrozzeria che svuota lo spazio sotto il sedile e continua, sagomando la pedana, per poi rialzarsi a formare

Il fanalino posteriore ha forma conica con vetro di colore rosso, fissato da una cornice cromata.

*lo scudo. Quest'ultimo, attraverso la calandrina a copertura del piantone di sterzo, collega la ruota anteriore col manubrio, morfologicamente ancora molto simile a quello di una bicicletta.*

*La ruota anteriore è coperta da un ampio parafango con una parte smontabile per la sostituzione della ruota. Sul parafango è collocato il faro.*

*D'Ascanio concepisce il nuovo mezzo con una celerità oggi impensabile: tra progettazione e costruzione dei primi esemplari intercorrono solamente tre mesi. Il prototipo della Vespa venne infatti ultimato nel settembre del 1945, ma già nell'aprile del 1946 i primi esemplari di serie cominciavano a uscire dagli stabilimenti di Pontedera appena ricostruiti.*

**Particolare della griglia d'areazione sul cofano destro, precedente all'adozione del raffreddamento ad aria forzata, tramite ventola. A fianco, lo sportellino del vano porta-attrezzi.**

**Il cofano destro è inciso dalle caratteristiche feritoie per l'evacuazione dell'aria di raffreddamento.**

**Parafango anteriore con parte smontabile per la sostituzione della ruota e fanale incorporato; la loro forma sarà variata nei modelli successivi.**

# VESPA98

**L**a Vespa nasce con una cilindrata di 98 cc, motore monocilindrico a due tempi raffreddato ad aria forzata mediante ventola sul volano-magnete (di realizzazione Piaggio) e convogliatore avviluppante il gruppo testa-cilindro. Il volano-magnete, che garantisce l'accensione, incorpora le bobine: due a bassa tensione per fornire corrente all'impianto di illuminazione e alla tromba posta sotto la sella; una ad alta

La pubblicità dell'epoca enfatizza la grande versatilità del nuovo veicolo. Adatto al lavoro come al tempo libero, ottimo per la circolazione in città, si presta molto a venire utilizzato anche dal pubblico femminile.

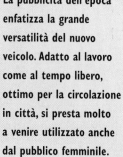

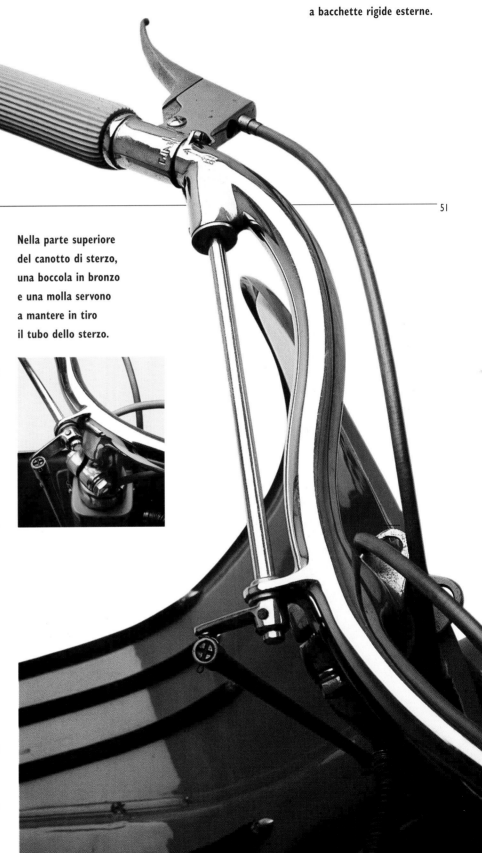

La Vespa, così esclusiva
e perfetta da distinguersi
nettamente da ogni
precedente realizzazione,
risulta un fenomeno unico
in un momento irripetibile
della storia del prodotto
industriale italiano.

Particolare dei comandi
del cambio al manubrio,
realizzati con un sistema
a bacchette rigide esterne.

tensione per alimentare la candela di accensione.

*Il carburatore – Dellorto T2 diametro 16/17 mm, successivamente sostituito con il TA 17 – trova posto all'interno della scocca.*

*Il cambio a tre velocità è comandato da manopola girevole sulla sinistra del manubrio e da trasmissione omocinetica ad aste.*

*Alesaggio e corsa mm. 50 x 50 (98 cc), potenza max 3,2 cavalli a 4500 giri: questo consente una velocità massima di 60 km/h, il superamento di pendenze del 20 per cento in prima, 12 in seconda e 5 per cento in terza.*

*Sospensione anteriore a levetta oscillante con molla a spirale, posteriore a braccio oscillante con tamponi in gomma. Ruote con cerchio scomponibile in lamiera stampata, pneumatici 3.50 x 8".*

*Dimensioni: larghezza dello scudo mm. 450, larghezza totale mm. 700, interasse mm. 1.170, lunghezza totale mm. 1.655. Peso a vuoto kg. 60.*

*La Vespa prima serie è sprovvista di cavalletto: si appoggia lateralmente sulla pedana provvista, a questo scopo, di due semilune in lega leggera. Il serbatoio in alluminio, con tappo a scatto, contiene 5 litri di miscela che garantiscono un'autonomia di 250 km (con un litro di miscela al 5 per cento si percorrono infatti 5 km). Il rubinetto della miscela, del tipo "a tirare", è privo di riserva. Il fanalino posteriore, a forma conica, diventerà poi cilindrico.*

*La Vespa 98 rimase in produzione per tutto l'anno 1947; in quest'arco di tempo viene realiz-*

**Nella parte superiore del canotto di sterzo, una boccola in bronzo e una molla servono a mantere in tiro il tubo dello sterzo.**

In basso nella pagina:
vedute in dettaglio
dell'interruttore fari, marca
Feme, a tre posizioni e
del manicotto del cambio.

Vespa 98 viene prodotta
tra il 1946 e il '47 in
quattro serie differenti.
Già nella prima serie sono
apprezzabili i miglioramenti
rispetto al prototipo MP6.
Vedi ad esempio la forma
del fanale e del parafango
anteriore, l'introduzione
del clacson, oppure il
dimensionamento delle
sacche laterali; quella
sinistra è ora tagliata per
dar posto alla marmitta,
mentre la destra è forata
al centro, con a vista
il convogliatore dell'aria.

## VESPA98

zata in quattro versioni che si differenziano per
alcuni particolari di carrozzeria e meccanica.
   Le particolarità costruttive principali sono
le seguenti: scocca portante in lamiera stampata
con trave centrale ribassata al livello della pedana; ampia carenatura protettiva; gruppo motore-
cambio-trasmissione in posizione laterale-
posteriore destra, oscillante con la sospensione
della ruota posteriore; ruote di piccolo diametro
fissate a sbalzo con colonnine di tipo automobilistico e facilmente smontabili; possibilità di
trasporto di una ruota di scorta che, insieme
al portapacchi, è un optional.
   La posizione e la forma della leva di avvia-

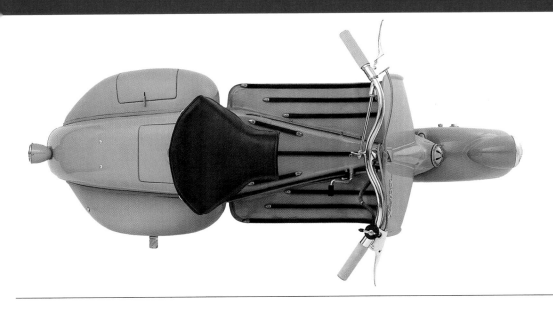

La vista dall'alto mostra il
nuovo disegno della pedana,
più corta e staccata
dal gruppo posteriore.
La trave centrale ha forma
triangolare, mentre il freno
a pedale è ora sulla destra.

La leva di avviamento
delle prime due serie
in produzione è diritta
e breve; solo con la terza
serie verrà modificata per
facilitare la messa in moto.
La sospensione anteriore
"a ruota tirata", con
molla a spirale sul mozzo,
riprende la soluzione
adottata sull'MP6.

Le ruote da 3.50 x 8",
smontabili con sistema
a dadi, di tipo
automobilistico, sono
fra loro intercambiabili.

## VESPA98

Il vano centrale ospita
lo sportellino per l'accesso
al carburatore; sopra
è il rubinetto miscela
del tipo "a tirare", privo
di riserva. Notare la forma
della scocca, disegnata
per facilitare l'apertura
dei cofani e, inferiormente,
le bacchette del cambio.

A fronte: in evidenza il
clacson, introdotto nella
prima serie, e il fanalino
posteriore a forma
conica, che diverrà poi
cilindrico a partire dalla
terza serie (1947).

Il faro anteriore con ghiera
cromata, marca Feme,
e vetro di 85 mm di
diametro; la parabola
ha due fori per contenere
le due lampade a sfera.
Nel parafango anteriore
si nota la parte smontabile,
per la sostituzione della
ruota, che sarà eliminata
nella terza serie (1947).

*mento ne rendono piuttosto scomodo l'utilizzo;
tanto che verrà poi sostituita, nel 1947, con
una leva più arcuata e di maggior lunghezza.*

*La concezione costruttiva del veicolo, nell'otti-
ca produttiva, risolve genialmente una serie
di problemi che ancora oggi permangono nelle
costruzioni motociclistiche correnti: l'eccessivo
numero dei pezzi che compongono l'insieme,
la scarsa razionalizzazione delle tecniche di
giuntaggio delle varie parti e la ricerca di ottimizzazione nell'uso del materiale così da ottenere
un risparmio di peso, con conseguente miglioramento del rapporto peso/potenza.*

*Il telaio monoscocca, ottenuto dalla saldatura
per punti di pochi elementi in lamiera stampata,
offre anche grande rigidezza, oltre a essere meno
costoso e più semplice da produrre, sia per la
facilità d'assemblaggio delle parti che per il ciclo
di verniciatura, ridotto a una sola fase.*

*Se in un primo momento la Vespa aveva inge-
nerato perplessità nel pubblico (abituato a mezzi
più convenzionali), essa riuscì ben presto a
infondere una fiducia istintiva in tutti coloro
che vedevano nella moto un veicolo riservato
a quanti possedevano doti di destrezza e agilità.*

*La sua diffusione si avvalse della strategia
commerciale adottata da Enrico Piaggio, che volle
appoggiarsi ai concessionari Lancia assimilando
il mezzo a un prodotto automobilistico. La stessa
rateazione del pagamento − su un prezzo di
68.000 lire − ne rendeva più agevole l'acquisto.*

Ciò che ha reso immortale
e definitiva l'immagine
del prodotto Vespa
risiede nell'idea
della scocca portante.
La sua configurazione
risolve al tempo
stesso sia la struttura
che la caratterizzazione
tipologica del veicolo,
costituendo sicuramente
uno degli esempi più
straordinari di perfetta
integrazione tra forma,
funzione ed espressività
di un prodotto industriale.

D ove si vede la Vespa moltiplicarsi a dismisura, oltre le Alpi e di là dal mare. Poi carovane, gimcane in piazza, corse su pista e attorno all'isolato, in una nuova "libertà a motore" mentre il paese Italia, non senza problemi, cresce.

**1946 - 1956**

# Un'auto a due ruote

La Vespa e gli "orsanti": un incontro non così raro nelle nostre campagne quanto verrebbe da credere oggi, a distanza di tempo da questa primavera del 1949.

«Oltre quarantamila moto Vespa circolano sulle strade d'Italia e di molte nazioni estere: la "piccola vettura a due ruote" ha ottenuto, nel breve volgere di tre anni, un successo senza precedenti». Così apre il primo numero della rivista aziendale.

**«La Vespa è nostra: s'è costruita a morsi e bocconi».**

**«Chi applaudiva Vespa applaudiva anche noi e Pontedera senza saperlo».**

(da *Quelli della Vespa*)

È un avviamento a freddo, quello del 1946, ma già nel corso dell'anno successivo la Vespa accenna a entrare in carburazione. A un anno esatto dalla prima serie di cinquanta esemplari, la produzione mensile supera quota cinquecento, nonostante l'officina motori ancora da completare, le interruzioni nella fornitura di energia elettrica e i quotidiani miracoli sul fronte degli approvvigionamenti. E, intanto, i numeri crescono. Tanto che, già dalla seconda estate di pace, gli scooter di Pontedera circolano sulle strade di Germania, Svizzera, Austria e Finlandia, in un modello esclusivo: la 125 *r*, che sta per "rigida", a distinguerla dalla nuova creatura di D'Ascanio destinata a vedere la luce fra breve.

### Una poltrona per due

Da qualche tempo il notiziario radio è preceduto da un annuncio singolare, foriero di grandi novità e che però stenta a tradursi in fatto concreto: «Sono le 20 e 35, è l'ora della Lambretta». Non sono le piccole Officine Gianca, produttrici del Furetto. Si tratta di un concorrente di ben altro peso, stavolta: un colosso industriale alle porte di Milano. C'è più di quanto basta per rompere gli indugi.

Enrico Piaggio insiste da tempo affinché prenda forma la seconda generazione di Vespa. Una volta di più, ha idee ben chiare in proposito: giocare d'anticipo realizzando un modello più stabile, potente, confortevole, meglio frenato della capostipite, così da allungare subito il distacco dagli inseguitori.

Oltre 50 mila esemplari in circolazione su tutte
le strade d'Italia e di 35 Nazioni estere

Perchè serve al professionista, all'uomo d'affari, al giornalista per abbreviare le distanze cittadine nel quotidiano lavoro.

Perchè serve al tecnico, al meccanico ed all'operaio per recarsi dalla casa allo stabilimento evitando la lentezza delle tranvie mattutine e serali.

Perchè serve al medico per recarsi con sollecitudine a visitare gli ammalati e spostarsi con la rapidità necessaria dagli ospedali e agli ambulatori.

Perchè serve nelle gite domenicali a scoprire angoli deliziosi in campagna, in riva al mare e sui monti, ed a trascorrere radiose giornate di vacanza.

Perchè serve all'impiegato ed al funzionario per abbreviare il tragitto fra casa e ufficio.

Perchè serve al viaggiatore e al piazzista per visitare rapidamente la più numerosa clientela, aumentando le possibilità del suo lavoro.

...LA Vespa 125cc. È LA PIÙ
DIFFUSA NEL MONDO...

Trentasei vittorie sportive nel 1948.
Ha partecipato alla Sei Giorni Internazionale
vincendo la Coppa F.I.C.M. e la Medaglia d'argento

La promozione insiste sull'incontestabile primato di vendita, sostenuto da una produzione che fra il 1946 e il '50 raddoppia di anno in anno, sino a oltre 60.000 esemplari. E tuttavia, nei primi tempi, la scarsa disponibilità del mezzo alimenta un florido mercato nero.

D'Ascanio è al lavoro, i collaudi sono ormai in corso, la produzione è presto avviata. La 125 *e* – "elastica" per via della sospensione posteriore – uscirà nel gennaio 1948, anno di svolta per il Paese.

Praticamente identico a sé, per quanto rinnovato nella sostanza, lo scooter combatte la sua battaglia inaugurando un'accorta strategia di marketing: «Questa stabilità del tipo, che è giusto vanto della Casa», scrive "Motociclismo" nel corso della presentazione in dettaglio della 125 *e*, «ha contribuito oltreché a rafforzare la fiducia della clientela, a mantenere al giusto livello il valore commerciale del prodotto». E la rivista, naturale sostenitrice di un certo tradizionalismo, deve rendere omaggio al significativo incremento di potenza, all'efficacia del nuovo silenziatore e della nuova testa calettata, alla funzionalità del nuovo commutatore elettrico e soprattutto a quella sospensione posteriore che ne fa una vera "autovettura a due ruote", riuscendo là dove altri avevano fallito.

Fuori, qualcosa sta cambiando. In un quadro a tinte forti – inflazione al galoppo, tanto che il prezzo della 98 cc sale da 90.000 a 168.000 lire nell'arco di un anno, due milioni di disoccupati, scontro a tutto campo per le elezioni del 18 aprile 1948 – Vespa è la risposta giusta alle esigenze di mobilità così come al bisogno di evasione che affiorano sempre più chiari fra la gente comune. È come una smania, un'ansia di riscatto che porta a inseguire questo piccolo-grande sogno, a risparmiare con fatica per avere accesso a questa inedita libertà di movimento. È un invito

rivolto a uomini di ogni ceto sociale, idealmente; e alle donne, finora del tutto estranee se non ostili alle due ruote motorizzate.

Il prezzo della prima 125 rappresenta l'equivalente di circa otto stipendi di un impiegato e poco meno di un anno di lavoro di un operaio: cosa non da tutti ma, grazie alla vendita rateale, forse possibile.

Ancora poggiati al marciapiede davanti alle botteghe di paese o al cantiere, ai parrucchieri per signora; allineati ciascuno sul suo cavalletto, di fronte ai palazzi della pubblica amministrazione nella capitale, esposti nelle vetrine della Rinascente o stretti in una cerchia di sguardi e di commenti alla domenica davanti al bar, gli scooter di Pontedera sono parte del quotidiano in questo paese.

Un appuntamento da non mancare con il pubblico e la stampa è la Fiera Campionaria di Milano, per la quale D'Ascanio allestisce, nella primavera del 1952, la mirabile Vespa sul ramo di pesco.

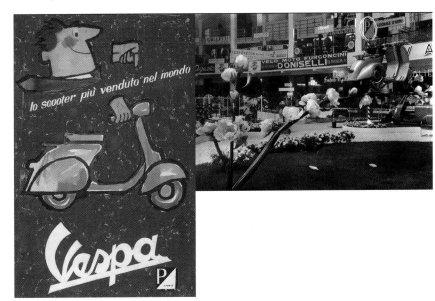

lo scooter più venduto nel mondo

Vespa

**N**el giugno del 1954, l'Entreposto Comercial de Moçambique in Lisbona, di sua iniziativa, scrive alla direzione aziendale dicendosi disposto a rinunciare alla commercializzazione della diretta concorrente e sottolineando che «l'expérience que nous avons eue avec la Lambretta nous sera sans doute très valuable et utile pour l'introduction de la Vespa dans un marché si limité». In effetti, lo scooter italiano riscuote tutto l'interesse delle compagnie cotonifere quale dotazione ideale per i sorveglianti nelle grandi piantagioni dell'isola.

*In Egitto si gioca con i segni di un passato millenario ponendoli a contrasto dello scooter, naturale complemento della donna moderna, occidentalizzata.*

In una Vespa che corre su una strada di provincia – la sagoma scura del padre alla guida, la madre accosciata di lato e il piccolo in grembo che, rivolto all'indietro, guarda dritto in macchina – c'è tutto un mondo all'alba degli anni Cinquanta.

### Evoluzioni possibili di un prodotto vincente

Il mercato si conquista anche nella corsa al ribasso. È botta e risposta fra Piaggio e Innocenti, e la si direbbe guerra aperta, nel '53, quando esce la Vespa "utilitaria" in risposta alla supereconomica Lambretta E.

Niente cromature o nichel, verniciatura completa di ogni dettaglio, faro al manubrio, cofano motore ridotto e non incernierato; il propulsore è quello della serie precedente, mentre sul modello lusso s'inaugura il 125 cc a luci di travaso incrociate. Eppure, stavolta le vendite non decollano.

I tecnici di Pontedera hanno comunque approfittato dell'esperienza per la messa a punto del modello destinato all'esportazione oltreoceano. Suona paradossale ma, come vedremo, il paese più ricco del mondo – «il mercato più difficile del mondo», come puntualizza la rivista aziendale – è accessibile solo grazie a un estenuante lavoro di lima sui costi di produzione.

Se l'economica 125 U non arriverà mai a decollare, un'altra Vespa registra invece una calorosa accoglienza. Nato dal successo di una competizione agonistica internazionale che vede il trionfo della scuderia Piaggio, il suo motore da 150 cc la spinge oltre il mu-

*All'esordio della Vespa 125 U come "utilitaria" – qui nel dettaglio che meglio la distingue – le aspettative di successo vanno tradite. Ma, a distanza di tempo, è questo uno dei modelli più apprezzati dai collezionisti.*

61

ro dei cento chilometri all'ora, nella versione GS.

«Dunque la Vespa 150 Gran Sport», scrive una rivista del settore nel 1954, «è per gli scooteristi quel che per gli automobilisti italiani sono la Ferrari, l'Aurelia Gran Turismo, l'Alfa Romeo Super Sprint».

Già si respira un'aria molto diversa a meno di dieci anni dalla fine della guerra, e la penetrazione del modello americano non trova ostacoli, arrivando a lambire una classe operaia fortemente politicizzata.

Nelle icone di un immaginario collettivo ansioso di adeguarsi alle grandi trasformazioni occorse nel costume e nella realtà economica del paese, d'ora in avanti Vespa si dimostra capace di tutto. Compare nel rusticano confronto fra Peppone e Don Camillo, è cavalcata da Brigitte Bardot o Joe Di Maggio, si celebra sul set di *Vacanze romane*, è offerta alla benedizione di Pio XII, viene poi raccomandata al "Papa buono" per le Missioni in Africa.

La produzione cresce senza soste fino a superare di slancio quota 500.000, dal novembre 1953. La celebrazione dell'evento era stata benedetta dall'Arcivescovo di Pisa alla presenza dei vertici aziendali, dei dirigenti le società di produzione all'estero, dei giornalisti invitati da tutto il mondo. Ai dipendenti, quel giorno, venne concesso un premio di 5.000 lire: congruo riconoscimento dell'impegno di molti e, inevitabilmente, mossa diplomatica nella dura partita in corso fra l'azienda e i suoi operai.

La celebrazione dei
successi aziendali, in
quest'epoca, è affidata
ad alti prelati: la scena
si ripeterà pressoché
identica a soli tre
anni di distanza, per
la milionesima Vespa.

Fra le prime elaborazioni messe a punto, l'Ape militare: oltre alla versione portabarelle se ne ipotizza l'impiego, per uomini e munizioni, quale supporto logistico a unità motorizzate che, naturalmente, avrebbero viaggiato in Vespa.

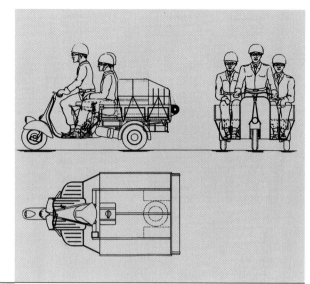

La straordinaria duttilità di questo triciclo a motore ne fa un mezzo d'uso corrente nelle campagne e nei centri urbani. Le proverbiali doti di arrampicatrice sono testimoniate da cimenti d'ogni sorta: ineguagliabile il trionfo sulla scalinata di Trinità dei Monti.

## Ape sta a Vespa come al cavallo il bue

La nascita della prima "centoventicinque" slitta di qualche mese nel 1947 perché, dal tavolo di D'Ascanio sino alla definizione del modello e alle prove dei collaudatori, sta prendendo corpo un sorpendente triciclo a motore.

Creatura bizzarra, ibrida all'apparenza, riuscirà a imporsi grazie a doti singolari di praticità, robustezza, maneggevolezza, economia, e al favorevolissimo rapporto tra peso totale e carico utile. La prima serie di Ape riprende la struttura dello scooter innestandovi un pianale, sul retro, e poco d'altro ancora.

Qualche modifica, certamente: differenziale e trasmissione finale a due catene, una per parte, avvia-

mento manuale a leva e freno posteriore a pedale, barre di torsione e ammortizzatori alle due ruote sotto il cassone in legno.

Dal primo giorno il suo segreto è nella ineguagliabile capacità metamorfica, nell'innato trasformismo che ne decreta il clamoroso successo nel piccolo trasporto di cose (e persone) per ogni angolo del mondo. Da Gallarate a Manila, da Caracas a Berlino, dalle banchine capresi di Marina Grande al trionfale Gateway of India di Bombay; che si tratti di panettoni o spazzatura, *perros calientes*, abiti di sartoria o scale antincendio, che si tratti di pomodori, manioca o melanzane, di porcellini d'India o del Presidente della Repubblica Federale di Germania Theodor Heuss, in visita a Siracusa, c'è posto per

ogni cosa e per ciascuno. Con qualche modifica di poco conto, niente di più.

Questo il risultato di una nuova declinazione del progetto Vespa: la nascita di un mezzo di trasporto commerciale che diviene sin da subito l'emblema dell'operosità artigiana, di una nuova dignità nel lavoro agricolo, della microimprenditorialità fiorita nei centri urbani e nella provincia, della modernità nei servizi della pubblica amministrazione, di un nuovo rapporto con il cliente da parte di aziende e marchi già storicamente affermati. Al confronto tra i due "insetti" di casa Piaggio, i numeri non sono paragonabili, ma così è nella logica delle cose. Per lo stabilimento di Pontedera la quota relativa di Ape si aggira, nei primi anni, attorno al 10 per cento della

**Per le vie di Milano, così come a Torino, Bologna, Roma, Napoli e Palermo, in occasione della Pasqua 1961 la Nestlé fa sfilare un corteo di questo genere.**

**Non solo Ape *rickshaw*, a migliaia, sulle strade del Pakistan, ma anche in Estremo Oriente e negli Stati Uniti per il trasporto di merci più convenzionali.**

Che sia per le strade
cittadine o nell'aia di
un casolare di campagna,
o nel tempo libero, a pesca
sul greto del torrente,
"Ape è il socio che
tutti vorrebbero avere".

Certo poco usuale
alle nostre latitudini,
la versione "risciò", così
italianizzata, viene messa
a punto nel 1956 anche
per l'Ape C, diffusa
ormai da un paio d'anni.

produzione Vespa. Ciononostante, il suo prezioso contributo alla nuova prosperità aziendale ricorre puntualmente nelle relazioni di bilancio.

La morfologia del tre-ruote più diffuso al mondo si dimostra soprendentemente instabile: nel corso del tempo assisteremo a una vera metamorfosi.

Il motore migrerà sull'assale posteriore, verranno introdotti l'avviamento elettrico e il pianale metallico, intanto che la cabina sempre più confortevole e protetta, l'adozione della guida a volante, il doppio faro anteriore e la sempre maggiore potenza, la sempre maggiore capacità di carico ne determineranno l'inarrestabile evoluzione verso la forma "auto". Sino alla mutazione finale in Ape Poker: con almeno quarant'anni e una ruota in più.

Pentarò come "cinque ruote", nel 1961. L'Ape diviene qui la motrice di un motoarticolato capace di portare sette quintali. Il rimorchio misura oltre due metri e mezzo e, inizialmente, era previsto svincolabile così da consentire la libera circolazione della sola motrice. Non lievi difficoltà d'immatricolazione, timori per una doppia tassa di circolazione e per vincoli normativi che ne limiterebbero la lunghezza a quattro metri: è vita difficile per un progetto innovativo quanto sfortunato. Nonostante tutto, fra gli acquirenti figurano la Rinascente, Upim, Farmitalia, Michelin, Maserati, Alitalia, Olivetti.

Destinato più che altro alla circolazione urbana per i più svariati generi di trasporto, qui una jazz band romana prodotta dalla RCA nel 1962, il Pentarò trova applicazione anche nel lavoro agricolo.

Tema: trasporti generici per la microimprenditorialità e aziende d'ogni dimensione, con un rapporto qualità-prezzo imbattibile.
Da «chi l'acquista non li spende, li guadagna» alla pubblicità portoghese anni Sessanta e ad «Ape è capace» (1980): il mezzo si evolve col tempo, ma il messaggio non cambia.

## GLI ANNI DI APE

*1947: l'Ape 125 è priva di cabina, la sella poggia sul cofano motore; la trasmissione finale è a catena; il cassone in legno porta due quintali. La produzione (1947-52) è di 20.156 pezzi.*

*1953: la cilindrata sale a 150 cc; il telaio, di nuova concezione, prevede anche una versione con pianale metallico ribaltabile.*

*1956: l'Ape C è dotata di una vera e propria cabina che può ospitare due persone; la portata è ora di tre quintali e mezzo.*

*1964: Ape D, con cabina chiusa; il passo è allungato di 80 mm, la cilindrata tocca i 170 cc; il faro sta al centro dello scudo.*

*1966: il telaio ha una sagoma ad H, con tanto di semiassi e ammortizzatori idraulici; il motore poggia su una struttura "a slitta".*

*1968: MPV, questa è la sigla della prima Ape con guida a volante; doppio faro sullo scudo anteriore e sei quintali di portata.*

*1969: senzatarga su tre ruote, l'Ape 50 porta due quintali; l'anno seguente verrà motorizzato anche con un 125 cc.*

*1971: Ape Car con nuova scocca; cabina rifinita, confortevole e, più che mai, guida a volante.*

*1982: su disegno di Giugiaro l'Ape TM, con guida a manubrio o a volante, ha sette quintali di portata, nuove sospensioni e il motore da 220 cc montato direttamente sul telaio.*

*1984: il più piccolo Diesel a iniezione diretta del mondo, un motore "pulito" con cambio a cinque marce; in capo a due anni, Ape Car Diesel è campione di portata, con nove quintali.*

*1990: Ape Poker "quadriciclo a motore", insomma una ruota in più; in due versioni, per guida con patente auto o a sedici anni.*

*1994: Ape Cross, originale e colorata, è dedicata al pubblico giovanile che sceglie di utilizzare l'"Apino" in alternativa alle due ruote.*

*1999: inizia in giugno, nello stabilimento di Baramati, la produzione indiana dell'Ape 501 (modelli Cargo e Auto).*

*2000: viene commercializzata in Europa l'Ape TM Catalyzed.*

*2002: si commercializza, nel mese di novembre, l'ultima versione di Ape 50 in linea con le nuove normative Euro2.*

# LA CITTÀ, LA FABBRICA, GLI UOMINI

LA CITTÀ,
LA FABBRICA,
GLI UOMINI

Alla colonia Rinaldo Piaggio, qui dalla rivista aziendale, "Domus" dedicava una pubblicazione già nel 1940: «Per onorare la sua memoria in modo consono ai sentimenti che fecero della sua vita un apostolato di patriottismo, di amore alla famiglia, di attaccamento al lavoro, di paterno affetto per i suoi operai, la Società deliberava di creare una colonia per i bambini dei suoi dipendenti».

Inevitabile che un'impresa industriale di questa portata giochi da protagonista in un'area tradizionalmente agricolo-artigiana. Un'azienda che conta più di tremila dipendenti può essere un interlocutore difficile in una cittadina di provincia come Pontedera; e d'altro canto può farsi motore di sviluppo, rivelarsi capace di un contributo sensibile in termini di infrastrutture e di servizi, per gli interni e per la comunità locale.

Il Villaggio Piaggio con il centro sportivo e la chiesa, il circolo ricreativo, la biblioteca e l'albergo, l'asilo intitolato a Elena Piaggio Odero, così come la colonia montana di Santo Stefano d'Aveto, in Liguria, ancora danno testimonianza di un impegno concreto. E d'altra parte, si direbbero ispirati a una con-

cezione che in questo dopoguerra non sembra riproponibile senza difficoltà. E infatti certa stampa ne denuncia l'inadeguatezza – 3.800 dipendenti a fronte di sole 140 abitazioni, nel 1954, ma comunque in crescita – l'opprimente regolamentazione interna, i favoritismi nelle assegnazioni.

Gli operai di questa «ridente cittadina toscana» descritti sulla «Nazione» nel giugno del 1955 – dove tutto sembra ruotare attorno alle magiche vie aeree della catena di montaggio e tutto è improntato al bene comune, fra i ricordi delle "medaglie d'oro" al lavoro e il corso di cucito per le bimbe, al Villaggio – fanno gentilmente recapitare all'estensore dell'articolo un sacco con le loro buste paga e un velenoso comunicato della Fiom.

## Anni di crescita e duro confronto sociale

Sono anni duri. La contrapposizione fra padronato e lavoratori ha i toni dello scontro aperto.

È l'Italia del Piano Marshall – e Piaggio otterrà un credito di migliaia di dollari per acquistare le gigantesche presse idrauliche americane necessarie alla produzione di Vespa –, l'Italia delle pesanti ingerenze dall'estero e dal Vaticano, delle armi partigiane ancora seppellite nella vigna, l'Italia della strage di Portella della Ginestra, dell'attentato a Togliatti, e sarà presto quella del governo Tambroni: un Paese, a momenti, sull'orlo del baratro. Non si danno mediazioni possibili, non più che tanto.

La vita nelle fabbriche è difficile. L'attività sindacale viene mal tollerata, le guardie aziendali esercitano un controllo serrato, con perquisizioni, multe, pedinamenti che sconfinano oltre i limiti dello stabilimento. La tutela della salute, per chi segue le lavorazioni più onerose alla fonderia o nel reparto verniciature, è cosa di là da venire. Lasciare la postazione di lavoro, foss'anche per andare ai servizi – dove si passano notizie o volantini sindacali, di soppiatto, tanto che porte e serrature sono state abolite – è consentito solo a chi è dotato di un "disco di passo" rilasciato dai capireparto.

Agli scioperi e ai picchettaggi duri, l'azienda risponde inviando i camion a prelevare a casa i dipendenti disposti a lavorare, con la protezione della Celere. Nella Commissione interna si fronteggiano CGIL e CISL, quest'ultima accusata di atteggiamenti filopa-

Lavoro, attività sindacale, innovazione tecnologica e scontro sociale: quel che resta del paternalismo d'un tempo si conserva per diversi anni ancora nella tradizionale "Befana degli operai", dedicata ai piccoli ospiti dell'asilo presso il Villaggio Piaggio.

«Piaggio ha la chiave di questa città», scriveva Lietta Tornabuoni sul "Lavoro": «decide dei matrimoni, perché nelle famiglie si cerca sempre di dare la figlia a un suo operaio, e decide anche della vita della gente».
La grande fabbrica lungo la ferrovia, per migliaia e migliaia di persone, nonostante le forti tensioni, può rappresentare la sicurezza economica e la speranza di una vita migliore.

**A**lveare e non piuttosto nido di vespe era stata definita la «sonante officina» di Pontedera sul numero inaugurale della rivista "Piaggio".
Là dove «l'impegno di ogni singolo per migliorare la produzione si affina e si rafforza con slancio spontaneo e con illuminata passione».
Con tutto questo, le tensioni all'interno della grande fabbrica e fuori dai cancelli non mancano.

dronali e tuttavia aliena dal massimalismo che ancora affligge la rappresentanza comunista.

L'atmosfera è pesante. Sui volantini si dà conto degli stipendi dei dirigenti, citando nome e cognome di ciascuno; si fanno i conti in tasca alla direzione calcolando i margini di guadagno per ogni Vespa prodotta; si preme per un adeguato riconoscimento delle qualifiche; si polemizza a proposito dei centri di produzione all'estero o di un sospetto accordo con la Fiat, che costringerebbe Piaggio a non esporsi sul mercato automobilistico nazionale. Già affiora quella spinta ad andare oltre, a intervenire nelle scelte strategiche aziendali che caratterizzerà la politica sindacale negli anni a venire.

L'imprenditore celebrato sulle pagine del «Financial Times» o del "Readers' Digest" per il suo innegabile coraggio e la prodigiosa lungimiranza, *the man who put Italy on two wheels*, può così apparire sotto una diversa luce, specie in questi anni in cui l'enorme serbatoio di disoccupazione a cui attingere consente grande libertà di azione.

È tutto il Paese a dover fare ancora molta strada in avanti per la piena dignità del lavoro, per la tutela della salute in fabbrica, per un eguale trattamento economico di uomini e donne, per una maggiore giustizia sociale. Anche la Piaggio di Pontedera va in questa direzione.

## Gli "alveari" d'Oltralpe

Vacanze italiane per Claude McCormack, nel 1948, e non a caso. Il direttore della Douglas di Bristol, azienda motociclistica e meccanica nata nel 1907, con oltre mille operai e ormai a un passo dal fallimento, è a caccia di Vespe.

L'accoglienza dei primi esemplari d'importazione, esposti al Motorcycle Show di Earl's Court nel '49 in seguito all'accordo Douglas-Piaggio, è entusiasmante: piovono centinaia di ordinazioni a Pontedera. Già si prefigura la duplicazione dell'intero ciclo produttivo nelle officine inglesi; alcune componenti, in realtà, verranno importate dalla casa madre.

In capo a due anni esce la prima 125 modificata,

nella quale il faro migra al centro dello scudo, secondo la normativa inglese. È l'unico modello in produzione e tale rimarrà. Ammiratissima, si afferma come prodotto di medio-alto livello, dato il costo quasi doppio rispetto a una motocicletta di analoghe prestazioni. Prezioso giocattolo continentale per la buona società, snobbato dai puristi in quella che è la vera patria del motociclismo, lo scooter italiano non tarda però a trovare il suo pubblico e i primi antagonisti di rango, come BSA. Nel '52 la Vespa è commercializzata in 350 punti vendita sul territorio inglese, e metà degli acquirenti sono donne. «In tutto l'Impero inglese», informa l'azienda, «il suo nome è familiare». Ancora di là da venire è il "fenomeno mod" che, paradossalmente, esploderà quando ormai ver-

ranno chiuse le linee di produzione dopo nove anni e 126.000 esemplari prodotti. Douglas preferisce limitarsi, dal 1960, a operare come importatore esclusivo.

Jacob Oswald Hoffmann incontra Vespa al Salone di Francoforte nel 1949. Prende immediati contatti per acquisire la licenza di produzione, rientra a Lintorf, perfeziona l'accordo e dà inizio alla costruzione di un nuovo reparto a lato dei capannoni della Hoffmann Werke, cuore produttivo di questo paesotto poco a nord di Düsseldorf.

Dieci mesi più tardi siamo all'uscita del primo esemplare dalla "linea" modellata sull'esempio dell'originale italiano, sebbene in scala ridotta.

Al successivo appuntamento di Francoforte, le ordi-

Il produttore inglese, sulle prime, azzarda anche una rielaborazione del logotipo Vespa combinandolo con il nome della sua azienda; ma la cosa verrà ben presto lasciata cadere.

I centri di produzione in altri paesi europei nascono, all'alba degli anni Cinquanta, dall'esigenza di evitare i pesanti dazi doganali sui prodotti finiti. È tedesca la prima Vespa nata fuor dall'Italia: in casa Hoffmann, il 14 marzo 1950.

*Professor Nachtfalter* (1951) con regia di Rolf Meyer è il primo film a mettere in scena lo scooter di Pontedera, là dove un fascinoso insegnante di musica cerca di sottrarsi con ogni sforzo alle insidie delle sue allieve.

Turismo, raid, raduni, bellezze al bagno e il notiziario del Vespa Club von Deutschland; ma anche un modulo, a margine, per contattare Vespa GmbH. Questa è succeduta alla Messerschmitt, cui si deve l'introduzione di una speciale 150 GS corredata di frecce posteriori, nel '55.

Ecco la pietra dello scandalo, ovvero la rutilante Königin fornita da Hoffmann al cliente già completa di paraurti anteriore, sella per il passeggero, molte finiture cromate e l'inconfondibile faro di profondità, alla ruota, in aggiunta a quello montato sul manubrio.

nazioni raccolte presso lo stand Hoffmann già coprono l'intera produzione di un anno. Un'inchiesta Gallup rileva che i fortunati possessori della Vespa, in questo paese uscito a pezzi dalla guerra e ora in rapida ascesa, rientrano nella seguenti categorie: «industriali, commercianti e artigiani, 34 per cento; impiegati, 24 per cento; liberi professionisti, 23 per cento; operai, 6 per cento». Anche qui come già in Inghilterra, un prodotto di lusso o quasi.

Una flessione nelle vendite, dopo un luminoso 1953 con quattrocento esemplari alla settimana, suggerisce a Hoffman la messa a punto della lussuosa versione Königin. L'impegno finanziario per l'azienda è notevole, il risultato disastroso: le modifiche alla 125, non autorizzate dalla casa madre, offriranno l'estro a Enrico Piaggio per risolvere infine il contratto. Un'occasione attesa da tempo, se è vero che tre mesi più tardi, nella primavera del 1955, le 150 versione Touren e GS prodotte dalla neonata Messerschmitt-Vespa sono già sulle strade.

Due anni soltanto e poi la nuova crisi. Nasce ad Augsburg la Vespa GmbH, società partecipata dalla Piaggio. In listino, oltre alle 150 già note al pubblico, la 125 che esordirà del 1958: nuovo motore, nuova scocca, grandi aspettative di vendita. Cinque anni più tardi, di fronte a un mercato ormai in piena contrazione nel settore, la scelta di chiudere gli impianti e avviare l'importazione diretta dall'Italia.

Terza, anzi quarta in ordine di tempo a adottare *el pequeño coche de dos ruedas*, dopo Inghilterra, Germania e Francia, la Spagna fa storia a sé. L'accoglienza è calorosa. "El Mundo Deportivo" del 4 febbraio 1953 predice un solare avvenire per «este tipo de vehículos, cuya calidad mecánica y cuyas dotes de turismo y de rendimiento hoy están por encima de toda discusión». Moto Vespa S.A., di Madrid, inaugura gli stabilimenti di ventimila metri quadri il 2 dicembre '52.

La 125 è venduta a 16.500 pesetas, prezzo alto eppure ancora accessibile in un paese non ricco ma passato indenne ai margini del conflitto, e che tradisce una forte volontà di modernizzazione specie nel settore trasporti. La sua misura naturale, in questa fase, è quella dello scooter e non dell'automobile.

Discrete all'avvio, presto le vendite si stabilizzano al meglio: 50.000 esemplari della 125, nei primi quattro anni. La rete di vendita e assistenza, già nel 1954, si è estesa dalle Baleari alla Galizia, dall'Andalusia al Paese Basco. Nel lungo periodo, è la tenuta del mercato a stupire. Alla 125 seguiranno presto i modelli da 150 cc e quindi il Vespino, spagnolo di nascita e destinato al successo, e ancora le serie successive fino agli anni della PX e alla produzione odierna.

Vespa appare una prima volta in Francia, al Salone di Parigi, nell'ottobre del 1947; ma la regolare importazione prende avvio almeno due anni più tardi. E di nuovo, al fine di aggirare i pesanti dazi doganali, si prendono accordi con una licenziataria locale.

La Spagna offre un mercato favorevole, manodopera a basso costo e molte analogie con l'Italia: «¡Hay que a Vesparse!»... e qui siamo venuti per restare.

Sciamano i vespisti davanti a una *plaza de toros*; a Canillejas, periferia di Madrid, Enrico Piaggio presenzia all'uscita della prima scocca dalle linee di Moto Vespa, ancora attive dopo mezzo secolo.

Ateliers de Construction de Motocycles et Accessoires, in breve A.C.M.A., è la società parigina che s'impegna a rilevare uno stabilimento quasi dismesso a Fourchambault, nella regione centrale del Paese, agevolata da un favorevole regime di minimi salariali vigente nella zona. Imponente l'investimento nelle strutture, nell'aggiornamento degli impianti, nella costruzione di quartieri abitativi per la manodopera giunta da fuori. Fortunatamente la produzione, dal marzo 1951, registra una crescita inarrestabile, tanto che quattro anni più tardi la produzione è pari ai due terzi di quella italiana. Vespa ha agito da catalizzatore sul mercato francese. Il settore ha prodotto complessivamente quasi un milione di pezzi, di cui oltre l'ottanta per cento con motorizzazioni inferiori ai 200

cc. La sfida dei grandi marchi, già affermatisi nei ciclomotori, è guerra aperta. La stessa Lambretta, alla quale i modelli francesi si ispirano, qui è ben radicata. Ma Fourchamabult marcia a pieno ritmo.

La Crisi di Suez del 1956 con l'aumento della benzina – sino ad allora la più economica in Europa, dopo l'Italia – e una doppia stangata fiscale segneranno l'inizio della fine. La chiusura degli impianti è del '62, ma il mercato francese saprà riservare altre sorprese per la Vespa, come una 50 cc con tanto di pedali.

### Scooter da guerra

Nasce in Francia nel 1956, destinata alla guerra in Algeria, la versione militare: motore da 150 cc, rapporti al cambio modificati e struttura rinforzata con vistosi adattamenti tecnici.

Si tratta, in realtà, di un progetto accarezzato a Pontedera già da qualche anno.

Dopo avere cercato di portare a buon fine i contatti con Carabinieri e Polizia sin dal 1949 – «è pietoso vedere arrancare i carabinieri sulle vetuste biciclette, ed è motivo di sfiducia nel pubblico che molti, moltissimi delinquenti forniti di ottimi mezzi di trasporto, spesso e volentieri la facciano in barba alla Legge», scriveva il Comando Generale dell'Arma, in Roma – si fa strada alla Piaggio l'ipotesi d'una Vespa speciale, destinata alla Forze Armate. Nel '51 la cosa sembra più concreta, ma l'interlocutore è cambiato. Oreste Bonomi, uomo di fiducia a Roma, si offre ora di «sottoporre al Comando del Fronte Atlantico un

programma che chiamerei Vespa Forze Armate», ed entra nei dettagli.

Le doti dello scooter appaiono incontestabili a confronto con una motocicletta di 500 cc: niente catena di trasmissione, impianto elettrico minimo eppure efficiente, possibile doppia ruota di scorta, grandi doti di maneggevolezza e leggerezza. Quanto alle prestazioni si rileva che «nelle gare di regolarità il minimo imposto ad una Vespa è di soli 5 km orari inferiore a quello di una moto di 500 cc». Destinata alle truppe di scorta ai convogli di automezzi, la squadriglia Vespa verrebbe corredata di un contingente Ape con funzioni di assistenza tecnica. Il 18 settembre 1952, Fred J. Desautel della Mutual Security Agency relaziona entusiasta sulla vista agli stabilimenti di Pontedera.

Ancora un anno, e il Centro Studi ed Esperienze dell'Esercito Italiano manifesta analogo entusiasmo dopo avere assistito a ogni sorta di prove tecniche. Eppure niente di concreto, con gran dispetto dei vertici aziendali. La concorrenza milanese non c'entra affatto, scrive Piaggio a Bonomi. Quanto al patrio esercito, «Le confermo che non siamo interessati a sollecitare forniture statali, quando sappiamo che tali Organi pagano poco e male». E dopo ben ventisette mesi di trattative «da Lei condotte con il Nato... Le confermo che tutto questo mi convince ancora una volta come "i militari" sia meglio perderli che trovarli».

Per la Vespa M, come "militare", si prevedono la forcella al manubrio sulla quale impernare il fucile mitragliatore, l'apparecchio radio sotto la sella e, ancora da riconfermare, uno scudo rinforzato «più resistente ai colpi di arma da fuoco a distanza».

Effettivamente operativa e in forza all'esercito francese, la versione qui a fianco può trainare un piccolo rimorchio.

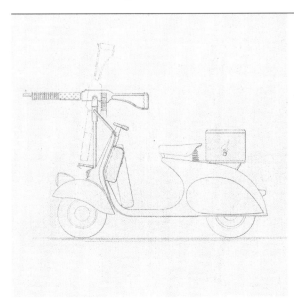

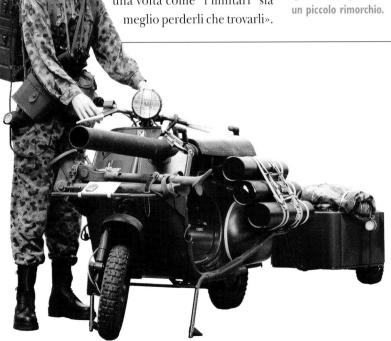

74

Non sono trascorsi cinque anni dalla fine della guerra, e la voglia di lasciarsi alle spalle ogni cosa, anche i piccoli e grandi problemi quotidiani, porta molti a ritrovarsi in corteo su due ruote. Pacificamente inquadrati in diverse città, il 6 maggio 1951 celebrano la Giornata del Vespista: nell'occasione si registrano ventimila presenze.

Cosa strana parlare di turismo in un paese che, ai primi anni Cinquanta, ha ben quattro milioni di famiglie che consumano carne una volta la settimana e almeno tre milioni, su un totale di dodici, che l'assaggiano solo nelle grandi occasioni o, più semplicemente, ne fanno a meno del tutto. Nel 1954, e non prima, si torna al misero consumo procapite di anteguerra: nove chili l'anno, con la proverbiale iniquità del dato statistico. Meno del 10 per cento delle case sul territorio nazionale dispone contemporaneamente di elettricità, acqua e servizi interni. Nella capitale oltre novantamila persone si adattano a vivere in capanne, sotterranei e magazzini; altre diecimila sono ammassate in scuole chiuse oppure in ex-caserme. Eppure Vespa accompagna migliaia

e migliaia di italiani al mare e ai monti, in campeggi, pensioni e locande, nella casa di campagna dove ancora vivono i parenti o nelle gite fuori porta.

A dispetto della rete stradale carente, non sembra esserci un limite "naturale" per lo scooter. Si fa di necessità virtù, e centinaia di chilometri vengono percorsi in tutta semplicità. Si richiedono entusiasmo, costanza e un tantino di spirito di sacrificio; come per le rate ancora da pagare alla concessionaria.

Caratteristica è la dimensione corale, l'andamento carovaniero del turismo vespistico. Sfilano giovani e meno giovani, coppie a volte con prole, tutti per il momento accomunati da abbigliamento e modi analoghi, la novità essendo rappresentata dalle donne piuttosto che dai giovani in quanto tali, come avverrà

Nel luglio 1953 "Documenti di Vita Italiana" dedica uno speciale al "fenomeno motorscooter", esibendo i dati relativi alla composizione percentuale della clientela, secondo la professione e l'età. Professione: operai 30 per cento, impiegati 30, commercianti 16, artigiani 10, professionisti 7, studenti 3 e medici 2 per cento, così come i sacerdoti. Età: 5 per cento giovani dai 18 ai 20 anni; 40 per cento dai 21 ai 31 anni; 35 per cento dai 31 ai 40 anni e infine 20 per cento oltre i 40 anni.

Improbabili week-end sulle nevi o al mare, piuttosto. «Gli italiani sanno fare miracoli», scrive l'"Irish Independent", «ammassando e legando ben stretta ogni cosa... E domenica mattina una Vespa con su moglie e marito, il cane, due figli e la cesta del pic-nic corre verso il mare, trenta miglia più in là».

Fra città e campagna, lavoro e tempo libero: così in Francia sulle pagine di un depliant, come in Italia con i raid vespistici per sole donne, che subito riscuotono grande successo.

poi negli anni Sessanta. Si avverte chiara emergere l'utenza femminile, svincolata da ruoli subalterni, autonoma infine e comunque a suo agio, orgogliosa anzi di prodursi con ostentata naturalezza nei percorsi più impegnativi. È la smania di muoversi, di concedersi il lusso di un tempo e di uno spazio sottratti al lavoro e alla morsa della città – una dimensione ancora inedita per molti –, è il piacere di viaggiare autonomi, sul proprio mezzo. È la nuova "libertà del motore".

In alcuni si rinnova la smania adolescenziale dell'ardua impresa. Da Battipaglia a Vienna passando per Venezia, e ritorno: quattro coppie di sposi all'unisono. Da Brema alla volta di Pesto, intendasi Paestum, nell'estate del '51 come il Dr. Knipper e Signora. Intorno al mondo, tre anni e tre mesi con tanto di rimorchio a due ruote attraverso Turchia, Pakistan, Indonesia, Giappone e Stati Uniti, come Herr Diether Ebeler e la sua bionda Dagmar, contessa di Bernstorff. Su e giù per i passi alpini, mille chilometri in ventitré ore filate; è il caso di Renzo Faroppa, determinato a «sfondare là dove concezioni ancora arretrate» vorrebbero negare l'evidente primato dello scooter. E accanto a lui il coriaceo vespista Arduino Sturaro, capace di correre da Milano a Copenhagen in «trenta ore e mezza».

Nume tutelare del dilagante fenomeno, propugnatore di questa celebrata femminilità a due ruote, di questa smania d'ardimentosi cimenti e bizzarre gimcane di paese, è Renato Tassinari. A questo giornalista del «Corriere dello Sport», reclutato da Enrico Piaggio nell'immediato dopoguerra, si deve la creazione del fenomeno Vespa Club.

Da Bangkok a Città del Capo, dall'Iran degli Scià fino in Australia con la sua popolosa comunità italiana, gli avamposti di questo singolare universo "a ruote basse" sventolano il guidone del Vespa Club.

## Un'ardimentosa compagine

«Ormai noi da attori siamo diventati spettatori e non avremmo mai osato sperare che i nostri colori e le nostre insegne, ideate e abbozzate qui a Viareggio, avrebbero varcato i confini e si sarebbero levate anche nelle più lontane contrade, e sotto le più diverse latitudini».

L'intervento di Renato Tassinari nel X Congresso dei Vespa Club d'Italia celebra i fasti di un'associazione diffusa ormai da Hong Kong all'Argentina, dal Sudafrica all'Islanda.

«Si tratta, voi ben lo sapete, di un movimento che racchiude in sé soltanto correnti di bontà, senza il tossico dell'odio politico, senza le intransigenze di nebulosi o irraggiungibili idealismi, un movimento che

si realizza, si esprime e si moltiplica nel battito unisono di piccoli motori e di cuori sereni liberati a distanza, alla ricerca di bei paesaggi e di amicizie fraterne». Un po' retorico ma efficace; nello stile del personaggio.

Dietro di lui, nell'arco di un decennio, si è creata una notevole macchina organizzativa capace di produrre raduni e raid turistici, sfilate in costume, competizioni sportive, cacce al tesoro, concorsi di bellezza e serate danzanti. «Promuovere, propugnare e difendere gli interessi degli utenti della Vespa; inquadrare, tutelare e disciplinare l'attività dei gruppi periferici, con particolare riferimento all'attività turistica...»: questo è nello statuto dell'associazione.

Iscriversi al Vespa Club d'Italia, recita l'annuncio, dà diritto a quanto segue: distintivo sociale, guidoncino,

Nell'assolata estate del '57 i giudici di gara presidiano un punto di controllo del Rally Eurovespa a Barcellona. Già nel 1953 i vari Club nazionali sono confluiti nel Vespa Club d'Europa; questo, a partire dal 1965, accoglierà le adesioni dagli altri continenti assumendo la denominazione di Vespa Club Mondial, e infine quella di Fédération Internationale des Vespa Clubs (FIV).

carta stradale d'Italia (1:650.000), sconti e facilitazioni presso alberghi, ristoranti e negozi raccomandati in tutta Italia; sconto del 3 per cento «per il cambio della Vespa»; polizza di assicurazione a prezzi di favore; abbonamento a metà prezzo alla rivista aziendale; facilitazioni in occasione di raduni, viaggi all'estero, gite.

Gli affiliati, in realtà, sono capaci di tutto. Scortano l'auto dei Principi di Monaco in visita a Roma, consegnano omaggi in gondola ai vigili veneziani nel giorno della Befana, si travestono da marziani per le strade di Parigi, da Gianduja nel Parco del Valentino, da pellerossa in Danimarca, resistono in sella da Madrid alla Città Santa per rendere omaggio al Santo Padre, distribuiscono pacchi natalizi ai bambini bisognosi, corrono tra i birilli e sopra le assi d'equilibrio nella gimcana d'Oristano come in quella di Caracas o di New York... e tutto a maggior gloria dell'ineguagliabile scooter di cui recano le insegne.

## Mille chilometri per gli audaci

Massima espressione dello spirito associativo e notevole banco di prova, non tanto dell'affidabilità del mezzo quanto della sua larga fruibilità, è l'Audax Vespistico dei 1000 chilometri.

La formula è quella della gara di regolarità: velocità consentita 50 km/h, graduatoria sulle medie tenute in due prove di 200 chilometri estratte a sorte fra le cinque sostenute. Montepremi di quasi cinque milioni, vale a dire un mucchio di denaro. La seconda edizione parte da Brescia il 5 di luglio, raggiunge «l'ita-

lianissima Trieste» quindi ridiscende a sud, attraversa l'Emilia e poi Milano, per «saldare l'anello del percorso» di nuovo a Brescia.

Sono 111 i Vespa Club d'Italia in questo 1952; e ben 365 i concorrenti. E c'è di tutto. La «Gazzetta dello Sport» allinea una colorita galleria di ritratti in punta di penna. Polga Francesco, fornaio, che la mattina del lunedì già riapre bottega alle tre di notte, senza potersi concedere riposo. Angeli Giuseppe, "piombista" di Bologna, alla sua prima gara. Cielo Adriano, sedicenne, il più giovane; e Adami Matilde, studentessa alla guida. Il sarto di Savigliano, De Agostino Domenico, è in cerca «d'un briciolo di gloria... perché non si vive di solo pane». De Palma Giuseppe, milanese, si presenta al controllo tenendo per gli orecchi una lepre,

Attraverso il Meridione d'Italia per 1.807 chilometri, un vespista francese al Giro dei Tre Mari ricorda Salerno languente al sole, i campi avari dei contadini calabresi, i cani randagi, le trivellazioni petrolifere in Sicilia.

Undici nazioni e ben 1.500 partecipanti al raduno di Sanremo nel 1955.

Singolari personaggi, con cronometro e *log-book*, a Gijón per la XX Provincias.

investita nel buio della notte. E Ambrosetti Aldo, ingegnere alla Edison, mutilato di guerra: col solo braccio sinistro, grazie ai comandi modificati al manubrio – si avverte un pathos deamicisiano – provvede a cambiare la ruota dopo una foratura e trascina il mezzo, a secco di benzina, in cerca di una pompa di carburante. Ma taglierà il traguardo "in media Audax".

Al termine della manifestazione, puntuali, le lettere di ringraziamento firmate personalmente da Enrico Piaggio vengono recapitate al Club organizzatore e alle stazioni di servizio che hanno prestato assistenza lungo il percorso. L'amministratore delegato segue da vicino almeno le principali iniziative del genere.

Così come riceve in anticipo, per l'approvazione, i testi degli editoriali di Tassinari destinati alla rivista

aziendale, allo stesso modo interviene a rettificare l'ultima tappa del Giro dei Tre Mari. «L'aumentare una tappa porta, evidentemente, ad un giorno in più di gara con relative spese, per cui tale soluzione è stata scartata. Viceversa, la prego di esaminare subito la seguente soluzione...», e Piaggio scandisce il percorso, il chilometraggio, esorta a provvedere subito alle sistemazioni per alloggiare la grande carovana. Al di là del colore e delle bizzarrie dei Vespa Club, l'efficienza innegabile della logistica tradisce una meticolosa preparazione e il supporto di un apparato organizzativo definito senza false modestie «davvero colossale e signorile», in occasione del raduno internazionale sanremese nel 1955.

Il giorno 8 febbraio di quello stesso anno, all'Hotel Gallia di Milano convergono i rappresentanti dei club di Belgio, Francia, Germania, Svizzera, Olanda e naturalmente Italia, per la fondazione del Vespa Club d'Europa. Si auspica che divenga il «cuore del Vespismo europeo, che palpiti ed agisca per coordinare ed unificare tante energie associative... in modo che il Vespista non si senta mai solo, non si senta mai isolato, e soprattutto non si senta straniero anche se lontano dalla sua Patria». Così ha ben detto il Tassinari, eletto per acclamazione alla presidenza.

Quello della patria si direbbe un tema caro al cuore del vespista consociato, ma l'irredentismo è tema ancora caldo in quei giorni. Nilla Pizzi, due anni prima, vinceva a Sanremo con *Vola colomba*, chiaramente ispirata alla questione di Trieste. E il memorabile raduno nazionale in quella città ha il suo climax all'atto in

«Le Vespe erano adorne di tricolori e molte sventolavano bandiere» per le vie di Trieste; qui la rappresentanza dei club di Palermo, Siracusa e Catania, con un messaggio «per i mai dimenticati fratelli istriani».

cui il presidente, a nome del Vespa Club d'Italia, depone ai piedi del Monumento ai Caduti la fiaccola accesa a Trento, due anni prima, dalla vedova di Cesare Battisti e consegnata dai vespisti trentini ai confratelli triestini sul Ponte di Bassano. Siamo nel 1954 e, dopo la guerra, le persecuzioni e gli espropri, la firma del Memorandum d'Intesa restituisce Trieste all'Italia.

Una volta di più, andando oltre la retorica delle celebrazioni, la vicenda di Vespa s'intreccia con la storia italiana, riflettendone nei toni e nei temi la temperatura emotiva, l'atteggiamento psicologico, i simboli più largamente condivisi. La rivista "Life", in occasione del passaggio di Trieste all'amministrazione italiana, il 15 novembre 1954 pubblica una fotografia con il corteo dei vespisti che sciamano per le vie della città.

A fronte: la presenza femminile si fa ogni anno più consistente e non solo nei raduni d'ogni livello, ma anche nelle prove agonistiche più impegnative, dove a volte i giudici di gara tradiscono ancora un filo di perplessità.

«Il vostro arrivo, amici vespisti», esordisce il prosindaco Visintin in Piazza dell'Unità, davanti a migliaia di persone, «precede di poche ore l'arrivo di quelle truppe italiane che attendevamo da più di undici anni».

La Lambretta 125 C, qui al termine della linea di montaggio, a tre anni dagli esordi dello scooter milanese ne codifica i tratti più caratteristici.

Il giovane Luigi Innocenti che succede al fondatore, cavalier Ferdinando, è sulle pagine di "Time" il 12 gennaio 1962. Vicepresidente della società dal '58, a lui si dovrà l'espansione sul difficile mercato dell'auto di lì a un paio d'anni.

Opposta e speculare alla grande antagonista che l'ha preceduta sul mercato – e la batterà clamorosamente alla distanza –, Lambretta nasce per l'intuizione di un grande industriale, suggestionato dai Cushman americani al seguito della US Army, ancora nel giugno 1944.

L'azienda nasce negli anni Venti, con l'allestimento di un deposito-officina in Roma che si aggiudicherà alcune grosse commesse dal Vaticano. L'insediamento a Lambrate, nell'immediata periferia milanese, è dei primi anni Trenta quando già il "ponteggio Innocenti", con il caratteristico giunto multidirezionale su licenza inglese, si sta imponendo di forza sul mercato edile. Ma la produzione è bene articolata in ponteggi metallici e tralicci, condotte per acquedotti e irrigazione, tuba-

L'associazione di categoria dei produttori di motocicli (A.N.C.M.A.) indice una riunione nell'ottobre 1951 fra Moto Guzzi, Macchi, Innocenti, Gilera, Iso e Rumi: ordine del giorno, «Definizione Scooter». Piaggio insiste perché venga approvata la formula concordata con l'antagonista lombardo, bollando come spurie «le moto mascherate da motorscooter... come il Galletto e il Rumi». Dunque, «veicolo a motore senza pedali per la propulsione umana, caratterizzato da un telaio aperto nel quale la parte anteriore e la parte posteriore sono unite da una pedana continua e da due ruote aventi cerchio di diametro massimo di 12 pollici», con tanto di schema allegato.

Capace di oltre sessanta chilometri con un litro di miscela, la 125 E monta il cilindro in posizione verticale. L'avviamento a strappo, evidentemente mal concepito, diviene ben presto l'incubo degli sfortunati proprietari prima che l'azienda si risolva a interromperne la produzione già nel 1954, a solo un anno dall'esordio.

zioni per gas e liquidi, sonde di perforazione, macchinari per la lavorazione di metallo e vetro. Alle commesse per affusti di cannoni e proiettili si devono le ingenti distruzioni dei capannoni milanesi, pochi anni prima celebrati quale "modello di stabilimento fascista".

Ora la ricostruzione; e anche qui, l'intelligenza di scommettere su un mezzo di trasporto individuale economico e affidabile. E dunque, scartato il progetto iniziale commissionato ai tecnici milanesi sfollati a Roma – più a loro agio con ponteggi metallici, turbine e condotte forzate –, Ferdinando Innocenti lo affida alle mani sicure d'un geniale tecnico aereonautico: Pier Luigi Torre. Di nuovo sorprendenti, le analogie.

Il modello di esordio arriva sul mercato dopo un'attesa interminabile, mentre da mesi la pubblicità radiofonica è martellante: deludente l'esito commerciale, che arriderà invece alle serie successive. La configurazione caratteristica dello scooter milanese, costruito attorno a un telaio in tubo d'acciaio di grosso diametro e dotato di carenatura laterale, viene adottata solo a partire dal 1950. Quasi a testimonianza di una raggiunta maturità del prodotto, la NSU ne acquisisce la licenza di costruzione per la Germania.

Nel '53 ecco la Lambretta E, supereconomica destinata al fallimento non diversamente dalla Vespa 125 U, che le tiene dietro nello stesso anno: la sfida è feroce, a costo di inseguirsi lungo strade senza uscita, lasciando ad altri un misero 5 per cento del mercato. Alla 150 GS di Pontedera risponde l'innovativa 175 TV prodotta a Lambrate, e avanti ancora sino alla "terza

Sino al 1957 la Lambretta è disponibile in due versioni, nuda e carenata. Nei primi tempi il pubblico italiano preferisce la versione base: «Acquista una Lambretta e spendi la differenza», recitava uno slogan. Finché il pieno successo non arride alla 125 LD, montata da una donna nel depliant del 1953.

La prima guerra di avvocati si combatte a proposito di una possibile "imitazione servile" da parte della Innocenti con il suo primo modello carenato. In Francia, Piaggio le contesta la "contraffazione del brevetto per modello ornamentale", allo stesso proposito. Si vorrebbero imporre alla Lambretta una verniciatura bicolore o altre ben documentabili modifiche allo scudo anteriore, per meglio differenziarla dalla Vespa. Raggiunto a fatica un accordo nel maggio 1953, già si apre un nuovo fronte, in Svizzera e Germania, circa i messaggi pubblicitari sulla stampa: a incrociare le lame sono ora Hoffmann e Vespa Distribution per conto di Piaggio, contro NSU-Werke e Jan S.A per la Innocenti.

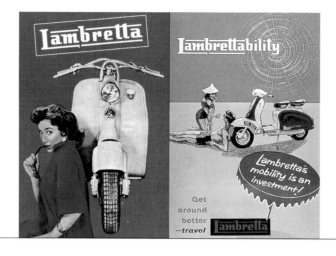

serie" che avrà nella 200 cc il più potente scooter allora disponibile, e poi il "cinquantino" già nel 1961-64, e l'ultima serie, ottimizzata sul piano tecnico ma travolta dalla chiusura degli impianti nell'aprile '71. Sino a quel momento, non una battuta di arresto. Alla Innocenti si produce il motofurgone Lambro in risposta all'Ape, si sperimentano cambio automatico, avviamento elettrico, freni a disco; nasce il reparto corse, si elaborano prototipi per la velocità pura, si allestisce una versione paracadutabile da proporre alle forze Nato.

### Come Bartali e Coppi

Dopo la scelta dell'arma, si arriva al duello. E le strade del paese come i mercati esteri sono aperto terreno di caccia. Il sogno del commendator Innocenti è quello di espandersi oltreconfine fornendo impianti "chiavi in mano"; non sarà cosa possibile, ma le licenziatarie spuntano in Argentina, Pakistan, Brasile, Congo, Formosa, Turchia, Francia, India, Colombia... L'esportazione di motoveicoli italiani raddoppia fra il 1956 e il '60, e la quota di produzione destinata all'estero negli impianti milanesi supera la metà del complessivo, mentre a Pontedera si attesta sul 40 per cento.

Sul mercato interno, per non sbagliare, dalla rete commerciale vengono promossi i Lambretta Club e si dà alle stampe il "Notiziario Lambretta" che, fra l'altro, evoca mirabolanti imprese attraverso il deserto o nella Terra del Fuoco. L'evoluzione del mercato, l'ascesa della concorrenza, la crescente attrattiva del mezzo a quat-

Davvero singolare, quasi
in odor d'eresia: questo
prototipo di Lambretta a
scocca portante, realizzato
attorno al 1962-63, non
ha poi avuto alcun seguito.

tro ruote – settore in cui Innocenti è impegnato grazie a un accordo con la British Motors Corporation – vedranno scemare l'associazionismo, e il notiziario sospenderà le pubblicazioni negli anni Sessanta.

La propaganda, così si diceva allora, vede la tradizionale presenza di Lambretta sulle onde radio – dove ben presto anche Vespa si fa strada, con sette milioni di spesa per annunci radiofonici in occasione del lancio della nuova 125, nel 1964 – ma, nella cartellonistica, i "milanesi" non riescono a esprimersi ai livelli delle grandi campagne Vespa che hanno fatto la storia della pubblicità in Italia. Altre strade vengono tentate, come puntualmente segnalato all'attenzione di Enrico Piaggio nel 1962, quando gli forniscono i dati relativi alle affissioni di manifesti giganti su Lambretta

e Austin Innocenti negli stadi calcistici; e, beninteso, tutti in "posizioni televisive".

Nelle strade e sui circuiti d'ogni genere il duro confronto è già in atto da tempo.

La sfida attorno all'isolato o sui viali della periferia deserti, lungo i casermoni dei nuovi quartieri popolari, è la stessa che si gioca alla Sei Giorni Internazionale o nel chilometro lanciato.

Per certi versi più motocicletta, con il telaio tubolare e il motore al centro, la Lambretta vorrebbe rivendicare prestazioni superiori, ma i test comparativi condannano le due antagoniste a una imbarazzante parità di fatto. Tutto sommato più duttile, universale, più femminile, la Vespa manterrà una netta superiorità numerica sulla rivale, costringendola a giocare di rimessa.

"Slimstyle" è definita questa Lambretta dalle linee più tese e il sellone unico, nella grande illustrazione a piè pagina. In tale veste, nel 1962, esordisce l'invidiatissima versione sportiva da 175 cc: il primo scooter al mondo dotato di freno a disco.

Appena a un anno di distanza dalla presentazione della "terza serie" che rinnova radicalmente lo styling dello scooter milanese, in strada e sulle pagine della stampa specializzata la Lambretta 150 Special affronta la Vespa GL. Fra le due contendenti è la parità assoluta, anche stavolta: prestazioni e consumi risultano identici, lo scarto in frenata è irrisorio. Ma al di là di una maggiore ergonomia dell'insieme è nella ottimizzazione del rendimento che la Vespa non stenta a imporsi, ottenendo gli stessi tempi su base misurata pur disponendo di una potenza inferiore.

84

Eccellenza tecnologica dei mezzi elaborati dal Reparto corse, capacità e assoluta determinazione dei piloti tanto sugli sterrati che nelle prove di velocità a Monza; e inoltre, un pizzico di estro come nella visiera anticondensa messa a punto da Giuseppe Cau. Questa la ricetta inimitabile del trionfo alla Sei Giorni come in altre grandi prove.

P oche ambientazioni si direbbero già a prima vista incongrue, nel caso della Vespa, quanto le paraboliche del circuito di Montlhéry o gli sterrati di una Sei Giorni Internazionale. Se dobbiamo dare credito alla tradizione, si arriverebbe a questa scelta più che altro in seguito alle pressioni di alcuni collaudatori comprensibilmente ansiosi di misurarsi in campo aperto. Non si sottovaluti però la necessità, molto sentita in azienda, di affermare a chiare lettere le potenzialità tecniche di un mezzo che sempre ha dovuto far fronte a pregiudizi radicati: valga per tutti, l'asserita pericolosità delle "ruote basse".

Fatto sta che, già nel 1948, il programma della stagione agonistica è ben nutrito. Sin dagli esordi non è più questo l'ambiente della Mille Chilometri Vespisti-

ca, dove il Servizio Tecnico aveva a che fare con decine e decine di concorrenti *en amateur*, rilevando fra l'altro una serie di motori grippati... dopo il rifornimento con benzina pura. Le Vespe affidate a Dino Mazzoncini e agli altri piloti ufficiali vengono ottimizzate dalla casa, e questa specializzazione progredisce con il tempo sino alla messa a punto di veri e propri mezzi da gara, prototipi o serie artigianali di pochissimi pezzi realizzati nel Reparto Corse di Pontedera.

## Nove su dieci alla Sei Giorni

Fra i molti successi spicca la clamorosa affermazione di squadra alla XXVI Sei Giorni Internazionale del 1951, un trofeo importante che vede l'ennesima vittoria dello squadrone inglese in sella a BSA, Triumph, Ariel, Royal Enfield. Le scuderie italiane non brillano pur conquistando, su 71 partenti con i colori nazionali, 20 medaglie d'oro. Di queste, ben 9 se le aggiudica il team Piaggio. Tre vanno alla MV e dunque agli altri – Guazzoni, Guzzi, Innocenti, Mival, Morini, Parilla, Rossi, Rumi – solo le briciole.

Una squadra di dieci Vespe allo start. Anzi undici: il concorrente Carini, in polemica con la scuderia ufficiale, prende il via in completo di gabardine alla guida di un mezzo fuori uso. Ma non passerà alla storia per questo.

«La semplicità meccanica della creazione della Piaggio è stata certamente la chiave del successo», osserva l'inviato di "Motociclismo", «perché i piloti, pur essendo degli esperti in questo genere di competizioni, non hanno rivelato il possesso di doti eccezionali, sia dal punto di vista sportivo che da quello fisico». Indossano la casacca con lo stemma bipartito e la P maiuscola «uomini minuscoli come il Cau e anziani campioni come l'Opessi... che deve avere altresì passato il mezzo secolo di età». Trionfano sull'asfalto e il pavé, sugli sterrati e nei tornanti, nei vicoli dei paesini lungo il percorso e nella prova finale di velocità sul circuito di Monza, che a quell'epoca ancora aveva il fondo in porfido.

Le medie stabilite prevedono scarti ridottissimi: 40 chilometri orari per le Centoventicinque e 48 per le Duecentocinquanta, 50 orari per le Cinquecento. Una cavalcata che, assegnando il Trofeo dell'Industria alla Piaggio, premia «l'assoluta perfezione di

Tina Pecol nel 1950 è, tra i piloti non ufficiali, una delle poche donne a guidare una "racing". Nella Sassi-Superga alle porte di Torino non riesce a eguagliare il successo dell'anno precedente, a causa di una insufficiente messa a punto. Se ne lamenta con l'amministratore delegato, al quale fa pervenire anche la dubbia missiva spontanea di una sua conoscente che sostiene la medesima tesi. Umiliata dalle lambrettiste, delusa dalla "sua" Piaggio, Tina dichiara infine che questa è stata la sua prima sconfitta e la sua ultima corsa. Una sola parola in calce alla lettera, sottolineata due volte, di mano di Enrico Piaggio, esasperato: «Bene!».

La squadra al completo, tra meccanici e piloti, nella trionfale stagione 1951. Nella fila superiore, da sinistra: "Lacchino" Doveri, Gianfaldoni, Castellani, Riva, Opessi e il figlio, poi Pellegrini, Granchi, Casini, Mazzoncini affiancato dalla moglie e, infine, Biasci. In primo piano: Romano, Vivaldi, Nesti, Cau, Merlo.

# La Vespa Sei Giorni

**M**ettere a punto il modello della Vespa 125, anno 1951, così da trasformarlo in un mezzo da competizione su terreni misti, che dunque prevedano anche tratti in fuoristrada veloce. Con questo mandato, il Servizio Tecnico interviene senza però stravolgere il mezzo: piuttosto ottimizzandolo con intelligenza e mano leggera.

La scocca è quella di serie, ma non esattamente la stessa. Lo scudo è ristretto di pochi centimetri e più svasato in basso, per ottenere migliore penetrazione aerodinamica e, sui lati, maggiore luce da terra. Il parafango anteriore è sormontato da un faro a periscopio, più compatto e meno sensibile agli urti rispetto all'originale: un dettaglio che permette di distinguere la "vera" Sei Giorni dalla piccola serie destinata ai piloti non ufficiali. Cavalletto laterale con robusta molla di richiamo.

La sospensione anteriore rispetta la configurazione originaria limitandosi a irrobustirne le singole componenti: tubo di sterzo di maggiore spessore, bilanciere più massiccio e con i bulloni a vista, ammortizzatore idraulico e mollone rinforzati. Il diverso assetto del mezzo consente una maggiore altezza da terra (più 4 centimetri).

Vistoso è l'inserimento, nel vano dietro lo scudo, di una coppia di ruote di scorta disposte longitudinalmente e bloccate da un passante in lamiera che incorpora un pianetto per il "log-book". La dotazione di scorta prevede una ruota da 10, l'altra da 8 pollici, per poter adottare la solu-

zione più consona alle caratteristiche del percorso; il maggiore diametro, all'avantreno, garantisce maggiore efficacia del mezzo nel fuoristrada più impegnativo.

Molto evidente il serbatoio che sporge dalla scocca appena dietro la sella: undici litri, ovvero 240 chilometri di autonomia. Sul bocchettone di riempimento è previsto un rudimentale appoggio per consentire al pilota una efficace, ma certo poco confortevole, guida sdraiata.

Sul manubrio, il manettino dell'aria al carburatore per ottimizzare il rendimento del monocilindro. Ancora un dettaglio curioso: il foro in corrispondenza del pedale del freno, inteso a evitarne il bloccaggio per eventuale fango o sassi rimasti a contrasto con la scocca.

Meno evidenti ma fondamentali il supporto in acciaio del motore, i carter e la testata in alluminio, i freni maggiorati così come la frizione a bagno d'olio, il carburatore Dellorto SS, il comando del gas a corsa breve.

Infine, la bulloneria bloccata dal cavetto in rame per evitare sorprese in seguito alle vibrazioni; la si nota, ad esempio, nell'assemblaggio fra la scocca e la copertura esterna del serbatoio.

Dal mezzo ufficiale da competizione deriva una prima serie limitata, nel 1952, che mantiene il diametro da 8 pollici a entrambe le ruote. L'anno seguente una seconda serie limitata con minime varianti, vedi il mozzo anteriore ovalizzato, va a chiudere la produzione di "speciali".

Non poco ci si attende dalla caccia ai record, e non solo in termini di prestigio. «Perché velocità vuol dire eliminazione di resistenze dannose, miglioramento dei coefficienti passivi, determinazione dei limiti di sicurezza degli organi», così si legge sul primo quotidiano sportivo italiano, e dunque, «in una sola parola: sicurezza».

Fra le peculiarità del prototipo di Monthléry, dal frontale quasi aeronautico: il serbatoio. Inizia alto dietro al pilota, si incava fungendo da sella e prosegue offrendo un'area di appoggio per terminare a pochi centimetri dal manubrio, e in tal modo mantiene la struttura "aperta" dello scooter, come da regolamento.

organi collaudati da sei anni d'esperienza, la protezione integrale di tutte le parti vitali» e la praticità della doppia ruota di scorta, preziosa su un percorso che ha avuto facilmente ragione dei pneumatici nostrani, ben diversi da «quei grossi gommoni che caratterizzano le macchine inglesi». E ancora «l'efficacia della sospensione integrale, la grande comodità di comando del cambio di velocità a manopola, l'azione potente dei freni e tutte le altre caratteristiche geniali che caratterizzano questo prodotto tipicamente italiano». A questo successo incontestabile si farà riferimento nel presentare la bella 150 GS, «la Vespa degli sportivi» come titola Renato Tassinari nel suo editoriale del luglio 1954.

## Colpo su colpo, a 170 chilometri l'ora

La scalata al record di velocità è solo il nuovo scenario nel duello tra Vespa e Lambretta. E l'esito ultimo dello scontro si direbbe forse più controverso di quel che registrano i semplici dati numerici.

Quadro primo: il circuito di Monthléry, in Francia, una mattina di aprile del 1949.

Una speciale Lambretta alleggerita, con un massiccio serbatoio e un voluminoso cupolino anteriore, conquista il primato di velocità sulle 48 ore per la classe 125, portando a casa lungo la strada altri record minori.

Quello stesso anno, Vittorio Casini e Carlo Carbonero ricevono da Enrico Piaggio l'incarico di raccogliere

Record sul chilometro lanciato: il commissario della Federazione Motociclistica Italiana sostiene, in fase di partenza, il siluro guidato da Dino Mazzoncini. Alle loro spalle, fra gli altri, il progettista Vittorio Casini e il meccanico Fiaschi.

88

Nei comunicati stampa il motore è «un monocilindrico con cilindro sdoppiato». In effetti si tratta di un originale propulsore raffreddato a liquido, con pistoni contrapposti: due carburatori e due candele, ma una sola camera di scoppio.

la sfida. Il mezzo elaborato dal Centro studi di Pontedera è tecnicamente avanzatissimo e notevole a vedersi. Dotato di una carenatura anteriore e di un codone posteriore, integra la schiena ricurva del pilota in una sagoma perfetta – non è la competenza aerodinamica a difettare in azienda – e, nonostante ciò, rimane a tutti gli effetti una Vespa: inconfondibile, la sagoma del motore è in evidenza sul lato destro. La filiazione diretta dal modello di serie è centrale ai fini del ritorno d'immagine, e su questo punto la comunicazione aziendale torna a ribattere di continuo.

«Passare dalla fase sperimentale alla fase industriale produttiva, sia pure per gradi, è caposaldo di un'industria dinamica e vitale», dichiara anche «La Gazzetta dello Sport». E dunque, «se la Vespa, nata per

marciare a settanta all'ora, ha potuto toccare i centoquaranta di massimo e girare per dieci ore continue a 123,537 di media, significa che è in via di evoluzione».

Infatti dal 23 marzo al 7 aprile 1950, dopo una prima sessione di prove con un "muletto", questa Vespa volante affidata a Spadoni e Romano affronta di nuovo il circuito e raccoglie un'impressionante messe di risultati. Stabilisce il record dei 500 e dei 1.000 km, record dell'ora e quindi delle due tre e poi quattro, sino a dieci ore consecutive, fermando i cronometri su tempi di oltre il 10 per cento inferiori alla rivale. La quale tornerà a ribattere con un mezzo appositamente realizzato, spuntando nuovi primati. Ma già la scena cambia e cambia il terreno dello scontro.

Quadro secondo: Roma - Ostia, l'autostrada, fra il decimo e l'undicesimo chilometro.

Qui, secondo il comunicato della Federazione Motociclistica Italiana, «si è svolto con pieno successo il tentativo di record mondiale sul chilometro lanciato effettuato dalla fabbrica Piaggio con lo scooter Vespa, guidato dal collaudatore Dino Mazzoncini... Il motore era privo di compressore, derivante dal classico monocilindro che già a Montlhéry, lo scorso anno, si era cimentato con successo... Il monocilindrico Vespa, straordinariamente potente, ha indubbiamente con-

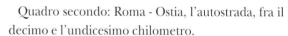

seguito una clamorosa affermazione... Il record è uno dei più sensazionali di questo dopoguerra». C'è già tutto, e forse qualcosa di troppo...

Il siluro pilotato da «questo modesto e valoroso pilota di sorprendente eclettismo», come "Motociclismo" del febbraio '51 definisce il sorridente Mazzoncini, ha davvero poco a che fare con la Vespa di Montlhéry e ancor meno con quelle che, placide, scorrazzano per le strade del mondo.

Costruito attorno a un telaio monotrave in alluminio, racchiuso in una magnifica carenatura dalla ridottissima sezione frontale, che si apre lateralmente per consentire al pilota di inforcare il mezzo e distendersi, letteralmente, alla guida, è creatura di altri mondi. Ma, di nuovo, conviene tacere per quan-

to possibile la natura aliena del siluro rispetto alla Vespa comune. Splendido risultato, ad ogni modo: 171 chilometri e 102 metri l'ora, nella media di due passaggi sulla base misurata.

A Lambrate non dormono, intanto, e solo due mesi più tardi un analogo missile targato Lambretta vola a 190, a Terracina, per poi sfondare il muro dei 200 all'ora sulla Monaco - Inglostadt. Magnifica prestazione. Ma il motore è sovralimentato. Non la si direbbe, dunque, una sfida ad armi pari.

Una bella avventura comunque, nella storia del motociclismo. Una corsa interrotta dalla tragica fine di un pilota, Renato Magi, lanciato come una freccia in sella a uno scooter molto poco credibile, appositamente elaborato dalla MV di Verghera.

Il prototipo del chilometro lanciato si guida distesi, con le ginocchia raccolte. Il torace poggia sulla leva centrale che comanda gli sportelli: in fase di decelerazione, alzando il busto, questi si aprono a ventaglio e agiscono da freno aerodinamico.

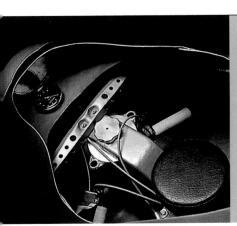

P otrebbe tradire una lontana parentela con lo scooter, nella conformazione del piantone di sterzo e nella sospensione anteriore, o in quella posteriore a braccio oscillante con la ruota a sbalzo, o nel motore laterale... ma la distanza dal prodotto di serie è incolmabile.

L'annuncio dell'accordo fra Piaggio e Sears, Roebuck & Co. è del 14 novembre 1951. L'agenzia ANSA specifica che è previsto un primo lotto di mille esemplari, a titolo di saggio, per testare un mercato tanto vasto quanto inusuale per questo genere di veicoli.

L o stesso Elvis Presley la vorrà un giorno nel proprio garage insieme alla Lincoln color porpora e alla Messerschmitt rossa, con l'Isetta gialla, la Cadillac rossa, la limousine nera e finalmente la sua Harley Davidson grigio argento: una Vespa bianca, lì a fianco. Ma ancora siamo agli inizi, e la strada è ancora lunga, in salita.

Un possibile accordo sembra concretizzarsi con la Indian Motorcycle di Springfield, Mass., «la più grossa americana nel ramo», come scrive Piaggio a Cesare Merzagora, Ministro del Commercio Estero nel luglio 1948, chiedendo autorizzazione a impiegare parte della valuta per l'acquisto di acciai grezzi negli Stati Uniti. Ma poco più avanti l'accordo sfuma.

Viaggio in America nel marzo del 1949. L'amministratore delegato visita la Sikorsky e la Bell Aircraft per l'elicottero, quindi Ford, GM e Chrysler a Detroit per la Vespa, e anche la Budd Co. di Philadelphia che fornirà le grandi presse acquistate con i fondi del Piano Marshall. A detta di Mr. Byron C. Foy, suo uomo di fiducia negli States, le prospettive dello scooter italiano sono buone, ma la politica di grandi sconti al venditore e il ridotto prezzo di accesso al mercato dell'auto, rendono la cosa non facile. Se la qualità non si discute, il prezzo «è di 100 $ superiore a quello di uno scooter di tipo inferiore»; anche le nuove motociclette compatte, in uscita con marchio Indian & Harley Davidson, saranno più economiche e non di poco.

La sera in albergo, scrivendo a mano, Enrico Piaggio dà disposizioni in merito agli aggiornamenti ri-

La Vespa "americana" veniva recapitata al cliente direttamente a casa: Sears, Roebuck & Co., già in questi anni, è un gigante della distribuzione, titolare di una rete di grandi magazzini e di una imponente organizzazione di vendita per corrispondenza. Richard Sears, rappresentante di orologi, allestisce il primo catalogo generale nel 1896, offrendo un'ampia varietà di articoli. Il primo punto vendita apre a Chicago nel '25, ma alla vigilia della seconda guerra mondiale se ne contano oltre 600 sul territorio americano. Nel 1947 il volume di affari, per la prima volta nella storia del gruppo, supera il miliardo di dollari.

Il successo di Chanel negli Stati Uniti è incontestabile in questi anni. Molti stilisti americani si rifanno al suo esempio, all'Europa, e sulle riviste di moda spesso compare lo scooter italiano.

La Vespa raggiunge una discreta diffusione in Texas, California, Pennsylvania e New York, che assorbono il 50 per cento dell'import; ma le grandi aspettative degli esordi non saranno poi del tutto confermate.

cevuti da Francesco Lanzara, direttore dello stabilimento dal 1946 al '79 e primo fra gli uomini di sua fiducia. E dunque lo stand alla Fiera di Milano, il nuovo fuoribordo Moscone, il secondo numero della rivista, qua e là carente; la questione Vespa, accenna di malavoglia, «interessa diversi gruppi americani, ma presenta diverse difficoltà».

### Sears: we've got ideas

Due anni più tardi, Mr. Selfridge della Sears, Roebuck & Co., «la maggiore organizzazione commerciale americana, che mensilmente ha un volume di vendite sui 250 milioni di dollari», sbarca a Pisa, raggiunge Pontedera e parte per le sue indimenticabili vacanze italiane.

«Tremila chilometri in campagna e in città, nella polvere e sotto la pioggia»; naturalmente in sella a una Vespa. Un test ideale per riconfermare la scelta di importare negli Stati Uniti uno scooter ormai famoso nel mondo. Se non lesina i complimenti, nulla tace dei difetti e annota: ogni 800 km pulizia della candela e ogni 2.000 si dovrebbe disincrostare il motore... ma in realtà si continua a marciare lo stesso.

Martin Selfridge già nella primavera di quell'anno, il 1951, dal suo responsabile tecnico aveva ricevuto un lungo elenco di elementi "non necessari" la cui eliminazione avrebbe consentito di ridurre convenientemente il prezzo al pubblico. Tra questi figurano clacson, antifurto, listelli di gomma sulla pedana,

«Go with style... go on a Sears scooter» e appena di seguito sfilano «three versatile beauties»: due almeno sono delle Vespe.

«Piaggio e Innocenti stanno cercando di fare quel che alla Cushman non è riuscito in vent'anni: convincere gli americani che lo scooter è un mezzo di trasporto efficiente e passabilmente dignitoso. La sola Piaggio»,

scrive "Business Week" il 22 settembre '56, «ha investito 250.000 dollari in un anno: davvero una grossa cifra per gli standard europei».

Per questa fantasia di John Steinbeck si sceglie una Vespa in copertina: degna cavalcatura di un sovrano, ai tempi della rivoluzione francese, tra miliardari texani e teen-agers affette da smanie letterarie.

92

Places to go! . . . things to do! . . . you're part of today's vibrant crowd that's on the go. So go with style . . . go with fun and excitement . . . go on a Sears Scooter. We'll show you three versatile beauties . . . all sleek 'n sassy, surging with power and lots of get-up-and-go to match your adventurous spirit.

portapacchi, cromature d'ogni sorta, l'impianto elettrico nel suo complesso e pure il freno anteriore, che «potrebbe essere indicato come accessorio».

Enrico Piaggio, al quale viene girata la proposta, conferma l'abolizione di molti "dettagli" nel prototipo allo studio nelle officine di Pontedera, ma tiene duro su freni e impianto elettrico: a fronte di un risparmio sensibile, oltre duemila lire sul prezzo di cessione, ne risulterebbe però un veicolo incompleto. «I have not therefore deemed it advisable to abolish such parts». Si tratta con i fornitori, a Pontedera, ma gli sconti ottenuti, per complessive 3.500 lire a esemplare, ancora non bastano.

Ad ogni buon conto, il miraggio di una Vespa americana è ormai realtà, e ne dà notizia l'ANSA. Si vende quasi sottocosto, per il momento. Ma l'anno seguente, 1952, viene confermata una seconda ordinazione di ben cinquemila esemplari. E via di seguito.

I numeri d'oltreoceano fanno sensazione. Secondo il «New York Times», in questa fine anno del 1955, «trenta milioni di famiglie americane potrebbero far uso d'una seconda auto ma non possono permettersela»; dunque le ventimila Vespe in quattro anni si direbbero solo un assaggio. Le grandi aspettative di Piaggio danno ragione della nascita di Vespa Distributing Co., inizialmente basata a New York, a Denver e in Florida, come della promozione dei vari Vespa Club a stelle e strisce. Intanto, l'eterna rivale rende noto al «Wall Street Journal» di avere in animo di spendere 200.000 dollari di pubblicità e promozione per l'anno in corso. Ma ormai la Vespa sembra allungare il passo.

**1948-55**

**VESPA**125
125U
150GS

# VESPA 125

**D**ue anni di prove e d'esperienze, sviluppate attraverso il continuo confronto con gli utenti, permettono di operare quei miglioramenti tecnici e prestazionali che portano alla produzione, nel 1948, della Vespa 125. La caratteristica saliente del nuovo modello, più pratico e di uso più agevole, è la maggiore cilindrata, quei 125 cc che attraverso l'aggiornamento tecnologico la Vespa manterrà fino ai giorni nostri.

Il motore è sempre lo stesso, con distribuzione in equicorrente, ma con alesaggio del cilindro aumentato a 56,5 e una velocità massima di 70 km/h. Il carburatore, accessibile dallo

Il successo della Vespa 125 – a sinistra, la versione sidecar dal caratteristico telaio tubolare – suggerisce a Piaggio di incrementare la capacità produttiva dello stabilimento.

In parallelo procede l'espansione all'estero, con l'apertura di impianti in diversi paesi europei.

Nel 1948 la Vespa 125
costava 168.000 lire e
rappresentava la migliore
risposta al bisogno di
mobilità individuale a costi
relativamente contenuti.

sportello anteriore, è ancora un Dellorto TA17
ma con filtro dell'aria ridisegnato; la chiusura a
ghigliottina per l'avviamento a freddo è attivata
da un comando posizionato sotto la sella.

Grande attenzione viene posta alla silenziosità
del mezzo: il motore è dotato di un silenziatore
più efficace del precedente, vengono inoltre modificate parti degli ingranaggi di trasmissione
per eliminare le cause di rumorosità meccanica.

L'adozione di sospensioni posteriori, con molla
a lunga escursione e ammortizzatore idraulico
di tipo telescopico, e il miglioramento delle ante-
riori, ora con braccio di supporto (vale a dire
il tubo dello sterzo) sulla destra e ruota tirata
attraverso molla elicoidale in compressione,
garantiscono un maggior livello di comfort.

Tamburi e ganasce dei freni vengono irrobusti-
ti così da consentire una frenata più dolce ed
energica, oltre a richiedere una regolazione meno
frequente.

Uno dei problemi rilevati riguarda la difficoltà
di stazionamento verticale del veicolo in sosta:
da qui l'inserimento del cavalletto a zampa
laterale, sulla sinistra, così come nelle biciclette.
Questo risulterà ben presto inadeguato e verrà
sostituito, nella successiva serie del 1949, con
un vero e proprio cavalletto centrale realizzato
in tubolare metallico con parte terminale schiac-
ciata e arricciata in modo tale da consentire
una superficie d'appoggio più sicura.

Per quanto riguarda i comandi, l'interruttore

delle luci è, nei primi modelli, lo stesso di quello
montato sulla Vespa 98, ma in seguito sarà
sostituito con uno, a forma di ventaglio, con
corpo di plastica nero e coperchio cromato. Anche
il clacson cambia forma e presenta una vite di
registro esterna centrale. Il faro anteriore porta,
nella parte superiore, un fregio a forma di cresta
realizzato in zama (lega di zinco) cromata,
mentre il faro posteriore ha forma cilindrica.

Le aste che comandano

Dopo le fasi iniziali della
produzione, il commutatore
luci si differenzia rispetto
a quello che era stato
adottato sulla Vespa 98.

Dettaglio della parte
posteriore, col nuovo
portapacchi. Il fanale
posteriore è cilindrico
e senza ghiera.

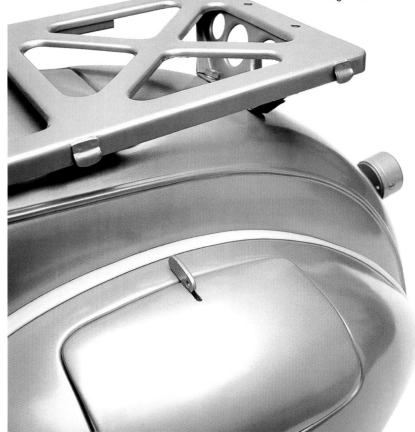

Il tubo sterzo viene portato a destra della ruota anteriore, il cofano motore è aperto nella parte bassa per permettere l'oscillazione del motore, mentre il serbatoio ha un nuovo rubinetto con riserva incorporata. Per migliorare il comfort di marcia la sella è ammortizzata anche anteriormente, compare il gancio portaoggetti e viene infine introdotto il cavalletto.

## VESPA125

La nuova sospensione anteriore è "a ruota spinta", con molla verticale in linea con il tubo sterzo. Il parafango ha un disegno molto snello, grazie alla eliminazione della parte laterale amovibile.

Il clacson, di colore nero, è dotato di una vite esterna di registro in posizione centrale.

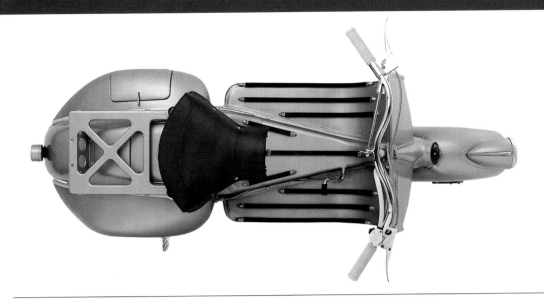

Le aste che comandano il cambio vengono modificate nella parte bassa, vicino al freno, passando all'interno del telaio. Si ottimizza così la zona della pedana sia in termini di pulizia che di sicurezza.

il cambio, prima totalmente all'esterno, sono modificate nel tratto della pedana e si immettono all'interno del telaio in corrispondenza del pedale del freno, per poi riuscire vicino al perno che fissa la traversa del motore.

Il serbatoio ha un nuovo rubinetto, con levetta a scorrimento dalla forma a uncino, che incorpora anche la riserva.

Il sistema antifurto, che nella prima serie prevedeva il blocco del manubrio attraverso un lucchetto inserito in due lastre forate, si evolve introducendo una comoda serratura incorporata nel piantone di sterzo, che blocca la ruota anteriore sterzata verso destra.

Nella veduta laterale destra si nota l'uscita del cavo di comando del freno posteriore.

Nella veduta posteriore è evidente la diversità delle sacche laterali.

Con l'esperienza maturata sul primo modello, la leva di avviamento è stata ridisegnata per consentire un'agevole messa in moto.

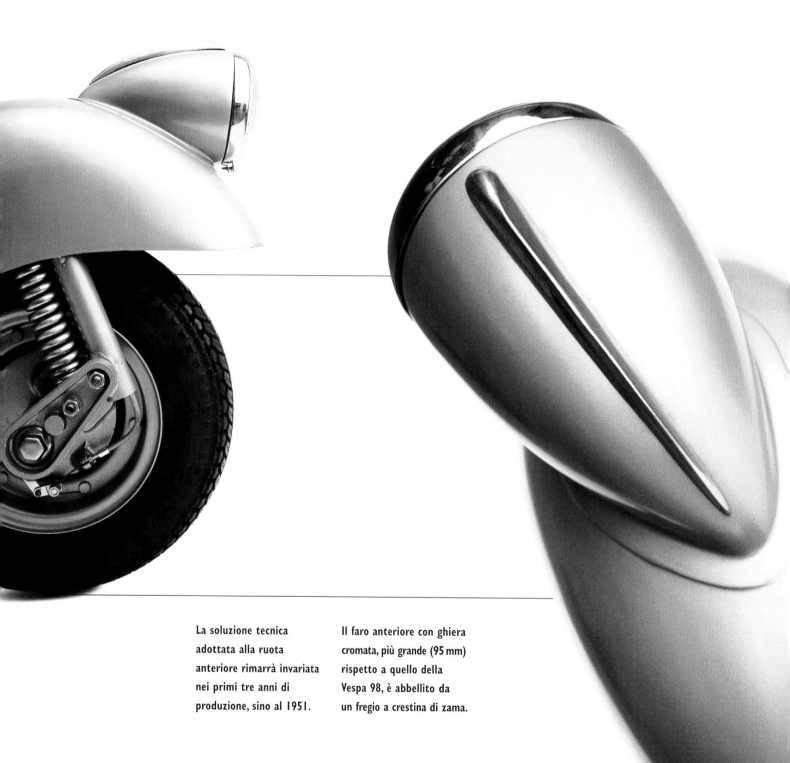

La soluzione tecnica
adottata alla ruota
anteriore rimarrà invariata
nei primi tre anni di
produzione, sino al 1951.

Il faro anteriore con ghiera
cromata, più grande (95 mm)
rispetto a quello della
Vespa 98, è abbellito da
un fregio a crestina di zama.

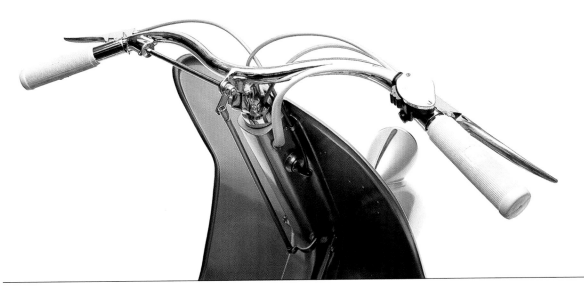

Il manubrio presenta un nuovo interruttore luci dalla forma a ventaglio con corpo di plastica nero e coperchio cromato. Sulle manopole appare lo stemma Piaggio.

La scocca portante non subisce grandi modifiche, a parte il rinforzo di alcune parti per aumentarne la stabilità; il cofano motore è ora aperto nella parte bassa centrale per permettere l'oscillazione del propulsore. Si snellisce anche il disegno del parafango anteriore che, eliminando la parte removibile, velocizza e facilita la sostituzione della ruota.

Variano inoltre alcune componenti: ad esempio il manubrio appare più rifinito, grazie alle due manopole dalla nuova copertura in gomma che porta inciso lo stemma della Piaggio.

Variano l'altezza massima (da 860 a 950 mm), l'altezza della pedana centrale (da 150 a 220 mm) e del sellino (da 700 a 760 mm) ora ammortizzato anche nella parte anteriore. Rimane invariata la lunghezza, mentre il peso passa da 60 a 70 chilogrammi.

Un importante brevetto del 1948 è l'attacco al telaio per l'applicazione del sidecar. Questa soluzione si concretizza nell'ambito delle ricerche che mirano a fornire un veicolo estremamente versatile, adatto a molteplici esigenze riferite sia alla mobilità urbana che alle lunghe percorrenze.

La Vespa 125, di grande successo a livello mondiale, inizia così ad affermarsi anche come mezzo per fare del turismo e nello sport.

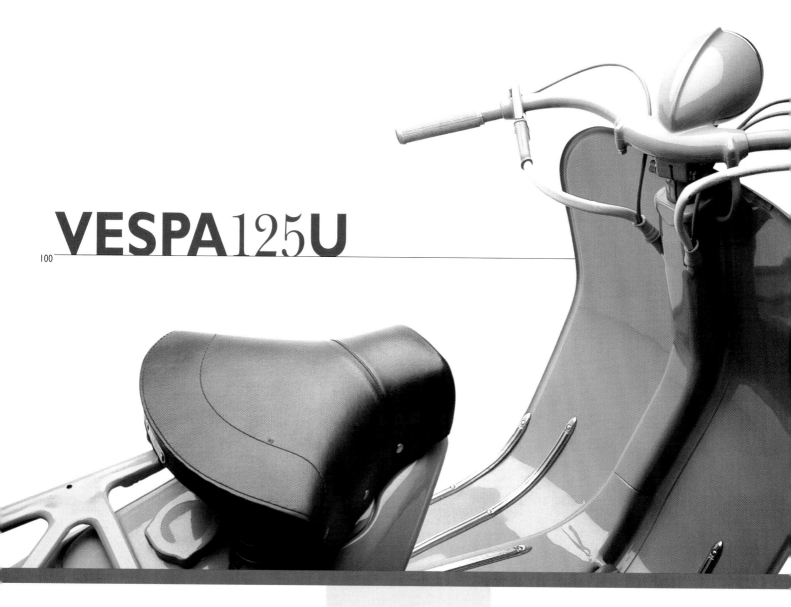

# VESPA125U

La danese F. Bülow & Co. la promuove come "model standard" – oltre al "model de luxe", ovvero la nuova 125 del '53 – ma già a due anni di distanza la 125 U non è più disponibile.

La messa a punto della Vespa Allstate (1951), destinata al mercato americano, si era rivelata molto preziosa per la elaborazione della 125 U.

Caratterizzata dall'estetica spartana, è la versione "utilitaria" di Vespa, venduta a 20.000 lire in meno rispetto alla 125 base, ma destinata a un clamoroso insuccesso.

Il parafango di dimensioni ridotte, e per la prima volta libero dal fanale anteriore, è sagomato sulla piega del tubo sterzo.

I primi anni Cinquanta vedono la Piaggio impegnata su due fronti. Da un lato la creazione di un'immagine pubblicitaria adeguata alla diffusione, in differenti mercati, di un prodotto così innovativo; questo porterà a una comunicazione aziendale organizzata su vari livelli – rivenditori, assistenza, utenza finale – e attivata attraverso differenti canali: manifesti, riviste, depliant informativi, gadget, cartoline, calendari, cinema.

L'altro fronte guarda alla strutturazione di un sistema produttivo in grado di rispondere alle incalzanti richieste del mercato: l'organizzazione sarà impostata secondo i criteri dell'industria automobilistica, con lavorazione a ciclo completo, sincronizzata da catene di trasporto e montaggio.

L'aumento della produzione è già visibile nel 1950, con 6.000 esemplari al mese.

In questo quadro si sviluppano quelle modifiche del veicolo tese alla ricerca di prestazioni sino a quel momento impensate per uno scooter.

Il 1953 segna una tappa importante per l'evoluzione della Vespa, presentata sul mercato in due versioni: il modello 125 U, l'"utilitaria" dall'estetica spartana, economica e proposta con formule di acquisto rateizzato, e la 125 nuova serie modello 53, dal design elegante e raffinato.

I due modelli adottano, in parte, soluzioni già sviluppate nelle serie del 1950 e, soprattutto, del '51. Queste ultime, infatti, introducono una nuova scocca con struttura ridisegnata in cui

La vista dall'alto evidenzia
la pedana con liste
di protezione in numero
ridotto senza guarnizioni
in gomma. La sella
è più piccola, di colore
verde scuro come
le molle di sostegno.

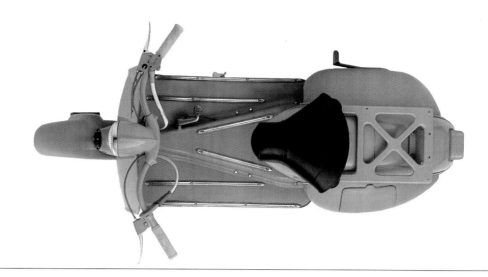

# VESPA125U

Particolare del freno
in alluminio grezzo con,
sotto, il cavetto flessibile
del cambio che entra
nel telaio.

Nell'immagine a fronte
si intravede il tubo sterzo,
sul quale è sagomato
il parafango anteriore.

Questo modello sperimenta soluzioni fortemente innovative che saranno adottate e diffuse solo dopo diversi anni. Per la prima volta appare in Italia il faro montato in alto sul manubrio, già introdotto su alcuni modelli destinati ai mercati esteri. Le parti meccaniche sono immediatamente accessibili, viste le ridottissime dimensioni del cofano motore così come quelle del parafango anteriore, studiato per facilitare al massimo la sostituzione della ruota.

In evidenza la leva del cambio con manicotti a vista e cavi flessibili.

spariscono le costole lungo la carenatura posteriore, configurando una superficie curvilinea continua. Anche il silenziatore cambia posizione e, da laterale, assume una postazione centrale, davanti alla ruota, nascosto sotto la scocca: ciò consente di modificare la linea del bordo inferiore del bauletto sinistro. La pedana è prolungata verso il motore così da consentire un appoggio più confortevole al passeggero.

Il manubrio è dotato di supporto antivibrante, mentre, grande novità della serie del 1951, il cambio non è più a bacchette ma a cavetti flessibili. Queste soluzioni stanno alla base dei due modelli del 1953, la cui lettura approfondita evi-

denzia i punti su cui si concentreranno le ricerche stilistiche degli anni successivi.

La Vespa 125 U, prodotta in 7.000 esemplari, costava 110.000 lire – 20.000 lire in meno rispetto alla 125 mod. 53 standard – e concretizza l'idea dell'azienda di offrire una Vespa a prezzo contenuto, anche in risposta alla supereconomica Lambretta E dello stesso anno.

Il motore è del tipo con deflettore, simile a quello della Vespa 1951, la velocità massima è di 65 km/h e il consumo di 2,3 litri ogni 100 km.

Il modello nasce fortemente semplificato ed è allestito impiegando rimanenze di magazzino. Tutte le parti cromate (a eccezione della ghiera del faro

Particolare del faro, di piccole dimensioni, realizzato in fusione di alluminio. Il gruppo ottico ha diametro di 95 mm e ghiera cromata; si tratta dell'unico elemento cromato di tutto il veicolo.

## VESPA125U

anteriore) sono eliminate, e ogni pezzo è verniciato, come la scocca, in verde pastello (cod. Piaggio 334). Non sono presenti rifiniture, mancano le protezioni in gomma sul cavalletto – zincato e con parte terminale angolata a squadra –, sul freno a pedale e sulla leva di avviamento; questi componenti sono in alluminio grezzo con griglia stampata nei punti di contatto/azionamento. In numero ridotto le liste di protezione sulla pedana, realizzate in alluminio e senza guarnizioni in gomma. La sella, più piccola, ha molle coniche di colore verde scuro nella parte posteriore e manca di molleggio nella parte anteriore.

Peculiari di questa serie sono il cofano motore e il parafango anteriore. Quest'ultimo, di dimensioni

La scritta Vespa è verniciata direttamente sullo scudo in colore verde scuro.

A fronte: il fanalino posteriore di forma rettangolare viene introdotto già dalla 125 del 1951.

Il cofano motore ha dimensioni ridottissime, permettendo l'accesso immediato alla candela.

Questo modello prodotto in serie limitata, complice il deludente esito commerciale, è tra i più ambiti dai collezionisti.

ridotte, è sagomato sulla piega del tubo sterzo, mentre il carter motore lascia bene in vista la testa del cilindro; anche la candela è scoperta e immediatamente accessibile. I due carter laterali – cofano motore e sacca porta-attrezzi – sono realizzati in lamiera d'acciaio e fissati alla scocca con viti e guarnizione a vista in gomma grigia. Il colore della guarnizione, in contrasto col verde della carenatura, sottolinea le forme delle ali laterali.

Per la prima volta appare in Italia il faro montato sul manubrio, tipico di alcuni modelli destinati all'estero. Il faro, che riprende quello della Allstate per gli Stati Uniti, ha piccole dimensioni – diametro 95 mm – ed è realizzato in un solo pezzo con il morsetto di fissaggio sul manubrio.

Il fanalino posteriore è rettangolare con guaina grigia a vista all'attacco con la scocca. La scritta Vespa è verniciata direttamente sullo scudo in colore verde scuro.

Questo modello, che inaugura soluzioni riprese nei modelli successivi, ha però scarso successo e rimarrà in produzione solo un anno.

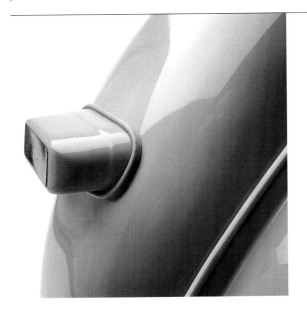

# 150GS

**L**a 150 GS è la pietra miliare nella storia dello scooter, è ricordata dagli intenditori come lo scooter più bello mai prodotto al mondo ed è oggi ricercatissima sul mercato della Vespa d'epoca. Questo grazie alle scelte stilistiche che la contraddistinguono, alla raffinata eleganza tipica della Vespa, ma soprattutto alle elevate prestazioni, da tempo richieste da un target spiccatamente sportivo che troverà in questo modello un "simbolo di sportività" perfettamente in linea con le proprie esigenze. Velocità, ripresa immediata, ottima tenuta di strada, brillante comportamento in salita, frenatura in qualsiasi condizione: queste in sintesi le caratte-

Sin dal 1955 è prodotta in Germania da Messerschmitt, azienda di derivazione aeronautica già nota nella seconda guerra mondiale per i suoi caccia monoposto.

Capace di notevolissime prestazioni, ma accessibile anche da parte del pubblico femminile, la GS conosce una buona diffusione in Italia e all'estero.

*GRAND SPORT — en maskin utöver det vanliga!*

Il manubrio con il grande faro da 115 mm, rifinito con ghiera cromata. Sullo scudetto Piaggio in rilievo, realizzato in lamiera d'ottone stampata e verniciata, non compare più la scritta Genova.

Il "Vespone" è subito accolto con grande entusiasmo dal pubblico, che richiedeva un mezzo più potente e scattante, adatto anche ai lunghi tragitti autostradali.

## 150GS

ristiche che fanno della GS "un gran bello scooter". La sua realizzazione è il risultato delle esperienze sviluppate dalla Piaggio nelle gare di velocità e regolarità con la Vespa Sei Giorni.

Le prime consegne della GS vengono effettuate a fine 1954, sebbene generalmente la si dati al '55, lo stesso anno della 150 base, ma rispetto a quest'ultima presenta numerose innovazioni.

Monta motore quadro di 145,6 cc, corsa per alesaggio 57 x 57 mm, che raggiunge il notevole traguardo dei 100 km/h e deriva da quello sviluppato per la Vespa Sport Sei Giorni. Nessun altro modello, sino alla Vespa 200 Rally del 1972, raggiungerà una velocità così elevata.

L'alta velocità del mezzo ha richiesto la definizione di un complesso frenante ad alta efficienza, sono così stati adottati freni di grande diametro e tamburi in lega leggera con incorporato anello in ghisa e alettatura di raffreddamento; il pedale del freno posteriore è allungato per poter esercitare più forza nella frenata. L'aumentato diametro dei freni ha portato a modificare e rinforzare anche le ruote che montano, per la prima volta, pneumatici di 3.50 x 10".

Per garantire velocità di marcia anche con due persone è stato adottato il cambio a quattro marce (notare che la 150 normale ne sarà dotata solo nel 1960) con frizione rinforzata, così da

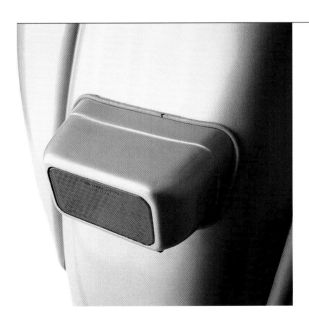

Fanale posteriore di forma rettangolare, uguale a quello montato sulla Vespa 125 del 1953.

Il nuovo design della leva di avviamento, più lunga, lucidata a specchio con gommino nero antiscivolo.

Le viste principali mettono
in evidenza l'eleganza
e il design equilibrato
dell'insieme delle parti.
La nuova carenatura,
più grande e bombata,
conferisce al veicolo una
immagine particolarmente
aggressiva e scattante.

La sella lunga può essere
utilizzata da due persone
ma allo stesso tempo
offre la possibilità al pilota
di guidare in posizione
allungata, assumendo
così un assetto da corsa.

L'aspetto sportivo è
sottolineato dall'adozione
di ruote di grandi
dimensioni (3.50 x 10").

## 150GS

adeguarla alle prestazioni: dischi, molle e tutti
gli elementi del gruppo sono di diametro maggiore.
   L'aspetto originale e attraente del veicolo è ottenuto attraverso l'armonico equilibrio dei principali elementi che lo compongono: il manubrio,
di nuova concezione, con faro incorporato,
la forma raccolta dello scudo, la brillante verniciatura (grigio metallizzato, codice Max Meyer
15005) e la sella lunga a doppio uso, adatta
alla posizione di guida abbassata ma confortevole anche per viaggiare in due.
   Rispetto alla versione normale, nella GS la
scocca ha una linea più aerodinamica con scudo
bombato e pedane rialzate; i cofani laterali sono

più alti e molto grandi, con forme derivanti dalla
diversa posizione del carburatore, un Dellorto
UB 23S3 a vaschetta laterale, montato direttamente sopra il cilindro. Il parafango anteriore,
più avvolgente, presenta un fregio in alluminio
lucidato a specchio, al posto del fanale.
   Il gruppo manubrio-fanale (soluzione introdotta dalla Allstate del 1951 e dunque dalla 125 U
del '53, adottata poi nella 150 del 1954 e ora
ulteriormente affinata) è risolto con una unica
carenatura realizzata in fusione d'alluminio.
   Le trasmissioni rimangono ancora esterne,
in posizione simmetrica con i cavi inguainati
che entrano nello scudo al disotto dell'innesto

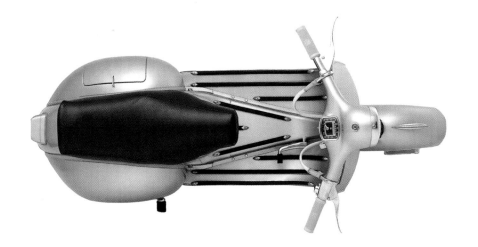

Da notare che l'esemplare fotografato, una pre-serie, ha la sella di colore nero e lievemente diversa rispetto a quella definitiva.

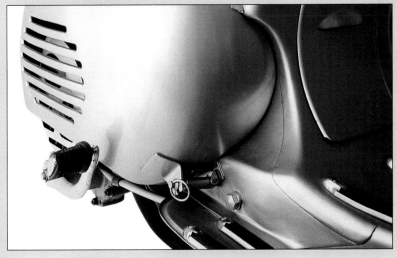

Particolare d'aggancio del cofano laterale sul lato motore: come sulla Vespa Sei Giorni, il bloccaggio è assicurato da un perno solidale alla scocca che va a inserirsi nella placchetta saldata al cofano e, quindi, è fermato da una coppiglia.

La 150 GS è considerata il modello "più apprezzato, imitato e ricordato", tanto che è oggi ricercatissima dagli appassionati e dai collezionisti sul mercato della Vespa d'epoca.

**150**GS

dello sterzo. Il manubrio, di linea elegante e originale, incorpora il contachilometri scalato 120 km/h con il fondo verde, un interruttore a chiave che serve per l'avviamento e per accendere le luci e una spia per le luci di posizione.

Il cambio delle luci è assicurato da un commutatore sulla destra del manubrio nel quale è incorporato il pulsante del clacson. Il faro ha diametro più grande, 115 mm, ed è rifinito con una ghiera cromata Siem. L'impianto elettrico comprende una batteria da 6 V-12 Ah, per l'alimentazione di luci di posizione e clacson, posizionata nel vano portaoggetti sinistro accanto agli attrezzi di manutenzione; la ricarica avviene con raddrizzatore di corrente metallico posizionato accanto alla batteria.

Per la prima volta il veicolo è dotato di una sella lunga, biposto, di colore verde scuro e con cinta per il passeggero; a partire dal 1956 il colore cambia in blu scuro. Nelle immagini qui riprodotte la sella è invece nera e senza cinta poiché il mezzo fotografato è un esemplare di pre-serie. Esercitando una pressione in avanti sul lato posteriore della sella, si accede al serbatoio con capacità di ben 12 litri compresa la riserva. Il tappo del serbatoio è fermato, solo in questo modello, con una molla a innesto rapido.

La Vespa 150 GS sarà prodotta, con continui miglioramenti ed evoluzioni, sino al 1961.

Particolare del manubrio in pressofusione con contachilometri, interruttore a chiave e spia per le luci di posizione. I cavi inguainati delle trasmissioni esterne entrano nello scudo sotto l'innesto dello sterzo.

Il parafango avvolgente è sormontato dal caratteristico fregio in alluminio lucidato a specchio, che contrasta con il clacson nero.

**Q**ui la Vespa compie il suo primo milione, proprio alle soglie del "miracolo economico". È un'ascesa che sembra non finire: gli anni del mito, fra «Vespizzatevi», Hollywood, i mods e un'audace incursione a quattro ruote.

**1956 - 1963**

## Lo stile italiano...

114

Le maestranze riunite per celebrare l'evento con i venditori, la stampa e la dirigenza aziendale: a questa data la "forza di stabilimento" conta 3.781 operai, di cui sole 169 donne, 402 impiegati, 99 impiegate e 13 dirigenti.

La grande fabbrica lungo la ferrovia sembra parata a festa. In questo 1956, il ventotto di aprile si aprono i cancelli e una folta schiera d'invitati affluisce là dove la milionesima Vespa, benedetta dall'Arcivescovo di Pisa, esce dalla linea di produzione.

Sono in 284 fra giornalisti e agenti della rete vendita, italiani e stranieri, oltre ai rappresentanti le licenziatarie e ai dirigenti dei Vespa Club. Accanto all'amministratore delegato fanno gli onori di casa dirigenti e capireparto, insieme a 160 "anziani" dei quali una trentina verranno premiati appena dopo pranzo e subito prima dell'esibizione acrobatica al campo di volo, cui farà seguito la visita al Villaggio che solitamente conclude il tour degli stabilimenti.

Quella che si presenta agli ospiti come «la maggiore casa motociclistica del mondo», forte di un avanzatissimo impianto esteso per 175.000 metri quadri e capace di oltre duecentomila pezzi l'anno, celebra l'evento con puntigliosa meticolosità avendo cura di ottimizzare la ricaduta in termini pubblicitari. Al momento delle celebrazioni, non diversamente da altre grandi industrie, a cominciare dalla Fiat, l'Italia è ormai in pieno boom.

### Un'accelerazione formidabile, dati alla mano

L'ora ufficiale del decollo è convenzionalmente fissata al 1958, quando per la prima volta nella storia dello Stato unitario gli occupati nell'industria supe-

«Augusto Pontefice compiacesi lusinghiero successo industria meccanica stabilimento Piaggio Pontedera e lieto constatare concorde operosità dirigenti e maestranze invia di cuore propiziatrice divina assistenza implorata benedizione».

L'impareggiabile Modugno, fra i simboli più acclamati della nuova Italia alle soglie del "boom", con il Festival di Sanremo 1958 conosce il successo internazionale.

La protagonista al centro dei grandi festeggiamenti è una Vespa 150: modello presentato nel 1954 e rinnovato per l'occasione.

Il lieto evento merita anche il francobollo-chiudilettera sui toni dell'azzurro e del grigio: i colori aziendali.

rano la manodopera agricola e il tasso annuo di crescita supera il 6 per cento. Nell'arco del quinquennio successivo la produzione industriale risulterà più che raddoppiata, così come la percentuale relativa di esportazione verso i paesi della Comunità Europea. Altri fenomeni recano amara testimonianza di una crescita non governata: l'imponente flusso migratorio – sarà di oltre un milione di persone, solo dal Mezzogiorno al Norditalia – e una speculazione edilizia che devasta irreparabilmente il territorio italiano, corrompe la pubblica amministrazione e intesse una rete clientelare senza fine.

In tutto questo, prosegue con inarrestabile slancio la trasformazione del costume sociale.

L'Italia di Mister Volare, del viscontiano *Rocco e i suoi fratelli*, quella delle borgate pasoliniane di *Una vita violenta* nel 1959, o di "Lascia e raddoppia" e "Carosello", celebra i fasti della modernità trasmettendo l'immagine di una ragazza in pantaloni, con foulard e occhiali scuri, in sella a una Vespa.

All'alba del miracolo economico – nella Terza Italia della piccola e media impresa che non conosce il dramma degli emigranti né l'impatto con i "terroni", e attinge al grande serbatoio della mezzadria in dissoluzione – non è questo l'unico settore in ascesa. Emblematico è il caso delle industrie di elettrodomestici nel Nordest, come la Candy o la Zanussi. Ma nel totale di 1.750.000 fra "motocicli leggeri e ciclomotori" circolanti nel 1954 – vale a dire quasi il doppio dell'intero comparto automobilistico, fra vetture private, autocarri e bus – c'è chi ha fatto la parte del

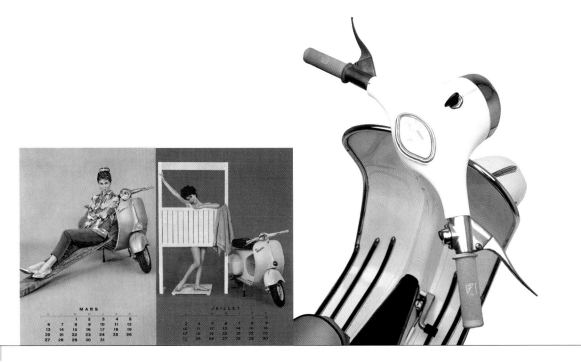

Pasqualino sulla Vespa è baciato dalla fortuna: l'arte di Jacovitti – padre di Pippo, Pertica e Palla, di Cocco Bill e Jack Mandolino – gli dà vita nel 1959 destinandolo a un periodico per ragazzi, "Lo scolaro".

leone. Piaggio esporta in sessanta Paesi del mondo e, al volgere del decennio, su cento acquirenti di scooter in Italia oltre sessanta scelgono Vespa.

È innegabile una progressiva ascesa della concorrente diretta, che nel 1959 con un balzo in avanti raggiunge quota settantamila immatricolazioni. Intanto Piaggio, stabile oltre i centomila scooter per anno, dopo la nuova 125 e il motore a distribuzione rotante, nel 1962 metterà in campo la splendida 160 GS aumentando il distacco.

Nel gruppone, con Gilera e Guzzi – tacendo qui del Galletto, scooter molto sui generis – figurano la tradizione e il prestigio; eppure, fra medie e grosse cilindrate, i due marchi storici totalizzano soli 880 pezzi ancora nel 1958. Il mercato è sotto la soglia dei 200 cc.

Fuori campo, sulle prime inavvertito, prende quota il fenomeno giapponese. Ne parlano i giornali specializzati, considerando perplessi gli 880.000 motocicli prodotti nel 1959 e i 600.000 dei primi sei mesi soltanto, per il 1961, e le esportazioni che già da qualche tempo, ogni anno, raddoppiano.

La progressione di Vespa sembra ormai inarrestabile: non lo è, infatti. Ma dalla prima crisi del settore, in coincidenza con l'introduzione della patente di guida per i mezzi a due ruote, nel 1961, come solitamente accade almeno i più forti ne escono consolidati.

Nel 1965, quando viene a mancare Enrico Piaggio, sono ormai più di tre milioni e mezzo le Vespe prodotte in Italia.

Le modelle, sempre che siano vestite, indossano pantaloni a sigaretta, ballerine e camicette in fibra sintetica stampata a colori. A due anni dal modernissimo calendario 1960, arriva sul mercato una Vespa tutta bianca, con molte cromature e la sella color grigio chiaro.

Francesco Lanzara (1914-90) docente presso l'Università di Pisa, direttore degli stabilimenti Piaggio e presidente della Unione Industriali Pisana, illustra ai visitatori una scocca metallica pronta per le successive lavorazioni.

## L'ipnotico flusso della catena

L'ingegner Lanzara ha di fronte una platea di rotariani, nel dicembre 1957: «Gli specialisti di produzione americani dicono che ogni particolare diverso da produrre è un nemico; ora i nemici sono necessariamente molti». Per l'esattezza 1.457 su una Vespa 150, come segnalava in altra occasione la rivista aziendale. «Sta al tecnico ridurli al minimo».

Solo grazie a una rigorosa standardizzazione e a poderosi investimenti si può garantire la qualità del prodotto finale; ovvero la capacità, «stabilito un ottimo, di riprodurre senza scostamenti non previsti».

«Non appena la qualità decade, il ritmo diminuisce, subisce degli intralci, delle soste; e il ritmo è il presupposto della produttività, è l'indispensabile collaboratore dell'operaio che lavora e produce, la garanzia del suo guadagno». Di conserva, «gli strumenti retributivi si perfezionano continuamente... e lo Stabilimento che avete visitato può affermare di avere raggiunto anche in questo campo un moderno livello che è oggetto di studio e talvolta di meraviglia per visitatori italiani e stranieri».

Congedandosi, il direttore generale rimarca che l'azienda è in salute e prospera «se l'industriale oltre al coraggio, all'intuizione, alla capacità organizzativa crede nel proprio lavoro, nell'utilità della propria fatica, nelle sue maestranze, in una parola ha fiducia nell'avvenire; anche se questo, come nel 1945 e nel '46, si presenti incerto ed oscuro molto più di quanto la realtà abbia poi dimostrato».

Lo Stabilimento è organizzato secondo i criteri della grande industria automobilistica, con il moderno sistema produttivo delle lavorazioni a ciclo completo sincronizzato da catene di trasporto e di montaggio. Il ciclo, che inizia dalla lamiera di acciaio, dai lingotti di alluminio e da grezzi di ghisa e acciaio, si svolge in cinque grandi officine di produzione che lavorano in sincronismo collegate da trasportatori aerei; questi alimentano le Officine e ne smaltiscono la produzione facendo confluire i vari gruppi completi alle catene di montaggio. Nella Officina di lavorazione lamiere, presse sino a 500 tonnellate producono gli imbutiti del telaio la cui costruzione si effettua su catene automatiche utilizzando saldatrici comandate e controllate elettronicamente. Ogni due minuti il telaio è trasferito con trasportatori aerei alla verniciatura e montaggio. Nella Fonderia è adottata la moderna tecnica della pressofusione; i getti prodotti, grazie ai trasportatori, affluiscono sulle teste di linea di lavorazione dell'Officina meccanica secondo un ritmico programma di distribuzione. Le lavorazioni meccaniche sono organizzate in due Officine: una produce i gruppi costituenti la moto, l'altra il motore. Molti macchinari sono stati espressamente studiati e costruiti per la Piaggio da ditte estere e nazionali secondo i moderni criteri dell'Automation. Tutti i gruppi della moto e il motore completo collaudato confluiscono, con ritmo sincronizzato a quello del telaio, alle catene principali di montaggio.

*Brevi notizie sullo stabilimento di Pontedera (26 marzo 1956)*

Il lungo sciopero del 1962 rivela un sindacato ansioso di misurarsi sulle scelte strategiche della gestione aziendale.

Le vie di Pontedera hanno visto le Vespe sfilare in testa al corteo del Primo Maggio. Una stagione di grande conflittualità ed espansione: qui hanno radici la futura Italia del benessere e della rivoluzione giovanile del costume, e quella del più acceso scontro sociale.

Il ritmo, sottolineava Lanzara osservando «il flusso costante, direi incessante delle catene di montaggio: senza strappi o accelerazioni, ma senza soste».

Millecinquecento piaggisti, nel 1948, producevano 1.650 motoveicoli al mese. Pochi anni sono trascorsi, e a fronte di 4.000 "unità" si contano ben 13.000 pezzi. Certamente molti. Indice di una situazione ottimale, secondo la direzione, o piuttosto ormai insostenibile, a detta di altri. Nel consueto gioco di specchi fra lo scenario nazionale e la realtà dell'azienda, si procede in parallelo anche stavolta. Dal 1953 al '60 la produzione industriale accenna a raddoppiare, la produttività operaia cresce del 60 per cento, intanto che i salari accusano invece una contraddittoria, seppur lieve flessione.

Non è trascorso un anno dalla grande festa sul viale Rinaldo Piaggio, che già i numeri del trionfo di Vespa vengono impugnati dalla Fiom per lanciare una diversa e più ambiziosa controffensiva con la pubblicazione del *Documento verde,* ovvero, per esteso nel sottotitolo: «Far corrispondere al progresso tecnico ed all'aumentato rendimento del lavoro sostanziali miglioramenti per tutti i lavoratori».

La dettagliata relazione aperta dal titolo beneaugurante – nella quale si fa una disamina di costi e ricavi, punto per punto, e non si esita a citare la Innocenti quale modello e parametro di confronto in materia di salari – troverà sbocco nella battaglia per "una lira a Vespa" che già prelude agli scontri più aspri degli anni Sessanta.

«La famiglia Piaggio», sembra chiosare un certo Bob Considine in un periodico di New York nel 1956, «ha trovato una risposta al comunismo in Italia dando forma a questo praticissimo mezzo di trasporto monocilindro, capace di 100 miglia con un solo gallone».

# A small car on two wheels

The new VESPA G.L. offers some further improvements that make the scooter still more comfortable.

- **Four speed gearbox,** for greater acceleration and better performances

- Lighting equipment of improved photometric characteristics.

- 10th inches wheels to secure a great stability on corrugated and ice-covered roads.

- New cromed of tail light with stop - light of higher luminous intensity

**MORE POWERFUL AND BRILLIANT ENGINE**

In questa fase l'innovazione tecnologica è un punto di forza nella promozione della Vespa sul mercato nazionale e all'estero.

A confronto della soluzione tradizionale (sotto) che prevede l'aspirazione dei gas freschi comandata dal pistone, la distribuzione rotante (al piede) assicura fra l'altro un raffreddamento ottimale e la più efficace lubrificazione dei cuscinetti della testa di biella.

119

«Sembrava che il due tempi ben poche innovazioni permettesse al classico schema, ma la fiducia in tale motore ha spinto a insistere nel lavoro di ricerca, e il successo infine non è mancato: il nuovo tipo di distribuzione rotante concepito rende il motore della nuova Vespa 150 veramente rivoluzionario». L'ingegner Vittorio Casini, responsabile del Servizio Tecnico Esperienze e Prove, scrive queste righe nell'aprile 1959.

Una nuova conformazione dunque, con la quale si risolvono alcuni spinosi problemi di sempre.

Il carburatore è montato direttamente sul carter, sopprimendo il condotto di aspirazione, così da ridurre la resistenza al passaggio dei gas.

La luce di ammissione dei gas freschi nel carter è adesso praticata in corrispondenza di uno dei contrappesi dell'albero motore e viene aperta o chiusa dalla particolare conformazione di questo: in tal modo si ottiene un migliore riempimento della camera di scoppio e si evitano fenomeni di riflusso nel condotto del carburatore, incrementando il rendimento del motore. Si può anche dire, in termini appena più tecnici, che il diagramma di distribuzione non è più necessariamente simmetrico rispetto al punto morto, come avviene nel sistema tradizionale in cui la luce è aperta e chiusa dal pistone, ma può essere determinato in fase di progetto così da ottimizzare il rendimento volumetrico della pompa.

Il flusso dei gas investe ora pienamente la testa di biella, tradizionale punto critico, garantendo il migliore raffreddamento e la lubrificazione del relativo cuscinetto.

Ciò consente l'adozione di una miscela ridotta dal 5 al 2 per cento, dunque più economica e intrinsecamente più pulita, derivandone minori incrostazioni nella camera di scoppio e minore fumosità allo scarico.

Splendida innovazione che, peraltro, rende al meglio quando il motore è a temperatura, per consentire la corretta separazione dell'olio dalla benzina. Ecco perché i collaudatori, dopo chilometri e chilometri a manetta, non hanno rilevato alcunché, mentre la primissima serie in produzione tende inspiegabilmente a usurare il cuscinetto della testa di biella nell'uso urbano più corrente. Un rebus apparentemente insolubile, ricorda l'ingegner Carlo Doveri, infine risolto al meglio con alcune precise modifiche.

Ma non basta: la distribuzione rotante si traduce poi in una riduzione del consumo nell'ordine del 10 per cento e in una maggiore elasticità del motore.

I tecnici rilevano "una curva di rendimento molto piatta": l'indice di elasticità del motore è aumentato del 15 per cento, tanto da non richiedere per il momento l'adozione del cambio a quattro marce.

Per milioni di nuovi utenti alla guida di una Vespa successiva al 1960 ciò significa maggiore economia di esercizio e un motore più brillante in ripresa o nello spunto in salita. E tutto questo, sottolinea Casini, «è stato realizzato senza aggiungere un solo pezzo al motore, ma solo adeguando la forma di quelli esistenti alle funzioni da svolgere».

# Il nuovo a due tempi

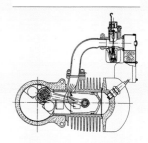

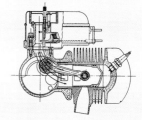

Fortunatissima e altrettanto libera versione dal francese, "vespizzatevi" si afferma nel parlare comune e, a sua volta, viene poi tradotto in molte campagne straniere di quegli anni.

«Ne courrez plus... roulez Vespa... roulez Vespa». Un invito che si direbbe capace di sedare ogni frenesia, facendo scivolare lieve la fortunata coppia: lui con berretto e pipa, lei gonnella e capelli non troppo lunghi al vento. Intanto si avverte l'incalzare della folla in corsa, e sono paia e paia di gambe stilizzate, nere, attorno a loro, che battono l'asfalto nel manifesto di Villemot del 1954. Tutto questo, da noi, viene tradotto con una certa libertà e una punta di genio: «non correte...», e piuttosto... «Vespizzatevi!».

Fatelo dunque, «se volete arrivare riposati al posto di lavoro»: lo si ripete, forse con meno eleganza grafica, in un manifesto successivo, italiano stavolta. E dato che questo, interviene il "Notiziario dei venditori",

«per gli operai può significare un maggior numero di ore dedicate al sonno e minor fatica, non v'è dubbio che gli stessi datori di lavoro, se interessati con intelligenza a questo problema, potrebbero finire con l'acquisto di notevoli quantità di scooters». Perché no?

«Vespizzatevi per il vostro lavoro, per il vostro svago». Ma i due motorizzati, freschissimi e vagamente nordici contadini non lavorano affatto. Si riposano, prima – lei porge al consorte un cestino per il pranzo, senza neppure scender di sella – e, sembra di capire, più tardi andranno a una festa sull'aia con fuochi d'artificio e fisarmonica. Vespizzati, naturalmente.

Il neologismo si radica nel parlato e anche un linguista come Bruno Migliorini ne prende atto nella sua opera, proprio in questi anni.

Ecco l'originale di Bernard Villemot (1911-89), geniale cartellonista che amava dichiararsi influenzato da Henri Matisse, fra gli altri.

A distanza di pochi anni dalle campagne che ancora rilanciano lo slogan, il disegnatore Sandro Scarsi interviene con il suo segno marcato, molto personale, e il gusto dei colori saturi che gli è caratteristico.

Curioso notare che, quasi mezzo secolo più tardi, il fatidico verbo più non ricorre nel dizionario. Risultano invece ben radicati non solo Vespa, ma Vespino/a, Vespista, Vespistico e anche Vespone: «motoscooter di cilindrata e dimensioni superiori a quelle della Vespa» è registrato nel Dizionario Italiano Sabatini Coletti, così come nel classico Devoto Oli quale «Vespa di 200 cm$^3$ di cilindrata».

## Vespa in cielo e paradiso in terra

Lo stile francese, segnalato "per il suo buon gusto e l'eleganza", si ritrova nelle tavole di Savignac con la Vespa rampante su fondo giallo, o nell'originalità delle campagne promozionali. Come nel '58, quando il primo giorno di primavera viene celebrato sui giornali illustrati francesi con inserzioni a colori, in cinque milioni di copie, profumate al mughetto.

Vespa merita la collaborazione, fra gli altri, di Erberto Carboni, grafico e architetto che è nella storia del design italiano, ma anche del disegnatore Sandro Scarsi con la sua freschezza e la sua inventiva, e mette alla prova l'ufficio comunicazione e grafica interno che si fa carico della promozione e pubblicità almeno sino a tutti gli anni Sessanta. Qui vengono ideate le campagne e si elaborano i progetti per le affissioni, le inserzioni sui giornali, la documentazione veicolata tramite agenzie e officine di assistenza, beninteso in tutte le varianti e in tutte le lingue previste.

Nell'arco di questo decennio e oltre, decine di pieghevoli vengono di volta in volta approntati per la

Fra i grandi della pubblicità Vespa è Raymond Savignac. Dal 1933 con le sue tavole dà voce a Perrier, Dunlop, Monsavon, Olivetti, Pirelli e al quotidiano «Il Giorno», fra gli altri. Inoltre lavora per Vichy, Renault, Bic e per delle produzioni cinematografiche. Dalla affiche «Vespa verso il sole», le Poste Italiane ricaveranno il francobollo e l'annullo per il 50esimo anniversario Vespa (1996).

Erberto Carboni (1899-1984), architetto, grafico e designer attivo sin dal 1932, firma alcune storiche campagne per Pavesi, Bertolli, e così molta parte della grafica in Rai. A lui si deve il manifesto «In tutto il mondo Vespa» risalente al 1958.

La Direzione Commerciale definisce "motivazionale" questo manifesto e, nel '61, ne suggerisce la diffusione "in zone sotto-sviluppate"; ma al contempo sperimenta qui il *bus advertising*.

«*Paradiso per due*» è il nuovo spirito dei giovani, che già si annuncia con la primavera 1962.

in tutto il mondo

*Vespa*

distribuzione in migliaia e migliaia di copie, nei punti vendita e in ogni possibile occasione. Mani femminili, eleganti, ingioiellate – già le abbiamo viste – offrivano la prima Vespa 98 quasi fosse una gemma. Nel successivo, appena oltre la bella copertina a fondo nero il progresso era scandito in una serie di vignette stilizzate ove si esaltavano le ruote piccole e intercambiabili, la scocca portante e il motore protetto come altrettante connotazioni "automobilistiche", vale a dire moderne, del mezzo.

«Tutti sanno cos'è la Vespa», si ripete altrove, e siamo nel 1958; «ma non tutti sanno...» che i numeri della produzione nell'arco di un decennio hanno dell'incredibile. Potenza complessiva tale da azionare una intera flotta da guerra, energia per illuminare l'Italia, la Francia e anche l'Austria insieme; e una fila di scooter potrebbe unire il Duomo di Milano alla Piazza Rossa, senza soluzione di continuità.

Si spendono testimonial italiani e stranieri sulle pagine dei settimanali. Si sottolinea in Francia il tratto elegante di Vespa, puntualizzando invece, dati alla mano, l'insuperabile funzionalità del mezzo quando ci si rivolge ai nuovi mercati.

Non è usuale prescindere dal fatto tecnico, in questa fase: il dato relativo a peso, cavalli di potenza, velocità massima non viene facilmente ignorato.

Radicare il profilo di Vespa nell'immaginario collettivo, suggestionare il pubblico, evocare immagini di libertà e ampi spazi, la fuga nel verde... ma continuando a fare informazione, per quant'è possibile, sul prodotto. La strada per le campagne più innova-

tive degli anni Sessanta, giocate sul potere di slogan trasgressivi, apparentemente lontani dal senso comune, è ancora lunga. Eppure, dal «Vespizzatevi!» del 1954 non sembrava mancare molto.

Arma segreta nella quotidiana battaglia contro il traffico, Vespa sollecita l'ironia dei pubblicitari in Inghilterra e nel Nord Europa.

È caratteristica di tutta la comunicazione sulle "ruote basse" una sfumatura giocosa, forse un poco ingenua e stucchevole alla distanza, ma accattivante. Certamente adatta a quell'aria sbarazzina, vacanziera e giovanile che sempre più si rafforza nel messaggio promozionale e nella percezione comune del mezzo.

Sin dai primi giorni è stata l'auto a due ruote per chi a quattro, di certo, non poteva arrivare. Ed erano lui e lei: con tanto di prole, all'inizio, giovani ma non giovanissimi. «Alla loro felicità manca solo la Vespa» e infatti volano, in posa, su fondo giallo nel 1963.

Sorprendentemente moderna al confronto, nella grafica e nel messaggio, «Un paradiso per due»: qui «ogni tragitto, lungo o breve che sia, può trasformarsi in un appuntamento con la felicità». Siamo nel '62 e già è un altro stile, un altro pubblico, un altro mondo.

## Vespe d'autore

Fra i vari personaggi che, sorridendo e per il solo gusto di farlo, hanno posato in sella allo scooter più famoso al mondo – e sono molti, da Satchmo a Dominguín e poi Jimmy Durante, Livio Berruti, Lord Brabazon of Tara e fra gli attori basti qui ricordare un

luminoso Henry Fonda – c'è anche Oscar Kokoschka. Si è limitato a salirci e non ne ha mai disegnata una, di Vespa, che si sappia.

Salvator Dalì ci ha dipinto letteralmente sopra.

È andata così: Antonio e Santiago, studenti in legge all'Università di Madrid, lasciano la capitale diretti in Italia avendo in animo d'incontrare il Papa in udienza privata, nientemeno, e d'imbarcarsi da Brindisi alla volta di Atene. Orbene, prima di passare il confine francese fanno scalo a Cadaqués per rendere omaggio all'artista. L'onesta 150 azzurrina ne esce irrimediabilmente segnata: Dalì vi appone la firma incoronando il nome della sua Gala, sulla fiancata destra.

Una serie di bozzetti pubblicati sull'italianissimo "Il Borghese" nel 1955 rivelano invece lo spirito bla-

Curiose anticipazioni della grafica d'autore: ancora era il 1955 ma già una coppia si librava nell'aria, seduta su una Vespa invisibile, per mano di Leo Longanesi.

Oscar Kokoschka si trova in visita in Italia per ritirare il Premio Roma, nel 1960.

Migliaia di chilometri dopo il fatidico incontro, la Vespa di Dalì, debitamente restaurata, è esposta al Museo di Pontedera.

Renato Guttuso, *Gita in Vespa* (1957), olio su carta intelata, 120 x 102, New York – Collezione John D. Rockefeller III.

sé del direttore e proprietario della testata. Leo Longanesi la vede femmina questa Vespa, un figurino dalla Belle Époque che sa un po' di casa di piacere. Oppure... un triste distinto signore, alla guida, insegue un pera sospesa davanti: a un palmo dal naso gli pende dal ramo dell'albero in vaso, che porta lui stesso, in Vespa, con sé. Ma il nome di Vespa poi gira in un fine continuo arabesco; nasce forse per caso da un gioco di penna, e resta fra tutti il migliore.

La collezione di John D. Rockefeller III conserva una bella tela di Guttuso: la *Gita in Vespa*, del '57. Lei è in primo piano – li vediamo da dietro – con le gambe raccolte di lato; lui è assorto nella guida, una sagoma indistinta, più scura, alla quale appoggiarsi trovando riparo. Intanto la strada bianca corre sotto di loro.

Scrittore, giornalista, illustratore, Leo Longanesi (1905-57) ha legato il suo nome non solo alla fondazione della omonima casa editrice o alla direzione de "Il Borghese", ma anche a un particolare umorismo grafico, di derivazione ottocentesca.

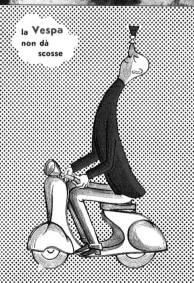

## La rete di vendita...

Articolata in quattro filiali con Milano, Torino, Genova, Catania, e cinque direzioni commerciali fra Padova, Bologna, Firenze, Napoli e Roma, oltre a cinquecento agenzie, sub-agenzie e filiali, e qualcosa come tremila stazioni di servizio sul territorio nazionale, la struttura di vendita e assistenza al cliente è il tramite diretto con il pubblico. Nelle vetrine, nella qualità del servizio, nelle iniziative promozionali a livello locale si deve riflettere un'immagine coordinata e coerente. Pontedera dirama istruzioni.

«È indispensabile che esista uno stile Piaggio così come già esiste, d'altra parte, uno stile Olivetti e come va del pari sorgendo uno stile Necchi», si dichiara in "Vespa Servizio", il notiziario diramato ai venditori. All'uopo si appronta un ufficio di consulenza per l'allestimento delle vetrine, portando a esempio spazi espositivi sulle vie delle città d'Italia dove l'agenzia locale allestisce vere e proprie scenette con tanto di Babbo Natale trainato dalle Vespe, o un angoletto camping con tendina e scooter, in riva al lago, di cui si fornisce lo schema in pianta così che ciascuno possa riprodurne l'incanto. Su richiesta, nelle sedi più importanti, è possibile allestire una "vetrina metafisica", con i magici artifici ideati personalmente da D'Ascanio, dove la Vespa rimane sospesa su un getto d'acqua e corre in equilibrio su un filo grazie a un giroscopio celato nella scocca. Ma più spesso la vetrina è sobria, ariosa e illuminata anche di notte, come raccomandato.

Non è impegno da poco la comunicazione destinata alla forza vendita, e si traduce in una messe di informazioni sulla diffusione all'estero, sulle caratteristiche tecniche dei nuovi modelli, sulle più disparate iniziative promozionali messe in atto dai singoli agenti, con precise indicazioni circa la migliore configurazione dell'officina di assistenza e del banco di lavoro, e il costante invito a farsi carico della promozione locale.

La fiera, il carnevale, manifestazioni folcloristiche d'ogni genere, e competizioni sportive: «Bisogna però che la partecipazione di Vespa sia sempre e comunque di un tono assolutamente superiore... dunque attenzione a non legarsi a una squadra di mediocre piazzamento».

«Per questo delicato congegno», qui allestito nelle vetrine milanesi della Rinascente, «è indispensabile la presenza di un meccanico inviato dallo stabilimento di Pontedera». La Direzione Commerciale, inaugurando la stagione 1959, mette a disposizione degli agenti l'ennesima trovata di Corradino D'Ascanio.

L'impatto mediatico delle manifestazioni organizzate dai Vespa Club d'Italia, già nei primi anni Cinquanta, è di grande rilievo. Basti riconsiderare qui lo stabile incremento delle adesioni: 6.500 soci nel 1950, 15.561 nel '53, 31.792 nel '56, 50.810 nel 1959 e, ancora, 61.327 a distanza di altri dodici mesi.

Dopo la rossa dentro alla tinozza "le gambe più belle d'America", quelle di Angie Dickinson, e l'attrice Cristina Gaioni con la sua lingerie rosa shocking in purissimo nailon. A metà anni Sessanta, le modelle del calendario Piaggio lasciano posto alle stelle del cinema e della Tv.

## ... e il fascino di "Carosello"

A fine 1959 "Vespa Servizio" pubblica i dati di una inchiesta interna dedicata al Piano pubblicità e promozione per l'anno seguente. In sostanza: «Come avreste spartito il budget fra i diversi mezzi d'informazione, se fosse dipeso da voi?». La sensibilità di chi ogni giorno contatta i potenziali clienti è preziosa.

Al Nord, al Centro, al Sud e nelle Isole, tutti indistintamente vedrebbero almeno un quarto della spesa assorbito da "Carosello": la giostra commerciale tv fissatasi con indelebile persistenza nella memoria di ciascuno è capace di forte suggestione sulla rete di vendita. Seguono i "cortometraggi" al cinematografo, segno dei tempi, e a poca distanza i quotidiani nazio-

**Q**ueste le effettive voci di spesa nel budget pubblicità e promozione 1960, comunicate dall'azienda in valori percentuali.
Stampa: quotidiani 22, rotocalchi 4,4, tecniche 3,2, varie 2,3. Vespa Club: stampati, gestione, raduni 16,7. Materiale pubblicitario: 11,6. Cinema: 8. Pubblicità stradale: 8. Concorsi, sconti, omaggi: 6,8. Filiali: 5,4. Riviste "Piaggio" e "Vespa Servizio": 4,2. Fiere e saloni: 3. Appoggio all'organizzazione vendita: 2. Varie: 2,4.

Eccezionale vetrina del prodotto italiano, le Olimpiadi di Roma 1960: oltre cento Vespe e dieci Ape sono a disposizione degli atleti nel villaggio olimpico della capitale e in quello di Napoli, per le Olimpiadi della Vela. Lo scooter posa con Nino Benvenuti o il canadese Jerome, 100 metri piani in 10" netti, qui sul sellino del passeggero.

nali; ma questo è solo del Nord avanzato. Altrimenti la terza voce in elenco sono le gare del Vespa Club: l'agguerrita macchina promozionale messa a punto da Tassinari, ritenuta efficace al Nord (8 per cento fra competizioni regionali, nazionali e gimcane), è un vero asso nella manica nel Meridione, dove le si vorrebbe destinato un quarto dell'intero budget promozionale.

Naturale, a vederla oggi, la prevalenza del quotidiano nazionale sul regionale, quasi un 2 a 1 nel Nord; già nel Centro Italia sono pressoché allineati, nel Sud i regionali passano in testa – ma, assommati, i quotidiani valgono qui un 8 per cento contro il 24 totalizzato al Settentrione – e, infine, le Isole assegnano alla stampa locale un discreto 7 per cento, stroncando con uno zero tondo i grandi quotidiani nazionali.

Curiosa, a prima vista, la scarsissima considerazione in cui è tenuta la pubblicità sulle riviste femminili, a contrasto di un'immagine di Vespa molto spesso abbinata alla donna; e non solo sui calendari Piaggio ma già dal primo pieghevole S.A.R.P.I. del 1946. Lei, facilmente, è alla guida. Ci si aspetta dunque che si sappia trarre d'impaccio con disinvoltura e perizia,

testimoniando così l'estrema facilità d'uso del mezzo; ma chi è preposto alla vendita ancora stenta a individuarla come potenziale acquirente diretto.

A tutto questo la sede risponde intervenendo su «il pomo della discordia: la Tv». La grande fascinatrice è più che altro adatta ai prodotti di largo consumo, acquistati «a seguito di quanto ci suggerisce la memoria che, ci si perdoni la citazione psicologica elementare, pesca nel subcosciente». Pochi i prodotti il cui prezzo superi le poche centinaia di lire; unica eccezione, la Singer con le sue macchine da cucire. «E se non temessimo di essere giudicati maldicenti citeremmo addirittura la concorrenza, che tempo addietro si servì di "Carosello" senza peraltro averne molto successo... se non andiamo errati!».

Caratteristica la messa in scena marziana: gli ometti verdi assistono Babbo Natale in questa vetrina natalizia di un lontano 1954 che già si sente spaziale, ispirato dai film di fantascienza americani e da numerosi avvistamenti.

La "petite voiture de grande classe" prodotta in Francia è pronta a misurarsi con le prime utilitarie. L'innovativa configurazione della sospensione anteriore o la batteria accessibile grazie a un piano scorrevole in corrispondenza della falsa calandra rivelano, come altri dettagli, l'originalità di questa "2 CV racée".

Ancora nel 1949 Enrico Piaggio invia il suo direttore generale, Lanzara, al Salone dell'Auto di Parigi. «Abbiamo concentrato, naturalmente, la nostra attenzione sulle macchine di piccola cilindrata ed in special modo sulla Renault 4 cavalli, sulla Citroen 2 cavalli e sulla Dyna Panhard». Naturalmente, perché già qualcosa si vorrebbe fare in quella direzione, a Pontedera. E la sensazione generale «è che i tipi di vetture economiche della produzione francese non esistono in Italia».

Otto anni più tardi, sempre al Salone di Parigi, Piaggio presenta la sua nuova Vespa a quattro ruote costruita negli stabilimenti di Fourchambault per ragioni di "opportunità", voci diffuse ipotizzando un tacito accordo con Fiat.

## Vespa 400 sul nuovo mercato dell'auto

È un nuovo piccolo gioiello. Piccolo certamente: 2 metri e 80 di lunghezza e un passo di soli 1 e 70. Due posti e poco più – c'è da sistemare il bagaglio – ma generosamente considerati due-più-due con tanto di imbottitura per i bambini o due adulti un po' minuti: nelle giornate di sole, arrotolato il tettuccio in tela, gli ospiti viaggiano in stile quasi motociclistico. Elementare, funzionale, graziosa, innovativa, sembra destinata a un buon successo in Europa sul nuovo mercato delle utilitarie. E sarà una discreta affermazione almeno in Francia e Belgio, non dimenticando che quella francese è la principale piazza europea. Qui le 30.000 vetture Piaggio prodotte fra il 1957 e il '61, a onta di una rete commerciale non ottimizzata per questo genere di prodotto, trovano in massima parte i loro acquirenti.

Se lo scenario italiano pare non facilmente accessibile, anche per via dello strapotere Fiat, quello tedesco è già presidiato da BMW e altri. Peraltro le strade in Germania sono punteggiate dalle Goggomobil, vetturette con motore a due tempi e cilindrate da 300 o 400 cc, anch'esse prodotte, nell'arco di un decennio e in ben 300.000 unità, da un costruttore di scooter che tenta il grande passo.

Un bicilindrico di 393 cc, due tempi con distribuzione rotante, cambio a tre marce con seconda e terza sincronizzate, dà prova di grande generosità spingendo la Vespa 400 a 90 chilometri orari.

La Vespa a quattro ruote si propone quale seconda auto in Francia, allora primo mercato in Europa per numero di veicoli circolanti, e come auto da città. Di conseguenza, e in linea con la tradizione della casa, una particolare attenzione è riservata al pubblico femminile: dalle riviste di moda alla presentazione in Costa Azzura, ai depliant di Vespa GmbH per la Germania.

Negli Stati Uniti lo sforzo commerciale sulla "Vespa-car" non è indifferente. Da intendersi oltreoceano esclusivamente come seconda auto, la microutilitaria deve misurarsi con un esteso mercato dell'usato e con i pregiudizi del pubblico «preoccupato per le dimensioni della vettura poiché non ha mai pensato alle caratteristiche di una seconda auto... anche se questa non verrà mai usata sulle autostrade, non dovrà mai trasportare una famiglia intera e non sarà mai impiegata per un viaggio lungo». Troppo piccola e forse troppo europea: perché non pensare a una versione pantografata e con motore a quattro tempi, scrivono gli agenti del Massachussetts, della California o della Georgia, dando prova di non avere ben compreso il senso dell'operazione. Tutto ciò non

A lato delle varie iniziative promozionali, visto il mancato decollo nelle vendite, si ipotizzano accordi commerciali con i grandi produttori. Peugeot, in particolare, sembra interessato a completare la propria gamma adottando la piccola italiana; ma la cosa poi svanisce nel nulla.

130

Da Stoccolma a Montecarlo nel gennaio 1959. Su quattro partite, tre sono le Vespa 400 all'arrivo nella categoria sino a 1000 cc: una grande prova, anche se due di queste finiscono fuori tempo massimo per poco più di un'ora, dopo ben 3.392 chilometri.

sorprende Enrico Piaggio. «Al di là dei problemi correnti», ricorda nel febbraio 1960 ad Alessandro di Montezemolo di Vespa Distributing Company, Long Island, «lei sa che io sono sempre stato piuttosto pessimista sul mercato americano della vettura».

Si provvede intanto ad apportare qualche miglioria nel livello di finitura ed entra in produzione, ormai nel 1961, una versione GT con cambio a quattro marce. Esclusa invece la produzione di un modello con guida a destra, per tentare l'avventura nel Regno Unito.

«Nel 1953 oppure anche nel 1955, la Vespa 400 poteva essere la realizzazione di un sogno: tecnicamente non un semplice mezzo di trasporto ma una vera auto ben costruita, e inoltre a buon mercato», scrivono su "Roller Mobil-Mot", rivista specializzata

tedesca, nel settembre 1960. «Costruita dopo cinque anni di esperienze, come fu detto alla presentazione, era stata studiata nel 1952-53. Nel '57 costava circa 4.000 DM, e perfino i venditori dissero che era roba da pazzi. A Parigi la 400 viene utilizzata molto quale seconda auto per la città; ma nella RFT ne circolano solo alcune centinaia. E pensare che se la Vespa avesse immesso sul mercato la sua 400, in grande serie, nel 1955, quando la Fiat 600 non trovò simpatia negli estimatori della vecchia Topolino... Avrebbe dovuto comparire molto prima e avrebbe forse conquistato una gran parte del mercato che, nel frattempo, è andato alla Fiat 500».

Può anche darsi che tutto abbia avuto origine da un'errata scelta di tempi.

«Alla partenza gli spettatori e gli altri concorrenti sorridevano della nostra audacia. A metà percorso i nostri rivali hanno preso ad osservarci con interesse. All'arrivo siamo stati sommersi dagli applausi».

(Vespa 400 al XXVIII Rally Internazionale di Montecarlo)

A breve distanza dalla sua prima elaborazione, il progetto P3 viene sostanzialmente aggiornato, prevedendo fra l'altro l'adozione di una singolare chiusura ribaltabile: vedi nella simulazione fotografica il confronto con la Fiat 600 e, sotto, il modello in scala.

Il progetto originale (1966), nel disegno a sinistra in basso, prevedeva invece porte laterali scorrevoli.

## Quattro ruote e un passo falso

**A**utoveicoli di lunghezza inferiore a m. 2,80, che si tratti di mezzi privati e mini-taxi come di auto a noleggio su base oraria, e comunque rispondenti a precisi standard di sicurezza. Una rete stradale innovativa, almeno fuori dai centri storici, con sottopassaggi in luogo degli incroci. Grandi "Parkhaus" per le auto in sosta, sempre sul modulo di m. 2,80, che siano fonte di introiti per l'amministrazione; e treni navetta per i trasferimenti extraurbani.

Il prezzo delle microvetture, estremamente contenuto, garantito dalla produzione in grandissima serie e senza dunque lesinare sulla sicurezza e l'affidabilità.

Il «Corriere della Sera» dell'11 settembre 1964 affronta il problema del traffico con notevoli capacità di anticipazione; firma l'articolo Pio Manzù, giovane designer in ascesa, al quale si deve la nascita della Fiat 127 solo qualche anno più tardi.

In questa chiave il progetto messo a punto dalla Piaggio nel 1966, e ideato da Carlo Doveri, già responsabile del progetto Vespa 400, sembra dotato di enormi potenzialità.

Due metri e settanta per uno e trenta, ovvero cinquanta centimetri più corta della Fiat 600 e dieci in meno della 500, la P3 offre ai due occupanti maggiore abitabilità interna. Bagagliaio funzionale, sospensioni ottimizzate per lo sfruttamento degli spazi, innovative porte scorrevoli: «Un effettivo vantaggio per il cliente», si legge nel promemoria dell'Ufficio Progetti, e «sembra quindi ragionevole affrontare le maggiori difficoltà costruttive che evidentemente comporta».

La scelta di un bicilindrico raffreddato a liquido dovrebbe eliminare i problemi ricorrenti sulla Vespa 400, e si valuta l'opportunità di mettere a punto un motore a quattro tempi; potenza prevista 20 cavalli, contro i 12 della precedente.

Ma l'8 marzo 1966, il Presidente segnala al direttore Francesco Lanzara che il progetto viene a collidere con le direttrici di sviluppo dell'azienda. «Soprattutto perché», scrive Umberto Agnelli, «oltre ai motivi di perplessità finora esistenti, si aggiunge la certezza di un prossimo programma Fiat per la sostituzione dell'attuale 500».

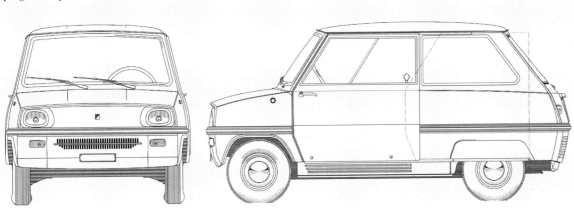

**A**ll'alba degli anni Sessanta la si può noleggiare a Tahiti, una Vespa. È in dotazione alla polizia sud-rhodesiana, a quella inglese o salvadoregna. La si incrocia per le strade di Phnom Penh, fa bella mostra di sé ai piedi dei grattacieli di Oscar Niemeyer a Brasilia. Eppure se è vero – come si legge sulla rivista aziendale – che a Moscow, nello Idaho, ne circola una sola, «nella Mosca vera se ne vedono molte di più, ma purtroppo non sono vere».

### Dalla Russia senza onore

Il *motoroller* fotografato sulle pagine del quotidiano moscovita «Izvestia» e prodotto negli stabilimenti del distretto di Kirov lo si direbbe una Vespa 150 GS, quella derivata dai trionfi della Sei Giorni. Presentato al pubblico moscovita nella Esposizione Agricola e Industriale del giugno 1957, merita l'immediata recensione su "Svet Motoru", rivista cecoslovacca di motociclismo. Innegabili sforzi sono stati profusi nell'adattare il progetto di D'Ascanio alle esigenze locali, ovvero alle precarie condizioni della rete viaria sovietica. Appena più massiccia e pesante, ma con soli 5,5 cavalli contro gli 8 della GS, la Viatka è dotata di un impianto elettrico più robusto e di un massiccio faro anteriore regolabile in altezza. Caratteristico il set di ferri e ricambi, vera dotazione di pronto intervento completa di fasce del pistone e getti del carburatore; priva di ruota di scorta, è fornita con un kit di riparazione penumatici e una pompa a mano.

«**B**atron, je veux acheder une Bespa!» Lontano 1957, quando ancora si leggevano corrispondenze di questo tenore sulla rivista "Piaggio": «Al di là di Leopoldville, nella *brousse* dove si incontrano bianchi avidi di denaro, missionari in cerca di anime e negri tristi, tra gli strumenti più primitivi ho trovato il più fortunato degli animali meccanici venuti alla luce in questi ultimi anni: la Vespa. Facile a guidarsi su queste strade terremotate, riarse o infangate, strade da zone alluvionate, questi piloti negri "la intendono" e la dominano: due operazioni assai difficili per un negro, che solo da settanta o ottanta anni ha imparato l'uso della ruota o dell'alfabeto».

LO SCOOTER PIU' VENDUTO NEL MONDO

Una produzione giornaliera di oltre 1300 Vespa viene diffusa in 114 Paesi

LO SCOOTER PREFERITO DAGLI ITALIANI

Nel 1959 ogni 100 acquirenti di scooters, di tutte le marche e cilindrate, immatricolati in Italia, 61 hanno scelto la *Vespa*

Curiosa invece, viste le poche strade asfaltate nelle zone agricole, l'abolizione del voluminoso filtro dell'aria esterno, appena sopra il volano nella GS.

Se ne prevedono qualcosa come 50.000 unità nell'arco di qualche anno. Senza riconoscimento alcuno alla casa madre italiana, beninteso.

Alla fine degli anni Sessanta viene presentata una Nuova Viatka del tutto originale; per sua sfortuna, verrebbe da aggiungere. Linea ibrida fra Vespa e Lambretta, un brutto frontalino sul parafango anteriore, motore da 150 cc a tre marce e trasmissione finale a catena: drammaticamente più pesante, lenta e più assetata di miscela rispetto alla bella "italiana" d'oltrecortina.

### L'asso del volante e l'esperienza brasiliana

Esportata regolarmente in un centinaio di paesi, con 70.000 pezzi nel 1962 la Vespa raddoppia il totale complessivo destinato all'estero, rispetto al 1955. Sono anni di alterne fortune sui mercati internazionali, eppure la tendenza alla crescita rimane costante; oltre i confini europei sono stati allestiti diversi centri di assemblaggio, in varie parti del mondo.

Da tempo si erano avviate minuziose esplorazioni delle aziende meccaniche nell'area di Buenos Aires e di Rosario, per valutare la fattibilità di un impianto in Argentina. Il pluricampione del mondo Manuel Fangio, rappresentante esclusivo per quel paese, è un interlocutore diretto di Enrico Piaggio e il rapporto, con fasi alterne, è di reciproca soddisfazione.

Ma non è cosa semplice riprodurre la necessaria rete di fornitori esterni, a queste latitudini. Qui ci si confronta spesso con sistemi di lavorazione diversi e tecnologie non aggiornate, con standard qualitativi inadeguati; in sintesi, con la relativa povertà del tessuto industriale. La scelta forzata di altre industrie italiane del settore, Gilera ad esempio, è stata quella di un'autonomia quasi totale: «Salvo poche cose, tutto viene importato o costruito in casa». Solo così, sostengono i dirigenti della casa di Arcore in trasferta, si possono «evitare delusioni e arresti causati dai fornitori locali, che sono, salvo poche eccezioni, assolutamente infidi o incapaci».

Peculiare il caso di Panauto, l'impianto avviato nel 1958 in Brasile a Santa Cruz, nello Stato di Rio de

Con buona pace di Piaggio e D'Ascanio, la si direbbe una paternità contesa fra molti: «La Viatka n'est qu'une copie servile de la Vespa Française», o così almeno i giornali francesi riportano la notizia.

Ed ecco un esemplare restaurato del poco originale scooter sovietico (collezione Giorgio Notari).

Nel 1956 Manuel Fangio è a Pontedera. Incontra Enrico Piaggio, visita gli stabilimenti insieme al direttore Lanzara e ha modo di farsi illustrare il progetto, in dettaglio, dallo stesso Corradino D'Ascanio.

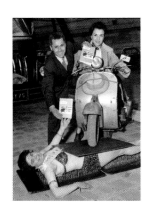

Daniel Sauvage, reduce da 25.000 chilometri in Vespa, attorno al Mediterraneo con la moglie Françoise, non esita ad avvalersi della donna fachiro Nadia Jo per la promozione del suo libro *Ma Vespe, ma femme et moi*, edito nel 1956.

Janeiro, e partecipato al 25 per cento dalla casa madre. Le restrizioni sull'importazione qui impongono di "nazionalizzare" il prodotto costringendo a una lavorazione quasi completa della 150 quattro marce che, nel 1960, succede alla Vespa 125 degli esordi; ciononostante, alcuni pezzi, come il carburatore e il volano magnete, rimangono di produzione italiana. Nei primi anni «la Vespa si vende da sé», ma già nel '63 il direttore dello stabilimento denuncia la grave situazione economica locale, il forte indebitamento in valuta dell'impresa e un mercato sempre più in affanno. Complice l'instabilità politica che travaglia il paese, di lì a breve cala il sipario sull'avventura brasiliana, almeno per il momento.

Andare verso Oriente, piuttosto. L'epopea della Bajaj Auto Ltd. di Bombay avrà ben altro seguito: ancora oggi la Vespa indiana è viva e vitale, eppure non è stato facile intendersi. Le distanze fra i due mondi si fanno incolmabili, a volte, e i contrasti insanabili. Ma su questo torneremo più avanti.

### Immagini dal mondo

La galassia vespistica pullula di eroi. Nell'arco di mezzo secolo di scooter c'è sempre qualcuno, sorretto da passione agonistica, incoscienza e spirito d'avventura, pronto a cimentarsi nelle più ardite gesta.

Raggiunge Pontedera l'eco delle dichiarazioni di un milite francese, secondo cui la Vespa ha dato prova di essere il mezzo di trasporto più conveniente per rientrare in patria dall'Indocina. Nell'estate del 1957

Victor Englebert, di Bruxelles, prende invece la via del Sud e non si ferma che a Città del Capo. Anche lui se la cava con poca spesa: 30.000 franchi e 600 litri di benzina per quattro mesi di vacanza.

Grande campione delle due ruote e ineguagliato scooterista anfibio, qualche anno prima Georges "Jojo" Monneret si era limitato alla tratta Parigi-Londra. Arrivato in un capannone della dogana, a Calais, monta la sua Vespa su un galleggiante a due scafi, cinque metri per due, collega il motore della 125 all'asse dell'elica e prende il mare scortato dal peschereccio *Saint Joseph*. Non alla prima, per danni alla trasmissione in seguito all'impatto con un tronco alla deriva, ma alla seconda, adottando una potente elica tripala, in questo 9 ottobre del 1952 prende terra

A fronte: foto di gruppo
davanti al tempio
caodaista di Tây-Ninh,
nel Vietnam del Sud.

Consegna a domicilio per
il sakè della Gru Bianca,
come recita l'iscrizione sul
grembiule blu, tipico dei
commessi: sul portapacchi
il tradizionale barilotto in
legno, riservato solitamente
alla cerimonia del Capodanno
o alle feste di matrimonio.

sulla costa di Dover. Da qui prosegue, in assetto normale, sino a Trafalgar Square. Tre anni più tardi, lo
vediamo a Parigi consegnare nelle mani del capitano
Dupuy, in rappresentanza del Ministère du Sahara et
des Départements et Territoires d'Outre-mer, una
simbolica latta di petrolio "francese" attinta ai pozzi
di Hassi Messaoud: è il Raid du Petrole, e non sarà
per lui l'ultima prova.

Altri lanciano una diversa sfida, nel traffico urbano
di Manhattan: nell'ora di punta attraverso mid-town,
da Beekman Place, sull'East River all'altezza della
56esima strada, fino alla riva opposta, sull'Hudson,
Dodicesima Avenue. Vince lo scooter di Betty Kent,
altrimenti sconosciuta alle cronache; a una manciata
di secondi il taxi, a tre minuti la limousine e, con di-

L'incredibile Vespa anfibia
prende terra presso Dover,
in capo a cinque ore
e mezza di navigazione:
32 chilometri percorsi
in seconda, con un consumo
di ben 13 litri di miscela;
ma il mezzo si è rivelato
sorprendentemente marino
e stabile sull'onda.

Ormai cinquantunenne,
Georges Monneret completa
i suoi 3.520 chilometri
tra la Francia e l'Algeria,
in occasione del raduno
di Eurovespa 1959.

Due giovani americani
terribilmente alla moda,
a Bangkok, nell'estate
del '61: mentre posano
per la rivista "Piaggio",
fra gli astanti s'incrociano
sguardi perplessi.

stacco, la carrozza a cavalli e infine il pedone, ovvero Kyle Rote, capitano dei New York Giants di football.

Intanto una nuova aristocrazia urbana ha preso piede fra i giovani, in Inghilterra. Ben presto saranno molti a riconoscervisi, quasi un movimento; e lo scooter italiano è per tutti una bandiera.

### Mods versus rockers: la prima ondata

«Be cool, neat, sharp, hip and smart». Distaccato e all'avanguardia, impeccabile nell'aspetto: questo l'imperativo dei nuovi teenagers, parola nuova nei tardi anni Cinquanta. Basta con la quiete mortifera del conformismo britannico, con i suoi riti estenuanti, la sua mentalità classista, i suoi domestici abissi di meschi-

nità e grettezza. Modernità, modernisti: *Mods* li battezza "Melody Maker". Una rivolta nello stile forse più che nella sostanza, ma vitale, liberatoria e sincera. Figli di una borghesia piccola-piccola, di una classe operaia che può concedersi qualche possibilità di spesa, loro si riconoscono solo negli altri del gruppo.

Si riconosce dal vestire, un mod. Lo stile può diventare una vera ossessione. Abiti su misura, colori scuri, pantaloni attillati, stivaletti o scarpe basse stringate e con la suola in gomma, nere, bianche o anche rosse, a volte bicolori; maglioncini spesso a righe alte quattro dita, di colori contrastanti. E pillole d'ogni sorta, nel taschino. Più tardi si vedrà con favore il tessuto a Principe di Galles, ma si avvertono altre influenze nei Levi's, i primi acquistati dai GI delle

È tempo di *Mods* e di *Rockers*. Quel che fa questa gente ha poco a che spartire con noi. Alcuni giovani idioti praticano la violenza nelle località della costa... A quel punto – avete presente? – le giovani star della musica beat vengono intervistate a riguardo. E perché mai? Perché non interpellare dei giovani macellai, giovani salumieri, giovani accalappiacani piuttosto? Giù le mani dalla musica dei giovani! Come i capelli lunghi, non fa male a nessuno: finché i violenti non entrano in scena.

(da "Melody Maker" del 30 maggio 1964)

Il rigore dei "puri e duri" della prima ora si stempera nella mercificazione di uno stile: nel vestiario e nella eleborazione del mezzo a due ruote che, più d'ogni altra cosa, li rappresenta.

Il gioco di parole su "Time Out" dà ragione di sé nella riga seguente: «Siamo nel 1979, non nel '65... è tempo di spolverare il parka e fare due parole con i Chords a proposito di questo revival».

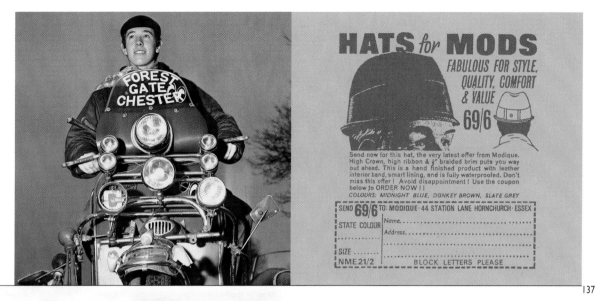

The magazine that tells you what's on and where to go in London.
August 17-23 1979 No.487 35p

**Time Out**

**Striking a familiar Chord.**
This picture was taken last week, not in 1965. Inside Phil Shaw dusts off his parka, talks with The Chords and checks out the Mod Revival.

basi americane fuori Londra, e dopo il 1960 invece, nelle Gitanes all'angolo della bocca come J-P. Belmondo. È cosa per uomini lo stile: le ragazze hanno ruoli di spalla.

Si riconosce dalla musica un mod. R&B, nei club di Soho: il cuore di un vero mod appena tollera gli Stones e non sopporta i Beatles. Batte piuttosto al ritmo di Muddy Waters o Chuck Berry, prima di riconoscere le vere "mod bands" negli Small Faces e negli High Numbers, poi ribattezzati The Who. Batte al ritmo di un monociclindro a due tempi, più che altro.

Così stanno le cose: uno scooter italiano, leggasi Vespa o Lambretta, è parte dell'anima per un vero mod. Lo scooter è stile, modernità, eleganza, esterofilia, individualismo. È una tavolozza sulla quale dare sfogo all'estro creativo: una Vespa GS, il meglio assoluto, può trasformarsi in un campionario di specchietti retrovisori, in un circo di luci e fanali alla sera, può apparire integralmente cromata e spesso reca sul parabrezza nome e luogo di provenienza di chi la possiede.

Dopo il 1964 e gli scontri con i sordidi rockers, motociclisti sporchi di grasso e totalmente mancanti di stile, qualcosa è cambiato. Il gruppo può farsi branco. Lo scooter assume una forte connotazione giovanile, quasi teppistica; tanto che, dopo il '66, quando ancora gli scooter si moltiplicavano a vista d'occhio, le vendite crollano d'un tratto. Del resto, anche fra i giovani la scena sta cambiando. Si è ormai fatto tardi: già siamo alle soglie del fenomeno hippy.

Travolgente Anthony Quinn, "americano" di Chihuahua (Messico) che conoscerà la gloria: la sua è quasi una favola. Nato povero, dopo una borsa di studio in architettura diviene il pupillo di Frank Lloyd Wright e sarà lui a spingerlo verso la recitazione, per riacquistare scioltezza nel parlare dopo un piccolo intervento per correggere un difetto di dizione.

«Quell'Oscar vinto nel 1953 dalla Hepburn per *Vacanze romane* sarebbe dovuto andare alla Vespa perché mentre Gregory Peck corteggiava la Hepburn, il mondo intero si innamorò dell'altra "lei"». Così scrive "Forbes", autorevole rivista finanziaria e, in questo caso, lucida osservatrice del costume.

La grazia impagabile di una Audrey Hepburn ventiquattrenne a fianco dello splendido Gregory Peck ha fatto innamorare il mondo, ma è altrettanto vero che la loro immagine resta indissolubilmente legata a quello scooter 125 di color verde metallizzato, per quanto si riesca a distinguere nel bianco e nero cinematografico.

Questo di William Wyler ancora oggi rimane incontestabilmente il film della Vespa, e più d'ogni altro ha contribuito a farne un tratto caratteristico dell'epoca. Non è però l'unico.

## Una lunga passerella per Vespa e comprimari

Era il giorno di San Girolamo, e in quella *Domenica d'agosto* del '49 sfilavano sulla Cristoforo Colombo, dritti verso il mare di Ostia, una compagnia di ragazzi in bicicletta, un taxi e delle automobili, oltre alla Vespa. Luciano Emmer metteva in scena un giovane Mastroianni al suo primo ruolo da protagonista: tenuta estiva da vigile urbano con tanto di casco coloniale, e voce doppiata da Alberto Sordi.

Si sono alternate, di lì in poi, pellicole d'ogni genere e ogni livello. «Se i nostri calcoli sono esatti, la Vespa è apparsa in posizione rilevante in ben 64 films». Siamo solo nella primavera del 1962 e questa cifra sorprendente è sottolineata con orgoglio dalla casa di Pontedera.

Loro due, Marcello e la Vespa, torneranno a incontrarsi più volte sul set. Nel 1959, all'arrivo di una trionfale Anita Ekberg, braccata da giornalisti e fotografi in sella agli scooter sulla via per Roma, lui non sembra scaldarsi troppo. Eppure non passerà molto e lei si lascerà portare nei vicoli del centro, sulla spider inglese, seminando "Paparazzo" così come quelli del suo seguito: Sylvia-Anita, petulante diva hollywoodiana e inconsapevole emblema di una femminilità assoluta, comunque inarrivabile. Anche per chi è disposto a seguirla fra i getti della Fonta-

«La Vespa faceva tutto quello che noi non potevamo: girava il mondo, correva in pista, stava tra gli attori».

(da "Quelli della Vespa")

A sei anni di distanza dal film di Wyler, in un'Italia già molto diversa da allora, Marcello vive la sua disordinata esistenza nel cuore della capitale. E qui, dall'America come fosse da un altro pianeta, arriva Sylvia: una bionda, sontuosa Anita Ekberg. A sinistra, al centro: il corteo dei paparazzi scorta l'auto con la diva verso il centro di Roma.

La Vespa più famosa del cinema: una deliziosa principessa in incognito si cimenta alla guida nel centro di Roma, travolgendo un venditore ambulante e i cavalletti degli artisti di strada in via Margutta.

Dell'amico Gary Cooper, Hemingway diceva: «Se s'inventasse un personaggio come lui, non ci crederebbe nessuno: troppo buono per essere vero».
A fianco: John Wayne come un uomo tranquillo, e un giovane Henry Fonda ancor più solare ed elegante del consueto.

na di Trevi che subito si smorzano in una quiete irreale, nelle interminabili notti della *Dolce vita*.

Grandi film d'autore dunque. Bolognini, con *La notte brava* ispirato a *Ragazzi di vita*, o lo stesso Pier Paolo Pasolini che in *Mamma Roma* vuole Franco Citti come protettore della Magnani e lo fa andare in Vespa per le strade della capitale, nelle sequenze di apertura. Non manca Luchino Visconti, il quale girando *Bellissima* nel 1951 sceglie che proprio in una Vespa l'odioso piccolo truffatore, Walter Chiari, non esiti a bruciare i risparmi di Maddalena Cecconi, la superba Anna Magnani attorno alla quale è costruito l'intero film.

Del '57 è *Belle ma povere*, di Dino Risi, seguito del più noto *Poveri ma belli* e preludio a *Poveri milionari*. Romo-

Ineguagliabile interprete del costume nazionale, Alberto Sordi prende l'avvio con un instabile passeggero. L'immagine è del '56: con Aldo Fabrizi figura in *Guardia, guardia scelta, brigadiere e maresciallo* di Bolognini, con Peppino De Filippo, Valeria Moriconi, Nino Manfredi e Gino Cervi. Sordi qui ha già al suo attivo *I vitelloni* di Fellini, *Un giorno in pretura* di Steno e *Un eroe dei nostri tempi* di Monicelli. Nel '55 è stato invitato da Truman a Kansas City, dopo la sua strepitosa interpretazione di Nando Moriconi in *Un americano a Roma*.

lo e Salvatore, l'uno bagnino in uno stabilimento sul Tevere e l'altro commesso in un negozio di dischi, sono amici e rivali in amore, poi cognati, dopo il matrimonio con le rispettive sorelle. Fino a che l'ultima tinta di neorealismo svanisce nei toni della commedia e, nel terzo film della serie, Maurizio Arena perde la memoria in seguito a un incidente stradale, travolto dalla vistosa e ricchissima Sylva Koscina... Intanto lei, Vespa, già si annuncia fin dal primo celebre manifesto della trilogia.

Sempre nel 1957 si gira *Guendalina* di Alberto Lattuada, «graziosa e astuta commedia che ricama sui primi tormenti sentimentali di un'adolescente e sull'ipocrisia della coppia-tipo, interessata solo alla facciata»: inevitabile che nell'estate versiliese della ragazzina di buona famiglia e dei suoi amici, lo scooter sia grande protagonista e strumento di seduzione amorosa. È una storia che si ripete ancora su quella stessa costa, oggi come ieri.

Un passo di più e siamo tra i film "da spiaggia" e i musicali, pellicole a volte modeste la cui esile trama è solo un pretesto per allestire un'esibizione del cantante più in voga. Ma, a distanza di tempo, è divertente ritrovare Celentano a fianco di Chet Baker con Mina e Peppino di Capri, Joe Sentieri o Marilù Tolo, tutti insieme in *Urlatori alla sbarra* del 1960.

In questa prima sequenza d'immagini già si ricompone un possibile ritratto del paese in crescita.

Già al centro della trilogia nata da *Poveri ma belli*, Maurizio Arena nel 1960 è regista e primo attore: *Il principe fusto*, bollato come la "versione stravaccata della *Dolce Vita*", vede recitare anche Katia Caro, qui passeggera in Vespa.

Ben Hur e Messala, vale a dire Charlton Heston e Stephen Boyd sul set del kolossal da undici oscar e quattordici milioni di dollari, nel 1959. Sei anni di lavorazione, sei mesi di riprese in Italia e una corsa delle bighe nel Circo Massimo che è rimasta nella storia del cinema. I due girarono la scena, quasi integralmente, senza avvalersi di controfigure.

Dino Paul Crocetti passa alla storia dello spettacolo come Dean Martin: già apprezzato cantante in stile "crooner", esordisce nel cinema in coppia con Jerry Lewis. Il suo primo film dopo la rottura del sodalizio – *Ten Thousand Bedrooms*, pellicola mediocre a paragone della successive che, fra l'altro, gli varranno l'Oscar nel 1959 – è interamente girato a Roma.

Una grande produzione – degna di David O. Selznick, già noto per *Via col vento* (1939) – purtroppo destinata a scarso successo, *Addio alle armi* è del '57. Rock Hudson, qui a margine delle riprese, monta infatti una Vespa delle serie più recenti (simile ad altre in questa pagina), con il faro al centro del manubrio.

## Lo schermo dei giovani

I *Peccatori in blue jeans* come Laurent Terzieff, in sella a una Vespa corrono per le strade di Parigi. È la gioventù bruciata di Saint-Germain-des-Prés, che sulle note di Dizzy Gillespie e Oscar Peterson indoviniamo già condannata a una tragica fine.

Mondi giovanili si ritrovano idealmente a confronto sugli schermi, in film di epoche diverse e diversi nella sostanza, accomunati da quel marchio inconfondibile di autonomia e libertà che Vespa ha rappresentato per più d'una generazione. Tornerà a fine anni Settanta, con il revival del fenomeno-mod in *Quadrophenia*, dove Sting veste i panni di Ace Face, impareggiabile capobanda in sella alla sua splendida GS.

La pellicola cinematogafica si trova a inseguire il fenomeno di costume, a distanza di un anno dalla rinascita dei giovani "modernisti", in questa Londra dove i Chords hanno preso il posto degli Who e Pete Townshend, coautore della sceneggiatura, dà forma all'illusione scenica di quanto lui stesso aveva vissuto. Intanto Vespa, con un timing inappuntabile, presenta quello che sarà poi un clamoroso successo e non soltanto nel Regno Unito: la serie PX, ovvero non meno di due milioni di esemplari venduti nel mondo sino a oggi.

Anche il patinatissimo "duca bianco", David Bowie, nel 1986 riporta in scena i modelli d'epoca per ricostruire la *swingin' London* dei suoi stessi esordi, con la regia di Julian Temple in *Absolute beginners*, film go-

Il matrimonio di Lucia Bosè con il torero Domínguín (1956) – li vediamo qui a Roma, con Villa Medici sullo sfondo – apre un periodo di quasi totale interruzione nella sua carriera di attrice. Dal 1968 al '76 tornerà a lavorare con Fellini, i fratelli Taviani, Mauro Bolognini e Liliana Cavani.

Jessica, ovvero Angie Dickinson, è una bella levatrice americana, vedova e particolarmente avvenente, che esercita la sua professione nella provincia siciliana, spostandosi da un paesino all'altro in sella alla Vespa: è più di quanto occorra per dar voce all'invidia e dare corpo alla commedia.

A fianco di Broderick Crawford, nel 1955, Giulietta Masina interpreta *Il bidone*. Nella filmografia felliniana questo film, accolto tiepidamente in Italia ma celebrato in Francia, si inserisce fra *La strada*, dell'anno precedente, e *Le notti di Cabiria* del '57.

Nei momenti liberi durante le riprese di *Exodus* (1960), in Israele, Paul Newman ama esplorare il paese in sella a una Vespa; ma è fermo nel vietarne l'uso a Joanne Woodward, sua moglie, ritenendola comunque inadatta e troppo pericolosa per lei.

Nel 1979 Sting è il simbolo di un revival in chiave mod che già ha preso piede in Inghilterra; il film di Franc Roddam resta comunque centrale, tanto che, fra gli adepti, la sigla B.Q. sta per «Before Quadrophenia».

Una pausa sul set de *La carica dei 102*, fra cuccioli di dalmata addestrati e una fiammante ET, agli esordi sul grande schermo.

Una 180 SS in grado di andare sott'acqua e levarsi in volo, dotata di radar e del necessario armamento: *Dick Smart 2007*, regia di

Franco Prosperi con sceneggiatura di Duccio Tessari, nel 1967 mette in scena un simpatico James Bond di serie B.

dibile e vivace, dall'ottima colonna sonora.

La serie continua, e fra le apparizioni della Vespa sul grande schermo ricordiamo *Di amore e d'ombra* con Antonio Banderas per la regia di Betty Kaplan nel 1994, o *Il talento di Mr. Ripley* di Anthony Minghella, nel '99. La versione ET compare in una grande produzione Walt Disney, *La carica dei 102*.

Ma già nel '73, appena dopo i titoli di testa, Terry "Toad" Fields, l'imbranato della compagnia in *American Graffiti*, rischiava il disastro posteggiando a fianco del Mel's *drive-in* una 160 GS nuova fiammante: il film di George Lucas ci riporta ai primi anni Sessanta, sull'altra sponda dell'oceano.

A dispetto del tempo, il mito di Vespa nel cinema è legato all'immagine di Audrey Hepburn. Alla figura dell'attrice era intitolata l'asta benefica tenutasi a Ginevra nel '99. Oltre a gioielli e abiti da sera, Christie's ha battuto una Vespa ET, a distanza di quasi cinquant'anni dalla pellicola di William Wyler.

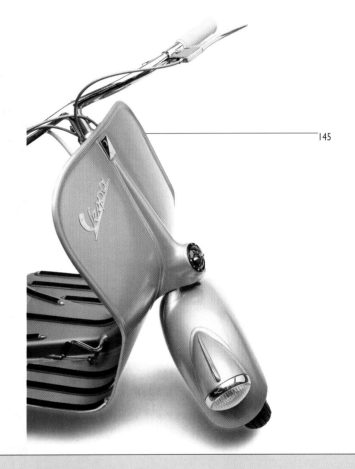

145

**A U D R E Y  T H E  H E P B U R N**
FOUNDATION SWITZERLAND

«Ho fatto audizioni e provini per quarantacinque anni, per ottenere questo lavoro; e finalmente l'ho avuto. Mi sono sempre sentita del tutto priva di forze davanti a certe immagini terribili in televisione. Ma ora mi è stata offerta la splendida opportunità di poter fare qualcosa, ed è una terapia eccezionale per combattere l'angoscia che avverto dentro di me».
Audrey Hepburn così si riferisce al suo ruolo di ambasciatrice UNICEF (B. Paris, *Audrey Hepburn*, Putman & Sons 1996). Audrey sosteneva di avere contratto un debito morale nel 1945, quando fu l'intervento umanitario delle Nazioni Unite in Olanda a sottrarla all'indigenza, all'età di 16 anni.
A partire dal 1988 fu in Etiopia, Turchia, Sudan, El Salvador, Honduras, Bangladesh, Vietnam, affrontando queste prove senza risparmiarsi, con grande consapevolezza e profonda partecipazione emotiva.
Nel settembre 1998, pochi mesi prima dalla sua morte, al ritorno dall'ultimo viaggio, in Somalia, aveva dichiarato: «Sono stata all'inferno».
E ancora, in un'altra occasione: «Sono furiosa per il nostro atteggiamento... Io non credo nella colpa collettiva, ma credo fortemente nella responsabilità di noi tutti».

146

La rivista "Fortune" pubblica il sondaggio promosso dall'Illinois Institute of Technology: 80 progettisti nel mondo scelgono i 100 migliori oggetti di design.

In italiano nell'originale: la pubblicità Cushman solletica l'esterofilo che con tutta probabilità si cela in ogni acquirente americano di questo mezzo tanto funzionale, eppure così terribilmente snob.

Joe Di Maggio, *the damnest yankee of them all*, ha questo in comune con il senatore J. William Fulbright, di essersi speso in qualche modo a favore della Vespa durante una visita a Roma. Se la leggendaria "terza base" dei New York Yankees si concede appena ai fotografi, il senatore, che ne fa abitualmente uso a Washington, è convinto che essa «abbia uno sbocco assicurato sul mercato americano»: così almeno dichiara nel gennaio 1957, argomentando diffusamente la sua previsione.

I dati sembrano dargli ragione superando la soglia dei 10.000 pezzi esportati verso gli States, con un vero balzo rispetto alle annate precedenti. Su 100 scooter italiani sbarcati in America nel 1958, oltre 70 provengono da Pontedera.

Vespa Distributing Company già da un paio d'anni ha affiancato la grande rete vendita di Sears, Roebuck & Co., per poi uscire di scena nel 1960 alla firma dell'accordo con la Cushman Motor Works, i rivali d'un tempo ormai assorbiti dalla Outboard Marine Corporation, vale a dire Johnson e Mercury. Altri assumeranno la rappresentanza per il Nord-Ovest del paese o la regione del New England.

Il richiamo dell'Italian Style vigorosamente promosso dai mezzi d'informazione, dal cinema hollywoodiano, dalle più esclusive vetrine sulla Fifth Avenue, sembra riassumersi in questo piccolo scooter.

Se nel 1958 la Cattedra di Industrial Design dello Illinois Institute of Technology conferisce alla Olivetti Lettera 22 il primo premio fra i cento prodotti industriali selezionati da una qualificata giuria interna-

zionale, Vespa qui figura come il miglior veicolo a due ruote mai progettato. La sua innegabile funzionalità complessiva fa il resto.

### Un pubblico diverso, i giovani di sempre

I giovani sono ormai il suo pubblico naturale, qui più che altrove. E in primo luogo gli studenti dei college, come vuole sottolineare il «Boston Globe» secondo cui la diffusa adozione dello scooter risolverebbe convenientemente il quotidiano problema di 5.077 studenti che convergono sulle facoltà di Harvard, ciascuno alla guida della tradizionale auto americana "da una tonnellata e mezzo".

Potenzialmente uno scooter rappresenta la seconda

SIGN OF GOOD TASTE

All'alba degli anni Sessanta i marchi più noti scelgono Vespa per dire "Italia"; ma altri, forse di minor richiamo, non sono da meno. The League of Honest Coffee Lovers, del Pan-American Coffee Bureau, la fa sfilare in armi sotto le sue bandiere.

auto per molti, ma in realtà il suo è un mercato di nicchia, prevalentemente *mid-to-upper class*, spesso femminile e metropolitano.

Consumatori privilegiati dalla comunicazione pubblicitaria, i giovani vespisti americani hanno già una buona capacità di spesa, buon livello culturale e vestono certamente meglio della media dei loro coetanei; non pochi fra di loro hanno conosciuto l'Europa, e certamente non durante la guerra. Sfogliando riviste patinate, si vedono riproporre Vespa nei più diversi ambiti quale sinonimo di gioia di vivere, buon gusto e bello stile.

Una batteria di sei Vespe dovrebbe simboleggiare il Belpaese e l'Europa tutta, in una ridondante celebrazione del primo anno dal lancio del *Giro del mondo in 80 giorni* prodotto da Michael Todd nel 1956 e intepretato da David Niven: c'è tanto di mongolfiera al centro del Madison Square Garden. Madrina della festa, una venticinquenne Liz Taylor.

Una vignetta del "Village Voice" sistema un furgoncino Ape sul letto dell'onnipresente psicanalista: «E dunque, ha come l'impressione che ciascuno faccia uso di lei secondo le proprie necessità...».

La Broadway Show League fa sfilare per le vie di New York un corteo di quasi duecento *vespisti*, in italiano nel testo, che portano i giocatori di sedici squadre di baseball abbinate ad altrettanti musical in cartellone per la stagione teatrale 1959.

Non si pensi a un fenomeno circoscritto alla costa orientale. Altri centri vitali di questa colonia americana a ruote basse sono Chicago, Seattle e la California.

IDL to ROM

9½ hrs.

*Pan Am Jets cut delivery time 40%—world-wide!*

New York to Rome...San Francisco to Tokyo ... across the world, Pan Am Jet Clipper* Cargo cuts delivery time 40%. Suddenly, far-flung markets are close as a neighboring state!

And more! Pan Am has just cut transatlantic rates up to 45% (April 1), just recently cut transpacific rates as much as 53%. Now, in more cases than ever, it costs less to ship by Pan Am than the total cost for surface transportation.

Why do more American companies ship by Pan Am than by any other overseas airline? Because Pan Am offers *more*—more space, more Jets, more flights, more shipping points from the U. S., more service.

Call *your* cargo agent, freight forwarder or Pan Am office. Get *your* product aboard today—*abroad* tomorrow!

via the WORLD'S MOST EXPERIENCED AIRLINE

*Trade Mark Reg., U.S. Pat. Off.

PAN AM JET CLIPPER CARGO

Nell'arco del primo decennio (1953-63) sono poco più di 80.000 le Vespe inviate negli Stati Uniti, a riconferma di un mercato certamente prestigioso ma in definitiva poi non così rilevante. Nel 1953 si esordisce con 2.451 pezzi, che divengono 6.901 due anni più tardi per raggiungere il tetto di 13.342 nel 1958; dopo un calo nel triennio successivo, con un minimo di 8.310 nel 1961, sono 10.889 gli scooter arrivati da Pontedera nel '63.

Il corteo della Broadway Show League sfila sulla Quarantaquattresima ovest, il 14 maggio 1959, con le lanterne di *Suzie Wong* e di *Flower Drum*.

Dove la mobilità è tra i valori fondanti, la piccola Vespa può anche finire sul paraurti di un'auto enorme, a corredo della grande roulotte.

Con tutto questo, l'esportazione Piaggio verso gli Stati Uniti nei primi anni Sessanta non va oltre quelle promettenti 10.000 unità per anno.

In realtà le importazioni di motocicli negli Stati Uniti vedono una sempre più netta dominazione giapponese. Nel 1963 i mezzi a due ruote *made in Japan* rappresentano quasi due terzi del venduto, con Honda che da sola copre oltre il 65 per cento del totale. Gli scooter italiani si difendono onorevolmente presidiando la loro quota di mercato, attorno al 7 per cento, dalla quale restano progressivamente esclusi i prodotti tedeschi o inglesi in qualche modo analoghi; nelle cilindrate maggiori c'è una forte ripresa, della quale approfitta anche la Harley Davidson a fianco delle storiche inglesi e di qualche italiana di rango, dopo un periodo difficile.

Fra i segreti della prodigiosa ascesa nipponica, secondo l'Istituto Italiano del Commercio Estero, la capacità di sdoganare la motocicletta dall'immagine di mezzo per soli *black leather jackets* grazie al continuo perfezionamento tecnico e a una campagna promozionale molto efficace, e alla perfetta organizzazione delle rete commerciale e di assistenza. Ma su questo, a Pontedera, non hanno molto da imparare.

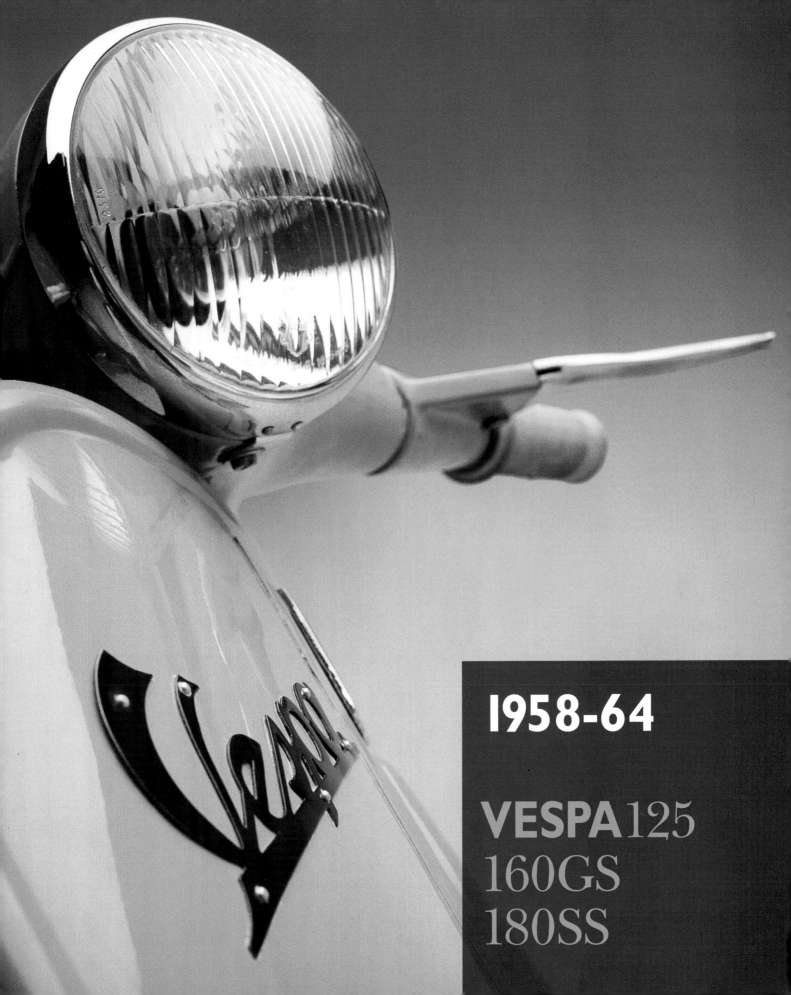

**1958-64**

**VESPA**125
160GS
180SS

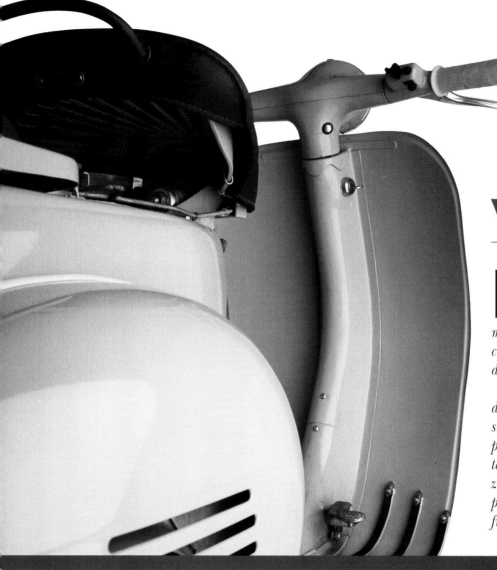

# VESPA 125

**N**el 1958 la Piaggio termina la produzione dei modelli con faro sul parafango anteriore e mette in commercio i due modelli base, 125 e 150, con la stessa identica configurazione del telaio: varia solo la cilindrata del motore e pochi particolari del manubrio.

La grande innovazione è costituita proprio dalla "standardizzazione" della scocca, resa possibile da un nuovo sistema a saldatura centrale: per la prima volta la classica carenatura portante della Vespa è realizzata attraverso la congiunzione di due semigusci in lamiera saldati sul piano medio longitudinale e collegati da un diaframma trasversale; la trave anteriore, di sezione

La pubblicità francese evidenzia il momento di passaggio al nuovo motore con distribuzione rotante e miscela al 2 per cento, montato sul modello di cilindrata superiore.

La nuova scocca a saldatura centrale procede lungo la linea di produzione: qui siamo alla fase di controllo della verniciatura.

maggiorata, è costituita da due elementi
saldati a punti elettrici su un'ampia
superficie di collegamento.

La traversa sostegno motore è ora incorporata al semicarter sinistro; quello destro, sul
lato volano, integra il circuito di ventilazione,
che in precedenza era riportato.

La leva di avviamento, di nuovo tipo, con
selettore dentato e ruota dentata a innesto agenti
direttamente sull'ingranaggio multiplo del cambio,
è calettata su un albero che fuoriesce dal carter.

La nuova tecnologia permette la realizzazione
di un telaio più stretto e leggero che offre grandi
vantaggi sia dal punto di vista produttivo,
grazie all'ottimizzazione delle fasi di lavorazione,
sia per l'utente che, con un veicolo di minor
ingombro, può svincolarsi nel traffico urbano
con maggior disinvoltura. La sagomatura della
scocca segue il classico andamento modificandosi,
in maniera evidente, nella fascia superiore sotto
il portapacchi: qui prende forma una sorta
di piccola gobba, con superficie terminale piana,
atta a ospitare il serbatoio, anch'esso piano nella
parte superiore.

I cofani posteriori presentano una costolatura
a "baffo" che, oltre alla caratterizzazione estetica,
serve ad aumentarne la resistenza agli urti.

Il cofano motore, completamente asportabile per
facilitare le operazioni di manutenzione, è fissato
alla scocca in due punti con chiusura a levetta
rapida: le feritoie della griglia di presa d'aria per

**A fronte: sull'innovativa 125
del '58 si notano il piantone
centrale e il manubrio
con il gruppo comandi
totalmente integrato.
Il sistema antifurto
prevede l'inserimento
del bloccasterzo a chiave.**

**Nella visione posteriore
si evidenzia la saldatura
centrale delle semiscocche.
Il portapacchi, di minori
dimensioni, è stato
ridisegnato; il fanalino è
ancora del tipo rettangolare
con cuffia metallica.**

La vista frontale rivela il minor ingombro del telaio, 655 mm di larghezza contro i 770 mm della versione precedente, che conferisce al veicolo una maggiore capacità di penetrazione nel traffico urbano.

Le viste laterali mostrano la diversa sagoma della carenatura nella parte sotto il portapacchi.

La nuova linea ha richiesto il ridimensionamento della sacca porta-attrezzi, con sportellino nella parte superiore e sagomatura a "baffo" inferiormente, del cofano motore con il nuovo design della griglia di presa d'aria, e del portapacchi. Il dispositivo di messa in moto risulta ora applicato direttamente sull'albero secondario.

## VESPA 125

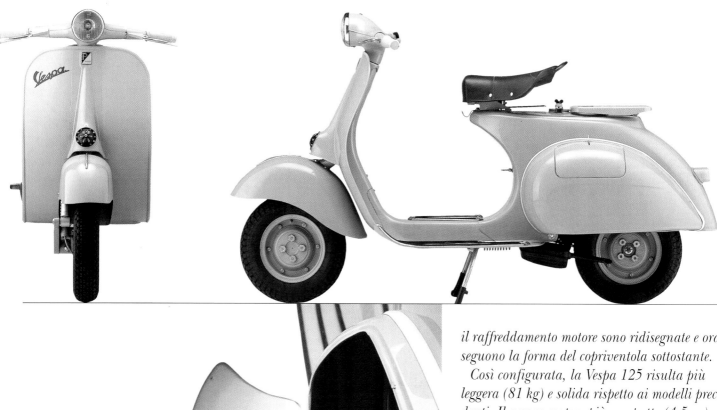

il raffreddamento motore sono ridisegnate e ora seguono la forma del copriventola sottostante.

Così configurata, la Vespa 125 risulta più leggera (81 kg) e solida rispetto ai modelli precedenti. Il nuovo motore più compatto (4,5 cv) ha una ripresa maggiore e questo rende maneggevole e brillante il veicolo, che è capace di una velocità di 75 km/h con consumo inferiore a 2 litri per 100 km. La capacità del serbatoio (7,7 litri) consente un'autonomia di 420 km.

Come sempre, grande attenzione è posta verso la silenziosità del mezzo che non supera gli 81 phon di rumore grazie alla nuova sistemazione del carburatore, un Dellorto UA16S1 collocato

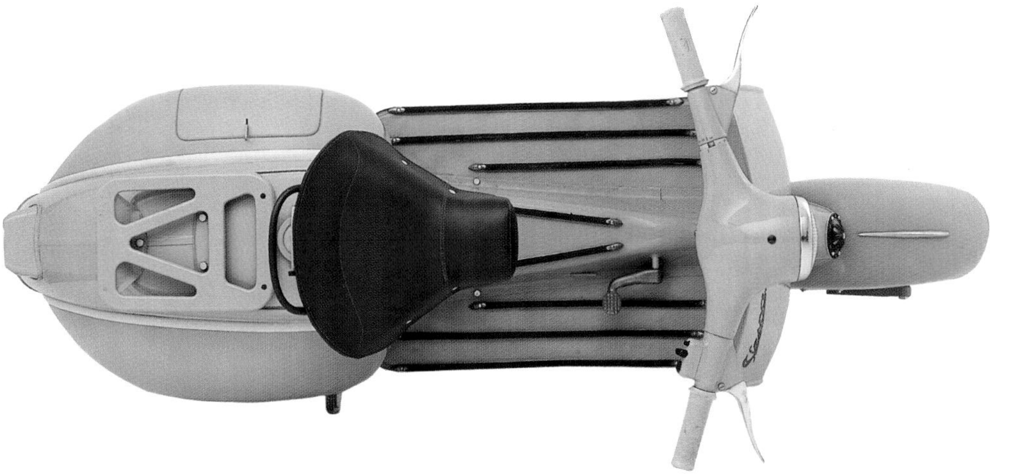

La vista dall'alto mostra la nuova sagoma del telaio, la cui lunghezza aumenta da 1.680 a 1.735 mm, con trave centrale più stretta: i listelli e i puntalini della pedana sono ora più sottili.



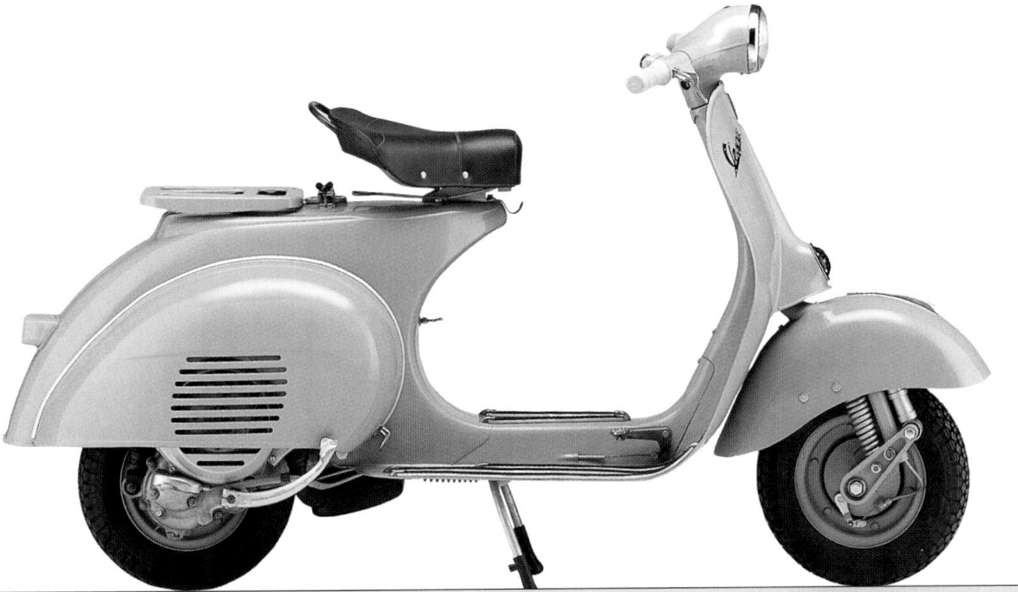

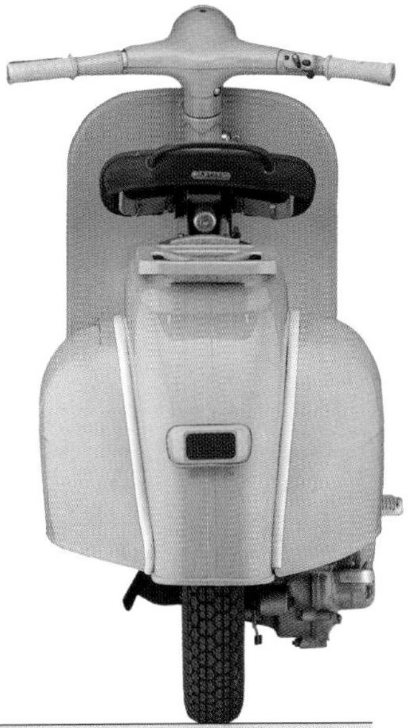

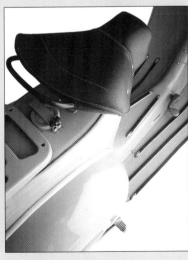

Il sellino a sbalzo è di colore verde scuro, così come la copertura in plastica della maniglia del passeggero. La seconda sella è un optional da montare sopra il portapacchi.

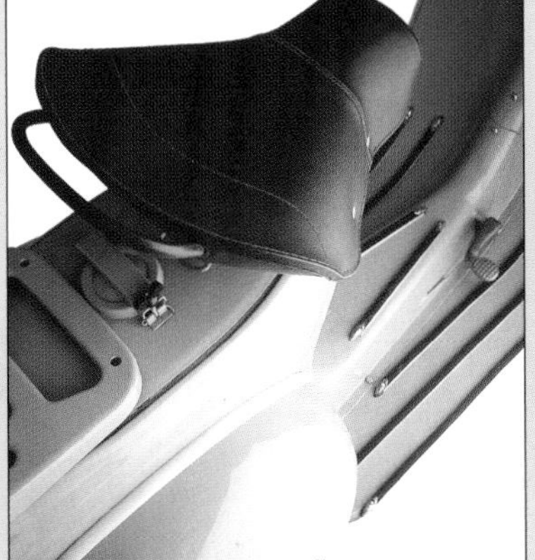

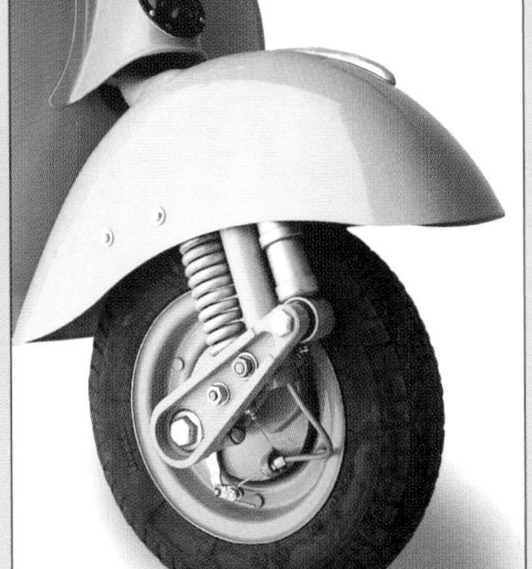

Ruota anteriore con sospensioni realizzate tramite molle elicoidali a flessibilità variabile e ammortizzatori idraulici a doppio effetto.

La sella è realizzata a sbalzo
con molla centrale regolabile
in funzione del peso del
pilota: anteriormente è
visibile il gancio portapacchi.
Sotto la sella, la leva
dell'aria introdotta
già nella 125 del 1956.

**Particolare del lato destro
del manubrio. Notare
l'assemblaggio delle due
semiscocche – quella
superiore è apribile per
la manutenzione dei cavi
ora totalmente interni –** **raccordate alla manopola
attraverso un involucro
in lamiera che racchiude il
freno anteriore e il gruppo
comandi luce e clacson. La
scritta Vespa applicata allo
scudo è di colore blu scuro.**

*sopra il cilindro (come la GS); il filtro dell'aria,
contenuto in una scatola facilmente smontabile,
è collegato tramite un soffietto in gomma al telaio
attraverso cui avviene l'aspirazione dell'aria.*

*La nuova posizione del carburatore permette
l'abolizione dello sportello di ispezione nel vano
gambe, ora realizzato attraverso una superficie
curva continua nel tratto tra la pedana e la
sella: unica presenza è il rubinetto della miscela.*

*Altro perfezionamento, sia funzionale che este-
tico, è rappresentato dal nuovo manubrio con
faro incorporato e, finalmente, comandi interni.
Questo è realizzato con due gusci in lamiera
stampata, facilmente divisibili per gli interventi
di manutenzione sui fili del cambio e dell'acceleratore. Al centro del manubrio il proiettore
da 105 mm di diametro è collegato al nuovo
impianto elettrico a circuito chiuso, realizzato
in esclusiva da Piaggio.*

*Il cambio, a tre marce, presenta un nuovo
selettore di facile montaggio racchiuso entro un
involucro di lamiera munito di coperchio per la
protezione dagli agenti atmosferici, dalla polvere
e dagli urti.*

*La sella, di colore verde scuro così come la
copertura in plastica della maniglia passeggero,
è munita di molla centrale regolabile in funzione
del peso del pilota; sotto la sella, la leva starter.*

*Fra gli optional il tachimetro contachilometri
(fornito di serie nel modello 150), il cuscino
posteriore, ridotto di ingombro, applicabile in*

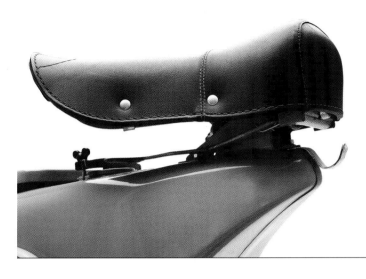

modo più pratico e agevole al portapacchi posteriore, e la ruota di scorta da montare, attraverso
un robusto supporto, sulla parte interna dello
scudo frontale in posizione facilmente accessibile.

Questo modello di Vespa è stato realizzato
con due prefissi di telaio e in tre colori diversi.

La prima serie VNA1T 01001/068031, del
1957-58, è inizialmente di colore grigio (codice
Max Meyer 15046) ma in un secondo tempo
si preferisce un beige chiaro (Max Meyer 15099).

La seconda serie, del 1959, con prefisso telaio
VNA2T (068032/116431) e di colore azzurro
metallizzato (Max Meyer 15099), adotta il nuovo motore a distribuzione rotante la cui lubrificazione è con miscela al 2 anziché al 5 per cento.

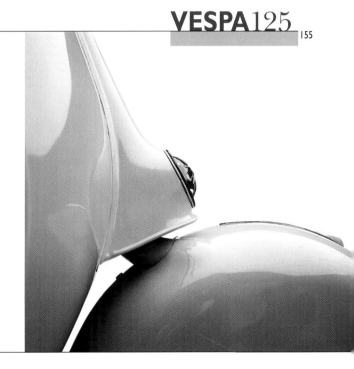

**Il parafango anteriore
è formato da due pezzi
saldati al centro, come
l'intera scocca, e riprende
la curva della parte
posteriore del telaio.
Le ruote intercambiabili
montano pneumatici da
3.50 x 8" a bassa pressione.**

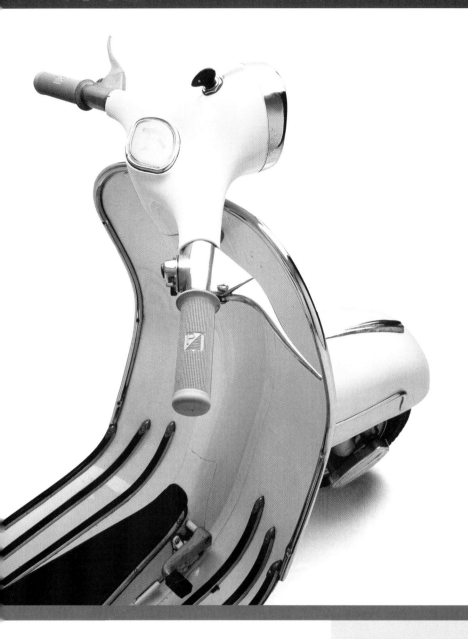

# 160GS

L a 160 GS nasce per rinnovare il successo della GS del 1955 ed è un mezzo dal design aggiornato, all'avanguardia nelle prestazioni e rispondente alle esigenze funzionali ed estetiche di un target ormai esperto e altamente qualificato.

Le innovazioni tecnologiche apportate seguono la politica di rinnovamento produttivo dell'azienda, già intrapresa con i modelli base 125 e 150, e ora sviluppata in questa versione di GS caratterizzata da un motore di nuova concezione, più potente e con maggior ripresa, da sospensioni e sella di maggior confortevolezza, da una carrozzeria di minor ingombro; con un più completo

Il Codice della Strada tedesco dal 1960 impone anche a questa lussuosa due ruote sportiva gli indicatori di direzione posteriori, realizzati integrandoli al fregio cromato sui cofani laterali.

Il vano portaoggetti nella parte posteriore della scocca è caratteristico della prima serie (1962).

La **GS** si caratterizza come
un modello dal design
elegante e raffinato, in cui
la gran cura progettuale
e costruttiva è confermata
da combinazioni cromatiche
azzeccate, così come
da dettagli e finiture
particolarmente curate.

La parte posteriore
appare morbida e filante.
Il gruppo ottico di grandi
dimensioni, anch'esso
ben rifinito, è dotato
di stop incorporato.

Il parafango, realizzato
in due semigusci rinforzati
internamente lungo la
congiunzione, è decorato
da una crestina in alluminio
lucidato di nuovo disegno.

corredo che comprende anche la sistemazione
interna della ruota di scorta, fornita ora insieme
al veicolo.

Il motore (alesaggio per corsa 58 x 60 mm) con
cilindrata elevata a 158,53 cc, traversa incorporata nel telaio, e potenza di 8,2 cv a 6.500 giri,
raggiunge una velocità massima di 100 km/h.

Sono stati apportati rilevanti miglioramenti
strutturali che comprendono l'uso di un albero
motore molto robusto, montato su due supporti
con cuscinetto a rulli, lato volano, e a sfere,
lato frizione, lubrificato dall'olio del cambio;
ridimensionati poi gli organi motore e i relativi
supporti, trasmissioni interne e ingranaggi,
così come il silenziatore, molto ampio con incavo
passaruota, e il carburatore, un Dellorto
SI27/23 di tipo automobilistico con farfalla
a ghigliottina e starter incorporato.

Il nuovo styling della scocca, leggera e snella
grazie al sistema a saldatura centrale, conferisce
a questo modello di Vespa, la più potente mai
prodotta sino ad allora, un aspetto elegante
e moderno influenzato dalle ricerche formali
sviluppate per la 150 cc del 1961 e anticipatrice
di alcune scelte stilistiche che daranno forma
alla 150 GL del '63 (considerata in assoluto
la versione più elegante disegnata dai progettisti
Piaggio).

La GS è costruita intorno alle esigenze di chi
viaggia e richiede un mezzo potente, spazi ottimizzati, accessibilità immediata alla meccanica:

su questi presupposti si basano alcune delle
soluzioni formali che la distinguono dai modelli
base. Entrambe le sacche sono asportabili
e hanno un nuovo sistema d'aggancio di facile
apertura. La sacca sinistra, da cui scompare
lo sportellino porta-attrezzi, racchiude la ruota
di scorta: al centro la batteria, di forma quadra-
ta, e relativo raddrizzatore. Un semiguscio in
lamiera verniciato color alluminio (codice Max
Meyer 1.268.0983), fissato al telaio con bullone
centrale, copre la parte inferiore della ruota.

Nel carter motore sono ridisegnate le feritoie
della griglia d'aerazione, ora tutte con la stessa
lunghezza, inscritte in un rettangolo inclinato

L'inclinazione dello sterzo, apprezzabile nella visione laterale, è modificata così da migliorare le condizioni di guida e di stabilità, particolarmente in curva e ad andatura elevata.

I grandi cofani laterali tondeggianti spiccano nelle vedute posteriori così come lateralmente. Grande novità è la ruota di scorta racchiusa nella sacca sinistra: un semiguscio fissato da un bullone centrale protegge la parte inferiore della ruota.

L'inserimento del bauletto dietro lo scudo, a partire dal 1963, contribuirà a meglio equilibrare la distribuzione dei volumi fra avantreno e retrotreno.

## 160GS

Dettaglio del blocco comandi clacson e luci, incorporati all'interno di un involucro smontabile.

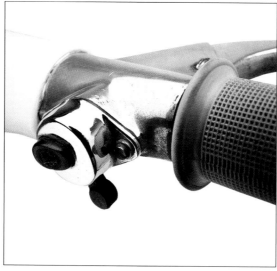

per dare un maggior senso di dinamismo. Il loro disegno non sarà più variato e diventerà, da questo momento, un motivo stilistico costante. I cofani laterali e il parafango, di nuova forma, presentano un motivo stampato e arrotondato, marcato da profili in alluminio anticorodal; anche la crestina sopra il parafango è ridisegnata così come la scritta "Vespa GS".
Il vano portaoggetti è ricavato nella parte posteriore, tra la sella e il fanale, ed è chiuso da uno sportello a chiave: una soluzione adottata solo in questa serie. Già nella versione del 1963 sarà abbandonata individuando nella parte interna dello scudo, davanti alle gambe,

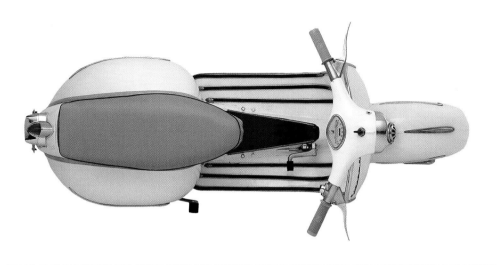

La vista dall'alto consente di evidenziare la sella lunga di colore grigio, in tono con la verniciatura della scocca, e il design ottimizzato della pedana, con tappetino poggiapiedi e listelli in gomma ora più armonici.

160**GS**

Il carter motore, dal fregio in alluminio anticorodal, ha la griglia d'aerazione con feritoie d'uguale lunghezza.

La sospensione anteriore è realizzata con un dispositivo elastico comprendente, in un solo gruppo coassiale, l'ammortizzatore idraulico e la molla elicoidale.

La peculiarità di questo
modello, prestazionale ma
allo stesso tempo rifinito
con grande eleganza,
non viene premiata
con eccessiva convinzione
da parte degli utenti.

La pesante eredità della
sportiva per eccellenza,
quella 150 GS nata ancora
nel 1954 ma aggiornata
a più riprese sino al '61,
sembra esserle stata
più che altro d'impaccio.

## 160**GS**

la posizione ottimale per montare un vero
e proprio bauletto, più ampio, con forme arroton-
date che richiamano la linea del mezzo; anche
questa soluzione sarà "definitiva" e caratterizzerà la maggior parte dei modelli successivi.

Il fanale posteriore con stop incorporato (introdotto nella GS del 1958 per adeguarla al nuovo
Codice della Strada) è identico a quello montato
sul VS5 (150 GS 1959/61), così come il
manubrio e i relativi comandi. La sella, lunga,
dal disegno ergonomico e confortevole, è di colore
grigio chiaro in tono con la verniciatura della
scocca colore grigio bianco (codice Max Meyer
1.298.8714); questa scelta conferisce al veicolo
un'immagine eccezionalmente elegante e raffinata,
confermata dalla dotazione del tappetino di gomma poggiapiedi sulla pedana, nonché dalla superficie continua e uniforme della scocca nel tratto
tra pedana e sella, dove sparisce lo sportello del
carburatore. Il gancio portaborse è più funzionale;
migliorato anche il congegno antifurto, in cui la
serratura agisce su un'asola dello sterzo e la chiave può essere estratta solo a manubrio bloccato.

Il successo della 160 GS si deve a una clientela
alla ricerca di un mezzo derivato dall'uso agoni-
stico, in linea con le sue prestigiose antecedenti
storiche.

La 160 GS rimane in produzione dal 1962
al 1964, e sono 60.000 gli esemplari realizzati.

Particolare del manubrio
e dei comandi, con il
contachilometri a forma
di ventaglio e i manicotti
lucidati a specchio.

Gli studi e le soluzioni
sperimentate su questo
veicolo faranno da base
per la successiva 150 GL
(Gran Lusso) del 1963,
che troverà un maggior
riscontro da parte
dell'utenza Piaggio.

## 180SS

La serie sportiva per eccellenza, inaugurata con la gloriosa GS 150 e continuata dalla 160 cc, trova una degna erede nella 180 Super Sport del 1964. Configurata intorno alle esigenze di una clientela sportiva che diviene ogni giorno più esigente nella richiesta di potenza, ripresa e velocità, la Super Sport si presenta come un motoscooter con ottime qualità sia sulle autostrade che nelle vie di intenso traffico, sui percorsi turistici e su quelli montani dove può superare pendenze di oltre il 40 per cento.

Il motore ha una cilindrata di 181,14 cc, alesaggio per corsa 62 x 60 mm, 10 cv di potenza

La maxi Vespa sportiva è l'ultima a montare il motore del tipo a luci incrociate.

Il nome del modello è esaltato nei manifesti e negli slogan pubblicitari, in cui assume ancor più rilievo del logo Vespa.

cilindrata
180 c.c.
Vespa SUPER SPORT

Il boom automobilistico degli anni Sessanta è cavalcato da Piaggio a testa alta. Varie versioni di Vespa vengono proposte al mercato per soddisfare gusti ed esigenze di un target sempre più ampio di utenti.

Oltre alla targhetta "Vespa S.S." sullo scudo frontale, ne viene applicata un'altra posteriormente in posizione inclinata, con scritto "Super Sport". Questa scelta, adottata anche nelle altre versioni, permette un'immediata riconoscibilità del modello.

a 6.250 giri (oltre il 10 per cento in più rispetto al modello 160 GS) e consente una velocità massima di 105 km/h con pilota disteso, oppure 95 km/h con due persone; il consumo è di 2,8 litri di miscela al 5 per cento per 100 chilometri.

La linea snella e scattante del veicolo, di soli 67 cm di larghezza, è ottenuta con un disegno sfuggente ma allo stesso tempo marcato delle parti, alcune delle quali già sperimentate in altri modelli: il manubrio è quello adottato sulla GL del 1963, mentre il faro trapezoidale e il fanalino posteriore sono gli stessi montati nella Vespa 150 Sprint dello stesso anno. Il manubrio è aperto nella parte bassa, con il manicotto del cambio e del gas a vista. Questi sono coperti da due parapolvere in lamiera verniciati dello stesso colore della Vespa, fissati con quattro viti da 8 mm a testa bombata in alluminio che, una volta tolte, permettono di montare le staffe del parabrezza con bulloni d'acciaio.

La calandra copristerzo con l'alloggiamento del clacson è parte integrante dello scudo: la soluzione è stata sviluppata per la GL del 1963 e afferma la continua ricerca verso la razionalizzazione degli stampi e la riduzione delle componenti che Piaggio persegue sin dalle origini.

Le modifiche apportate alla scocca sono visibili nella coda che si raccorda con la piastra portatarga e nella presenza del bauletto portaoggetti, disposto sul lato interno dello scudo – come nelle ultime serie della 160 cc – e completato da una

Questo modello è il primo della serie sportiva che adotta la nuova scocca a saldatura centrale. Il parafango anteriore, reso più snello, è sempre arricchito con fregi in alluminio. L'alloggiamento del clacson ricalca quello della Vespa 150 GL del '63.

La nuova scocca conferisce al veicolo un aspetto ancor più snello e scattante, a confronto con i precedenti, esaltato dai fregi che marcano le fiancate.

Le dimensioni sono minori rispetto alla GS 160, ossia 670 mm (contro 710) di larghezza massima per una lunghezza totale di 1.770 mm (1.795 nella GS).

Comfort e tenuta di strada sono migliorati con il nuovo assetto che rende più basso il veicolo posteriormente, allo stesso tempo innalzando la parte anteriore e il manubrio.

## 180SS

Il nuovo contachilometri dalla forma a ventaglio è scalato 120 e comprende il parzializzatore. Sopra, l'interruttore a chiave per l'accensione che scomparirà nella serie successiva, grazie alla modifica dell'impianto elettrico.

*serratura apribile dalla stessa chiave del blocca-sterzo. Più snelli il parafango e i cofani laterali marcati da un fregio dal segno lineare e dinamico, come un tratto di matita a rifinire la silhouette dello scooter già messa in risalto dal bordo in gomma, che segna l'attacco dei cofani laterali al telaio, e dal profilo in acciaio inox che dalla pedana risale sino allo scudo. I cofani sono asportabili, come nella 160; quello sinistro racchiude la ruota di scorta.*

*Fra gli interventi volti a migliorare il comfort, è da rilevare la modifica dell'assetto del veicolo al fine di ottenere più stabilità e migliore tenuta di strada: la sospensione posteriore è abbassata*

All'interno dello scudo
è presente un ampio vano
portaoggetti: la scelta, oltre
a individuare la collocazione
ottimale del bauletto,
davanti le gambe del
pilota, favorisce un disegno
più equilibrato fra parte
posteriore e anteriore.

**Dettaglio della sospensione anteriore, che riprende la soluzione inaugurata dalla 160 GS due anni prima.**

**Com'è nella tradizione della Vespa, i pneumatici (con dimensioni 3.50 x 10") sono intercambiabili.**

**La parte terminale della coda è ora modellata per supportare la targa. Da segnalare che il fanalino posteriore dell'esemplare qui riprodotto non è quello previsto di serie.**

Il manubrio è simile
a quello adottato sulla
150 GL del '63, con faro
di forma trapezoidale,
ed è realizzato in un unico
pezzo; la parte inferiore
è aperta per consentire
la manutenzione dei fili
e l'aggancio del parabrezza.

## 180SS

Particolare del freno
a pedale, con in evidenza
il soffietto parapolvere
che copre il cavo freno;
anche questa soluzione
è ripresa dalla 150 GL.

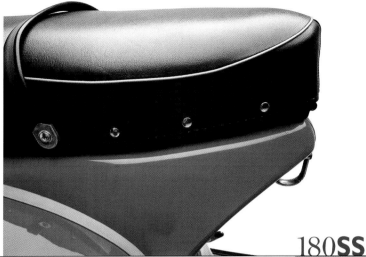

mentre risultano opportunamente rialzati tanto la sospensione anteriore quanto il manubrio.

L'accensione è realizzata in corrente alternata con interruttore a chiave sul manubrio. Nelle serie successive l'impianto elettrico verrà modificato e saranno eliminate la chiave di accensione, la batteria e il raddrizzatore. Il volano-ventola, in lega di zama con calamite ad anello incorporate, è dotato di alettatura di raffreddamento modificata per aumentare la portata d'aria; il fissaggio al mozzo è realizzato con sei bulloni.

La Super Sport è offerta in vari colori a scelta: tre tonalità di rosso, biancospino e blu pavone.

È la prima volta che vengono proposte più colorazioni nei veicoli targati.

La 180 SS rimane in produzione dal 1964 al '68: le faranno seguito la 180 Rally, prodotta dal 1968 al '73, e la 200 Rally, in produzione dal 1972 al '79, considerata la Vespa più prestigiosa e ricca mai prodotta da Piaggio, la prima con accensione elettronica e velocità che raggiunge i 116 chilometri orari.

Come il 1964 il '65 è un anno molto produttivo per Piaggio la cui ricerca e sperimentazione viene applicata su molteplici modelli, ma sarà segnato dalla scomparsa di Enrico Piaggio: gli succederà Umberto Agnelli, primo presidente non appartenente alla famiglia, il quale opererà una serie di cambiamenti, primo tra tutti la ridefinizione del logo e dell'immagine aziendale, che saranno determinanti per tutta la produzione successiva.

**Con questo modello vengono per la prima volta proposte più colorazioni anche per i veicoli targati. La Vespa offre prestazioni ardite, ma allo stesso tempo è leggera, colorata, divertente; è il simbolo di una generazione che afferma di voler tagliare i ponti con il passato.**

**D**ove la scena si fa più imprevedibile: dal Pian di Pisa a Woodstock alla Pop Art, dalla rivoluzione giovanile e del costume alla difficile stagione dei primi anni Settanta, con meno brio e una parola nuova come "austerity".

**1963 - 1976**

## ... e la Vespa di Peter Pan

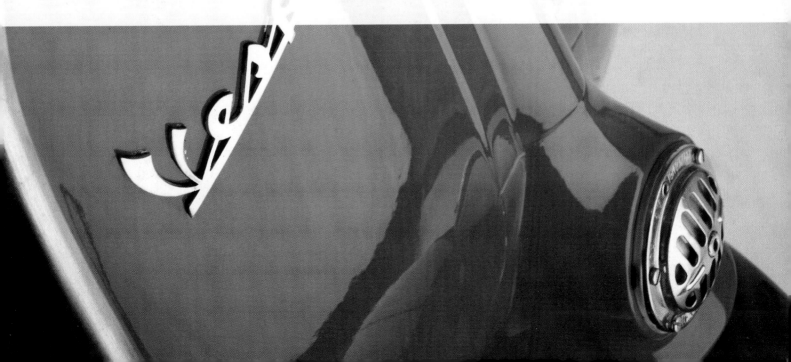

Giovedì 21 dicembre '61 il «New York Times» pubblica un articolo sulla relazione quadrimestrale della Commissione Economica per l'Europa presso le Nazioni Unite. Il pezzo, nella pagina di economia e finanza, è corredato di fotografia. La didascalia non è esatta, equivocando il domicilio legale dell'azienda con la sede degli impianti produttivi: «Soddisfare la domanda del mercato: la catena di montaggio alla fabbrica Piaggio in Genova, Italia, lavora a pieno ritmo. La domanda europea di beni strumentali non dà segni di flessione». Eppure l'immagine è quella, riprodotta cento volte, del carosello finale nelle officine di Pontedera dove si procede all'assemblaggio motore-scocca. Una sola immagine che si vuole rappresentativa del magico momento di espansione e di crescita che interessa ormai tutta l'area "Western Europe": tale è la rilevanza del fenomeno Vespa a quasi due decenni dal suo atto di nascita.

## Close-up su una realtà locale

Tutto ciò prende corpo, ogni giorno, in una vallata nel cuore dell'Italia centrale. Un'area singolare, a ben vedere. «Priva di un centro urbano d'una certa importanza ma vicinissima a due capoluoghi di provincia, non ha abbondanza di manodopera, per quanto ne esista una notevole riserva a pochi chilometri di distanza». Basta risalire le colline dintorno: la mezzadria è attiva su oltre la metà del territorio agricolo del Pian di Pisa, secondo l'ISPES, nel 1961. L'universo

A soli 60 anni di età Enrico Piaggio muore di una morte improvvisa il 17 ottobre 1965. Il suo aereo, partito in mattinata da Milano, atterra sul piccolo campo d'aviazione adiacente allo stabilimento. Guidando personalmente l'auto, Piaggio si dirige a casa, la villa di Varramista a pochi chilometri di distanza.
Dopo pranzo è ricoverato in ospedale a causa di violenti dolori addominali: si teme il peggio, anche pensando all'asportazione del rene da lui subìta in gioventù. Dopo un inutile intervento chirurgico, alle ore 23, la scelta di riportarlo a Varramista in condizioni disperate.

L'ingresso allo stabilimento di Pontedera. Nell'arco di un decennio (1950-60) la manodopera arriva quasi a raddoppiare, registrando un incremento da 3.320 a 6.321 unità.

Nel periodo 1958-62 si registra un incremento dei ceti medio-inferiori (dal 34,9 al 58,5 per cento della clientela) e un calo di impiegati, commercianti e imprenditori (dal 37,5 al 14,3 per cento): sul lavoro e nel tempo libero la Vespa è il mezzo ideale per chi ancora non può permettersi l'auto.

chiuso del "capoccia" si coniuga perfettamente con il pendolarismo delle nuove leve verso i centri attivi nel fondovalle. Agli occhi di molti giovani il podere appare sempre più «un comodo trampolino di lancio per passare all'industria» senza mettere a repentaglio la sopravvivenza del nucleo originario, grazie al singolare modello della "famiglia allargata" caratteristico di queste zone. Chi lascia la terra per scendere a valle ha dietro di sé chi lo sostituisce a casa e nei campi.

Il grande "alveare delle Vespe" a Pontedera impiega da solo oltre il 70 per cento della manodopera in forza alla produzione meccanica locale, mentre il resto comunque gli gravita attorno. Un intenso traffico pendolare di breve raggio ha evitato di innescare un'urbanizzazione incontrollata. Solo la metà dei 6.000 piaggisti risiede a Pontedera (1965); gli altri, ogni giorno, dalla campagna e dai paesi raggiungono i capannoni su viale Rinaldo Piaggio, lungo la ferrovia. Molti sono i giovani e in molti casi vengono dall'avviamento professionale; alcuni, da corsi di addestramento specifici. L'impiego come operaio specializzato nella grande industria sembra un riparo sicuro dalla precarietà del vivere, una via di accesso privilegiata al grande mercato dei beni di consumo.

Ancora nel '57, qui la disoccupazione giovanile tocca il 32 per cento; nel periodo successivo, all'opposto, si assiste a un esodo dalle scuole professionali per cogliere l'opportunità d'un impiego. Grandi oscillazioni dunque, e accesa conflittualità in quegli anni. In alcuni settori si fa uso indiscriminato dello straordinario e di fittizi contratti a termine, ricercando ma-

*Carry on Cabby* (1963) apre una fortunatissima serie cinematografica inglese che ruota attorno al tassista Charlie Hawkins (l'ottimo Sid James), ai suoi compari e alla sua vita coniugale. Qui sulla Vespa le *lovelies* impiegate da Peggy Hawkins, che ha deciso di aprire una società di taxi in concorrenza con quella del marito.

L'espansione dei consumi e il radicamento del prodotto all'estero, oltre che in Italia, non mettono al riparo dai forti contraccolpi del mercato.

nodopera non specializzata così da assicurarsi l'inquadramento al minimo salariale: le grandi catene di montaggio si contentano dei semplici manovali. Nelle fasi di ristagno si ricorre facilmente alla riduzione dell'orario, e dunque della busta paga. Fra l'altro, nelle vertenze già emergono richieste sindacali di estendere il periodo di ferie e per una settimana di 44 ore rispetto alle 48 vigenti, a parità di trattamento economico. L'aspirazione al tempo libero è condivisa un po' da tutti in questa nuovissima Italia del benessere.

### Intermezzo in nero

L'ansia di fare e avere, l'ansia di spendere, porta a un'incontrollata diffusione della vendita rateale; un

L'accresciuto tenore di vita indirizza molti verso l'auto, mentre la nuova clientela meno abbiente è scoraggiata dai provvedimenti governativi: targatura, patente di guida, iscrizione al PRA, aumento del "bollo" per i motoveicoli. Nel 1960 le vendite calano del 6 per cento, nel '62 del 14 e nel '63 del 20 per cento. «In tali condizioni», scrive la Direzione generale, «il Governo ha preso misure anticongiunturali per arrestare l'enorme incremento nell'acquisto di beni di consumo... I risultati si sono visti nel 1964, quando la vendita è calata del 25 per cento. Il costo della manodopera, dai primi mesi del '62, è aumentato del 50 per cento. Lo stabilimento – attivo 44 ore settimanali per gli 8 mesi invernali e 40 per i 4 estivi – nel '65 lavorerà 40 ore per 12 mesi, ma si teme di dovere adottare provvedimenti».

1 **Officina costruzione gruppi motore**
2 **Officina presse e costruzione telai**
3 **Fonderia**
4 **Officina costruzione motori**
5 **Montaggio motori**
6 **Sala prova motori**
7 **Trattamenti galvanici**
8 **Reparto verniciatura**
9 **Montaggio Vespa**
10 **Rifinitura Vespa**
11 **Spedizioni Vespa**
12 **Officina Ape e Pentarò**

A **Direzione**
B **Uffici tecnici e centro meccanografico**
C **Officina sperimentale**
D **Centro operaio**
E **Scuola per meccanici esterni (officine Piaggio)**
F **Mensa impiegati**
G **Sala prova materiali**
H **Officina ricambi e magazzino**
I **Pista di collaudo**

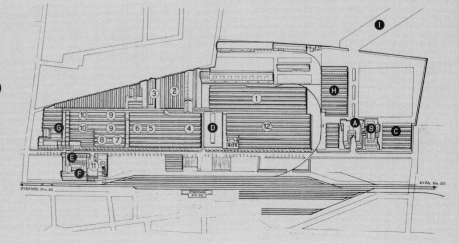

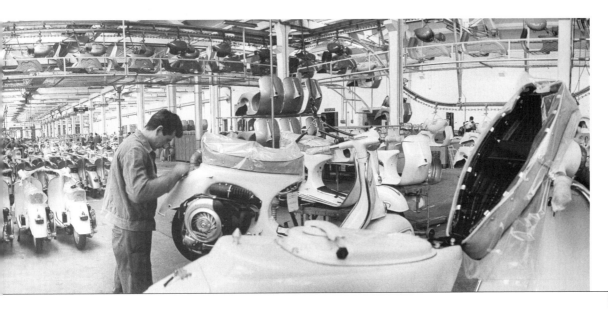

generico "pagherò" sembra ormai invalso nel commercio al dettaglio, nei rapporti con i grossisti, nell'artigianato e nella piccola industria.

Dopo la lunga crescita successiva alla ricostruzione e il "miracolo" degli anni 1958-63 si apre, per molti certamente imprevisto, un periodo di innegabile difficoltà economica che incide duramente sul livello di vita. La netta riduzione del denaro circolante finisce per strangolare la crescita economica imponendo una crudele stretta creditizia: il costo del denaro decolla, da un 5 per cento nel 1959 sino al 15 per cento del '64.

Si assiste increduli all'incontrollata lievitazione dei prezzi al consumo e all'esplodere delle rivendicazioni sindacali. Capitali e nuovi investimenti ormai diser-

tano il Paese, allarmati dal costo del lavoro in aumento. La contrazione dei consumi si è fatta sensibile.

La controversa stagione del centro-sinistra tradisce le aspettative degli esordi e, trascinandosi nei tre successivi governi Moro, sino al 1968, si rivela incapace di quelle riforme strutturali che la congiuntura non manca di riportare all'evidenza ogni giorno. Dietro le quinte, grazie all'ambiguità delle più alte cariche dello Stato, si profila una involuzione autoritaria che potrebbe fare scempio della democrazia e della società civile. In questo oscuro intermezzo che si apre inatteso, dopo anni di accelerazione e di crescita, l'industria accusa forti contraccolpi e, nel settore motociclistico, il quadro è a tinte fosche.

I provvedimenti anticongiunturali del 1964 stron-

Con l'aggiornamento delle linee, soprattutto nelle fasi di montaggio e finitura dei veicoli si valorizzano sempre meno le capacità e le competenze della manodopera.

Gli stabilimenti di Pontedera all'inizio degli anni Sessanta.

cano le vendite rateali, mettendo in seria difficoltà migliaia di potenziali clienti, specie nel Meridione.

Quanto già accaduto in Germania e Inghilterra qualche anno prima, dove alla vigorosa impennata del mercato automobilistico si era accompagnato il drastico ridimensionamento delle due ruote, da noi assume toni più sfumati ricalcando piuttosto l'esperienza francese, per quanto distante in valori assoluti. La crisi è dura per tutti ma i grandi produttori non registrano cali vistosi, finendo in ultima analisi per espandere la propria quota di mercato. La casa di Pontedera, pur con vendite dimezzate fra il 1960 e il '65, compie un balzo in avanti passando dal 33 al 47 per cento delle immatricolazioni.

A questi dati si richiama la rappresentanza sindacale per contestare la legittimità di una nutrita serie di licenziamenti messi in atto nei primi mesi del 1966. Si tratterebbe di una ritorsione politica volta a estromettere i responsabili che, due anni prima, avevano portato a buon fine uno sciopero protrattosi per oltre settanta giorni. È incontestabile che, anche in seguito a forti investimenti nelle nuove tecnologie di produzione, l'azienda abbia ridotto il personale di oltre 700 unità in due anni. L'eco degli eventi travalica i confini della fabbrica, si espande a macchia d'olio nel circondario, sollecita la mediazione del governo.

### Dopodiché, il diluvio

Poi, il 4 novembre, l'Era scavalca gli argini e preme attorno ai muri di cinta. Deforma i cancelli dello sta-

bilimento che poi schiantano, travolti dalla pressione immane dell'acqua e del fango.

I guardiani del turno di notte danno l'allarme. Non molto si può fare per scongiurare il peggio: i forni di fusione vengono spenti, un camion di carbonato di calcio è messo al riparo dall'acqua che ne avrebbe provocato l'esplosione. Poi, non resta altro che mettersi in salvo.

In queste ore le acque dell'Arno devastano il centro di Firenze e i suoi tesori. Venezia assiste sgomenta al crescere di un'acqua alta che ben presto è vera inondazione. Qui, un'onda torbida investe con furia depositi e capannoni, macchinari e scorte, mezzi finiti e in lavorazione, archivi e uffici, strutture aziendali d'ogni sorta. E lascia dietro di sé una immensa desolazione: danni stimabili attorno ai cinque miliardi.

«Quando giunsi a Pontedera era un lunedì mattina. Per la prima volta mi si presentavano "dal vivo" quelle immagini di catastrofe che quindici anni prima, da ragazzo, avevo visto in fotografia ai tempi dell'alluvione del Polesine. Erano ormai trascorsi due giorni da quando la valanga d'acqua aveva investito la città: ma alla Piaggio, quando vidi gli uffici, ebbi la sensazione di trovarmi in una sorta di Pompei della nostra epoca». A parlare è Umberto Agnelli, dal 1965 all'88 presidente della società in seguito alla morte del suocero, Enrico Piaggio.

Lo sforzo straordinario di migliaia di dipendenti per i quali la grande fabbrica rappresenta la sopravvivenza, consente di riattivare parte delle linee dopo soli quattro giorni dall'inondazione. «Un mese dopo,

Dopo il disastro, impegnata sul nuovo mercato giovanile, ricapitalizzata da 3,15 a 5 miliardi di lire nella primavera '67, con il parere determinante del "Dottor Agnelli" la società Piaggio & C. disattende gli esiti del concorso indetto a suo tempo e adotta il marchio esagonale disegnato dal torinese Emilio De Silva.

«Le consonanti estratte dalla ragione sociale Piaggio sono la *p* e la *g*. Componendo(le) opportunamente (...) si ottiene l'aspetto stilizzato del prodotto Ape – Vespa» abbozzato in alto, a destra. «La figura è dinamica, moderna, forte: evoca rapidità, slancio». E il contorno esterno, prosegue il suo ideatore, è «arnia o cella esagonale, simbolismo attribuibile alla Fabbrica Piaggio in ordine ai prodotti fabbricati. Una forma piana, perfetta per ogni esigenza commerciale».
Il marchio finale vede logicamente il prodotto, così come la ragione sociale, bene inserito all'interno della fabbrica e sfondato sul tradizionale colore «blu di bandiera».

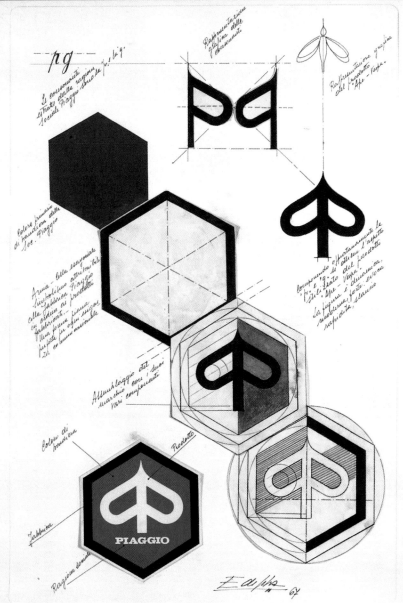

esattamente il 6 dicembre, lo stabilimento era di nuovo "a regime": i tempi previsti per il ripristino erano stati esattamente dimezzati».

Si può guardare indietro un istante: la ricostruzione ormai lontana, la ripresa nel primo dopoguerra, poi lo sviluppo, il decollo del paese e ora la prima crisi del settore; la catastrofe dell'alluvione e finalmente il bilancio in attivo, già nel 1967. Tutto questo grazie al coraggio, all'impegno, al sacrificio di molti. E grazie al costante successo della protagonista, ormai alle soglie della maggiore età. Sono vent'anni che è nata la Vespa e ancora le vendite riprendono a salire, grazie alla piccola senzapatente: un punto di riferimento per i nuovi teen-agers.

# SENZATARGA

**G**arzoncelli e giovinette, fanciulli e adolescenti, ragazzetti e giovanotti: più semplicemente i giovani o, se vogliamo, i teen-agers. Sono loro i protagonisti più o meno consapevoli di una travolgente evoluzione del costume sociale occorsa all'alba degli anni Sessanta.

### Alla scoperta dei giovani

In una società in cui l'aspettativa di vita è raddoppiata nell'arco di un secolo, e prima della guerra superava di poco i cinquant'anni, nonostante il boom delle nascite i giovani in realtà sono sempre di meno rispetto al resto delle popolazione. Ma è anche vero che, alla tavola di questo Occidente industriale in asce-

sa, non si invecchia: una lunga adolescenza, un'interminabile giovinezza premiano i rampolli del nuovo consumismo. Una pace stabile sembra destinata a regnare in Europa, milioni di persone verranno chiamate a goderne i benefici e molti sono i men che ventenni o poco più. Non tutti, in verità, disposti a condividere le regole del gioco; ma a una prima occhiata distratta, si direbbe che per tutti ci sarà posto al banchetto.

La scuola media unificata e obbligatoria è legge dal '62 e fa da volano a una scolarizzazione di massa almeno in parte già avviata. Fatto sta che nell'arco di un decennio gli iscritti alle superiori sono raddoppiati, e dai seicentomila del 1955 toccano il milione e duecentomila nel '65. Tanti certamente; e molti, molti altri lavorano. Per quanto né gli uni né gli altri siano ancora dotati di notevoli capacità di spesa, ai loro occhi l'autonomia su due ruote è il primo passo verso la libertà; purché li si metta in condizione di poterlo compiere.

Le linee rotonde e i volumi dello scooter rimarcano la connotazione giovanile di messaggi pubblicitari disparati, dalla musica beat alla Coca-Cola, e risolvono ogni esigenza di styling sui rotocalchi come in televisione quando ci si voglia addentrare in questa dimensione sempre più colorata, scanzonata, anticonformista.

La comunicazione cerca di adeguarsi, ma stenta a tenere il passo. «Come la volete la ragazza?» «Potente, scattante, maneggevole, robusta, ricca di ripresa!», risponderebbero "loro" nella finzione scenica di uno spot televisivo, ricalcando le orme dei padri. Forse non è molto più credibile delle atmosfere bloccate in cui viene fatta sfilare la Vespina, nuova di zecca, per i

Nata nel 1963, la nuova Vespa da 50 cc si afferma trasmettendo un'immagine positiva del controverso mondo giovanile.
Di lì a qualche anno, «mentre i suoi coetanei contestano in Francia, la figlia del grande Tyrone Power si prepara a diventare una diva».

Al termine della "linea", il nuovo presidente della società familiarizza con la senzatarga in versione S.

La promozione si avvale di una lussuosa Ursula Andress, nel calendario 1965, per la Vespa 90 destinata soprattutto al mercato estero.

vialetti del quartiere, sotto gli occhi di mamma e papà.

In realtà è una spontanea consonanza, vero colpo di fulmine: l'istintiva adozione, da parte di migliaia di adolescenti nel mondo, di questo tappeto volante a due ruote.

## Miliardi, minuti e centesimi

Il Codice della Strada – che entra in vigore nell'arco di un paio d'anni dal Testo Unico del 1959, nato quando già circolavano tre milioni di autoveicoli e oltre quattro di motoveicoli sulle strade della Repubblica – definisce ciclomotori i veicoli con «motore di cilindrata non superiore a 50 cc, se termico, e la capacità di sviluppare su strada orizzontale una velocità fino a 45 km/h». Soprattutto ne consente la guida sin dai quattordici anni di età, beninteso senza obbligo di patente: è un nuovo orizzonte per un'intera generazione. E per un intero settore industriale.

Nella categoria microscooters, capace di «conciliare egregiamente le caratteristiche di signorilità, comfort e praticità dello scooter con quelle dei ciclomotori», "Motociclismo" allinea la Giulietta prodotta da Peripoli, la Cicogna della Beta, una piccola Laverda, e infine il Como della Agrati e la G 50 della Gilera; questi due ultimi, in particolare, non nascondono la filiazione diretta dai modelli di Pontedera.

Il prototipo della Lambretta senzatarga presentato con grande rilievo al Salone del Motociclo già l'anno precedente, in coincidenza con la nuova legge, non si tradurrà in prodotto di serie che nel 1964.

EPOCA

ett. · 15 Maggio 1968 · A. XIX · N. 982 Arnoldo Mondadori Editore

"J'ai 16 ans.
J'entre bientôt en apprentissage.
L'indépendance et ma première paie!
Je veux en profiter tout de suite.
Mon rêve? Avoir le permis F.
Et m'offrir une Vespa 50N Junior
toute blanche.
Elle est super.
Elle a une ligne
dingue".

CREATION 3

PIAGGIO
SERVICE

PIAGGIO
GILERA
BIANCHI

Sedici anni per la patente F in Svizzera, fra le normative più severe in Europa, e per la prima esperienza di lavoro e formazione professionale: sedici anni per il primo stipendio e il sogno di una Vespa.

La Vespa 90 in un depliant tedesco; ma c'è anche una versione a 100 cc, oltre alla 50 S Vintage, che sarà esportata con successo in Giappone ancora nel 2001.

Il motore della 50 SS al banco di prova Schenck per la rilevazione dei consumi specifici e della curva di potenza: rispetto alla prima versione del 1963 la resa del propulsore è più che raddoppiata.

Dunque la nuova Vespa di 50 centimetri cubici, fin dall'esordio nel '63 con quattromila esemplari venduti, si trova a primeggiare. La sua nascita, scrive la stampa specializzata, «è indubbiamente uno dei più importanti eventi registrati nel nostro settore da almeno un decennio a questa parte».

Metterla in produzione, una volta che il prototipo ha preso forma concreta attraverso diversi stadi di affinamento, non è stata cosa da poco.

Un promemoria del gennaio 1962 indirizzato all'ingegner Lanzara, direttore generale, prevede «la costruzione di un nuovo capannone grandi presse e di un nuovo capannone per manutenzione e magazzino utensili» oltre all'ampliamento delle strutture esistenti; pur facendo ricorso agli impianti già in loco per la

verniciatura scocca e il collaudo motori, si dovrà naturalmente allestire un'apposita catena di montaggio. Macchinari, attrezzature e stampi hanno costi oscillanti fra il miliardo di lire e i due miliardi e ottocento milioni, secondo che si tratti di «cento unità in sedici ore con macchine classiche» oppure «trecento unità con macchine speciali». I nuovi macchinari semiautomatici paiono autorizzare il contestatissimo "abbinamento", ovvero l'attribuzione a un medesimo operatore di fasi diverse nella lavorazione.

Ogni singola Vespina richiederà, in effetti, lavoro e fatica per 14 ore 51 minuti e 80 "centesimi", con un risparmio di 3 h 33' e 62/100 rispetto alla 125; significativa la riduzione per motore e scocca, quasi irrilevante sulle altre voci, dalle sospensioni all'impianto elet-

trico al montaggio finale. Su questi numeri si gioca la mano più importante della partita. Purché, beninteso, il mercato risponda. E risponde, altroché.

Sono 22-23.000 pezzi venduti nel 1965, intanto che le previsioni azzardano i 48.000 per l'anno seguente. Vale a dire quanto tutto il resto della produzione, escluso l'export, articolata in sette modelli e quattro cilindrate. Dalla versione 90 cc, con la invidiatissima 90 SS, alla 125 ovvero l'equilibrio ideale «per quanti si accostano la prima volta ai mezzi motorizzati» e la 150 Super, «il più classico degli scooter», fino alla 180 SS che agevolmente sfonda il muro dei cento chilometri orari.

Ma è proprio sulla Vespina per quattordicenni che si potrà far conto al momento di rialzare la testa dopo il disastro dell'alluvione.

La particolare scocca in metallo con i cofani laterali integrati ha richiesto tutta l'esperienza dei tecnici e del personale addetto alla lavorazione delle lamiere: il rischio di difetti e imperfezioni nel punto di massima curvatura era particolarmente elevato.

La linea di montaggio della "Vespina", e della Primavera, segue il costante aggiornamento degli impianti: qui siamo nei primi anni Ottanta.

Inconfondibile, anche
per la scocca in alluminio,
il Formichino Rumi
(1954-59); la sospensione
anteriore monobraccio
sarà poi abbandonata
nella produzione in serie.

A fronte: una bella fusione
in alluminio costituisce
il telaio del Molteni T50
incorporando fanale, vano
portaoggetti, serbatoio
e supporto della sella.

Primo scooter MV di buona
circolazione è il CSL 125,
presentato nel 1950-51.

«La felicissima linea degli scooters italiani, riuscitissimo connubio fra estetica e funzionalità, costituisce per i costruttori un imbarazzante termine di confronto; facilissimo cader nel plagio, ma all'opposto molto difficile far di meglio», così relaziona l'inviato di "Motociclismo" dal Salone di Parigi edizione 1951, con sincera predilezione per i superlativi assoluti.

### Scooter: da non guidarsi senza mani

Lo stesso anno "Motorcycle" di maggio pubblica un intervento del Dr. Frej, progettista di fama, già direttore generale della cecoslovacca Jawa: «Progettazione, dove stiamo andando?». Non rilevano qui le tesi

Una pubblicità inglese canta le lodi della Vespa: buona protezione dalle intemperie, grande accessibilità del motore, agevole sostituzione delle ruote, cambio con comandi al manubrio e frizione integrata. Ma non si può tacere la questione del motore laterale che, sostengono alcuni, ne pregiudicherebbe l'assetto in marcia. E infine la Direzione commerciale interviene, rivolgendosi agli agenti: si rifiuta la definizione di "laterale", sottolineando che nei motori "centrali" «solo il gruppo cilindro-pistone è al centro ma altri organi assai pesanti sono posti lateralmente, e infatti anche il baricentro di questi motori ne risulta spostato». L'angolo di inclinazione sulla verticale, con pilota a bordo, «va da 1° 30' fino a 3° sulla Vespa, e attorno a 1° 45' o 2° per i veicoli a motore "centrale"». Inezie di trascurabile valore.

Zundapp Bella in copertina per un disco degli Oasis, *Be here now* del 1997, a quasi 45 anni dall'esordio della versione da 125 cc al Salone di Francoforte.

La tedesca Bastert fra il 1952 e il '57 produce circa 1200 Einspurauto, auto "a traccia unica" ovvero a due ruote: scooter molto poco agili, con scocca in alluminio, motori da 150 o 175 cc, e un notevole styling "streamline".

dell'autore, che introduce il prototipo Ami – ibrido fra motocicletta e scooter, mirabilmente disarmonico, da lui esposto a Ginevra in quell'anno – quale due ruote "per tutti". Valga piuttosto il suo realismo nel considerare i limiti del mezzo a ruote basse, là ove si voglia valutarlo secondo canoni motociclistici.

Motore in posizione laterale per la Vespa, ruote di piccolo diametro e una bizzarra distribuzione dei pesi, stimando un 72 per cento del totale, con il pilota a bordo, sulla ruota posteriore: «Il veicolo tende ad assumere un'andatura serpeggiante e si rivela difficilissimo, impossibile, guidare uno scooter senza mani». Ma, con buona pace del team Piaggio, trionfatore di quella stagione agonistica, e della squadra acrobatica di Pontedera, «il normale scooterista, di solito, è

La linea del Cruiser Ducati (1952-54) si deve a un fine carrozziere come Ghia; quattro tempi, frizione automatica, avviamento elettrico e un'endemica fragilità meccanica.

Nato da una collaborazione con Aermacchi, il Topper (1960-65) non sembrerebbe un vero Harley Davidson: carrozzato in fiberglass, con avviamento a strappo, lento quanto basta per fare a meno del freno anteriore.

A ben vedere, il progetto dello scooter è stato meglio interpretato da imprese del tutto estranee al mercato motociclistico. Un mezzo intrinsecamente nuovo sembra richiedere una progettazione di alta scuola coniugata con un approccio scevro da pregiudizi: è il caso delle aziende aeronautiche che erano alle spalle di Unibus (e di Vespa) o, per altri versi, della grande siderurgia rappresentata dalla Innocenti. I marchi più prestigiosi nel settore delle due ruote – Indian negli Stati Uniti e Moto Guzzi in Italia – non hanno intuito le sue enormi potenzialità. Allo stesso modo, grandi case di tradizione come Harley Davidson e Ducati non ne hanno saputo riprodurre la magica formula: praticità assoluta, semplicità d'uso e di manutenzione, agilità e divertimento nella guida.

Dopo le prime serie (1953-56), che maritavano un originale parafango fisso con ampio portapacchi a un posteriore molto "italiano", Peugeot sceglie di copiare senza ipocrisie la Lambretta in questa serie C, peraltro ben rifinita.

Si deve a un ingegnere italiano, Vincenzo Piatti, il progetto di questo piccolo scooter di produzione belga (1952-54), ripreso da un costruttore inglese nel '57 sempre con scarso successo.

un principiante della motorizzazione a due ruote e le alte velocità non le cerca neppure».

Solo in parte vero e comunque, anno dopo anno, lo è sempre di meno, considerando la sfida a oltrepassare la pur domestica barriera dei 100 km/h, nei modelli di punta. Vero, piuttosto, che solo con una progettazione avanzata e un'attenta realizzazione industriale si può dar vita a prodotti maturi.

## Scooter diversi spuntano da ogni parte

Le produzioni italiane si rifanno ai due grandi protagonisti, quando non si limitano piuttosto a carrozzare sommariamente un ciclomotore. Una miriade di aziende semiartigianali sgomitano alle spalle della seconda fila, occupata da Moto Guzzi con il Galletto e da Isothermo con il Furetto prima e l'Isoscooter di buon successo poi. Seguono Agrati, più tardi Agrati Garelli, con il Capri, poi MV Agusta con tutto il suo prestigio e una endemica indecisione fra scocca portante e telaio tubolare, più volte alternati nel volgere di pochi anni.

Soltanto sei produttori francesi al Salone di Parigi del '51, ma quattro anni dopo raddoppiano, sollecitati dalle autorità a far fronte all'"invasione italiana". C'è spazio per tutti, o così sembra: quasi un milione di nuove immatricolazioni per i motocicli nel 1954, e solo quarantamila oltre i 200 cc. Motobécane, che detta legge fra ciclomotori e biciclette con motore ausiliario, presenta nel '51 un bello scooter tremendamente "italiano", anzi milanese. Pure lo scooter Elegante

Un simpatico miniscooter, a complemento della minigonna indossata da Pamela Blaise, modella londinese, nel 1966; pochi anni addietro era di diverso tenore la pubblicità del Sunbeam, scooter di alto lignaggio ma certamente non bello a vedersi. La prestigiosa tradizione motociclistica inglese qui non dà grande prova di sé.

presentato dalla Peugeot nel 1963 si trova a imitare pedissequamente non Vespa, ma Lambretta.

I tedeschi amano gli scooter di gran mole, tecnicamente sofisticati e affidabili, veri cruiser di lungo corso. È il caso dello Zundapp Bella 204. Motore a due tempi da 125 e 198 cc, sino 12 cavalli di potenza, avviamento elettrico, cambio a pedale, ruote da 12 pollici e oltre 160 chili di peso a secco: non un fenomeno di maneggevolezza. NSU, già licenziataria di Lambretta, sceglie l'autonomia e partorisce il Prima Fünfsterns: scooter a "cinque stelle", ma non lo si direbbe.

Patria del motociclismo classico, anche l'Inghilterra interpreta il tema con mano poco felice. Pesanti, massicci, vagamente asmatici, gli scooter d'oltremanica sono produzioni semiartigianali di scarsa affi-dabilità. Meglio vanno le cose se intervengono i grandi, come il gruppo BSA-Triumph che presenta il patinato Sunbeam nel 1960.

Dove lo scooter attecchisce e si moltiplica, senza complessi rispetto ai modelli italiani, è in Giappone. Il gruppo Fuji-Subaru apre la scena con il Rabbit nel 1946 e l'anno dopo segue il Silver Pigeon, un Mitsubishi da 100 cc. Già negli anni Cinquanta l'impero a due ruote Honda ininterrottamente sforna migliaia di scooter con telaio in lamiera stampata e scudo in plastica. Destinati al mercato interno, si diffondono in tutto l'Estremo Oriente e nel Sud-Est asiatico. La discendenza, con telaio tubolare e carrozzeria in plastica, riuscirà a imporsi in Europa a distanza di alcuni decenni, in un quadro ormai radicalmente mutato.

La formula messa a punto da Honda in risposta al modello italiano si riassume nel "cub": inelegante ma efficientissimo "no-ped", dunque senza pedali, tre marce, frizione automatica e scudo in plastica bianca.

L'erede al trono giapponese in sella a un Silver Pigeon: siamo nel maggio del 1948 e il principe Akihito scorrazza nei cortili del palazzo imperiale di Tokyo in occasione della Festa dei ragazzi, Tango No Sekku.

YOU MEET THE NICEST PEOPLE ON A HONDA

L'adozione del ciclomotore e dello scooter fra i simboli di appartenenza al mondo giovanile è immediata. Con il Ciao (1968) nasce un piccolo classico: notare il freno a ganasce, come in una bicicletta, tipico della prima serie.

La rivoluzione per le vie di Canterbury, nel Kent, è già nella *mise* delle benzinaie e nello stile del giovane mod, in questa estate del '65.

**P**oco meno di sedici milioni di teen-agers vengono presi in attenta considerazione quali interlocutori privilegiati, nuovi soggetti sociali, potenziali acquirenti.

Non è più stabile la scena del mondo giovanile a fine anni Sessanta, non lo è da tempo e tale rimarrà poi anche in seguito: instabile e in progressiva continua accelerazione. Arduo è non rischiare il "mosso", volendo fotografarne la rapida evoluzione.

La scelta consona per quanti intendano rivolgersi a una platea tanto vasta e composita si direbbe sia quella di fuggire ogni eccesso, non prendere parte e riuscire accattivanti. Certo non è facile individuare un linguaggio comune senza restare indietro, senza rimaner presi da vincoli ideologici e appartenenze in con-

flitto tra loro, mentre la temperatura emotiva del paese ormai volge al calor bianco.

Giovani affetti da perniciosa beatlemania, giovani in marcia contro la guerra in Vietnam, giovani "tute blu" dal Meridione all'Alfa, alla Marelli e alla Fiat, avanguardia del movimento operaio, pronti allo scontro. Giovani studenti contro la polizia sulle gradinate della Facoltà di Architettura a Roma; giovani mazzieri affiancano i parlamentari della destra in doppiopetto, o tentano di "sfondare" agli ingressi della Università Statale occupata dagli studenti. Giovani in corteo, operai e studenti, all'indomani dell'"autunno caldo", dopo lo sciopero generale sulla casa e a distanza di pochi giorni dal varo alla Camera della legge sul divorzio: è il 12 dicembre 1969, e la strage di Piazza Fontana apre una lunga serie nera.

Ma in trecentomila, i giovani, si riuniscono a Woodstock e lo stile beat-psichedelico già contamina le vetrine del centro. Twiggy è sulla copertina di "Time", Angela Davis con Valentina di Crepax sulle pareti in camera da letto insieme al "Che" Guevara, riconosciuta star di manifesti e t-shirt bianche per cinquant'anni ancora da quei giorni. C'è chi si perde nell'acido lisergico, chi scambia il rettifilo della Milano-Laghi per una Highway 61 un po' sbiadita.

Lettori famelici di tascabili, già combattuti fra narrativa, poesia e doverosa saggistica impegnata, ascoltatori di "quarantacinque-giri" sui mangiadischi a batterie, presto si accosteranno ai consumi di lusso e all'hi-fi. Esterofili e non poco americaneggianti, in

Ironico ma capace di pungere sul vivo, il test della madre ideale sembra in chiave con lo spirito dei tempi.

In sella a una GS per le vie di Soho, quella di *Absolute Beginners* è un'immagine senza epoca: "swingin' London" o la capitale di Mary Quant... gli anni Sessanta o il 1986 del film di Julian Temple, o infine un *vintage* per il terzo millennio?

# TEST: SIETE LA MADRE IDEALE?

Vostro figlio ha quindici o sedici anni, ha le sue prime amicizie, i suoi primi problemi, le sue prime ambizioni e, perché no?, i suoi primi complessi. Ed anche voi dovete affrontare nuovi problemi, soprattutto psicologici, per il vostro atteggiamento nei suoi confronti. Provate a rispondere sinceramente alle seguenti domande. Sarà per voi un utile esercizio di autocritica e di controllo. Soprattutto saprete se siete davvero o no una madre ideale.

| | | SI | NO |
|---|---|---|---|
| 1 | Continuate a considerarlo sempre il « vostro bambino »? | SI | NO |
| 2 | Provate un particolare orgoglio nel vederlo vestito in completo da uomo? | SI | NO |
| 3 | Quando riceve una telefonata, gli chiedete di chi è? | SI | NO |
| 4 | Quando invita in casa gli amici, voi vi inserite nella conversazione e nella compagnia? | SI | NO |
| 5 | Gli date ancora il bacio della buona notte? | SI | NO |
| 6 | Vi preoccupa che esterni idee politiche? | SI | NO |
| 7 | Gli permettete di fumare qualche sigaretta? | SI | NO |
| 8 | Gli avete regalato una Vespa? | SI | NO |
| 9 | Scegliete voi le sue cravatte? | SI | NO |
| 10 | Vi dispiace se telefona a qualche ragazza? | SI | NO |

ORA ASSEGNATEVI I PUNTI:
*Domanda 1: SI=0 NO=1; Domanda 2: SI=1 NO=1; Domanda 3: SI=0 NO=1; Domanda 4: SI=0 NO=1; Domanda 5: SI=0 NO=1; Domanda 6: SI=0 NO=1; Domanda 7: SI=0 NO=1; Domanda 8: SI=9 NO=0; Domanda 9: SI=0 NO=1; Domanda 10: SI=0 NO=1.*
SE AVETE OTTENUTO FINO A 9 PUNTI: Regalate subito una Vespa a vostro figlio; lui ve ne sarà grato, voi vi sentirete veramente una madre ideale.
SE AVETE OTTENUTO PIU' DI 9 PUNTI: Complimenti, siete una madre ideale e vostro figlio è felice con la Vespa.

molti si dicono antimperialisti. Sebbene gran parte di loro abiti la provincia d'Italia, il nuovo territorio ideale è la città; ma gli spazi di evasione sono fuoriporta o verso il mare, al più circoscritti nei parchi cittadini. Vogliono credersi inafferrabili, veloci, ciascuno è preso dalla smania di andare, muoversi e fuggire la città o invece scoprirla palmo a palmo, scivolando leggeri in mezzo al traffico.

Linee e colori inconfondibili e la 150 Sprint Veloce, nel '69: la gamma Vespa è in piena fase di espansione, ma per gli scooter targati il mercato nazionale si è ridotto di oltre l'80 per cento dal 1960.

Stivali lucidi di vinilpelle, giubetti e minigonna con le fibbie, colori forti o piuttosto il bianco assoluto e le fantasie "optical": prende piede una moda pronta radicalmente nuova, che ha fra i suoi *maîtres à penser* Elio Fiorucci nel suo negozio milanese (1967).

In questa fase si inaugura un prezioso filone creativo della comunicazione sulla Vespa, che avrà buona circolazione anche all'estero.

con vespa si può

## Parlare la loro lingua, ma come?

Non è necessario far conoscere il prodotto; si stima che, fra i men che ventenni, qualcosa come il 98 per cento sappia con esattezza cosa sia una Vespa. Urge piuttosto trovare il modo per rivolgersi a loro, tanto spesso oggetto di indagine e studio perché così diversi da quanto li circonda, e presi da tante suggestioni, mossi da tanti ideali.

Forse non tutti si riconoscono nei ragazzetti sorridenti che dai manifesti intonano: «Con Vespa si può. Perché il mondo canta con noi; mille colori ha il sole nel bosco, mille minuti ha un'ora di gioia». In lei sono certi di trovare «un'amica che tutti i giorni accresce gli incontri, ci aiuta a capire. Vespa amica che sempre rinnova le nostre idee, le nostre scoperte. Con Vespa il domani è migliore».

È già un messaggio nuovo; ma certo non tutti, là fuori, sono dello stesso parere.

Nella rivista aziendale, ed è il gennaio del 1969, si dichiara serenamente di avere avuto un occhio di riguardo per «gli adulti che così spesso interferiscono, se non determinano, gli acquisti giovanili: di qui il tono rassicurante, il perbenismo ovvio della pubblicità Piaggio».

D'altra parte il richiamo all'indipendenza, a una comunità di eguali e coetanei, quasi un mondo a sé ben distinto dal resto dintorno, in qualche modo può giungere a destinazione. Eppure il rischio, nella caccia al nuovo consumatore – dove si celebra la gioventù quale irrinunciabile connotazione per dentifrici, aperitivi, cosmetici o biancheria intima, e dove anche la Supercortemaggiore, «potente benzina italiana» di Enrico Mattei, insiste che «corre giovane chi corre Agip» –, il rischio è il rifiuto.

«Non si sarebbero sentiti – loro, decisamente protestatari contro i padri, i maestri e gli eroi che in più di un caso sentivano falsi – brutalmente strumentalizzati dalla marcusiana società dell'opulenza?»

Siamo sul filo del rasoio, in apparenza. Ma grazie a un colpo di genio, con uno slancio imprevisto, e una punta di sottile perfidia, la contrapposizione è già risolta all'interno del sistema.

È tempo di Vespa, una volta di più. Di Vespa e di mele, stavolta.

# Lara-Vinca Masini

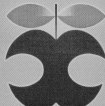

# CHI VESPA...

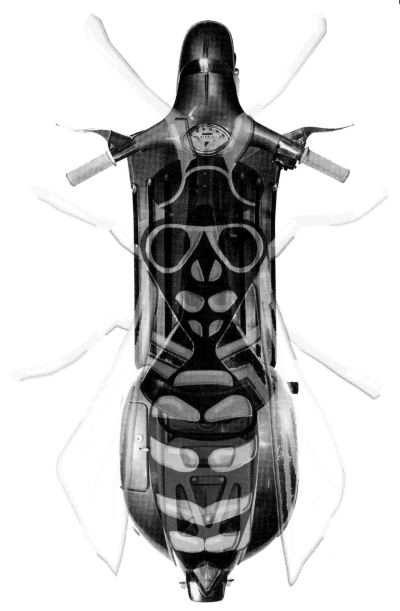

**N**on so se molte altre campagne pubblicitarie abbiano ricevuto tanti consensi di critica quanto questa di Gilberto Filippetti, della Leader di Firenze, per la Vespa (già, peraltro, fin dal suo nome, nata fortunata e "femmina"), e che ha mantenuto, ben oltre la sua durata (dal 1968 al '71) la stessa fragranza, la stessa freschezza, la stessa attualità che esprimeva al suo nascere.

Questo anche perché Gilberto Filippetti ha sempre considerato il lavoro del pubblicitario non solo mezzo di produzione di consenso per il consumo di un prodotto, che è comunque il suo significato più diretto e scontato, ma espressione di «creatività..., consumo di libertà, "creatività sociologica" perché niente è più socialmente utile di ciò che educa l'immaginazione e amplia il concetto stesso di libertà. Libertà come bisogno primario che resta infinito mentale anche se qualcuno, per confondere le acque, ne ha fatto una statua di marmo...».

Alla domanda «come possono concordare la libertà e l'esigenza di creare consumi?» egli rispondeva infatti, nell'84 (in occasione della mostra al Palazzo dei Convegni di Jesi): «Mi sono sempre posto questo problema e credo di averlo risolto cercando di rispettare, nello svolgimento del mio lavoro, i sentimenti della gente. Forse è un'illusione, ma penso che pubblicizzando prodotti che stimolano la fantasia si lascia libero l'individuo di scegliere un prodotto che gli dia libertà. In questo senso valuto ogni campagna prima di intraprenderla, in modo che corrisponda soprattutto alla mia coscienza e cercando di salvaguardare il risvolto sociale nell'ambito della mia professione».

E aggiungeva: «Ogni nuova idea ha in sé un contenuto rivoluzionario. S'invecchia di colpo di fronte a una nuova idea e nessuno ama invecchiare: così come nessuno ama

**Copy-strategy** espressiva del concetto di comunicazione: poesia, allegria, colore, simpatia, rivoluzione.

Copertina de "Il Millimetro" (n. 22, giugno 1969) che segnala la nascita-evento della nuova campagna, titolando: «Una mela e uno strano verbo sconvolgono la creatività».

The apple is a red heart with a green leaf / It is beautiful and good and you eat it all alone or in company but always with the wind in the hair / When it is red a big bite tastes like the sunset / A blue-green apple tastes like the wave, a freckled apple has snub-nosed leaves and a wink / A striped apple must be eaten on the sprint, a daisy-flowered apple lying on the grass, a star-flecked apple by the glare of headlights and a heart-shaped apple you eat "tête-à-tête" / If it speaks it sings and sings well; and then it is that great rarity, the musical apple, the best of all to eat.

La parola d'ordine è riportata anche in questo bozzetto, e sul parafango della Vespa figura il segno distintivo della campagna.

il millimetro

UNA MELA E UNO STRANO VERBO SCONVOLGONO LA CREATIVITÀ

Periodico di informazione pubblicitaria della PUBLIEPI, Pubblicità Edizioni Paoline - Milano **22**

chi "Vespa" mangia le mele (chi non "Vespa" no)

PIAGGIO

ammettere che solo chi ha idee è veramente giovane. Un'idea veramente nuova può dare uno scossone all'universo... Così come i repressi reprimono, in pubblicità chi è incapace di portarsi sulla lunghezza d'onda di realtà psichiche in formazione cerca da sempre di esorcizzare la "croce" che ogni idea avanti traccia su ciò che è vecchio».

E certamente questa campagna non poteva nascere in un momento più propizio: era arrivato, per l'Italia, un periodo di benessere collettivo, almeno se paragonato ai periodi precedenti. Un paese rurale e artigiano si stava trasformando in industriale, i giovani rappresentavano, non tanto e non più, un periodo di passaggio nella vita, ma una nuova "categoria".

La Vespa, inizialmente destinata, quasi una piccola utilitaria, a chi non poteva permettersi una macchina, agli operai per andare al lavoro, ma anche a piccole famiglie per una gita fuoriporta, in questo nuovo orizzonte trovò nel mondo giovanile la sua collocazione più importante, insieme con quella successiva nel mondo femminile. Nella Vespa i giovani vedevano il simbolo della conquista di una nuova libertà, che si esprimeva in ogni aspetto della vita. Era il momento degli hippies, i "figli dei fiori" – Mettete dei fiori nei vostri cannoni, de I Giganti...

Alla metà degli anni Sessanta la rivolta dei giovani nei confronti del mondo consumo e degradato degli adulti sfociava, in tutto il mondo occidentale, nella contestazione universitaria. E proprio a Firenze, nel clima rovente dell'"American Life" e della Pop Culture inglese e americana, nascevano i gruppi dei giovani architetti di Radical Architecture (Archizoom, Superstudio, UFO, 9999, Zziggurath) che si proponevano il rinnovamento "radicale" dell'architettura, compro-

In basso: il marketing definitivamente orientato al giovanile ispira i nuovi *visuals* della campagna.

In doppia pagina su tutti i periodici, la campagna ideata da Filippetti lancia il nuovo slogan.

messa nelle secche della speculazione edilizia, arrivando a rifiutare la pratica professionale, optando invece per un design alternativo, ludico e fortemente critico (quell'"antidesign" che, negli anni successivi, proponendosi come "merce" di "élite e di massa insieme", dandosi in pasto al sistema, diverrà il fiore all'occhiello della nuova borghesia "bene" milanese, perdendo la sua forza rivoluzionaria).

Ma a quel momento la nuova cultura giovanile aveva trasformato anche il linguaggio: gli slogan della contestazione sfidavano intenzionalmente la sintassi in nome di una conquistata, nuova libertà.

Filippetti racconta con grande freschezza – in Fuori disselciano, da Il mito di Vespa – una sua "leggenda metropolitana" relativa alla sua idea del progetto nato proprio nel momento in cui «c'era chi aveva vent'anni e chi no, ma per la prima volta contava solo chi li aveva davvero», quando, seduto nel bus, vide un ragazzo che «calmo, impassibile, fregandosene del casino intorno, con una mela tra i denti, spennellava in bianco quella scritta sul muro: "non ti fidare di chi ha più di trent'anni"…».

Si tratta, comunque, di un vero colpo di genio, che non mancherà di stimolare un grosso seguito di suggerimenti…

Filippetti, nei suoi progetti, ha sempre unito il testo all'immagine, ma questa volta il testo rappresenta un prodigio di sintesi. L'inizio della frase con "Chi" (innovazione che sarà molto seguita nella pubblicità italiana, «Chi Mobil e chi meno», «Chi mi ama mi segua» per i Jeans Jesus, «Chi mangia la Golia è un ladro e una spia», «Chi ama brucia» per i Pavesini…), la contrazione e la libertà della grammatica e della sintassi che trasformano un sostantivo, "Vespa", in un

**B**erkeley, come Parigi e Pisa, Trento e Torino, simultaneamente s'erano accese e pulsavano scampanellando come flipper sbancati. E in tutto il mondo altre parole-armi colavano di vernice bianca sui muri delle villotte dei "grigi" e dei "chi no"... «Vogliamo tutto e subito», «L'amore si divide come il pane», «Nero è bello», «Donna è bello», «Giovane è bello». E allora dài, completamente gasato: un "vroom" al pennarello, e lascialo dietro tutto quel marketing senza fantasia!... Avanti leggero e caldo, col gergo dei sentimenti. Chi è giovane pensa con allegria, e sul foglio, diventato muro: «Chi Vespa sì, chi Vespa no». Il pennarello scrive da solo: variante A, «Chi Vespa tocca il sole, chi non Vespa no». Variante B, «Chi Vespa mangia le mele, chi non Vespa no». Eccola! Trovata! Sì, quel ragazzo l'avrebbe spennellata una frase così. Chiamo Pico (Tamburini, il patron della Leader)... e lui che dice: «Bene Gib! Fresca come acqua piovana! Sarà un casino venderla al cliente, però».

(Gilberto Filippetti, "Fuori disselciano", vedi bibliografia)

Innovazione linguistica e grafica che si rapporta liberamente alla socio-cultura giovanile e alle principali avanguardie artistiche del momento.

Metafora grafica che sottolinea la nascita del simbolo e il suo organico rapporto con il prodotto (bozzetto originale di Gilberto Filippetti).

presente indicativo, costituiscono un prodigio di trasgressione e di invenzione che fa scattare l'idea, la rende incisiva e totalmente innovativa: «Chi Vespa mangia le mele (chi non Vespa no)», ovviamente.

E c'è nell'immagine scelta, solo apparentemente casuale e incoerente, una tale carica di rimandi e di significati che si attivano quasi a catena.

La mela, frutto fresco, naturale, dal colore acceso, dalla forma sferica perfetta, coi suoi rimandi all'idea di campagna, di sole, di libertà, ma anche coi suoi riferimenti simbolici che sono alla base del concetto di erotismo, o comunque di amore – dal pomo della discordia, il frutto proibito, conteso nel Paradiso terrestre tra Eva e l'intrigante serpente luciferino, alle mele delle Esperidi, al pomo d'oro caduto dal banchetto degli dei, che Paride offriva a Venere, la più bella del Parnaso, alla corsa di Atalanta che fu vinta dall'eroe Ippomene perché la fanciulla, attratta da una mela d'oro che rotolava per terra, sostò a raccoglierla (e non si contano i riferimenti iconografici, dal Cranach a Lorrain, tanto per citarne alcuni, alla grande mela simbolo di New York, quasi sempre legata a «I love»…) – la mela, dicevo, assume in questo contesto una carica, anche erotica, fortissima.

E coi due morsi simmetrici, opposti, sembra voler quasi imitare l'immagine frontale dello scudo della Vespa, il cui nome deriverebbe, anche, dalla sua forma "a vita di Vespa".

Provo a sovrapporre le due immagini, come mi sono divertita a farlo, una volta, per una lezione, con due lavori, tra i più noti, di Duchamp.

Nel 1917 Duchamp presentava infatti, anonimamente, alla prima esposizione della American Society of Indipendent Artists, che ovviamente lo rifiutava, il noto Fountain

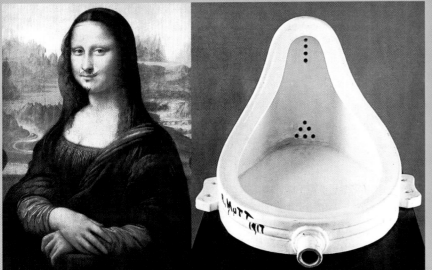

Suggerimenti di nessi analogici tra forme espressive diverse. Libertà di incontri concettuali nell'arte contemporanea: Marcel Duchamp, La *Joconde* (1919), *Fountain* (1917).

by R. Mutt, *l'orinatoio per uomini: «un oggetto funzionale», scrive John Thompson, «curiosamente modellato, tratto da un ambito esclusivamente maschile... una sbadigliante creatura da toilette per signori; così seducentemente femminile nella forma, racchiudeva in sé tutta una serie di associazioni e di riferimenti provocatori ben adatti ad adescare anche i membri più liberali della cosiddetta classe media illuminata... È bocca o vagina, oppure, come forse avrebbe detto Duchamp, è l'impronta "ultrasottile" del loro inverso, l'impronta che aderisce perfettamente all'interno, il femminile che aderisce al maschile...». Katherine Dreier, amica di Marcel Duchamp e membro della Society, affermò che la forza elegante e curvilinea dell'orinatoio era «quintessenzialmente femminile».*

*Così ho sovrapposto a* Fountain *l'immagine della* Joconde *di Duchamp – come ora, qui a lato, è stato fatto con la* Monna Lisa *di Leonardo – e ho notato che i contorni delle due immagini coincidono perfettamente...*

*Certo, la sovrapposizione della mela con le sue due foglie (che vengono a coincidere col manubrio dello scooter) all'immagine della Vespa può far pensare a un incontro d'amore, forse un po' equivoco (non si è detto che la Vespa è femmina? e la mela non è sempre stata l'oggetto del desiderio, il frutto proibito?). Fa comunque pensare a quella libertà di incontri che i giovani si potevano, ora, permettere. Non si osava già propugnare, infatti, in quel periodo, l'amore libero?*

*Certo questo gioco di sovrapposizione non si carica di tutti i rimandi mentali, alchemici, concettuali che assume quella dei due lavori di Marcel Duchamp, ma può costituire un'altra lettura interessante di un lavoro che, a mio avviso, ha una carica tale che lo fa andare oltre le proprie intenzio-*

Le variabili grafiche arricchiscono la campagna, amplificandone il successo sintetizzato dalla definizione di Luca di Montezemolo: «... la nuova bandiera di chi cerca una via italiana alla pubblicità» ("Storia Illustrata", n. 16, nov. 1985).

Nel '70 la campagna diventa costume e influenza mode e stili di vita, irraggiandosi su una miriade di prodotti. La Upim come la Esso si avvalgono della sua forza comunicativa producendo oggetti e promozioni con il nuovo simbolo.

Con la frase «Melacompro la Vespa» ('73) si chiude in modo esemplare il triennio di una campagna di ineguagliato successo.

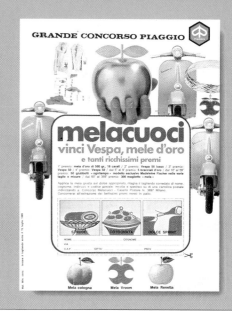

ni, certamente meno sofisticate e, credo, inconsce...

Comunque la lettura più semplice è quella che vede questa campagna legata alla Pop Art. Una Pop, comunque, meno realistica del solito, nell'astratta tensione della superficie grafica piatta, che si arricchisce, via via, di figurazioni all'interno, tutte foto di giovani coppie in vacanza, di testi nuovi, dopo quello che aveva riempito la prima immagine piatta, ancora senza morsi: «La mela è un cuore rosso con una foglia verde / È bella e buona, si mangia da soli o in gruppo sempre però coi capelli al vento. Quando è rossa rossa un morso grosso ha il sapore del tramonto / Una mela azzurra ha il sapore dell'onda spruzzante, una mela con le efelidi ha le foglie all'insù e strizza l'occhio....». (Si noti anche che da quel momento la Vespa, nata grigia, si arricchiva dei colori più vivi, rosso, verde, blu...). Seguono, nel corso della campagna, la mela a strisce, la mela margherita, quella a stelle, quella a

le sardomobili vivono il caos
liberi "chi Ciao"

PIAGGIO
cambia il mondo
in 2ruote

Il linguaggio di prodotto continua nella nuova campagna di Gilberto Filippetti della Leader di Firenze, ed estendendosi ad altri prodotti (Ciao, Boxer) diventa linguaggio d'azienda che segnerà poi lo stile Piaggio nella comunicazione. Le sardomobili anticipano le future campagne ecologico-ambientali.

cuore, e ancora la mela parlante e quella che canta... e la «rarissima mela musicale più di tutte buona da mangiare». Continua anche in questo testo la trasgressione immaginativa, seguita subito dopo da quella visiva: la mela si trasforma davvero in margherita, in satellite, in bocca, in cuore, si moltiplica in gradienti ritmici, suggerendo il senso di velocità, spostandosi dal contesto pop a uno pop-optical (1970).

Si ricordi che era anche il periodo, oltre che della Pop, dell'Arte Cinetica, Programmata, Optical, e le due correnti artistiche si dichiaravano guerra aperta (l'irrazionalismo intendeva rovesciare le linee del razionalismo, che ormai non reggeva ai tempi), ma spesso si fondevano in una sintesi gustosissima, se in particolare riguardava la grafica... E si moltiplicavano i testi: «Chi Vespa mangia le mele... e dà un bacio a chi gli pare». E ancora: «Melacompro la Vespa!» (1970-71)...

Nel 1972 nascevano in Leader, sempre dalla fantasia grafica e immaginativa di Filippetti, le sardomobili, coloratissime sardine a quattro ruote, destinate a chiudersi spalla a spalla nei garages, a «non godere il sole», a «rubarsi l'aria», a «sfidarsi sempre», a «non amare gli altri», a «urlare a clacson», a «rubare il tempo»..., mentre «chi Vespa(va)» continuava trionfante a «splendere», a «respirare», a inneggiare alla pace, a essere rispettato, a «sussurrare» invece di gridare, a «fare prima»...; anche se le sardomobili (ovviamente le automobili...), in ranghi serrati, occupavano sempre più lo spazio, non solo del manifesto, ma delle città e delle strade, inquinando l'aria, distruggendo il silenzio...

*Lara-Vinca Masini*

«**Q**uindi cavalcare la rivoluzione giovanile è stata una scelta di comodo?»
«Non esattamente. Certo faceva anche comodo all'azienda, che deve stare al passo se vuole vendere; ma per quanto mi riguarda è stata anche una scelta partecipata, ero giovane anch'io e mi sentivo coinvolto».

(Gilberto Filippetti, "Fuori disselciano")

le sardomobili non godono il sole
splende "chi Vespa"

In piedi sulla Vespa gigante alla XXIX Fiera Campionaria (1951), in sella alla nuova 125 del '53 o, a fronte, nelle graziose silhouettes del '58: bene al di là della effettiva rilevanza della clientela femminile, la donna fornisce l'immagine ideale per testimoniare la modernità e la grande semplicità d'uso del mezzo.

L'elemento femminile è già inscritto nel patrimonio genetico di questo scooter morbido e formoso, pizzicato in vita; accessibile come una bicicletta da donna, sottolineava D'Ascanio. Ogni elemento del progetto è ottimizzato per l'impiego da parte di un utente inesperto e non richiede particolare sforzo fisico: la vocazione generalista del mezzo sembra auspicarne la diffusione in questa nuova area di mercato. Sorprende constatare quale sia l'attenzione riservata al pubblico femminile, sin dai primi tempi. In realtà, così facendo non si va solo alla ricerca di possibili acquirenti diretti.

## I cordoni della borsa

«Da una recente indagine è risultato che in quasi il 40 per cento dei casi è la donna che amministra il budget familiare», pubblica la rivista "Piaggio" nella primavera del 1969. «Non solo, ma quando ci sono spese da fare che interessano tutta la famiglia, è la donna che decide nel 46 per cento dei casi. Da notare che questa percentuale cresce fino al 52 per cento nelle zone settentrionali, e quindi, se consideriamo che la donna, oltre a decidere delle spese personali, amministra il budget familiare per le spese comuni in quasi la metà delle famiglie, appare evidente che una parte preponderante del bilancio nazionale, nel settore dei consumi privati, è gestita dalla donna».

Allo stesso modo può riuscire inatteso che non più del 9,2 per cento delle donne italiane conosca una lingua straniera ed esattamente il doppio di queste, ma

stiamo parlando di meno di un quinto del totale, si definisca lettrice di libri; e c'è il rischio che il dato risulti in eccesso, considerata la valenza in qualche modo prestigiosa del consumo culturale. Non parliamo di sport perché solo il 2,4 per cento della popolazione femminile italiana pratica una qualunque attività sportiva, a fine anni Sessanta. Considerato che la popolazione universitaria, pur raddoppiata in soli cinque anni, si attesta sul mezzo milione di studenti, le donne naturalmente non sono più di duecentomila; meno naturale forse che abbiano la licenza media in neppure due milioni, a livello nazionale. Eppure, a questa data, qualcosa come l'80 per cento degli italiani non va oltre la scuola elementare.

A fronte di tutto ciò, nel nuovo mondo beat già la

Vespina senzatarga velocemente sfuma ogni connotazione "maschile" sino ad allora attribuita allo scooter. E ancor più il Ciao, tenuto a battesimo da Umberto Agnelli l'11 ottobre 1967 sotto la grande cupola del Palazzo dello Sport, alla Fiera del Mare di Genova: un carosello quasi esclusivamente femminile s'intreccia sulla pista allestita per l'occasione. Non è un caso davvero, e infatti il clamoroso successo del primo ciclomotore Piaggio si deve a un pubblico quasi di sole donne.

Detto questo, è sufficiente un passo indietro per ritrovare qualcosa di vieto, di goffo e di antico.

## Alle soglie del nuovo mondo

«Non c'era modo di rifiutare, se non altro per non fare la figura di aver paura. Ma non avevo pensato alla figura che avrei suscitato... in quell'ora crepuscolare in cui essa, dopo avermi fatto sedere sul cuscino di dietro, si mise davanti a me e via per le strade ficcandosi fra un'automobile e l'altra, sgusciando vicino a dei furgoni alti come case, e partendo in volata prima di tutti gli altri se si trovava in testa all'apparire della luce verde... una donna che si recava dietro, come un pacchetto, un uomo... Non mi sono mai trovato, credo, in una situazione più imbarazzante ed umiliante». Non è forse un campione del pensiero progressista Giuseppe Prezzolini, qui passeggero in Vespa, ma in qualche modo dà voce al maschile senso del pudore e al ben radicato pregiudizio nazionale nei confronti delle donne alla guida. «Mi vedevo

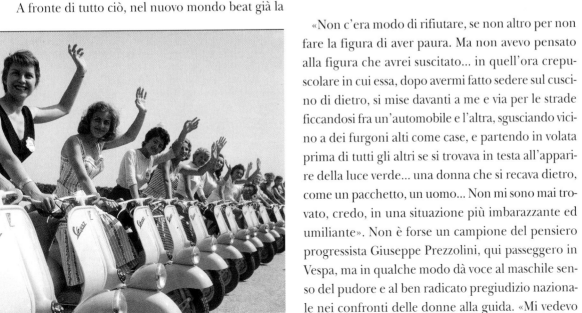

Per le strade di Nairobi, esibendo la Vespa nuova nuova, in un tiro incrociato di sguardi. Siamo nel 1961, giusto un paio d'anni prima dell'indipendenza del Kenya, e l'importazione dall'Italia è cosa di piccoli numeri: lo scooter è riservato allo shopping delle signore della colonia europea e ai loro consorti, per il tempo libero.

sui volti di tutti, quando ci si fermava per la luce rossa, degli sguardi di meraviglia e di rimprovero male celati». Tutto può darsi, siamo ancora nel '62. Ma la scena ha luogo una sera d'inverno a Manhattan, verso la Quarantaduesima e Broadway, vale a dire Times Square, e con ogni probabilità passa del tutto inosservata in quella giostra di luci.

Delle ragazze in Vespa scrive Camilla Cederna sull'"Espresso", nel 1957; di loro si legge anche su riviste straniere e in molti casi si tratta di resoconti della propria esperienza vespistica, presentati con evidente soddisfazione delle autrici. Sono in molte, da sempre, a cimentarsi alla guida e nelle più ardue imprese, stimolate dalle iniziative dei Vespa Club, prima fra tutte il tradizionale Audax Vespistico Femminile la

Certa Mary Williamson di Melbourne, Australia, merita la copertina del settimanale a nome dell'agenzia portalettere, con personale esclusivamente femminile, attiva in città; siamo nel 1961, e davvero molto lontani dall'Italia.

«Qualche lacrimuccia, comprensibile sfogo per il disappunto di non poter figurare come desiderato, è subito mimetizzata dall'immancabile piumino da cipria». Ancora è il giugno del 1955, sul notiziario del Vespa Club d'Italia: sia detto a giustificare il tono dell'articolo. E già, a fronte della prestigiosa Mille Chilometri o del Giro dei Tre Mari, si affermano la Passeggiata delle Vespiste in Costa Azzurra o l'Audax Internazionale Vespistico Femminile, a riprova di una attenzione particolare nei confronti di questo pubblico, di questa clientela. Attualmente la presidenza della Fédération Internationale des Vespa Clubs è tenuta da una donna, la signora Christa Solbach.

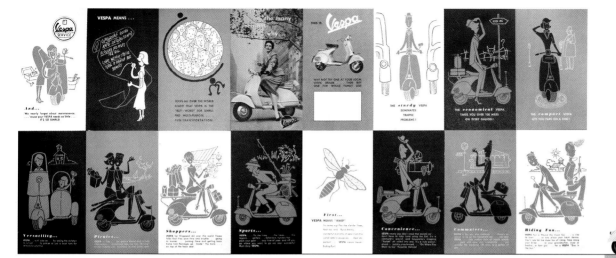

cui prima edizione risale al 1952. Da tempo infatti la promozione è attiva in questo senso, e nell'estate del '62 la rivista aziendale titola esplicitamente: *Lo scooter favorisce l'emancipazione femminile.*

«Nei paesi anglosassoni parlare di emancipazione femminile è cosa ormai superata. La Vespa, quindi, da questo punto di vista non ha avuto nessuna influenza sul costume americano. In Europa, e nei paesi latini in particolare, lo scooter ha svolto su questa strada un ruolo di una certa importanza». La si direbbe quasi una smania di mostrarsi al passo coi tempi, e qualche immagine può far sorridere a distanza di anni.

«Una ragazza che lavora», ad esempio, nel 1960 al porto di Genova, fattasi bella «perché gli uomini ci guardano», attraversa spedita la città; quattr'ore di ufficio ed è già fuori, di nuovo in sella, un po' di spesa e poi in fretta verso casa. «"Ciao Mamma! Tutto bene", e via con passo marziale all'assalto della pastasciutta».

Di stomaco forte anche la modella di «Impressioni romane»: capelli alla maschietta e pantaloni sulla scalinata di Piazza di Spagna, o piuttosto gonna e tacchi a spillo, giusto il tempo di una breve sosta sull'Appia antica per scolare un fiasco di vino dei Castelli, signorilmente stravaccata sul sellino della Vespa.

### Permette una domanda?

Un passo soltanto, stavolta in avanti: dieci anni più tardi è già un altro mondo. Una studentessa quattordicenne risponde tranquilla all'intervistatore. Per la cronaca, si chiama Mavi Soldatini.

«Lei ha una Vespa 50. È contenta di possedere un mezzo a due ruote?»

«Senz'altro».

«Perché ha scelto questo tipo di veicolo?»

«Per essere più libera negli spostamenti, per seguire gli amici, per essere più indipendente. E la Vespa mi dà un senso di sicurezza e mi piaceva anche di più: molto... come estetica».

«Che sensazioni prova nel guidare un veicolo a due ruote?»

«Mah... non so, mi dà un senso di felicità, mi dà ebbrezza, mi dà gioia, a me piace molto, veramente. La trovo una cosa molto simpatica. E poi mi fa sentire come fossi libera completamente, libera da tutti, fuori dalla città, dalla vita solita...»

Acquistarne una per tutta la famiglia, suggerisce la pubblicità americana, e soprattutto per lei che non lavora e si "limita" a gestire allegramente casa e famiglia. È affidabile, funzionale, economica... Allo stesso modo, per lui, Vespa significa più che mai *fun transportation.*

Un'altra donna: libertà creativa, apertura al mondo, indipendenza economica e di movimento, grazie alla Vespa (con una "spalla" d'eccezione, Valentine, la Olivetti progettata nel 1969 da Ettore Sottsass).

Agostina Belli si ostina a ignorare le attenzioni di Mastroianni, investigatore sul caso di *Doppio delitto* (1977) con regia di Steno.

A metà degli anni Settanta, si afferma un'immagine più consapevole e vincente della donna. Come di consueto la pubblicità, qui dai calendari Piaggio 1974 e '76, ne restituisce una versione edulcorata ma rappresentativa.

«Cosa dicono i suoi amici del fatto che lei vada su un veicolo a due ruote?»

«Beh, è una cosa abbastanza normale, ora. Anzi uno accetta piuttosto malvolentieri il fatto che qualcuno non abbia niente con cui... Infatti, anche all'inizio, nella mia compagnia avevano tutti un motorino, qualcosa per spostarsi molto facilmente. Andavano sempre per conto loro, io mi ero trovata ad essere praticamente esclusa perché dovevo andare a piedi e non potevo seguirli assolutamente».

«Lei pensa che questo veicolo a due ruote l'abbia aiutata a emanciparsi?»

«Beh, in un certo senso sì; perché, prima, una ragazza magari vista andare in Vespa era giudicata non eccessivamente bene. Perché la motocicletta, non so, per lo meno il veicolo a due ruote era più per i ragazzi, mentre invece così si è superato anche questo... Ora si vedono anche ragazze su motociclette molto più grosse, molto più che... Nessuno... insomma, direi quasi che l'ammirano... ma nessuno le giudica, ecco».

«Perciò si può dire che sia una delle forme di emancipazione femminile!»

«Senz'altro; io penso di sì».

# Athos Bigongiali

# TRE PER PONTEDERA, ANDATA E RITORNO

I volantini erano di due tipi, e con differenti titoli. C'erano i ciclostilati, che la macchina continuava a sfornare, sbaffati d'inchiostro, e c'erano, già disposti in pile allineate sul pavimento, quelli in carattere di stampa, parole nere su carta gialla. Titolo rosso in Bodoni. Tutto maiuscolo. UNITI SI VINCE. Ma i ciclostilati ci piacquero di più.

Prendiamo questi, disse Tommaso.

E lui chi è?, disse l'uomo che girava il ciclostile.

È il segretario giovanile, disse Eugenio. Quello nuovo.

L'uomo del ciclostile lasciò la manovella e guardò Tommaso.

Dio, quanti riccioli, disse. Ma come fai per la messa in piega?

Tommaso rise di gusto. Sono piantati su un cervello molto rigoglioso, disse. E molto ordinato.

Poi si rivolse a me:

Prendine mille.

Mille?, disse l'uomo del ciclostile. Di nuovo guardò Eugenio: Non ti sembrano un po' troppi?

No, disse Eugenio. Mille. Come i garibaldini dello sbarco.

L'uomo finse di sputarsi sulle mani. Io qui avrei finito, disse. Ma per voi voglio fare un'eccezione. Si chinò sul ciclostile e riprese a girare la manovella. La stanza era piena di fumo. Fuori, di là dalla piazza del mercato, l'orologio del campanile batté sei volte. A proposito, disse l'uomo. Si debbono fare o no, gli straordinari? Voi cosa ne pensate?

Eugenio estrasse dal taschino del panciotto il suo orologio e sospirò.

Dei tre, io fui l'unico che dovette telefonare a casa, per dire che quella notte non sarei rientrato. Avrei dormito da Eugenio, dissi a mio padre. Una riunione che sarebbe andata per le lunghe, e poi la mattina presto la lezione all'Università: avremmo dovuto studiare insieme, dopo la riunione. Ma quel che facemmo fu di andare a mangiare in trattoria, in fondo a un vicolo buio della città medievale.

La padrona disse: Vi piacciono i cavoli stracicati?

Ne avevamo mangiato una bella porzione con le salsicce quando ci raggiunse Tommaso.

È stupendo, disse. Tutti questi archi, queste pietre scure. Tutta questa storia appiccicata alle pareti, con l'olio dei soffritti e il fumo. Sa di carboneria, di cospirazione. Puzza.

Si sedette, bevve dal mio bicchiere e disse:

Mi sa tanto che non siamo in linea, compagni.

Il lavoro di massa, disse, andrebbe fatto all'aperto, tra la gente.

Ti piacciono i cavoli stracicati?, disse Eugenio.

Oppure?

Stoccafisso con le patate.

E seppie con le bietole, disse la padrona, di là dal banco.

Basta così, disse Tommaso. Mi arrendo.

Finimmo di mangiare molto tardi. Quando ci alzammo, la padrona stava spargendo la segatura tra i tavoli. Paga tu, mi disse Tommaso. Dopo facciamo i conti.

Mi accesi una sigaretta e tirai fuori i soldi.

Dovemmo svegliarlo di brutto, battendo le mani. Lui quasi cadde dal divano. Ehi, ehi, disse. Basta con gli applausi, ho capito. Eugenio gli tirò via la coperta. Su, alzati.

Io andai in cucina a preparare il caffè.

Mentre trafficavo con la macchinetta li ascoltavo dire:

Che ore sono?

*Le tre e mezza.*

*Vorrei farmi la barba, se non ti dispiace.*

*Ma quale barba. Sbrigati.*

*Dio, lo stoccafisso. Ce l'ho ancora qui, sullo stomaco.*

*Vuoi sbrigarti?*

*Camminavano nel corridoio, dalla camera al bagno.*

*Dov'è il dentifricio?*

*Non lo so, cercalo.*

*Lo spazzolino. Dammi almeno lo spazzolino.*

*Bevemmo il caffè senza dire niente. Poi Eugenio andò alla finestra e la spalancò. Era buio pesto: sopra il tetto della casa di fronte, ritagliato tra le sagome dei camini, si intravedeva il cielo di una notte di primavera, fredda e senza stelle.*

*Tre per Pontedera, disse Eugenio al bigliettaio. Andata e ritorno.*

*L'uomo sollevò gli occhiali:*

*Di chi è quel cane?*

*Eugenio si guardò intorno. Quale cane?*

*Quel cane, disse il bigliettaio. Niente cani, sul treno.*

*Ce l'avevamo dietro, accucciato sotto la bacheca degli orari. E tu che ci fai qui?, disse Tommaso, provando a accarezzarlo. Come ti chiami?*

*Il cane guaì, abbassò il muso e gli annusò le scarpe.*

*Forse ha fame, io dissi.*

*Non lo so, disse Tommaso. Forse vuole pisciarmi addosso.*

*Prendemmo i pacchi dei volantini sottobraccio e uscimmo fuori. Il cane restò nell'atrio, accanto alla bacheca: si era alzato e sembrava sbirciare gli orari, indeciso. Vorrebbe par-*

*tire, disse Tommaso. Ma non sa per dove.*

*Andammo a sederci su una panchina.*

*Di fronte avevamo la sala d'aspetto, appena illuminata dai neon. I marciapiedi lungo i binari erano deserti e in fondo, dove finiva la pensilina, un velo fitto di nebbia copriva la visuale.*

*Ma tu guardalo, disse Tommaso.*

*Eugenio veniva verso di noi, alto nel suo vestito scuro, la giacca spalancata a mostrare una bella cravatta rossa e blu e il panciotto con la catena dell'orologio.*

*Se non lo conoscessi, disse Tommaso, chi diresti che fosse?*

*Un professore universitario, dissi. L'assistente di un barone.*

*Tommaso tirò su la cerniera del giubbotto e si soffiò sulle mani. Ricordami di domandarlo agli operai, disse.*

*Poi cominciò a fischiettare l'Internazionale.*

*Il treno venne subito dopo, ansimando e stridendo.*

*Pareva andare di fretta. Si fermò un minuto, giusto il tempo che impiegammo a salire, noi e il controllore, poi diede uno strattone e partì veloce, fischiando. Ma alla prima stazione, quando frenò, Eugenio aprì il finestrino e disse che bisognava aver pazienza: era un treno locale, un accelerato, e se le sarebbe fatte tutte, anche quelle dei paesi più piccoli, appena qualche casa intorno alla piazza, un campanile e la casa del popolo, magari.*

*Fuori, intanto, era già campagna.*

*Nella nebbia che avvolgeva il treno ne sentivamo gli odori, di concime e di fieno, e con gli occhi cercavamo di indovinare cosa si nascondesse dietro le siepi, i muriccioli e le stac-*

cionate, se un pozzo o un fico, o un'aia con il canile in mezzo e la cascina in fondo, imbiancata da uno sprazzo di luce. A tratti albeggiava, sotto il cielo nero.

Voi l'avete mai vista?, diceva Tommaso.

Che cosa?

L'aurora boreale, diceva.

Dicono sia un effetto del vento solare, diceva. Una specie di riflesso dell'energia del sole, quando fa buio e la terra pensa di poterne fare a meno.

Ad ogni stazione qualcuno saliva. Sbucava da sotto le tettoie, di soppiatto, si avvicinava al vagone e si tirava su, scomparendo.

Uomini infreddoliti. Operai.

Ad uno a uno il treno li caricava e riprendeva la marcia.

Arrancava e sbuffava, come volesse, ogni volta, scrollarsi di dosso la nebbia che sbiadiva la vista dei campi e dei casolari.


Io fui l'ultimo a addormentarmi.

Prima avevamo parlato di cosa avremmo fatto, una volta arrivati. Poche cose, ma buone. Anticipare gli operai davanti ai cancelli, aspettarli e porgere a ciascuno di loro un volantino. Non era difficile, e non c'era bisogno di spiegazioni, neanche con quelli che conoscevamo. Ciao. Toh, guarda chi c'è. Come va? E come vuoi che vada, non l'hai letto il giornale?

I più anziani avrebbero piegato il volantino in quattro, senza dire niente.

I più giovani avrebbero scherzato: Che cos'è? Si sciopera?

Ma erano tutti di poche parole a quell'ora.

Poi, finita l'entrata del primo turno, saremmo andati al bar, di là dalla strada. Qualcuno, di sicuro, ci avrebbe offerto il caffè:

Tu come la vuoi la correzione? Al rum?

Su, butta giù che fa bene.

Vestito com'era, avrebbero scambiato Eugenio per un dirigente del partito:

Ce ne sono ancora tanti, di pecoroni. Troppi.

Chi mandate domani all'assemblea?

E anche, i meno smaliziati, con il ciclostilato in mano:

Mangia le mele al padrone. O che vuol dire?

Mi pareva di udire la voce di Eugenio che glielo spiegava quando anch'io mi assopii, senza avvedermene.


Invece, d'un tratto, sentii la voce di Tommaso. Ci siamo!

Sembrò anche a me: di là dal binario un gruppo di uomini stava per imbucare il sottopassaggio.

Scendemmo in fretta, mentre il treno già sferragliava. Il pacco!, Eugenio gridò. Tornai su e corsi nello scompartimento, presi il mio pacco e saltai sul marciapiede.

Avevo il cuore in gola e le gambe mi tremavano. E se fossimo stati sull'incrociatore Aurora?, dopo disse Tommaso. Che avremmo dovuto fare? Rimandare la rivoluzione?

La biglietteria della stazione era vuota e così il corridoio che conduceva fuori, in uno spiazzo abbuiato dalla nebbia. Vedemmo un'ombra in bicicletta, lungo la strada che fiancheggiava una massicciata, alta come un argine. Dall'altra parte, in fondo, si scorgevano le sbarre alzate di un passaggio a livello.

Eugenio si guardava intorno, incerto.

202

*Prendiamo di qua?, Tommaso disse.*

*Dove, di qua?*

*La strada, disse Tommaso. Non la vedi, la strada?*

*Sì, ma non vedo il tunnel.*

*Come sarebbe a dire?*

*Tu lo vedi?*

*La nebbia ci vagolava intorno.*

*Dovrebbe esserci un tunnel, disse Eugenio. Me ne ricordo bene.*

*Si rivolse a me: Tu lo vedi?*

*No.*

*Forse abbiamo sbagliato, disse. Dovevamo uscire dall'altra parte del sottopassaggio.*

*Sicuro, disse Tommaso. Su, torniamo indietro.*

*Poi, sopra la porta d'ingresso della stazione, intravedemmo il nome del paese, stampigliato in rilievo, in lettere nere e consumate dal tempo, come i nomi dei morti sulle lapidi delle tombe più vecchie, al cimitero.*

*Non ci posso credere.*

*Neanche io.*

*Allora presero a litigare. Sei stato tu, io dormivo. Ah sì?, però quando sei sceso gli occhi li avevi aperti. E tu, prima? Sognavi? Fammi il piacere, stai zitto.*

*Subito dopo se la presero con me:*

*Tu eri sveglio, accidenti.*

*Sveglio, sì. Come la bella addormentata nel bosco.*

*Avevamo sbagliato stazione e non potevamo farci niente. Ma Tommaso insisteva:*

*Che ore sono?*

*Le cinque meno un quarto.*

*Sei sicuro che vada bene?*

*Sì.*

*Tommaso guardò Eugenio armeggiare con l'orologio:*

*Non mi fido.*

*Non me ne frega niente.*

*Ripresero a litigare. La prossima volta ci vengo da solo. Sì, ma con l'automobile. Ci vengo in bicicletta. Sì, bravo. Credi che non ne sia capace? Come no? Un uomo solo al comando.*

*Intanto si erano seduti sul marciapiede. Ora la nebbia cominciava a diradarsi e potevamo vedere le case di là dalla piazza e dietro i tetti, più alta, la loggetta di un campanile.*

*La prima persona che incontrammo fu il prete. Camminavamo svelti quando, dopo la prima svolta, lo vedemmo: una tonaca nera sul piccolo sagrato della chiesa, con una ramazza in mano, tenuta dritta per il manico.*

*Pareva una sentinella.*

*Ci parli tu?*

*Per dirgli cosa? Che abbiamo sbagliato stazione?*

*Erano ancora arrabbiati.*

*Io non ci parlo.*

*Neanche io.*

*Sei tu il segretario.*

*E tu sei il responsabile della propaganda.*

*A quel punto il prete si accorse di noi: Buongiorno.*

*Poi appoggiò la ramazza a uno stipite della porta e disse: Siete qui per il funerale?*

*Ci guardava da sotto gli occhiali. Era un uomo anziano,*

*con i capelli grigi e le guance rosse.*

*Non vi aspettavo così presto, disse.*

*Tommaso si avvicinò.*

*Oh sì, disse il prete. Lei deve essere il nipote. È impressionante quanto gli somiglia.*

*In quel momento una donna con uno scialle in testa si affacciò alla finestra della canonica. Sembrava spaventata.*

*O mamma mia, disse, e questi chi sono?*


*Di fichi? Sei sicuro che sia di fichi?*

*Assaggia questa. È di lamponi.*

*Ma no, disse il prete. È di more. Le raccogliamo noi, con i ragazzi del catechismo, d'autunno.*

*Tommaso ficcò il cucchiaio dentro il vasetto.*

*Mettine un po' qui, sul pane.*

*La cucina della canonica era calda e ben illuminata.*

*Eugenio, che si era tolto la giacca, stava a capotavola, con tutti gli altri intorno. La donna era in piedi davanti al fornello.*

*Eccolo, sta per bollire!*

*Mi alzai per porgerle le tazze.*

*Mentre mangiavamo il prete disse:*

*Io debbo andare. Ma voi fate pure con comodo. Mi piace avere gente in canonica mentre dico la messa.*

*Poi prese un volantino dal pacco che prima avevamo scartato, per mostrargli cosa conteneva.*

*Io leggo di tutto, disse. Mi garba. Mi fa sentire meno ignorante.*

*Tommaso inzuppò il pane nel latte e sorrise.*

A. B.

Il passaggio dei trent'anni dalla fine della guerra coincide con una fase molto delicata: al di là delle forti tensioni interne, si direbbe che il paese sia divenuto terreno di scontro per una partita più vasta.

È una fase di trasformazione, anche se non sempre si cambia per il meglio. La rivolta anti-conformista si è almeno in parte sedimentata nel costume, arrivando a contaminare il gusto corrente di giovani e adulti così come la moda e più in generale i consumi dell'italiano medio.

Tutto, apparentemente, è già in vendita.

Il mondo studentesco e giovanile assume un orientamento rigidamente politico e sempre più spesso si ritrova nelle piazze a celebrare i suoi caduti, morti di morte violenta. Si avverte come una chiusura progressiva, un ripiegamento nel privato, ma c'è chi, ai margini, vuole alzare il livello dello scontro. La galassia composita del femminismo, capace di non sclerotizzarsi e di rifuggire la violenza, è una rara eccezione.

I primi anni Settanta sono quelli della strage di Piazza della Loggia a Brescia e poi dell'Italicus, della tensione continua e logorante, gli anni della paura. "Compromesso storico" è una definizione che s'inaugura nell'ottobre del 1973, all'indomani del golpe cileno.

Il paese è capace anche di altro e di meglio. Le conquiste di un biennio di lotte sindacali sono patrimonio dall'intera società: dalla disciplina del lavoro femminile in fabbrica alla prevenzione degli infortuni, sino alle 150 ore. Lo Statuto dei lavoratori del 1973 sarà d'ora in avanti un punto di riferimento per la neonata confederazione unitaria CGIL-CISL-UIL. A testimoniare una nuova coscienza civile, nel 1974 giunge la vittoria dei NO nel referendum sul divorzio.

L'inflazione raddoppia nell'arco di dodici mesi e

Gennaio-febbraio 1976: viene da sorridere nel riconsiderare lo scrupolo che, ormai in fase di riproduzione e stampa, porta a mascherare un nudo evidentemente ritenuto eccessivo.

...si pronto! ...c'è un tizio qui fuori che guarda da un'ora; sembra non abbia mai visto una Gilera.

Disinvolta e spiritosa, la pubblicità Gilera rivela la mano felice di chi già ha inventato «Chi Vespa...».

vola al 20 per cento. All'orizzonte si fa scuro: il prodotto interno lordo di lì a poco precipiterà da un più 6 a quasi un meno 4 per cento, nell'arco di due anni.

La crisi petrolifera ha il volto di un arabo ostile che materialmente chiude il rubinetto del petrolio.

Una parola inglese, *austerity*, che fa tanto moderno, sta a significare la paurosa contrazione dei consumi energetici imposta non solo agli italiani ma a tutto l'Occidente industrializzato.

Trasformazione sofferta dunque, e il mercato ne porta i segni ben chiari. Il 1973 coincide con una netta battuta di arresto in casa Piaggio. In compenso volano le esportazioni, grazie alla lira debole: raddoppiano letteralmente in soli due anni.

Dopo il fenomeno Ciao, in rapida sequenza escono Boxer e Bravo dalle linee dello stabilimento di Pontedera, ormai irriconoscibili per chi non le abbia visitate di recente. Nella nuova Officina 2R automazione ed elettronica si sono estese a dismisura, dai reparti di lavorazione alla gestione dei magazzini; con oltre seimila fra tecnici e operai, il ritmo produttivo è ormai di 1.700 pezzi al giorno.

La parola d'ordine è diversificazione: vistosa sterzata, dopo quasi trent'anni di Vespa e di Ape.

### Ruote alte o ruote basse?

Lo scooter risente del fenomeno motocross, in ascesa, e c'è chi esce di scena. I colossali impianti della Innocenti si fermano nel 1971 e le linee produttive della Lambretta vengono cedute al governo indiano, mentre a Lambrate interverrà poi la Leyland.

Fra i ragazzi è il rilancio della "vera moto", intanto che il pubblico femminile vuole le ruote alte e tutta l'agilità del ciclomotore, e non pochi benpensanti lasciano volentieri l'auto per qualcosa di più maneggevole e più economico in città.

In questa logica, Piaggio ha acquistato la prestigiosa Gilera di Arcore sin dal 1969, avviandone ristrutturazione e rilancio. Non vi saranno sovrapposizioni insidiose, vista la diversa filosofia del prodotto, ma l'impegno è tangibile anche in termini di pubblicità e comunicazione.

Fedeli alla causa di Vespa, le sardomobili si moltiplicano su manifesti, giornali e in televisione, denun-

La crisi energetica che coinvolge tutto l'Occidente, impone un limite di dieci galloni per auto in questo distributore del Connecticut, nel 1974. La ricerca sui motori a basso consumo e sulle fonti di energia alternative riceve grande impulso in questi anni difficili.

GAS SHORTAGE! Sales Limited to 10 GALS. OF GAS. PER CUSTOMER

**Q**ualche incertezza ancora circa il sistema di conduzione, per questa sorta di Ciao elettrico capace di soli 22 km/h ma con una discreta autonomia: 41 km ad andatura costante, 26 nel traffico cittadino. Nella relazione tecnica finale si prevede un vero regolatore di velocità, ma ciò penalizzerebbe ulteriormente le prestazioni. Si ricorre allora a un interruttore acceso-spento, da azionare secondo necessità; ciò impone l'adozione d'una frizione automatica, di un parastrappi e soprattutto di qualche cautela nella guida. Soluzione pasticciata ma, al momento, l'unica praticabile.

I motori idrogetto con propulsore Piaggio e turbina Berkeley vengono presentati a partire dal 1973, in coincidenza con un effimero "boom" della nautica che vedrà pure la collaborazione di Pontedera con i cantieri Rio.

Il T III è un originale minitrattore a due tempi, derivato dal motore dell'Ape, che resterà in produzione dal 1969 al '75, con qualche esito anche nell'export.

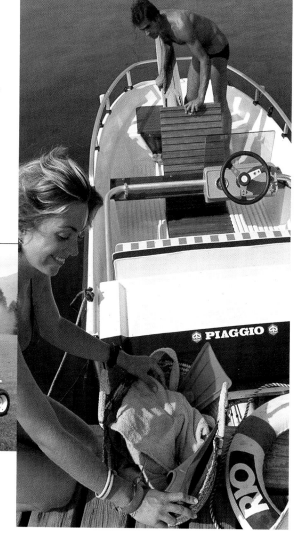

ciando l'ottusa insensibilità del mezzo a quattro ruote in questi giorni di magra. Intanto, la 50 Elestart testimonia un certo sforzo di aggiornamento per conquistare anche i più refrattari alle due ruote. Significativa in questo senso una lettera del nuovo amministratore delegato, Nello Vallecchi, al direttore generale Lanzara: ancora nell'aprile 1969 impone la secretazione di uno studio sul cambio continuo, perché «di nostro particolare interesse, date le progettazioni in corso». Il cosiddetto "variomatic" di lì a breve correda la versione lusso dei ciclomotori, ma per la Vespa senza marce si dovranno aspettare ancora diciassette anni dalla presentazione del Ciao.

Il reparto ricerca è attivo anche sul fronte della propulsione elettrica. Si seguono con attenzione le sperimentazioni della General Motors o della Ford, e prendono forma alcuni mezzi sperimentali. Restano, di quei giorni, i prototipi dell'Ape Elettrocar e di un primo ciclomotore a batterie che non vedrà mai le catene di montaggio. Ancora è lunga la strada per arrivare al prodotto in grande serie; il ciclomotore elettrico sarà una concreta realtà per gli utenti solo a fine millennio.

Inevitabile sottolineare la consonanza: Vespa segue le trasformazioni del costume sociale, si evolve alla luce delle esigenze del mercato, respira l'aria dei tempi. Buona o cattiva che sia.

# 1963-76

## VESPA50
## 90SS
## ET3

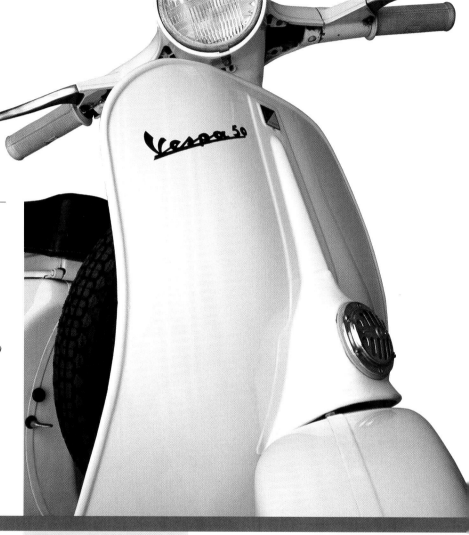

# VESPA50

**C**on l'introduzione, nel 1962, della targa obbligatoria per i veicoli con cilindrata superiore ai 50 cc, il mercato degli scooter subisce una forte scossa. La risposta Piaggio è immediata: nel 1963 presenta la Vespa 50, il nuovo scooter senza obbligo di targa né patente, che scavalca la crisi generata dal vincolo normativo ottenendo un immediato successo.

I giovanissimi, quindi, sino ad ora piccolo segmento del target Piaggio, con il loro crescente peso nella vita sociale e nei consumi, diventano i principali referenti dell'azienda e i primi entusiasti acquirenti del veicolo che si guida dai quattordici anni, senza patente e con facilità

Questo è il primo modello a introdurre il motore completamente nuovo con cilindro inclinato a 45 gradi: una soluzione poi adottata su tutte le Vespe "a scocca piccola" che a questa seguiranno.

La campagna pubblicitaria è incentrata sulle necessità dei giovanissimi per la scuola e il tempo libero.

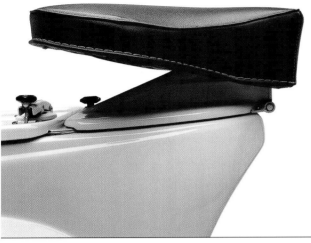

La configurazione della Vespa 50 ripete, anche se con dimensioni molto ridotte, la struttura generale e le caratteristiche estetico-funzionali delle sue maggiori consorelle. È commercializzata a un prezzo di 102.000 lire.

La piastra che funge da supporto alla sella si apre con un pomello a vite, per accedere al carburatore.

Data la conformazione della scocca, la ruota di scorta può trovare posto soltanto dietro allo scudo.

## VESPA50

grazie alle piccole dimensioni e al peso limitato; forte attrazione anche per il pubblico femminile che può ora guidare lo scooter con più agilità.

Monoposto, peso 66 kg, cambio a tre marce, telaio molto stretto con sacche integrate nello stampo della scocca. Il manubrio, molto piccolo, è realizzato in pressofusione e ha il guscio aperto nella parte inferiore, predisposto per l'attacco del parabrezza; superiormente un foro cilindrico, chiuso da un tappo, può accogliere il contachilometri (previsto come accessorio). Il sollevamento del veicolo sul cavalletto, a pianta larga con robusti piedini in gomma, richiede uno sforzo minimo. Queste alcune delle caratteristiche che faranno del "vespino" un elemento di grande successo nella gamma Piaggio (gli si affiancherà nel 1968 il Ciao, altrettanto fortunato); questa, nel '63, vanta la produzione di ben sei modelli mirati a un target ampio e differenziato.

Vespa 50 è proposta in più colorazioni (su ordinazione, anche metallizzata) con sella semplice monoposto o, su richiesta, con sella lunga "Turismo", di serie nella versione Lusso che si distingue per i fregi cromati e i colori brillanti.

Il motore, monocilindrico a due tempi con distribuzione rotante, cilindrata 49,77 cc, alesaggio per corsa 38,4 x 43 mm, ha tre caratteristiche che lo rendono particolarmente "amichevole": silenziosità meccanica e di scarico, elasticità di marcia (tale da consentire anche la partenza in seconda, agevolando i principianti) e facilità d'avviamento,

Le ridotte dimensioni conferiscono alla Vespa 50 un aspetto ancora più snello e armonioso; da notare la sagoma rialzata delle sacche laterali che, in questo modello, sono stampate in un solo pezzo insieme alla scocca portante.

La vista dall'alto mostra i profili della pedana ora completamente in gomma, fissati con piccoli cunei dello stesso materiale. Le strisce esterne sono invece bloccate alle estremità con due rivetti incorporati nel profilo.

## VESPA50

Lo sportellino coprimotore, fissato con una levetta, è asportabile e permette l'accesso immediato alla candela così come agli altri organi del propulsore.

Questa soluzione, se da un lato facilita le operazioni di manutenzione, dall'altro presenta il notevole svantaggio di facilitare il furto dello sportellino.

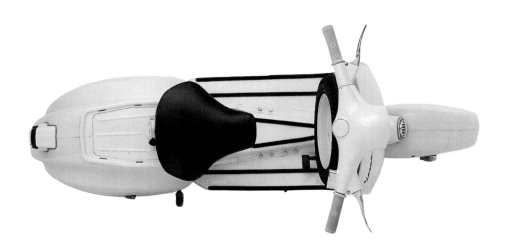

La vista posteriore mette in evidenza le sacche rastremate e la notevole compattezza dell'insieme.

**VESPA**50

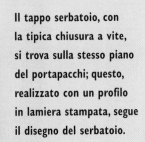

Il nuovo fanalino posteriore in fusione d'alluminio è verniciato; il trasparente ha il catadiottro incastonato.

Il tappo serbatoio, con la tipica chiusura a vite, si trova sulla stesso piano del portapacchi; questo, realizzato con un profilo in lamiera stampata, segue il disegno del serbatoio.

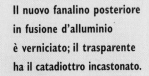

Riconfermate anche
in questo modello le ruote
a sbalzo, che qui montano
pneumatici di soli 9",
e la tipica sospensione
a biscottino oscillante
che in questo caso adotta
un semplice elemento
ammortizzatore in gomma.

Il leggendario "Vespino"
50 sarà il mezzo più
diffuso fra i giovanissimi,
e si trasformerà in vero
e proprio mito con l'uscita,
nel '69, della 50 Special,
che si distingue per il faro
trapezoidale e il cambio
a quattro marce.

## VESPA50

grazie alla potenza del volano magnete e alla razionale conformazione sia della leva a pedale che del settore dentato interno.

A motore freddo basta una pedalata; a motore caldo una leggera pressione, senza spingere la leva a fondo corsa. L'avviamento risulta agevole pure stando in sella. Facilmente raggiungibili anche in marcia sono il rubinetto del carburante e il pomello dello starter, posti sotto la sella.

Altro punto di forza del veicolo sono le eccellenti doti di stabilità, ottenute con l'esatto posizionamento del baricentro, la ben studiata distribuzione delle masse, le dimensioni ridotte e l'efficacia delle sospensioni: doti che rendono lo scooter estremamente sicuro e di grande maneggevolezza,

In evidenza il comando
del cambio a tre rapporti,
con i manicotti verniciati
e la leva della frizione
lucidata a specchio.

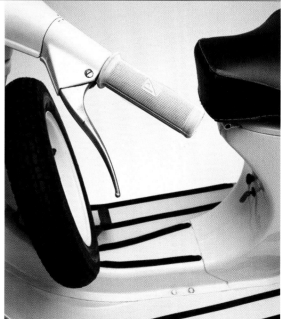

Il faro anteriore è privo di ogni cornice. La scritta "Vespa 50" è realizzata in alluminio autoadesivo di spessore sottilissimo e verniciato blu scuro.

# VESPA50

213

complici anche l'ampio raggio di sterzo e l'interasse ridotto.

La Vespa 50 funziona con miscela al 2 per cento: ciò consente un notevole risparmio sulle spese per il carburante, confermato dal consumo ridotto del mezzo che, mediamente, è di un litro ogni 60 km; il serbatoio ha una capacità di 5,2 litri.

Il tappo di rifornimento si trova sullo stesso piano del portapacchi, molto ampio, realizzato con un profilo in lamiera stampata che segue il disegno del serbatoio. La sella è fissata a una piastra apribile che funge da coperchio al contenitore porta-attrezzi realizzato con vaschetta in plastica, togliendo la quale si accede al carburatore (Dellorto 14 mm) all'interno del telaio e connesso al motore da un lungo collettore di aspirazione.

Quanto all'impianto d'illuminazione, il faro anteriore, tondo, è incorporato nel manubrio senza nessuna cornice, mentre il fanalino posteriore, in fusione d'alluminio, è verniciato e il trasparente ha il catadiottro incastonato.

La nascita di Vespa 50 ha costituito un evento fondamentale nella motorizzazione su due ruote, in termini di sviluppo tecnologico e industriale, e per le vendite; ma soprattutto per la sua capacità di interessare e convertire all'uso di uno scooter anche persone ancora indifferenti, se non ostili.

Vespa 50 sarà l'ultimo progetto firmato da Corradino D'Ascanio prima di ritirarsi dall'attività; la sua produzione, attraverso le continue evoluzioni nel tempo, non sarà più abbandonata.

# VESPA90SS

214

**I**l boom automobilistico della metà degli anni Sessanta vede la Piaggio in prima fila con vari modelli e nuove versioni di Vespa, dal disegno giovane, leggero, colorato, divertente, sinonimo d'avventura, libertà, indipendenza; tra queste la 90 Super Sprint, particolarissimo modello sportivo curato nei minimi dettagli, dal design stravagante e originale.

La prima Vespa con cilindrata 90 cc era stata presentata già nel 1963 come derivazione della 50 cc, offrendo un'apprezzabile serie di vantaggi legati alla maggiore cilindrata e svincolandosi sia dai limiti di velocità imposti ai mezzi non targati che dal divieto di trasportare due persone.

Sportivi e amanti della velocità, questi i primi destinatari di un modello tanto particolare; ma è una Vespa, e neppure stavolta poteva mancare un riferimento femminile.

Ambientazione forse più consona alla Super Sprint sono i circuiti delle prove organizzate dai diversi Vespa Club nel mondo.

La Super Sprint nasce per i "giovani sportivi": si guida dai sedici anni d'età ed è soprattutto rivolta a chi cerca "qualcosa di speciale" fra i motocicli leggeri.

Vista dello scudo frontale, rastremato verso l'alto e con ingombro limitato per ridurre al massimo la resistenza aerodinamica.

Il manubrio è stretto e leggermente abbassato, con contachilometri fondo bianco, scalato a 100.

## VESPA90SS

Nel novembre 1965 viene proposta una serie speciale, la Super Sprint, derivata sia dalla Vespa 50/90 cc del '63, che dalla "nuova 125" del 1965 (stesso anno della SS) in cui viene sperimentata una serie di innovazioni legate a prestazioni, funzionalità e comfort maggiori uniti a soluzioni estetico/funzionali allineate con le richieste e i gusti dei giovani.

Ad assimilare questi modelli diversi sono il disegno della scocca con sacche integrate nello stampo della carenatura e il motore con cilindro inclinato a 45 gradi, di comune derivazione.

La Super Sprint si presenta come uno scooter di elevatissimo livello tecnico, potente, scattante, vigoroso nelle prestazioni, originale anche nell'estetica. Già a prima vista è possibile individuare le peculiarità che la caratterizzano. La scocca ha una linea particolarmente penetrante con scudo rastremato verso l'alto e ingombro limitato, per ridurre al massimo la resistenza aerodinamica.

È caratterizzata dalla chiusura del vano centrale (scelta che contraddice una delle peculiarità di Vespa) tramite un bauletto portaoggetti, di ampie dimensioni e con serratura antifurto, sistemato tra la sella e lo sterzo; nella parte superiore del bauletto è presente un cuscino poggiapetto blu scuro come la sella, che consente la posizione di guida "distesa" tipica delle moto da corsa. Lascia perplessi la sua forma che ricorda il classico serbatoio delle motociclette, e male si addice all'immediata lettura e connotazione

funzionale delle parti. Sempre in mezzeria, sotto il bauletto, è sistemata la ruota di scorta che, come nella GS del 1955, è alloggiata sulla pedana poggiapiedi. La ruota è munita di due coppe copricerchi in tinta con la Vespa e, nelle prime serie, è fissata con un morsetto al centro della pedana dove, sul telaio, è predisposta una barretta di fermo. Il tubo sterzo presenta, nelle prime serie, un supporto maggiorato con alloggiate le boccole a rulli per il sostegno del perno mozzo. Il supporto del parafango e l'ammortizzatore, coassiale alla molla, sono in fusione

Le viste dall'alto e frontale mettono in evidenza la straordinaria snellezza del veicolo, largo 55 centimetri e lungo 165. La sua forma rimanda alla Vespa 98 Corsa, costruita da Piaggio nel 1947.

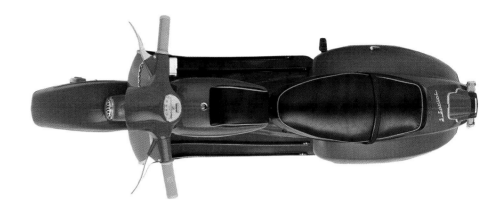

## VESPA90SS

La marmitta in acciaio cromato è stata studiata appositamente per questo modello, ed è montata a vista.

Nella foto a destra, particolare del copriventola che protegge le sottostanti puntine platinate.

Le viste laterali sottolineano l'estetica inconfondibile della SS, caratterizzata dal bauletto a forma di piccolo serbatoio, sopra la ruota di scorta con le coppe copricerchio in tinta; il parafango anteriore ha una sagoma molto filante.

Gli adesivi con la scritta "90 Super Sprint", a partire dal numero di telaio 4545, sono sostituiti da scritte realizzate in plastica trasparente; di conseguenza si prevede un incavo nel bauletto per mantenerle a filo della carrozzeria.

di alluminio e hanno una forma particolare.

Il manubrio è stretto e leggermente abbassato (l'altezza massima del veicolo è solamente di un metro), con contachilometri fondo bianco e scalato 100; radicalmente nuovi anche lo scudo, come già detto molto rastremato, allo stesso modo del parafango dalla forma filante.

L'impostazione sportiva della guida trova riscontro nelle prestazioni del propulsore di 88,5 cc, che garantisce 65 cv/litro di potenza e spinge la piccola Vespa fino a 93 km/h. Ciononostante rimane un motore dolce, tipico delle motorizzazioni della Vespa, con carburatore Dellorto 16/16 collocato nella stessa posizione delle 50 e 90.

Parte della sua potenza deriva dall'adozione di una marmitta a espansione studiata appositamente per questo modello e montata a vista nella parte posteriore sinistra. La marmitta, in acciaio cromato, ha un suono metallico tipicamente sportivo e con il suo aspetto conferisce al veicolo maggior grinta, ribadita dai pneumatici da 3.00 x 10" e dal cambio a quattro marce.

Il sellone biposto di colore blu scuro, piccolo e con una gradevole conformazione sportiva, si apre anteriormente (in senso contrario all'usuale, ed è l'unico modello di Vespa ad adottare tale soluzione) dando accesso al tappo del serbatoio, quest'ultimo con capacità pari a 5,6 litri di

La parte posteriore
reca la scritta "S. Sprint"
in posizione inclinata
realizzata in alluminio
lucidato a specchio.

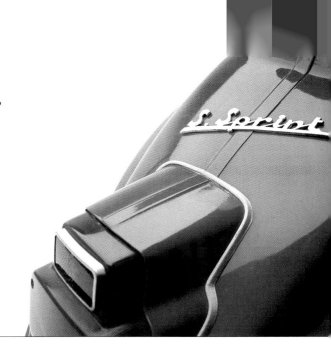

**VESPA**90SS

La 90 SS è fornita in rosso brillante (codice Max Meyer 2.268.5850 sino al 1967, codice 2.268.5802 a partire dal '68) e in un bleu-pavone (codice 1.298.7220) appositamente elaborato; copriventola, ruote, tamburi e mozzo anteriore sono colorati in alluminio (codice 1.268.0983).

miscela, e al conte-nitore porta-attrezzi realizzato in plastica.

La Super Sprint è un veicolo destinato ai "giovani sportivi": si guida dai sedici anni in su e si rivolge a chi cerca "qualcosa di speciale" nel panorama dei motocicli leggeri.

Da ricordare la sua importante affermazione al primo Motogiro d'Italia nel '67, una gara a tappe mista velocità-regolarità, a cui questo modello si adattava benissimo.

La Vespa 90 SS modello V9SS1T rimane in produzione dal 1965 al '71 (ne sono stati realiz-zati soltanto 5.300 esemplari) e rappresenta una creazione particolare, unica nel suo genere.

# VESPA ET3

**C**on la scomparsa di Enrico Piaggio nel 1965 e la successiva presidenza di Umberto Agnelli si assiste a una serie di lente ma profonde modifiche nell'assetto organizzativo, nel management, nella concezione dell'azienda. Queste dipendono sì dal nuovo quadro dirigenziale, ma soprattutto dalla forte contrazione nelle vendite di Vespa, con deficit di svariati milioni, legata anche al crollo del mercato italiano di motoveicoli.

La ristrutturazione aziendale parte dalla comunicazione, che vede come primo punto la riprogettazione del marchio Piaggio e quindi dell'immagine globale del servizio. Lo staff di ricerca

Il giovane neopresidente a colloquio con D'Ascanio; nel '67, alla consegna delle medaglie d'oro che l'azienda ha destinato ai più preziosi collaboratori, il grande progettista ha 76 anni.

Il depliant segnala la novità della ET3: il cilindro in lega a tre luci, la marmitta sportiva, i fregi e la sella jeans, rivelatasi poi fastidiosamente scivolosa.

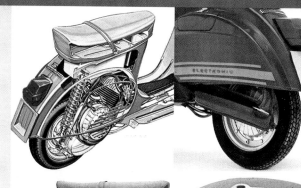

Lo scudo frontale esibisce il nuovo marchio Piaggio e la scritta "Vespa" ripresa dalla potente 200 Rally.

Sopra il fanalino posteriore la denominazione completa del modello, con la sigla "ET3" in massima evidenza.

Parafango anteriore con le decorazioni adesive. La sospensione è del tipo a levetta longitudinale, o "biscottino", oscillante; l'ammortizzatore idraulico a doppio effetto, nero opaco, garantisce un'escursione massima pari a 32 mm.

e sviluppo rallenta le sperimentazioni legate al modello Vespa per concentrarsi sullo studio di nuovi prodotti rispondenti alla contingenza economica che, nei primi anni Settanta, vede la grande crisi monetaria mondiale seguita da quella petrolifera.

In questo quadro si concretizzano novità come il Ciao, primo ciclomotore Piaggio (1967) che godrà di enorme successo e il cui mito, come quello di Vespa, si consolida diventando una "tradizione del moderno"; e poi Boxer, Bravo, Sì.

Nel 1976 la Vespa 125 Primavera, nata nel '68 come evoluzione della "nuova 125" (1965) e prodotta sino al 1982, si evolve nella versione ET3, sigla di "Elettronica Tre Travasi".

Per la prima volta, infatti, il modello più tradizionale della gamma monta una centralina di accensione elettronica, sperimentata nel 1972 per la Vespa 200 Rally, e d'ora in poi adottata nei modelli base.

La centralina elettronica, alloggiata nella parte interna della scocca e accessibile dal vano bauletto ricavato nella sacca sinistra (già nella versione del 1968), è protetta dal calore della marmitta attraverso un'intercapedine di tessuto termoassorbente incollato all'interno della sacca.

Il motore, monocilindrico a due tempi a distribuzione rotante e inclinato a 45 gradi, ha la stessa struttura del modello precedente (alesaggio per corsa 55 x 51 mm, cilindrata 121,16 cc), viene però introdotto il terzo travaso. Cambia

Le viste consentono di apprezzare la snellezza del veicolo. Queste le sue dimensioni: 680 x 1.665 mm, altezza al manubrio 1.005 e alla pedana 225 mm. Per ottenere un maggiore impatto visivo, sulle sacche laterali e sul parafango anteriore sono applicate delle strisce adesive. Sul lato sinistro la marmitta nera opaca, molto evidente, ricorda quella della 90 SS.

Particolare dello sportellino di accesso al motore e del copriventola nero opaco, caratteristico di questo modello. La ET3, anche rispetto ad altri modelli, emerge per la sua svelta eleganza e il notevole piacere che assicura nella guida.

La sella, bene evidente anche nella vista dall'alto, è stata opportunamente ridisegnata per ottimizzare l'abitalità nella marcia con il passeggero a bordo.

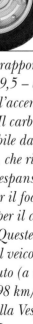

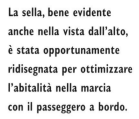

Visione in dettaglio, con il pedale del freno posteriore rivestito in gomma nera e le consuete profilature a protezione della pedana e del trave centrale, in corrispondenza ai margini del tappetino antiscivolo.

il rapporto di compressione – che passa da 8,2 a 9,5 – e questo comporta il ritocco dell'anticipo all'accensione, portato da 25 a 20 gradi.

Il carburatore è un Dellorto SHB 19/19 accessibile da sotto la sella, mentre il nuovo silenziatore, che ricorda quello della 90 SS, è del tipo a espansione di colore nero opaco (stesso colore per il fodero dell'ammortizzatore anteriore e per il copriventola).

Queste modifiche incrementano le prestazioni del veicolo che, pur con un numero di giri contenuto (a 6000 g/m dà oltre 7 cv), raggiunge i 98 km/h, conferendo alla ET3 il primato della Vespa più veloce tra tutte le 125 costruite.

Le caratteristiche tecnico-funzionali del motore

Agile, prestazionale e ben rifinita, particolarmente adatta anche al pubblico femminile grazie alle dimensioni contenute, la 125 Primavera ET3 è costruita in 143.579 esemplari fra il 1976 e l'83.

Il contachilometri con fondo bianco, scalato 120, ha una forma un po' arcaica ed è sprovvisto di parzializzatore.

Il faro, con ghiera cromata, è da 115 mm di diametro.

## VESPA ET3

consentono lunghe percorrenze ed elevate velocità di crociera anche in due persone.

Ottimi i valori di consumo, un litro di miscela al 2 per cento ogni 50 km, con autonomia di 280 km, così come il comportamento in ripresa; il cambio è a quattro marce e la pendenza massima superabile è del 35 per cento.

La buona tenuta di strada e la grande maneggevolezza di ET3 sono ottenute grazie all'avancorsa limitata, all'interasse contenuto, all'ampio angolo di sterzo, al baricentro abbassato e alla notevole leggerezza del mezzo che pesa non più di 78 chilogrammi.

Le ruote, sempre intercambiabili tra loro, hanno cerchioni da 2.10" stampati in lamiera d'acciaio con pneumatici da 3.00 x 10"; come sui modelli precedenti, i cerchioni sono scomponibili per facilitarne lo smontaggio.

Snella, compatta, giovanile, la ET3 ha la classica scocca in lamiera, comprendente anche i cofani posteriori, con spessore di un millimetro per un peso totale di 15 chilogrammi.

Ben studiata anche nelle rifiniture che vedono il praticissimo gancio appendiborsa posizionato nella parte anteriore della sella (già nella versione 50 L del 1966 e nella Primavera del '68), il tappetino in gomma nella parte centrale della pedana – dove va tenuto il piede per comandare prontamente il pedale del freno – e una sella con nuova forma più lunga e confortevole.

Nella parte posteriore, sia destra che sinistra,

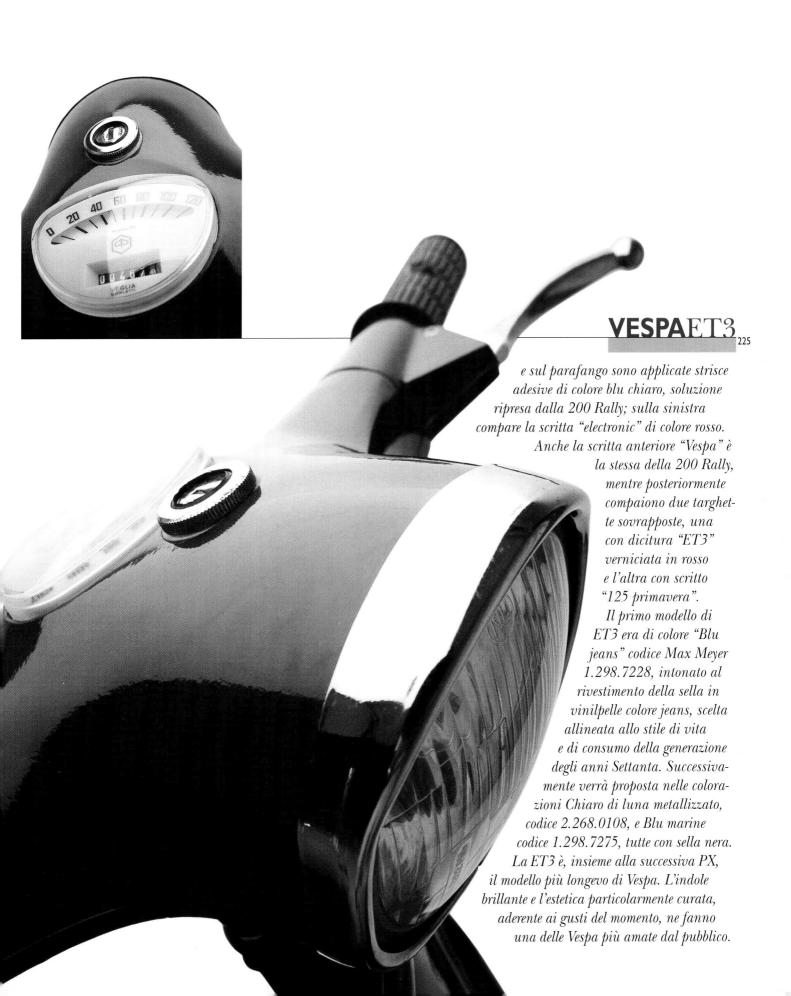

*e sul parafango sono applicate strisce adesive di colore blu chiaro, soluzione ripresa dalla 200 Rally; sulla sinistra compare la scritta "electronic" di colore rosso. Anche la scritta anteriore "Vespa" è la stessa della 200 Rally, mentre posteriormente compaiono due targhette sovrapposte, una con dicitura "ET3" verniciata in rosso e l'altra con scritto "125 primavera". Il primo modello di ET3 era di colore "Blu jeans" codice Max Meyer 1.298.7228, intonato al rivestimento della sella in vinilpelle colore jeans, scelta allineata allo stile di vita e di consumo della generazione degli anni Settanta. Successivamente verrà proposta nelle colorazioni Chiaro di luna metallizzato, codice 2.268.0108, e Blu marine codice 1.298.7275, tutte con sella nera. La ET3 è, insieme alla successiva PX, il modello più longevo di Vespa. L'indole brillante e l'estetica particolarmente curata, aderente ai gusti del momento, ne fanno una delle Vespa più amate dal pubblico.*

IO VESPA,
TU JANE

VESPA, LA TUA LIANA DA CITTA'

**1976 - 1996**

Tra luci e ombre il quadro è variegato
(qui celebriamo i fasti e la leggenda,
poi è la crisi e, dopo, la ripresa) ma
soprattutto è vasto, non tollera confini:
va dall'Europa all'India questa Vespa,
e dal Giappone poi fino all'America.

## Una splendida quarantenne

228

«I ragazzi diventano uomini» nel 1980, ma il Meridione è ancora un altro pianeta. Fra il progressismo patinato della Terza Italia, nuova culla del benessere, e la vita di strada a Palermo si misura lo scarto di un'Italia a due velocità.

«Gli ottimisti, e sorprendentemente ve ne sono ancora parecchi, puntano sulla capacità degli italiani di superare la crisi». Certo è che nell'aprile del 1976, secondo il "Financial Times", questo straordinario paese «non vive più ormai sull'orlo della bancarotta, ma è già teoricamente in bancarotta».

Un terremoto, come in Friuli nel maggio dello stesso anno, sembra scuoterlo a momenti.

### L'asse di equilibrio

L'Italia è più che mai terra di frontiera. Qui si gioca un confronto politico che si direbbe capace di mettere a rischio la distensione fra le superpotenze; e questa seconda metà degli anni Settanta è davvero un passaggio non facile. La credibilità della più alta carica dello Stato pare azzerata dalle dimissioni di un Presidente travolto dagli scandali; ma il 1978 è soprattutto l'anno del sequestro Moro, la "notte della Repubblica". Per due anni ancora il conto delle vittime del terrorismo manterrà un macabro andamento positivo. Intanto, fra il maggiore sindacato comunista occidentale e il mondo giovanile si apre una dolorosa frattura politica e generazionale, ovvero un match a colpi di spranga combattuto nei cortili dell'Ateneo romano, la più popolosa università europea.

Dopo buoni trent'anni di inarrestabile ascesa, intorno a quota 280 autovetture ogni 1000 abitanti si

Gennaio, febbraio, Marx, aprile... i ragazzi diventano uomini e Vespa cresce con loro.

Vespa, il mito scooter.

PIAGGIO

Uno dei segnali più forti nell'evoluzione del costume giovanile sta nella coscienza della nuova centralità assunta dalle donne: un fenomeno derivato dall'esperienza femminista, ma poi condiviso da strati sempre più ampi della società.

registra la prima flessione nel mercato delle quattro ruote. Da qui s'innesca la vertenza Fiat, nell'autunno 1980, quando la casa torinese annuncia cassa integrazione e licenziamenti per poco meno di quarantamila operai. Altri quarantamila sfilano per le strade in silenzio, giusto quaranta giorni più tardi, ma è un insolito corteo di dirigenti, capisquadra, impiegati e operai che manifestano contro il sindacato e a favore dell'interruzione dello sciopero. Un segnale che è già il simbolo dei nuovi scenari postindustriali, in cui la forza propulsiva delle trasformazioni sociali non sta più nelle sezioni di partito e nelle fabbriche.

L'inarrestabile lievitazione del costo del lavoro, condannato a rincorrere un'inflazione senza con-

"Partecipazione" è ancora la parola chiave nel '77, e la campagna pubblicitaria messa a punto dalla Leader per il lancio della nuova PX ha come slogan «Vespa muove la voglia di fare».

L'automazione avanzata e l'impiego della robotica nei reparti avviano una profonda trasformazione dell'industria: una scelta forse obbligata, non senza implicazioni sociali rilevanti, che individua nuove figure professionali.

trollo, favorisce il decentramento industriale e lo smantellamento delle strutture produttive "verticali", ora smembrate nella vasta palude del sommerso, spesso oltre i confini della tutela di legge. Le grandi imprese hanno più che mai grandi problemi da risolvere.

In tutto questo, nei confronti del mondo imprenditoriale e della società civile la pressione dei partiti, vere «macchine di potere e di clientela» come stigmatizza il capo dell'opposizione, presto oltrepasserà ogni livello di guardia.

Intanto vaste zone del paese, ancor più vaste dopo il terremoto del 1980 in Irpinia e la "ricostruzione", sono nelle mani dell'Antistato: sino alla strage di Capaci, dodici anni più tardi, è una progressione appa-

rentemente inarrestabile. Agli inizi degli anni Novanta la Commissione antimafia valuterà il fatturato annuo della mafia superiore a quello della Fiat.

Ma nonostante tutto, per acque perigliose, si naviga. Con i suoi vistosi contrasti, le annose inadempienze, una corruzione che ormai tutto pervade, le tragedie delle bombe alla stazione di Bologna e sui treni ma anche gli esiti delle stentate riforme dei tardi anni Settanta, il paese va avanti. E il 1983 apre una stagione equivoca e fastosa: tra faccendieri, nani e ballerine, si inaugura un nuovo consumismo che celebra ogni eccesso. La morale corrente si compiace di ostentare scarsa sensibilità rispetto ai valori del viver comune.

Si procede verso la privatizzazione di alcuni settori chiave e verso le magnifiche sorti della nuova civil-

Il Paese giunge alla metà degli anni Ottanta in una fase di ripresa economica che non stenta però a evidenziare contraddizioni e squilibri di sempre.

Guardando indietro e attorno a sé, uno degli interpreti più lucidi della realtà italiana percorre le strade di Roma in sella a una Vespa 150 Sprint Veloce, color verde bottiglia: *Caro Diario* è premiato per la miglior regia al Festival di Cannes 1993.

# CARO DIARIO

## (JOURNAL INTIME)

un film di
## NANNI MORETTI

231

tà dell'informazione. In apparenza la spinta degli ideali, dei grandi progetti riformatori, è assente dalla scena. La politica rivela tutta la sua incapacità di controllo di un sistema ogni giorno di più condizionato dai poteri forti della finanza e dell'economia. Intanto, il debito pubblico decolla e già all'alba dell'ultimo decennio del secolo è pari al 104 per cento del prodotto interno lordo.

Eppure, sempre più scissa e indecifrabile ormai, secondo l'«Observer» (novembre 1987) «d'incanto questa è diventata la terra della mobilità sociale verso l'alto, di giovani manager e di abili capitalisti che hanno abiurato gli ideali degli anni Sessanta per la sacra causa del profitto. La lotta di classe è passata di moda. Esportare o morire».

Una stazione di collaudo al termine della linea di montaggio. La Vespa Nuova Linea, più nota come PX, si rivelerà un'eccezionale "long seller": a distanza di un quarto di secolo dal suo esordio è tuttora in produzione, con minimi aggiornamenti stilistici.

Nella rapida sequenza di inquadrature diverse attraverso la quale mutano l'identità, i valori e la fisionomia esteriore del paese, la scala temporale sembra dilatarsi, a volte, fuori misura. Non lo si direbbe guardandosi attorno per le strade della città e della provincia, ma nel 1977 solo un decennio o poco più è trascorso dall'atterraggio al termine del "miracolo economico". È stata una lunga stagione calda nella quale la formula delle due ruote, a prima vista, sembrava vivere il suo momento d'oro. In realtà questo non è del tutto vero.

### Giocando con le cifre, dopo il "miracolo"

Solo una scorsa ai numeri, e ci si rende conto di cosa abbia significato in termini di vendite complessive la ridefinizione del mezzo a due ruote quale strumento di svago per una utenza più che altro giovanile. Quel che sostiene e dà ossigeno al settore sono i prodotti di cilindrata minima, i "cinquantini", che di slancio sfondano quota 100.000 unità vendute già nel '62 e costantemente salgono per quasi vent'anni: 207.000 nel 1967, 320.000 nel '70, 420.000 soltanto due anni più tardi, un momento di calo nel '75, poi 590.000 nel 1976 e un clamoroso, insuperato 815.000 nel 1980. Momento magico, quando i produttori italiani conquistano la supremazia in Europa con un milione di unità nuove di fabbrica.

Da lì in poi è una brusca contrazione sino a dimezzare in tre anni, e ancora giù, per poi stabilizzarsi sui 450.000 pezzi, variabili, in attesa di nuove fiammate

negli anni Novanta, quando la scena cambia di nuovo e in questa fascia i più moderni scooter saranno padroni assoluti del mercato.

Ma oltre la minima, quando già è "più moto", fra il centoventicinque, la duecento e poi le medie e grosse cilindrate, è tutta una diversa storia. Dalla gloriosa cavalcata negli anni 1957-63, quando le cifre erano stabilmente ancorate sopra quota 250.000, niente *soft landing* ma un atterraggio di emergenza e, a fine decennio, è il minimo storico con 54.000 immatricolazioni. Seguirà una lenta, stentata risalita.

Vale la pena di accostarsi un poco a questo quadro d'insieme e osservare qualcosa di più, in dettaglio.

Ancora nel 1965, su un totale di 126.000 targati, gli scooter, vale a dire Vespe e Lambrette, sono centomi-

Nella nuova scocca, 17 chili di lamiera da 15/10, così come nel motore, dalla resa ottimizzata ai bassi regimi, o nella sospensione anteriore i progettisti e i tecnici di Pontedera, stretti fra aggiornamento e tradizione, sembrano aver trovato la quadratura del cerchio.

la. A fondo scala, anno 1970, i 17.000 scooter immatricolati valgono solo un terzo del totale fra i 125 e i 200 cc. Ma, all'opposto, sotto i 50 cc il mercato è esploso con 320.000 immatricolazioni.

Avanti ancora, e le proporzioni si mantengono quasi invariate. A una discreta crescita per i motocicli, oltre 98.000 unità, dove i mezzi a "ruote basse" riprendono un po' di fiato, fa riscontro un clamoroso successo per ciclomotori e scooter non targati: 590.000 pezzi venduti, di nuovo il 50 per cento in più nell'arco di dodici mesi. È il 1976, fondamentale per noi.

L'anno seguente, in autunno, nello stand Piaggio al Salone del Ciclo e Motociclo come già tanti anni prima alla Fiera Campionaria, gigantéggia uno scooter alto quattro metri e pesante oltre sei quintali.

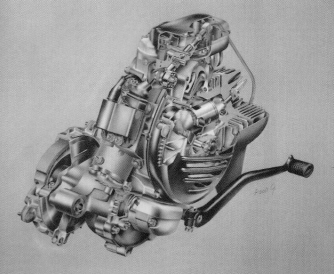

Nel 1980, due Vespa PX 200 giunsero al traguardo della Paris-Dakar (era la seconda edizione di questa "classica" del deserto), condotte dai piloti M. Simonot e B. Tcherniawsky. La scuderia, di nazionalità francese e organizzata da Jean-François Piot, era assistita dal quattro volte vincitore della 24 Ore di Le Mans Henri Pescarolo.

Vespa Nuova Linea: definita così nella documentazione aziendale durante le lunghe fasi di studio, elaborazione e messa a punto, sarà poi meglio nota come Vespa PX. Con oltre due milioni di pezzi venduti nel mondo, rappresenta un fenomeno commerciale che si riconferma oggi a distanza di almeno un quarto di secolo: un caso estremamente raro in questo settore.

### Nuova eppure identica a sé, nella sostanza

È una riuscita sul piano estetico questa Nuova Linea, che salta agli occhi nel bilanciamento delle masse, fra avantreno e retrotreno, e nelle forme compatte dagli spigoli arrotondati. Ma non solo di questo si tratta.

Due tempi, ventilazione forzata, trasmissione diretta, quattro marce, freni a tamburo e tanto di ruota di scorta: nella sua aurea semplicità la formula è sostanzialmente invariata. La stessa distribuzione rotante ha ormai tre lustri a questa data. Segno dei tempi, sulla 200 è disponibile la lubrificazione separata, almeno come optional.

Qualcosa è cambiato però all'avantreno. Anche a non volerlo notare, basta arrivare lunghi a una curva o meglio ancora inchiodare al semaforo e, sorpresa... niente immersione di prua. Che fosse in Vespa o in Lambretta, mantenere l'assetto in frenata pareva cosa disdicevole per uno scooterista, sino a ieri.

Coerenza, stile e una "presa" d'innovazione: questa la formula magica. La nuova arrivata si fa sentire: sotto i 200 cc gli scooter incidevano per il 57 per cento ancora nel 1976, per poi salire al 68 con l'arrivo di PX e infine al 74 per cento nell'81; e lei non ha concorrenti, per il momento almeno.

Poi lentamente, ma non abbastanza, i segnali non buoni. E a metà anni Ottanta, il tracollo. Trasformazione del mercato, nuove tipologie di prodotto, normative penalizzanti e una crisi d'identità profonda. Solo nella seconda metà degli anni Novanta e non prima di allora, più che mai diversa da ieri ma di nuovo cogliendo la sfida, la Vespa riacquisterà smalto.

Non è comunque una passeggiata: dal lontano '55, solo a distanza di oltre quarant'anni (1999) si torneranno a registrare vendite superiori alle trecentomila unità, per i targati. Ad ogni modo questo è il mercato: sempre mutevole e conteso fra molti.

## 1977 – 1995: UNA FINESTRA SUL MERCATO DELLE DUE RUOTE IN ITALIA

| | immatricolazioni motocicli e motoscooter | | | | vendite stimate ciclomotori | totale |
|---|---|---|---|---|---|---|
| | < 200 cc | > 200 cc | totale | di cui scooter | | |
| 1977 | 81.314 | 39.673 | 120.987 | 55.373 | 645.000 | 765.987 |
| 1978 | 72.401 | 9.564 | 99.669 | 52.524 | 635.000 | 734.669 |
| 1979 | 93.134 | 36.318 | 129.452 | 68.318 | 655.000 | 784.452 |
| 1980 | 112.301 | 49.249 | 161.550 | 81.818 | 815.000 | 976.550 |
| 1981 | 149.076 | 60.675 | 209.751 | 109.938 | 647.500 | 857.251 |
| 1982 | 161.620 | 74.768 | 236.388 | 118.532 | 500.000 | 736.388 |
| 1983 | 138.612 | 88.106 | 226.718 | 88.758 | 412.000 | 638.718 |
| 1984 | 123.471 | 82.061 | 205.532 | 63.903 | 330.000 | 535.532 |
| 1985 | 121.820 | 82.100 | 203.920 | 58.164 | 365.000 | 568.920 |
| 1986 | 94.186 | 79.836 | 147.022 | 35.623 | 350.000 | 524.022 |
| 1987 | 58.423 | 59.537 | 117.960 | 12.996 | 310.000 | 427.960 |
| 1990 | 44.414 | 64.390 | 113.629 | 10.824 | 448.391 | 562.020 |
| 1995 | 32.516 | 47.677 | 80.193 | 24.832 | 585.398 | 665.582 |
| (dati ANCMA - Associazione Nazionale Ciclo Motociclo Accessori) | | | | | | |

Da sinistra: la molla a spirale sul mozzo distingue la Vespa 98 prima serie (1946); la sospensione con levetta oscillante invertita di senso e molla elicoidale nasce con la 125 del '48; i tre elementi in serie (1951) rivisti nel '53

sono ottimizzati sulla 125 del '58; l'ammortizzatore con molla incorporata, nato per la 160 GS (1962), dalla 180 SS passa sulla 125 ET3. A centro pagina: la nuova sospensione, poi adottata anche sulla PK (1982).

In basso: anno 1975, Vespa con forcella tradizionale. Sul prototipo Nuova Linea si sperimenta la sospensione anteriore telescopica con ammortizzatori idraulici. «La corsa aumenta da 70 a 87 mm e la reazione alla frenata è assorbita dagli organi strutturali, senza scaricarsi sulla molla della sospensione». Ma la sua adozione «è subordinata allo studio di soluzioni che mantengano la ruota

a sbalzo pur risolvendo i problemi relativi al comfort e alla frenata». E, il 14 aprile 1976, il progetto è accantonato «per eventuale futura applicazione». Niente di strano: giusto in quell'arco di tempo «la nuova sospensione a braccio oscillante» ha preso forma. «Già è stato esaminato un prototipo: la soluzione tecnica può essere considerata brillante», e sarà la scelta definitiva.

235

U no dei fondamenti del credo sta nella sospensione anteriore: a biscottino oscillante, con ruota a sbalzo. Accanto ad altri vincoli progettuali e di realizzazione industriale, questo consente di individuare in quanto Vespa uno scooter altrimenti destinato a perdersi fra i molti.

*Prima stazione:* la Vespa 98 (1946) apre la serie adottando una soluzione che, peraltro, rimarrà unica. Il tubo sterzo cala sul lato sinistro ed è collegato alla ruota tramite la levetta, o biscottino oscillante, incernierata sul mozzo in acciaio; la doppia molla a spirale è montata a cavallo di questo. Poiché il tubo sterzo è arretrato rispetto al mozzo, in frenata si viene a creare una spinta verticale che contrasta l'inevitabile "affondamento"; in linguaggio tecnico, questo sistema è definito a "ruota spinta".

*Seconda stazione:* con la 125, nel 1948, la sospensione è a destra della ruota, lato motore, e la molla elicoidale garantisce una ben maggiore escursione. Questo schema base, poi sostanzialmente invariato, tende però a "chiudere" in frenata: al naturale trasferimento di carico si somma infatti la compressione esercitata dalla frenatura della ruota, il cui mozzo è ora arretrato rispetto al tubo sterzo ossia con un sistema a "ruota tirata". Significativa l'adozione di una molla aggiuntiva a compasso, incernierata fra il mozzo e il tubo sterzo, per limitare questo fenomeno sui mezzi da

competizione, e poi fornita come accessorio da alcuni produttori esterni.

*Terza stazione:* tra il 1951 e il '53, con qualche variante di minor conto, si mette a punto la configurazione a tre elementi che allinea – partendo dal mozzo – molla elicoidale, tubo sterzo, ammortizzatore. Ne migliora sensibilmente la stabilità sullo sconnesso, in curva e in frenata.

*Quarta stazione:* inaugurato sulla GS 160 del 1962, un solo elemento collocato in posizione intermedia sulla levetta oscillante, fra il mozzo e l'attacco del tubo sterzo, assolve a due distinte funzioni: si tratta di un ammortizzatore idraulico a doppio effetto, con molla incorporata. Ritroveremo ancora la medesima configurazione sino alla Primavera ET3 del 1976, di volta in volta ottimizzata nel dimensionamento dei singoli elementi.

*Quinta stazione:* nella PX del 1977 lo schema è ancora, per un migliore comfort sullo sconnesso, a ruota tirata. È stato però introdotto un sistema "antidiving", innovativo e brevettato, che è realizzato rendendo solidale l'ammortizzatore con il piatto portaceppi del freno. Il piatto è a sua volta libero di oscillare sul perno ruota, che è solidale con il biscottino oscillante. In tal modo, il momento frenante viene ora assorbito dal sistema telescopico e non interferisce più con il lavoro della sospensione, con un buon guadagno in termini di stabilità.

# Quattro passi in avanti più uno

In Vespa da Melbourne
a Città del Capo (1995-96)
può capitare di trovarsi
a passare da Jaipur,
nel Rajastan, e di posare
come un normale turista
in groppa a un elefante.

Nel deserto dell'Hadramaut
yemenita, verso l'Oman,
con i nervi a fior di pelle.

Attraversare il mondo su due ruote vuol dire conoscere metro per metro le strade che lo percorrono, portarne i segni nella memoria se non nel corpo, avere visto cento volte levarsi il sole su uno scenario ogni volta diverso. Attraversare il mondo su una Vespa è qualcosa di più. Vuol dire separarne le fibre una a una, per passare: andare in armonia nonostante le difficoltà e intessere una rete infinita di rapporti, grazie alla familiarità e la simpatia che "lei" ispira. La semplicità è qui il punto di forza, sia in termini di affidabilità meccanica che ai fini della relazione con l'altro.

Totalizzare oltre 250.000 chilometri in dieci anni, dalla Siberia al Mozambico, dal Pakistan al Venezuela, metà dei quali su strade disagevoli e di questi la metà su percorsi impossibili, senza alcuna cognizione di meccanica, senza assistenza tecnica al seguito, senza tute in pelle o cibi liofilizzati, ma con tanti bagagli e una valigia in pelle sul portapacchi, una chitarra e magari una scacchiera... Senza tenda o sacco a pelo, per cercare ogni notte una sistemazione, che si tratti di un motel nell'Iowa o di una capanna in un villaggio angolano: questo è viaggiare il mondo in Vespa secondo Giorgio Bettinelli. Mille miglia lontano dai raid agonistici attraverso il deserto, che passano nei villaggi come il vento e la rovina. Il viaggio come una vocazione, invece; e la scrittura, altrettanto centrale, per poi saperlo rivivere e raccontare.

Dopo una lunga permanenza in Indonesia, l'incontro con la Vespa nasce dal caso e, in sella da Bali

«A volte ringrazio di essere italiano per l'inesauribile ricchezza di parolacce che offre la nostra lingua: quando sei veramente alla prova e vai avanti per un mese o due mesi di fila, in condizioni estreme, ogni giorno, allora è una grande risorsa... Eppure sono proprio le cose più dure quelle che ricorderai nel tempo: Congo, Angola, Etiopia o Pakistan... forse i paesi più duri».

«Con la Vespa facevo stupore e... tenerezza più che altro, e voglia di aiutarmi se avessi avuto bisogno di qualcosa. Questo io l'ho riferito anche alle connotazioni intrinseche del mezzo... un mezzo simpatico... E poi, immaginata in un contesto improbabile – quanto volte mi sono dato del cretino, vedendomi dall'esterno magari sulla neve o sul letto di un fiume, o fra le dune del deserto – insomma... la Vespa fa davvero tenerezza!».

ROMA – SAIGON
ANCHORAGE – USHUAIA
MELBOURNE – CITTÀ DEL CAPO
USHUAIA – MELBOURNE

a Singapore, matura la scelta di rientrare in Italia per l'impresa: una Roma-Saigon nel '92-93 affrontata con sublime leggerezza. E una punta di incoscienza, forse. Già sei mesi di viaggio su sette, per scoprire un bel giorno, dopo 20.000 chilometri di strade e sentieri, valichi di montagna e deserti, che «c'era un altro olio, oltre a quello da versare nel miscelatore» e stava nel carter: l'olio motore insomma, come ripeteva il meccanico a Bangkok, esterrefatto, ed era ormai tempo di cambiarlo... e giù a ridere!

Non passa molto e altre bizzarre imprese nascono in sella a una PX, cresciuta intanto alla misura dei 150 cc e fornita da Piaggio, nel quadro di una prima sponsorizzazione: Alaska – Terra del Fuoco, 36.000 km in nove mesi (1994-95) poi Melbourne – Città del Capo ovvero 52.000 km in 364 giorni, attraverso l'Asia e l'Africa Orientale (1995-96). E poi il folle progetto di percorrere 90 paesi nei cinque continenti approfittando dei "ponti" naturali: Worldwide Odissey Overland fra il '97 e il 2001, con una PX 200.

In alcuni luoghi del mondo la Vespa è di casa, come in India o in Pakistan, ma è comunque "italiana" anche se, a milioni, è uscita dalle linee di Bajaj a Kurla. E allora si fa tramite con la gente. Altrove è decisamente esotica, come negli Stati Uniti o Canada, ma attiva al suo passaggio la rete dei Vespa Club incarnando i sogni di molti giovani appassionati.

A volte è come una zattera nel mare, attraverso l'Africa, dal Marocco a Città del Capo sino all'Etiopia, per tredici mesi. La pista nel deserto in Mauritania, oltre i campi minati al confine con il Marocco, e nove giorni di passione fra le dune, con le piccole ruote che affondano nella sabbia: nove chilometri al giorno, è un record, faticando come una bestia. Il Burkina Faso, poverissimo ma ospitale, il caos nelle strade di Lagos e il resto del paese, meraviglioso, verso il Biafra e la foresta del Camerun.

Poi, appena oltre il confine congolese, sembra giunta la fine. Tre giorni d'inferno: la Vespa sequestrata come ogni altro bene e Mr. Vespa prigioniero in una baracca sotto il tiro dei kalashnikov, senza cibo per tre giorni, la vita risparmiata per un soffio.

Finalmente il viaggio riprende con un nuovo mezzo, identico al primo, e dal luglio 1999 al maggio 2001 arriva a conclusione in Tasmania.

Sotto: un rifornimento "on the road" secondo il costume locale, in Mozambico, durante la Worldwide Odissey.

Al termine della tappa conclusiva nel porticciolo di Hobart, Tasmania, dopo più di tre anni e mezzo e 250.000 chilometri percorsi dalla partenza in Terra del Fuoco.

Nel 1980 la Piaggio-Gilera produce ciclomotori, scooter, motocicli, veicoli commerciali, idrogetti; il fatturato complessivo è di 542 miliardi, di cui 150 sull'estero. Non si considera qui la Bianchi, marchio storico del ciclismo italiano, la scuderia di Girardengo e Fausto Coppi entrata nell'orbita Piaggio dal '79.

«Signori azionisti, siamo lieti di presentare per l'esercizio 1977 un bilancio positivo. In una preoccupante situazione generale la Vostra Azienda si è ben difesa approfittando di due circostanze favorevoli: in primo luogo la crisi energetica, che ha indubbiamente agevolato la domanda di veicoli a più basso consumo di carburante; in secondo luogo la disponibilità di veicoli bene accetti, programmata a tempo opportuno, che ci ha consentito di migliorare soprattutto le nostre quote di mercato». Sono annate buone queste, 1976-81: vanno al meglio i ciclomotori Piaggio e Gilera, secondo il trend del settore; con la nuova Vespa siamo attorno al 75 per cento del mercato dei targati sotto i 200 cc, mentre la piccola senzatarga tiene bene nonostante gli anni. La grande Officina 2R, come "due ruote", marcia a regime intanto che si appronta la nuova 3R riservata all'Ape.

Annate d'oro in cui il fatturato cresce di continuo, raddoppiando in quattro anni, 1978-81.

L'assentesimo è dimezzato nell'arco di un triennio e, dopo i rinnovi contrattuali del '79, le ore di sciopero calano di netto. Si apre un nuovo stabilimento a Pisa; il sindacato plaude ma insiste per un maggiore coinvolgimento nelle scelte strategiche dell'azienda. La produzione, spartita a metà fra Italia ed estero a fine anni Settanta, quando il grande sforzo per espandersi oltreconfine è promosso dalla dirigenza congiunta Sguazzini-Vallecchi, col tempo si riassesta poi su un più consueto due terzi e un terzo.

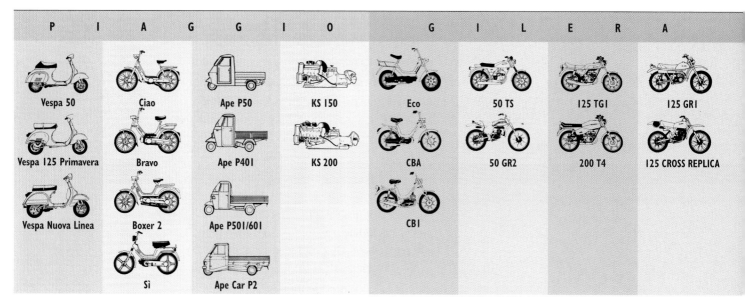

Nel 1981 i dipendenti raggiungono il massimo storico con un dato impressionante: 13.800, oltre diecimila dei quali inquadrati come operai, e altri 4.750 nei quindici impianti esteri. Si stima che l'indotto oscilli attorno ai 160.000 posti di lavoro, fra Italia ed estero.

239

La Officina 3R si affianca nel 1977 alla 2R, alle spalle della direzione. I capannoni nati con la Ricostruzione sono per adesso riservati alla meccanica e montaggio motori, ma col tempo il baricentro del complesso tenderà sempre più a spostarsi sul lato opposto.

## ... tira aria di pioggia

Via via che si aprono questi anni Ottanta, sono infatti luci e ombre che si fanno ben scure, in particolare, di là dall'Atlantico. L'attesa forte espansione della domanda di ciclomotori si è rivelata un miraggio: il milione di pezzi ipotizzato per il 1978 è stato sconfessato da un mediocre, fragile 200.000 costringendo a drastiche misure. Più avanti la recessione si aggravava, con forti ripercussioni nel settore dei beni "semidurevoli non di prima necessità"; questo costringe alla reimportazione delle ingenti scorte accumulate presso i rivenditori di Vespa of America Co., Brisbane – San Francisco.

Lo scooter italiano è ancora un apprezzato simbolo di stile, ma ormai dilaga l'aggressiva espansione nipponica. Ogni giorno la Vespa circola sulle strade del mondo, azzarda nuovi scenari, e lotta per tenere Piaggio in quarta posizione alle spalle di Honda, Yamaha, Suzuki e davanti a Kawasaki, ultima delle giapponesi. Queste ora inondano il Sud-Est asiatico, già area di solido radicamento per l'azienda di Pontedera, e con gli Stati Uniti anche l'Europa, dove spadroneggiano sul continente e oltremanica.

Vespa GmbH di Augsburg ha giocato al meglio le sue carte, pur accusando qualche colpo a fronte della incipiente crisi del settore: calano le vendite ma cresce la sua quota di mercato. Tiene botta la Vespa S.A. di Bruxelles, reagendo alla concorrenza sui piccoli numeri che il paese consente.

La consociata Moto Vespa di Madrid, con una infla-

Questi "Vespa Jahre" si fanno difficili: nell'82 il mercato tedesco registra un calo di oltre il 20 per cento, per poi assestarsi; buona la prestazione della Vespa da 80 cc, ma le "grandi" passano da 5.300 a 4.300.

«Per Vespa of America Co. il fenomeno significativo della gestione 1983», si comunica agli azionisti, «è stata la conclusione della commercializzazione dei veicoli a due ruote motorizzati».

L'anno in cui esordisce la Vespa senza marce (1983), in Francia lo scooter di Pontedera cresce del 66 per cento. Poca cosa in valore assoluto: 4.500 pezzi, quanto il Belgio; ma di buon auspicio, quando il mercato si riduce del 16 per cento in dodici mesi.

Le nuove generazioni di scooter giapponesi si presentano in modo ben diverso dai coriacei *cubs* moltiplicatisi a migliaia in Oriente, nel Sud-Est asiatico e nei paesi emergenti. Già alcuni modelli vengono costruiti su licenza in Europa, ad esempio dalla Peugeot.

Un calendario pachistano: i paesi in via di sviluppo rappresentano un aspro terreno di scontro con le grandi case produttrici giapponesi.

zione a due cifre che mette a rischio il potere di acquisto degli spagnoli, grazie alle sue linee di produzione e alla forte rete distributiva riesce a conquistare il 50 per cento del settore scooter.

Blocco dei prezzi di listino e forte svalutazione del *peso* costringono paradossalmente a limitare le vendite per contenere le perdite sul mercato messicano, nel 1982, «in attesa di provvedimenti definitivi».

Licenziatarie in crisi a Oriente, travolte da endemiche instabilità locali in Africa; d'altro canto si riapre la via dell'India, come vedremo più avanti, dopo undici anni di assenza.

Sotto questa dominazione nipponica, di là dalle Alpi il mercato francese riprende e si stabilizza dopo un brutto 1978. Le piccole cilindrate, riallineate a 80 cc da un provvedimento legislativo due anni più tardi, sono terreno di caccia per i nuovi Peugeot che fanno *un véritable malheur*; ma viene da sorridere considerando che non si arriva a duemila esemplari venduti, un decimo della capofila Honda. Vespa Diffusion è attiva, registra buoni incrementi, ritocca la propria quota, introduce nuovi modelli.

Nel 1982 le pagine di "Moto Journal" allineano ormai una vera e propria schiera di contendenti fra gli scooter: marche europee quali Derbi, spagnola e destinata in futuro a entrare nel gruppo Piaggio, Benelli con un simpatico "cinquantino" dalla carozzeria in materiale plastico, oltre a qualche immigrato dall'Oriente come il C 70 Honda, poco più che un ciclomotore con parziale carenatura in plastica, affian-

cati però da promettenti giapponesi *à l'européenne*.

Non è lo stile a brillare in loro, se consideriamo significativi un Honda Lead o un Yamaha Beluga, per esempio, né il prezzo o le prestazioni, spesso inferiori a quanto può dare la Vespa in versione 80 cc.

Ma col senno di poi già s'intravede la scelta vincente, che privilegia la facilità d'uso grazie alla trasmissione automatica. Il continuo aggiornamento tecnologico del prodotto, affiancato da una politica commerciale aggressiva, e una gamma sempre più ampia di modelli convenientemente rifiniti e accessoriati, annunciano una nuova era che, almeno in un primo tempo, vedrà l'azienda italiana sulla difensiva.

a. prima puleggia
b. albero motore
c. seconda puleggia
d. albero condotto
e. ingranaggi riduzione finale
f. pistone idraulico interno all'albero condotto
g. pompa a ingranaggi
h. cinghia di trasmissione
i. cilindro interno all'albero condotto
l. manicotto
m. masse centrifughe
n. leva
o. eccentrico collegato all'acceleratore

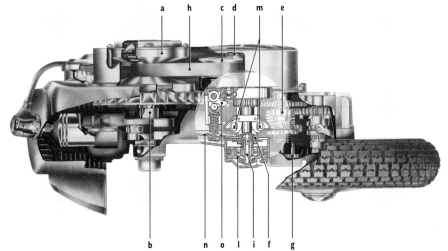

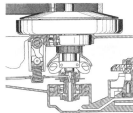

Sotto: l'eccentrico azionato dall'acceleratore, tramite la leva modifica la posizione del manicotto (a fianco) e dunque dell'albero: ciò provoca la chiusura della puleggia e l'adozione d'un rapporto più corto.

Un bel giorno anche da Pontedera venne l'"automatica", ed era una Vespa. Al Salone milanese, nel settembre 1983, la PK 125 S A lascia intravedere sotto la fiancata destra una curiosa schermatura rotonda.

Nella scheda tecnica la voce "cambio" recita, per esteso: automatico con attuatore idraulico comandato da un sensore centrifugo.

La soluzione messa a punto dai tecnici prevede una cinghia di trasmissione fra due pulegge a diametro variabile. Ognuna di esse è formata da due metà coniche e contrapposte, serrate da una molla: espandendosi, consentono alla cinghia di lavorare su un diametro inferiore, e in tal modo varia il rapporto o potremmo dire "la marcia".

La prima puleggia (a), montata sull'albero motore (b), ha una molla con un carico inferiore alla seconda (c), montata sull'albero condotto (d), che trasmette poi il moto alla ruota tramite una doppia riduzione a ingranaggi (e). Questa disparità di forze, a veicolo fermo, configura un rapporto "corto", favorevole alla ripresa: diametro piccolo al motore e grande alla ruota.

A veicolo in movimento, l'apertura della seconda puleggia è determinata dalla velocità del mezzo, ma è controllata anche dall'acceleratore.

Vediamone il funzionamento in dettaglio.

La semipuleggia condotta interna è solidale con l'albero condotto, che è cavo e contiene un pistone idraulico (f) solidale, invece, con la semipuleggia esterna. La pressione dell'olio creata da una pompa a ingranaggi (g) spinge il pistone e quindi la semipuleggia esterna, contrastando la forza della molla così da ridurre il diametro di avvolgimento della cinghia (h), quindi allungando il rapporto di trasmissione.

Lo scarico dell'olio dal cilindro (i) ricavato nell'albero condotto è regolato da un manicotto (l), realizzando un "sistema a inseguimento" fra i due: in tal modo, a ogni posizione del manicotto corrisponde una posizione del pistone.

Il manicotto è messo in movimento da due masse centrifughe (m) nel senso di allungare il rapporto quando queste si aprono all'aumentare del regime di rotazione, vale a dire delle velocità del mezzo, e da una leva (n) che, spinta dall'eccentrico (o) attivato dall'acceleratore, sposta il manicotto nel senso di accorciare il rapporto di trasmissione.

In sostanza, diversamente da quanto accade nei variatori dei ciclomotori, qui l'ampiezza dell'apertura del gas e la rapidità con cui viene azionato portano alla scelta del rapporto ottimale fra gli infiniti disponibili in relazione alla prestazione desiderata. Si ottiene quindi un effetto kick-down analogo a quello delle auto con cambio automatico quando si schiaccia a fondo l'acceleratore.

Originale e innovativo, per quanto relativamente complesso, il sistema mirava a rilanciare la Vespa semplificandone la guida, senza peraltro incidere sulle prestazioni che anzi risultavano più brillanti rispetto alla versione a quattro marce.

Questa realizzazione tecnica non è però stata premiata da un buon esito commerciale.

L'adozione sui ciclomotori ne avrebbe potuto forse celebrare il pieno successo. E d'altro canto, la necessità di ottemperare al limite di 1,5 cavalli di potenza, secondo la normativa allora in vigore, poneva troppi vincoli tecnici allo sviluppo di questa tecnologia sui non targati.

# La prima volta nell'83

Il possibile rilancio dello
scooter, come dell'intera
azienda, passa attraverso
la progettazione di un
mezzo integralmente
rinnovato; ma non
si ripete, stavolta,
il miracolo della PX.
La campagna di lancio
realizzata dalla Rscg,
vedi in basso, prevede
anche due filmati
«con uno stile tra Wim
Wenders e il videoclip».

«Signori azionisti, nel 1987 il mercato mondiale dei veicoli a due ruote motorizzati (...) ha ripreso a seguire il trend negativo che ha caratterizzato il settore in questi ultimi anni. (...) La riduzione dei volumi rispetto agli inizi degli anni Ottanta risulta superiore al 30 per cento». Altra musica stavolta. E un quadro difficile in cui gli Stati Uniti si sono ormai serrati a riccio, il mercato asiatico ancora tiene grazie a India e Taiwan, in ascesa, ma soprattutto l'Europa Occidentale deve fronteggiare un crollo superiore al 40 per cento rispetto al magnifico 1981.

La vostra società, signori miei, è prima in classifica con quasi un terzo della produzione complessiva nel vecchio continente, ma la torta da spartire, di anno in anno, si fa sempre più piccola. E inoltre, ma di certo voi non potete saperlo, il peggio deve ancora venire.

## Crisi e trasformazione

Navigazione difficile di qua dalle Alpi, e non si stenta a individuarne le cause. La contrazione demografica ha ridotto il numero dei potenziali acquirenti, alla soglia sia dei quattordici che dei sedici anni, di un buon 10 per cento dal 1986. La rapida obsolescenza dei modelli, imposta dalla strategia commerciale delle case giapponesi più che dall'innovazione tecnologica, demotiva gli acquirenti spingendoli verso il mercato dell'usato. La legge sulla sicurezza stradale che dall'estate '86 impone l'uso del casco sui targati,

«L'Inghilterra non ha più costruttori, in Germania resiste soltanto la BMW, che riesce a sopravvivere grazie alle sovvenzioni concesse a chi produce nella città di Berlino; in Francia la Motobécane è della Yamaha e Peugeot marchia con il suo nome prodotti Honda. Siamo ormai la sola industria europea in questo settore: Piaggio ha continuato a investire fortemente in nuove tecnologie di processo, e compie con la Cosa un salto qualitativo». Così Umberto Agnelli al Salone del Ciclo e Motociclo 1987.

Dopo l'ultima incarnazione del mito – una PK che, a dispetto della sue qualità, ancora stenta a rinverdire gli allori – la Cosa deve far fronte a notevoli aspettative. Massimo Iosa Ghini, architetto e designer, qui riesce a sveltirne la linea un po' tozza.

date queste premesse, ha un effetto devastante.

Oltre di un terzo è la riduzione dei targati nell'arco di dodici mesi; e la lotta è durissima nel settore. Già da tempo il fattore-moda orientava le scelte dei ragazzi verso la motocicletta a ruote alte, e su questo terreno nonostante tutto il Gruppo fa grandi passi in avanti, conquistando nuove quote di mercato con i prodotti Gilera. Ma se siamo in cerca di emozioni forti guardiamo agli scooter, e diciamo pure alla Vespa, data la sua condizione di assoluto monopolio (98 per cento del settore, nel 1987). Una *débacle*, senza mezzi termini. Qualcosa come il 63,2 per cento del venduto 1986 dodici mesi più tardi è svanito nel nulla; e se consideriamo il biennio, la contrazione è del 77 per cento.

La magica formula di D'Ascanio affronta la sua crisi epocale: stretta in un angolo, attrae un acquirente su dieci. È una sfida che bisogna vincere a ogni costo.

Cassa integrazione, prepensionamenti, blocco del turn-over: non più di seimila dipendenti conservano il posto in azienda, mentre avanza l'automazione nello stabilimento. Le lavorazioni si concentrano a Pontedera e d'altra parte si inaugura una "filosofia dell'indotto" trasferendo all'esterno il confezionamento delle parti di ricambio, ad esempio, oltre ad alcuni lavori di meccanica e assemblaggio. Si procede allo scorporo di certe lavorazioni "sverticalizzando" il prodotto, ovvero attivando iniziative industriali autonome che operino liberamente sul mercato, senza rapporti di esclusiva nei confronti della casa madre. Sono scelte drammatiche, pagate care ed amare, che si accompagnano a una coraggiosa quanto obbligatoria innovazione del ciclo produttivo e della gamma offerta agli utenti.

Styer-Daimler-Puch viene a rinnovare la squadra con i suoi marchi ben radicati nell'Europa del Nord; nel settore tre ruote si estende a tutta la gamma dell'Ape targata la motorizzazione diesel; nuove tecnologie come i programmi di progettazione CAD-CAM o il taglio laser delle lamiere vengono introdotte in questa fase.

Vincere ad ogni costo. Una rivoluzione del pensiero è alle porte.

Tra i risultati «importanti e concreti» della corrente gestione, signori azionisti, la messa a punto e il lancio del «nuovo scooter Cosa, destinato a sostituire la gloriosa Vespa targata dopo oltre 40 anni di vita e progettato per una clientela giovanile e moderna, razionale e non esibizionista».

Ultima nella filogenesi vespistica, la 50 Rush, in produzione dal 1988 al '90, registra un discreto venduto: 61.070 esemplari.

Arrivarci non è stato facile,
dopo oltre quarant'anni
di Vespa, e il percorso
è costellato di segni.
Un nome-scandalo, così
lo definiscono in azienda,
quello inventato da Marco
Mignani. Il nome e poi
il marchio, elegante;
infine si articola un frase
completa: «Quella Cosa della
Piaggio che cosa la vita».

Di grande impegno il lancio
del nuovo scooter, e non
si lesinano gli sforzi:
notevole la copertina di
"Max", nel maggio 1988,
con i testi di Sting
illustrati da Robert
Gligorov, che lavora
con lo scooter sul set.

## Il nome della Cosa

«Metropolitani, colti, eleganti ma non necessariamente firmati, sono i cosiddetti *trend-centers*». Marco Mignani, direttore creativo dell'agenzia che si è aggiudicata la campagna di lancio, individua gli utenti privilegiati di questa Vespa nuova nuova. Tanto nuova da meritare investimenti per 35 miliardi. Tanto nuova da rinunciare al nome di sempre.

Nonostante qualche ammiccamento, si direbbe che il prodotto, per la sua ostentata razionalità, sia rivolto a una clientela non di teen-agers ma piuttosto ai giovani e meno giovani professionisti urbani che scorgono, in questo due ruote sempre più automobilistico, l'ideale secondo o terzo mezzo di trasporto di cui dotarsi o dotare la famiglia.

In effetti, il gap generazionale sembra meno invalicabile in questi anni. I giovani ai quali si rivolge l'offerta tendono a condividere, almeno in parte, orientamenti di gusto e prospettive di affermazione personali fatte proprie da genitori certamente atipici, cresciuti negli anni Sessanta e oggi in piena ascesa professionale, ricondizionati e maturi per un generale ricambio dei quadri dirigenti.

Rotondo buon senso e un pizzico di tecnologia. Derivano dallo studio nella galleria del vento il sottoscocca carenato, lo scudo conformato a cuneo e la

«**M**i piaceva Modem, mi piaceva Shuttle... alla fine ho ristretto la scelta a una decina di nomi che ho trascritto accanto al nome Vespa e... ho capito che ero fuori strada. Potevano essere soltanto apposizioni del vecchio nome... Vespa-Modem, Vespa-Shuttle... esattamente ciò che il committente non voleva. Mancava l'elemento di rottura: nessun nome è abbastanza potente per combattere con successo il mito di Vespa. Perciò ho usato il nome di tutti i nomi, il jolly di ogni discorso».

particolare sagomatura dello spoiler centrale ben raccordato al parafango anteriore: coefficente di penetrazione migliorato del 10 per cento. Ma è la stabilità ai colpi di vento laterali, preziosa nei percorsi extraurbani, ad averne più guadagnato. Buona ergonomia dell'insieme con qualche accorgimento inedito, almeno nella produzione europea, quale un vano portacasco sotto la sella. Si segnala un impianto freni idraulico, "integrale": vale a dire che agisce su entrambi i tamburi, anteriore e posteriore, semplicemente azionando il pedale. Un particolare dispositivo evita il bloccaggio della ruota quando si intervenga anche con il comando, a leva, del freno anteriore.

Accensione elettronica, avviamento elettrico, starter automatico. Ma anche una linea che non ritrova la svelta eleganza di sempre, per questa strana Vespa che, sorprendentemente, preferisce non dichiararsi tale. Lo si direbbe quasi il passaggio dei quarant'anni, età pericolosa in cui si azzardano i colpi di testa.

La scelta di rinunciare a chiamarsi con il proprio nome è coraggiosa, ma va tradita forse da un rinnovamento che non è stata rivoluzione: di questa, in realtà, si parlava solo nel briefing all'agenzia.

Stretta fra conservatorismo e innovazione, affetta da una dichiarata crisi d'identità, la Cosa soccombe in una prova coraggiosa: quella di sostituirsi, anima e corpo, allo scooter più famoso del mondo. Il poco felice andamento delle vendite non sembra infatti premiare questa ambigua volontà di rinnovamento, bollandola come una rivoluzione di retroguardia.

Lo *storyboard* di un filmato per il lancio del nuovo scooter, ancora in attesa del battesimo definitivo. In questo 1987 che risente dell'introduzione del casco obbligatorio, la vera novità arriva da lontano: strana poltrona a due ruote, senzamarce quattro tempi, l'Honda CN 250 è il padre di tutti i maxiscooter.

La prima "fabbrica" Bajaj, a Kurla. Ma ben presto, scrive a Pontedera l'ingegner Randich, responsabile Piaggio in loco, nel '61, «è parsa evidente l'impossibilità di continuare a lavorare nelle condizioni sopra illustratevi».

La vocazione a farsi esportatrice, da Pontedera verso il resto del mondo, è viva in azienda sin dalla ripresa nell'immediato dopoguerra.

Curioso, a questo punto, tornare al novembre 1946 quando si valutavano segnalazioni per l'export niente-meno che in Cina. O al 1947, quando scrivono da Bangkok – Siam avendo notato lo scooter sulle pagine del "Popular Mechanics Magazine of America": prega-si inviare prezzi per Vespa e Ape *rickshaw*, sottolinean-do eventuale disponibilità a considerare il pagamento in forma di baratto, vale a dire «scooter contro stagno, caucciù, gomma o gommalacca».

Strane cose dal mondo; come la segnalazione, nel febbraio 1950, di ben «sette rivenditori "esclusivi" a Santiago del Chile», tutti beninteso ignoti all'azienda.

Uno dei tecnici e degli operai specializzati che, lasciato il Pian di Pisa, sbarcano in questo strano mondo, invia puntuale, desolato resoconto al direttore Lanzara. «Gli operai addetti alle fusioni sono continuamente nuovi ed anche i vecchi non hanno il minimo concetto del lavoro, sia perché non abituati, sia per mancanza di volontà, sia per il caldo, sia per il mangiare, sia perché sono tutti scalzi. Quando colano il metallo nella conchiglia basta loro fare presto e la loro preoccupazione è quella di non bruciarsi i piedi... Qui non c'è fretta e non hanno necessità di imparare adesso, possono aspettare. Qui tutti credono di rinascere in continuazione, per cui tempo a disposizione ne hanno abbastanza» (29 maggio 1964).

A migliaia di chilometri da casa, riprende il confronto fra le rivali di sempre. Lambretta è costruita da SIL (Scooters India Ltd) di Lucknow, che alla chiusura degli impianti milanesi, nel 1971-72, ha rilevato macchinari, magazzini, documentazione e progetti, oltre ai diritti mondiali di sfruttamento del marchio.

Il piccolo guardiano di un parcheggio a Delhi: qui siamo attorno al 1970, ma a distanza di trent'anni scooter e motociclette rappresentano ancora il 70 per cento degli oltre due milioni di mezzi immatricolati nella metropoli, con un aumento del 20 per cento l'anno.

Il successo si paga anche così. Altri contatti si rivelano forieri di imprevisti, clamorosi sviluppi. È il caso della esportazione dell'Ape *rickshaw* in Pakistan, qualche anno più tardi. Oppure, all'alba degli anni Sessanta, quando si apre l'intensa e controversa avventura indiana di Piaggio.

### Come una seconda patria, o quasi

«La Vespa gode in India della più vasta popolarità per le sue doti di economia e per le note, eccellenti prestazioni. Essa è pienamente inserita nel paesaggio indiano, sia nelle affollate strade cittadine che nelle vaste pianure dell'interno. Oggi nessuno si stupisce vedendo una Vespa all'ombra di un tempio indù». Dove *oggi* sta

per l'autunno del 1962, quando sulla rivista "Piaggio" si celebra la decimillesima Vespa uscita dalle linee del nuovo stabilimento Bajaj Auto Ltd, ormai da un biennio licenziataria per tutto il territorio indiano. Non è stata vita facile sino a quel momento, e ancor meno lo sarà di lì in avanti.

L'industrializzazione nel subcontinente, sin dai giorni dell'Indipendenza nel 1947, è un delicato processo realizzato con il forte coinvolgimento dell'amministrazione statale. Questa si riserva di autorizzare la produzione nel settore auto e motociclistico a società miste in cui il partner indiano sia licenziatario di modelli e tecnologie straniere, senza dunque consentire l'insediamento di società estere né tantomeno l'importazione diretta.

L'avvio, decisamente in salita, ha per scenario il vecchio stabilimento di Kurla nel febbraio '60: un capannone male in arnese affacciato su un vicolo fangoso, ambientazione quasi surreale per i tecnici di Pontedera inviati sul posto. Personale esorbitante, quasi il doppio del dovuto; mancanza di quadri e capireparto, "non necessari" a detta della volenterosa dirigenza aziendale; irrazionali procedure operative, e si lavora infatti senza portapezzi sui banchi mentre nei corridoi si accatastano i materiali d'imballaggio; totale inconsistenza dei controlli qualitativi.

Con i nuovi impianti realizzati secondo le direttive Piaggio non lontano da Poona, si tratterà di insediare anche una vera cultura del lavoro industriale. Il governo intanto preme per l'avvio delle produzioni esterne, così da favorire lo sviluppo dell'indotto, secondo il programma che prevederebbe nella "quarta

Nel settembre 1962, dal nuovo impianto di Akurdi, presso Poona, esce la decimillesima Vespa, benedetta dal presidente Kanalnayan Bajaj. Il padre e fondatore dell'azienda, Jamnalal Bajaj, era un allievo del Mahatma Gandhi negli anni della lotta per l'indipendenza.

Taxi su due ruote, davanti
al Rashtrapati Bhavan,
il palazzo presidenziale in
Delhi. Al di là dell'aspetto
esotico, si tratta di un
servizio efficiente che
ha fatto la sua comparsa
anche in Europa; e di
certo lo scooter è il mezzo
più adatto alla bisogna.

La pubblicità di LML punta
su qualità e aggiornamento
tecnologico del prodotto.
Dal 1982 al '90 l'accordo
già prevedeva la cessione di
tecnologia e licenze, ma in
quell'anno si firma la joint-
venture, con una quota
Piaggio del 25,5 per cento:
l'intesa, confermata nel '95,
porta alla installazione della
linea per la PK 125 nel '96.

fase", fra l'autunno 1962 e l'inverno '63, la completa
realizzazione in loco dello scooter. In azienda si rac-
comanda cautela: elevato il rischio di assemblaggi con
pezzi non a disegno e ancora eccessiva la percentuale
di scarti di lavorazione, dati i materiali scadenti e la
scadente manodopera.

Detto questo, la richiesta è pressante e si possono az-
zardare le più rosee previsioni per Bajaj e API, Automobile Products of India, l'industria di stato che, almeno in questa fase, ha acquisito la licenza di produzione
della Lambretta. Nei primi anni il mercato nero degli
ambitissimi scooter "italiani" è ben florido e diffuso
nel paese. E dunque affari d'oro sino al 1971, quando
– nell'ambito della nazionalizzazione della grande industria e del sistema bancario-assicurativo voluta da
Indira Gandhi – la licenza non viene rinnovata, e Piaggio si vede estromettere brutalmente dalla scena.

Da quel giorno milioni di Vespe sono uscite dalle linee
di produzione del partner indiano, divenuto con gli
anni un colosso da 18.000 dipendenti, 936 milioni di
dollari di fatturato, capace di un veicolo ogni 17 secondi. Milioni di Vespe, ribattezzate Bajaj, hanno dato un
contributo fondamentale alla motorizzazione del subcontinente; con buona pace della casa di Pontedera.

## Un'altra "liaison dangereuse"

Dalla relazione di bilancio per l'esercizio 1982:
«Dopo 11 anni di assenza dal mercato indiano sono
stati conclusi due contratti di licenza la cui negozia-
zione era iniziata nell'81. I contratti sono stati appro-

Sulle strade dell'India circolano 40 milioni di motoveicoli: questa cifra astronomica potrebbe rappresentare solo la metà del potenziale assorbimento del mercato. Si parla di ottanta milioni di famiglie, un dato in crescita costante; in questa luce il subcontinente appare più che mai sterminato e ricco di promesse.

vati dal Governo Federale Indiano e alla fine del 1983 potranno riprendere le nostre esportazioni verso questo importante mercato».

Lohia Machines Limited di Kanpur, nato come produttore di macchinari per il settore tessile, sembra il partner giusto per questa nuova avventura. L'accoglienza è superiore alle più irragionevoli aspettative; ma una politica dei prezzi forse poco accorta e qualche problema tecnico sulle prime serie raffreddano molto gli entusiasmi dell'esordio.

Ottimizzato il ciclo di lavorazione e varata una politica commerciale incisiva, in coincidenza con l'espansione del mercato nei primi anni Novanta, LML decolla infine senza più incertezze. La strategia per contrapporsi allo strapotere di Bajaj vuole mezzi bene accesso-

Nel maggio 1998, avendo incamerato piani e disegni dall'Italia per una quarantina di future varianti ai modelli in listino, LML sottoscrive con la sud-coreana Daelim un accordo quinquennale per la produzione di moto di piccola e media cilindrata, ovvero il settore in fase di massima espansione. Si sostiene peraltro che la casa di Pontedera sia venuta meno all'impegno di trasferire la tecnologia produttiva relativa ai nuovi modelli di scooter con carrozzeria in plastica già commercializzati sul mercato europeo: accusa puntualmente contestata dalla controparte.

riati e di buon livello tecnologico: sono previsti di serie il nuovo sistema frenante concepito a Pontedera, portapacchi e spoiler imbottito. Ne derivano prezzi sostenuti e la collocazione in una fascia alta di mercato, ma questa è la scelta vincente. Il fatturato quadruplica in sei anni; l'azienda è al secondo posto, alle spalle di Bajaj, con il 20 per cento delle vendite nel settore.

Dicembre 1997: all'indomani della prematura scomparsa di Giovanni Alberto Agnelli, Chairman e Chief Executive Officer di Piaggio Veicoli Europei dal '93, la partnership indiana dà segnali di instabilità. I partner locali sostengono che il pacchetto azionario del giovane erede, venuto a mancare a soli 33 anni di età e molto legato a questa iniziativa, potrebbe cambiare di mano sino a configurare schieramenti conflittuali con gli intenti della joint-venture.

Certo è che ormai da tempo la spinta all'autonomia si va facendo pressante negli uffici di Kanpur, rafforzando l'impegno per la *indigenization* nella realizzazione dei componenti.

La richiesta di acquisire la quota azionaria Piaggio nella joint-venture è del luglio 1998: qualora venisse confermata la violazione degli accordi da parte italiana, il partner avrebbe la facoltà d'imporre la cessione a un prezzo attorno al 30 per cento del valore di mercato.

L'aspra battaglia legale internazionale contrappone i due soci di un tempo, e finalmente nel 1999 si giunge a una composizione extragiudiziale: una pace sofferta e costata cara a entrambe le parti, ma Piaggio rimane libera di competere sul mercato indiano con i propri marchi e prodotti.

Un recente manifesto della LML. Sino al 1990 il mercato era dominato dagli scooter "italiani", ma dieci anni più tardi la crescita (con punte del 37 per cento annuo) favorirà invece le moto. Ad ogni modo, i numeri sono di assoluto rilievo: qualcosa come il 16 per cento dei mezzi a due ruote nel mondo (quattro milioni di unità l'anno, su un totale di oltre ventuno milioni) è venduto in India.

# Tommaso Fanfani

# IL PROGETTO CULTURALE

### L'ideatore

Per un'azienda che vanta oltre un secolo di storia e che ha partecipato alla produzione di tutti i mezzi di trasporto, fino al "miracolo" Vespa, un completamento necessario è sicuramente la realizzazione dell'archivio storico e del museo, contenitori dinamici per raccogliere i documenti e i prodotti più significativi.

Archivio e Museo sono oggi una splendida realtà: punto d'arrivo di un progetto iniziato nel 1992 e conclusosi il 29 marzo dell'anno 2000, vale a dire dalla prima ricerca per la raccolta documentaria dell'Archivio Storico Piaggio "Antonella Bechi Piaggio", al giorno dell'inaugurazione del Museo Piaggio "Giovanni Alberto Agnelli".

È sul terreno dei valori immateriali della cultura che il giovane Presidente della Piaggio di Pontedera, Giovanni Alberto Agnelli, avviò un processo di recupero del patrimonio storico, rimarcando con progetti e risorse la centralità della cultura nel rapporto tra impresa e territorio.

Giovanni Alberto era dotato di grande intelligenza, simpatia e affabilità naturali. Aveva trascorso molte estati e lunghi periodi nei boschi di Varramista, nella splendida residenza della nonna materna, Paola Antonelli Bechi Piaggio, durante i mesi di vacanza dagli impegni scolastici. Aveva familiarizzato con la gente della vasta tenuta, imparando ad apprezzarne l'arguzia, l'innata simpatia, la disponibilità e sensibilità. Per molte stagioni aveva respirato il senso di appartenenza tra territorio e azienda Piaggio e, pur vivendo in una residenza esclusiva e lontana dalla normale contestazione operaia, aveva avvertito i momenti di conflitto nelle relazioni industriali, l'inevitabile dialettica tra impresa e maestranze.

I suoi studi si erano svolti tra Torino e gli Stati Uniti, dove aveva conseguito una laurea in Relazioni Internazionali presso la Brown University di Providence (R. I.) e quindi un master in Business Administration. La sua profonda vocazione era nelle scienze sociali: amava la storia. Poteva trascorrere ore a parlare della questione meridionale in Italia o degli anni del secondo dopoguerra, quando il nostro paese aveva vissuto una poderosa trasformazione economica e aveva posto solide basi per la grande crescita.

Credeva nel valore della formazione scientifica e professionale. Chiamato giovanissimo alla presidenza della Piaggio, quasi ossessivamente avvertiva la necessità di formazione permanente per il management dell'azienda e più in generale per ogni livello di occupati, dai quadri intermedi agli operai.

La convinzione della centralità della cultura non veniva avvertita soltanto nella sua forma funzionale alla vita dell'azienda, vale a dire come complementare alla ricerca e sviluppo per mantenere e accrescere la competitività nel mercato, ma veniva pensata anche come patrimonio profondo, intrinseco a tutti gli occupati nei processi produttivi, e veniva avvertita – in questo livello – come conoscenza della propria storia, consapevolezza che la competitività della Piaggio era il risultato di un lungo processo in cui uomini e donne di ogni condizione, ingegneri e operai, lungo i decenni e nella realtà civile e sociale di Pontedera e della Toscana, come di ogni altra regione ove quest'azienda produceva, avevano insieme costruito le condizioni per lo sviluppo e per il successo. Lo strettissimo rapporto tra impresa e territorio doveva trovare collegamento non solo negli aspetti materiali del lavoro fisico di decine di migliaia di persone dentro le mura dello stabilimento, ma anche nel senso di apparte-

*nenza del territorio alla fabbrica e della fabbrica al territorio.*

*Faceva discendere da tale binomio uno dei punti di forza per il successo dell'impresa, qualunque fosse la sua specificità, qualunque il suo "core business". Partire dalla storia significava scoprire le proprie radici e dare all'azienda quel valore aggiunto derivante dalla sua affermazione plurisecolare.*

*Impresa e cultura, impresa e territorio furono allora i suoi obiettivi, trasferiti a quanti di noi gli erano accanto, condivisi da chi poi gli è succeduto alla presidenza della Piaggio e alla guida dell'azienda e punto di avvio dell'operazione culturale appunto conclusasi nel marzo 2000, dopo otto anni di impegno.*

*L'ideatore del progetto non ha potuto vedere il risultato della sua idea e del suo progetto, ma la sua impostazione rimane indelebile nella storia grazie agli effetti di quell'intuizione concretizzatasi in un luogo fisico per la raccolta dei documenti e per l'esposizione dei veicoli.*

## Il progetto Archivio e Museo

*«Il presente che si muta in passato è imperiosamente comandato da ciò che l'ha preceduto. Considerato in quanto tale, può a rigore descrivere se stesso, ma non comprendersi».* Se queste sono parole di Marc Bloch, Museo e Archivio Piaggio rappresentano un luogo della memoria in cui comprendersi attraverso la conoscenza della storia della più grande azienda metalmeccanica dell'Italia del Centro Sud e un luogo in cui affrontare dinamicamente i progressi tecnico-scientifici, il cammino dell'innovazione, le tappe della creatività in un processo dove il passato si muta in presente e il presente in futuro.

*Quando la Piaggio nasce a Genova, l'Italia sta vivendo la fase del decollo industriale, del "take off" in ritardo rispetto alle maggiori nazioni dell'Europa. È una fase in cui si aprono nuovi orizzonti per chi ha capacità e intraprendenza. Doti di cui sicuramente non è privo Rinaldo Piaggio che prosegue la sua avventura e conduce la sua azienda a livelli dimensionali sempre più ampi e alla diversificazione della produzione, sia pure sempre all'interno della mobilità.*

*Il museo racconta la storia della Piaggio iniziando dai decenni antecedenti la nascita della Vespa, come storia di creatività, di oggetti tecnici scaturiti dalla genialità innovativa, capaci di far superare all'azienda i frequenti periodi di difficoltà. Ogni ripresa cammina sulle gambe e sulla testa di quegli ingegneri innovatori, come ora cammina su*

La tecnologia Piaggio, dal 1884 a oggi, ha portato a risultati di notevole innovazione; il treno del 1936 esposto all'ingresso del Museo ne è un esempio.

Nella sala principale, si apre l'esposizione incentrata sulla Vespa: un prodotto che ha fatto sognare molti e che ancora oggi conserva tutto il suo fascino.

quella di uomini capaci di restare, e soprattutto di crescere, nel difficile mercato della globalizzazione.

Il nostro Museo racconta ogni momento della storia Piaggio, costruendo un percorso visivo fatto di testimonianze concrete, e punta di un piccolo iceberg di mezzi che via via verranno immessi, a rotazione, all'attenzione del pubblico.

Era il 1993 quando Giovanni Alberto Agnelli chiese di assegnare qualche tesi ai laureandi sulla storia della Piaggio. Quella richiesta fu il punto di partenza per la prima individuazione delle carte storiche della Piaggio che da allora in poi furono ordinate nell'Archivio; oggi questo raccoglie circa 4.000 faldoni con molte decine di migliaia di documenti.

La raccolta delle carte non è del tutto terminata: l'archivio del personale, ovvero la storia individuale delle oltre centomila persone che sono passate negli stabilimenti Piaggio di Pontedera e di Pisa dal 1917 ad oggi, non è mai stato toccato ed attende di essere ordinato. Com'è facilmente comprensibile si tratta di un fondo di elevata importanza per la ricostruzione della storia sociale, economica e civile di Pontedera e non solo di Pontedera.

Resta inoltre la vastissima mole di disegni, alcuni dei quali d'importanza storica inestimabile (come ad esempio il disegno della prima Vespa), materiale classificato di particolare interesse dalla stessa Sovrintendenza ai beni archivistici, culturali e ambientali.

L'Archivio fu dunque la prima tappa di quel progetto di

Nella scaffalatura, Vespe e ciclomotori dal passato al futuro: un patrimonio unico – fra modelli di serie, versioni speciali e prototipi – da conservare e sviluppare ancora.

Sollecitazioni fantastiche e realizzazioni operative: la metamorfosi di Ape, nella versione risciò.

compatibilità tra cultura e impresa. Su di esso si sviluppò l'idea della Fondazione e del Museo. La Fondazione venne vista come punto d'incontro tra territorio e impresa e coerentemente fu ed è partecipata da tre soci: Piaggio, Comune di Pontedera e Provincia di Pisa. All'atto dell'istituzione, le finalità statutarie dichiarate circoscrivevano la Fondazione quale strumento di promozione per la ricerca storica, per l'attività culturale e per la realizzazione dell'Archivio e del Museo, obiettivi questi già affermati nelle scelte strategiche di Piaggio, ma allora trasferiti nell'operatività della Fondazione stessa.

La progettualità cresceva freneticamente e nel 1994 la convinzione era di concludere i lavori del Museo in un anno, massimo un anno e sei mesi. Invece la sorte prevedeva una tragica battuta d'arresto per la scomparsa dell'ideatore del progetto e inoltre, come tutte le grandi opere, anche questa ha richiesto tempi lunghi, impegno costante ed è stata oggetto di ricorrenti ritardi.

La scomparsa di Giovanni Alberto Agnelli fu un duro colpo nel cammino realizzativo, ma la convinta condivisione del progetto da parte dei suoi successori ai vertici dell'azienda e la partecipazione dei soci pubblici della Fondazione, consentirono il superamento di ogni difficoltà.

Realizzati su progetto dell'architetto Andrea Bruno, Archivio e Museo sono elementi dinamici nei rapporti tra azienda e territorio, testimonianza suggestiva dei processi d'innovazione continua di un'azienda e con essa della capacità creativa di un contesto che va ben oltre i confini della fabbrica. Un Museo in cui trovano spazio sia la narrazione delle vicende plurisecolari dell'impresa, che espone e raccoglie le testimonianze tangibili di quella vicenda, sia l'esposizione degli ultimi prototipi, la diffusione degli studi e delle immagini appartenen-

ti non tanto al passato, ma al presente e destinate al futuro.

Il Museo Piaggio è e vuole essere monumento alle capacità tecnico-scientifiche degli innovatori, ma anche al lavoro di decine di migliaia di operaie ed operai di questa terra. L'azienda è parte viva di un tessuto sociale e civile, è essa stessa la società locale e può proiettarsi nei mercati mondiali perché espressione delle capacità manageriali e delle capacità realizzative di generazioni di uomini e donne, veri e indiscussi protagonisti della storia di questa terra.

In questa consapevolezza il disegno di Rinaldo Piaggio, di Enrico, di Giovanni Alberto Agnelli è disegno ora ricostruito e ormai entrato nella storia di una civiltà, con un posto ben saldo difeso dall'azienda e accanto ad essa difeso dalla città di Pontedera, di Pisa, dalle comunità del territorio.

C'è dunque una grande eredità che il Museo e l'Archivio intendono salvare: un'inestimabile eredità di cultura e di patrimonio maturato nella storia della scienza e della tecnica. Si tratta della raccolta di testimonianze che devono valere non solo per gli aspetti immateriali della cultura, ma anche quale raccolta che, accanto alla narrazione della creatività, promuove ed esalta l'immagine di un'impresa che ha contribuito a scrivere la storia dell'Italia e la storia della modernità nel mondo intero.

Rimettere in moto la mobilità nell'Italia del dopoguerra, accanto alla diffusione della Vespa e dell'Ape sia nei paesi ricchi come nei paesi in via di sviluppo, non ha solo il valore commerciale del successo dei prodotti, ma rappresenta l'insieme di testimonianze da custodire doverosamente. Esse sono espressioni di lavoro, di creatività e meritano il rispetto e la considerazione dovuta alle più elevate espressioni di civiltà.

254

Una rivoluzione del pensiero investe l'azienda al volgere del decennio. Gusti e inclinazioni del pubblico evolvono per poi riconfigurarsi in schemi diversi; la stessa architettura aziendale subisce una trasformazione profonda.

Nel 1988, mentre il totale dei veicoli prodotti in quarant'anni di storia raggiunge quota dieci milioni, Umberto Agnelli lascia la presidenza.

Giovanni Alberto Agnelli, appena ventiquattrenne, fa il suo ingresso nel consiglio d'amministrazione per venire eletto, a distanza di pochi mesi, alla presidenza della neocostituita Piaggio Veicoli Europei.

Questa è la principale fra le molte aziende che fanno capo alla Piaggio & C., holding finanziaria e immobiliare la cui sede viene significativamente trasferita da Genova a Pontedera con il primo gennaio del 1989.

Un ciclo si apre, e vede prendere forma una nuova linea di prodotti e poi l'ennesima metamorfosi degli impianti di Pontedera – la "fabbrica infinita", secondo una definizione di Tommaso Fanfani – a misura delle ultime necessità.

### Gli scooter eretici di Pontedera

A onta del dato dimensionale, un certo appannamento d'immagine si riflette dal marchio ai suoi prodotti e viceversa. In questa fase di transizione il primo gruppo europeo, con il 40 per cento del mercato continentale sotto i 50 cc e il 70 per cento di quello italiano, a tratti soffre di una crisi di identità in qualche modo percepita dal pubblico e dagli stessi acquirenti.

Il segnale forte del cambiamento verrà proprio dal confronto con i nuovi scooter, che sembrano rinnegare quarant'anni di storia. Nulla appare tanto lontano dalla filosofia Vespa quanto quel due ruote "così poco Piaggio" che va sotto il nome di Sfera. Telaio in acciaio, carrozzeria in plastica indeformabile, motore centrale, avviamento elettrico; niente starter e rubinetto benzina, che sono automatici così come il cambio. Tutto questo è rimasto celato, per due anni d'intenso lavoro, sotto la voce " nuovo scooter leggero". Nuove linee di produzione robotizzate inaugurano lavorazioni e materiali sino a quel momento inusuali negli impianti di Pontedera. L'abbandono della scocca portante, che il progetto Cosa solo tre anni prima aveva scelto di riconfermare, consente notevoli riduzioni dei costi d'im-

A metà degli anni Novanta si guarda anche a Est, ma i grandi numeri nel parco moto europeo restano quelli di Italia (7.800.000) e Germania (4.000.000), poi Francia e Spagna (3.200.000), mentre gli altri sono ampiamente sotto il milione.

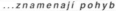

...znamenají pohyb

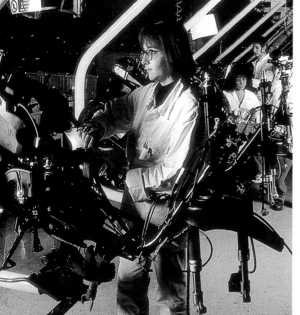

pianto e lascia intuire la strategia di diversificazione e aggiornamento del prodotto che, d'ora in avanti, sarà il credo aziendale. Questa la linea adottata anche da altri produttori sull'esempio delle case motociclistiche giapponesi, che la misero a punto anni addietro.

I tempi sono maturi per giocare a tutto campo: sarà una sfida portata ai colossi giapponesi e alle relative ibridazioni europee, sul loro stesso terreno. La vita commerciale dei singoli modelli subisce una prodigiosa contrazione. Un mercato nevrotico, bombardato di novità, impone una frenetica elaborazione stilistica e un costante aggiornamento tecnologico. Gli scooter "in plastica" sono veri mutanti, via via calibrati in modo da rivolgersi ai giovanissimi, agli sportivi, al pubblico adulto generico o prevalentemente femminile.

All'inizio del nuovo decennio dagli stabilimenti del Gruppo escono 700.000 veicoli motorizzati, senza contare i ricambi: 435.000 da Pontedera, 22.000 da Arcore, 105.000 da Moto Vespa Madrid, 135.000 dal partner indiano LML.

**S**fera – "Compasso d'Oro" 1991 per il miglior design industriale – nella versione 125 è il primo scooter europeo con motore quattro tempi; Zip & Zip sperimenta la configurazione ibrida termico-elettrica. Con Free e poi Liberty nascono gli scooter a ruote alte – destinati a soppiantare i ciclomotori – dove Piaggio si imporrà come leader con 600.000 unità vendute a tutto il 2002. Nella prima fase del fenomeno maxiscooter, nuove due ruote granturismo destinate a un pubblico adulto, Hexagon per un biennio è ai vertici in Europa. Con il marchio Gilera si distinguono per l'impostazione nettamente sportiva prima Typhoon e poi Runner, che col tempo darà vita a un campionato europeo monomarca.

Che quel giorno fu un grande giorno lo disse anche il Museo d'Arte Moderna di New York.

Vespa, il mito scooter.          PIAGGIO

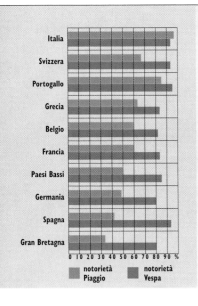

Il confronto fra la notorietà del nome Vespa, nei diversi paesi europei, rispetto a quella dell'azienda stessa che la produce è molto significativo (1995).

## Un marchio storico per consumatori edonisti

Uno studio condotto sull'immagine aziendale nei diversi paesi europei individua fra i segnali caratterizzanti l'ultimo quinquennio (1989-94) una maggiore incertezza del futuro, una rinnovata sensibilità ai valori del collettivo, un edonismo meno istintuale-aggressivo e definito "più morbido", maggiore attenzione alle componenti immateriali del benessere come il tempo per se stessi e la cura degli affetti personali, un forte bisogno di valori e principi, una tendenza al decentramento. Segnali, forse, di una maturazione in atto.

Nelle attitudini al consumo questo si traduce in richiesta di prodotti ad alta tecnologia ma di uso facile e immediato, e in attenzione sulla "qualità dell'esperienza del consumo" più che sul prodotto come simbolo di status. Cardine e riferimento dell'intero sistema è il valore della qualità della vita. Tutto ciò, beninteso, sopra i vent'anni.

Infatti il pubblico è ben distinto in due fasce, secondo le dinamiche d'acquisto e le abitudini d'uso: teenagers e adulti. I primi, molto influenzati dalle indicazioni del gruppo di identificazione, hanno un approccio più emotivo. Conferme di appartenenza, design aggressivo, emozioni forti e prestazioni elevate li attraggono, prefigurando un uso ispirato a modalità ludico-esibizionistiche significativamente messe in relazione con il modello collettivo già in voga negli anni Ottanta.

Il consumatore adulto di fine millennio è più selettivo, razionale, sobrio, colto e anche opportunista poiché non facile da fidelizzare. Disomogenea e a volte contrastante il dato reale è, nei paesi europei, la sua individuazione degli elementi caratterizzanti il marchio Piaggio. Radicata in lui e diffusa, con valori sino all'87 per cento fra i potenziali acquirenti e ben oltre il 60 per cento nel pubblico generico, è la riconoscibilità del nome Vespa. Ancora lo definisce «lo scooter per antonomasia» in questa estate '94, individuando il segno di uno stile «italiano classico, originale ma non innovativo»; lo percepisce come un mezzo «affidabile ma a bassa tecnologia», con margini di sicurezza «relativamente scarsi» e scarsa attenzione per l'ambiente.

Un patrimonio unico di immagine e di valore sta perdendo smalto, credibilità e freschezza: tempo di correre ai ripari. E da tempo si sta lavorando sul tema: una vera mutazione è in atto a Pontedera.

«Oggi a livello europeo, Piaggio è vissuta come azienda e come marca di prodotto; Vespa è azienda, marca, modello e prodotto. Typhoon è un modello ma nessuno sa di quale azienda». In realtà, dalla ricerca Hill & Knowlton sul posizionamento dell'azienda in Europa a metà degli anni Novanta emerge «una percezione limitata di Piaggio rispetto alla sua natura reale e alle sue intenzioni». All'opposto, significativamente, «marchi come Vespa rappresentano non solo un prodotto ma un "mondo particolare" ad altissimo valore aggiunto: voce da iscrivere a bilancio come bene molto prezioso».

Italia
Svizzera
Portogallo
Grecia
Belgio
Francia
Paesi Bassi
Germania
Spagna
Gran Bretagna

0 10 20 30 40 50 60 70 80 90 %

■ notorietà Piaggio     ■ notorietà Vespa

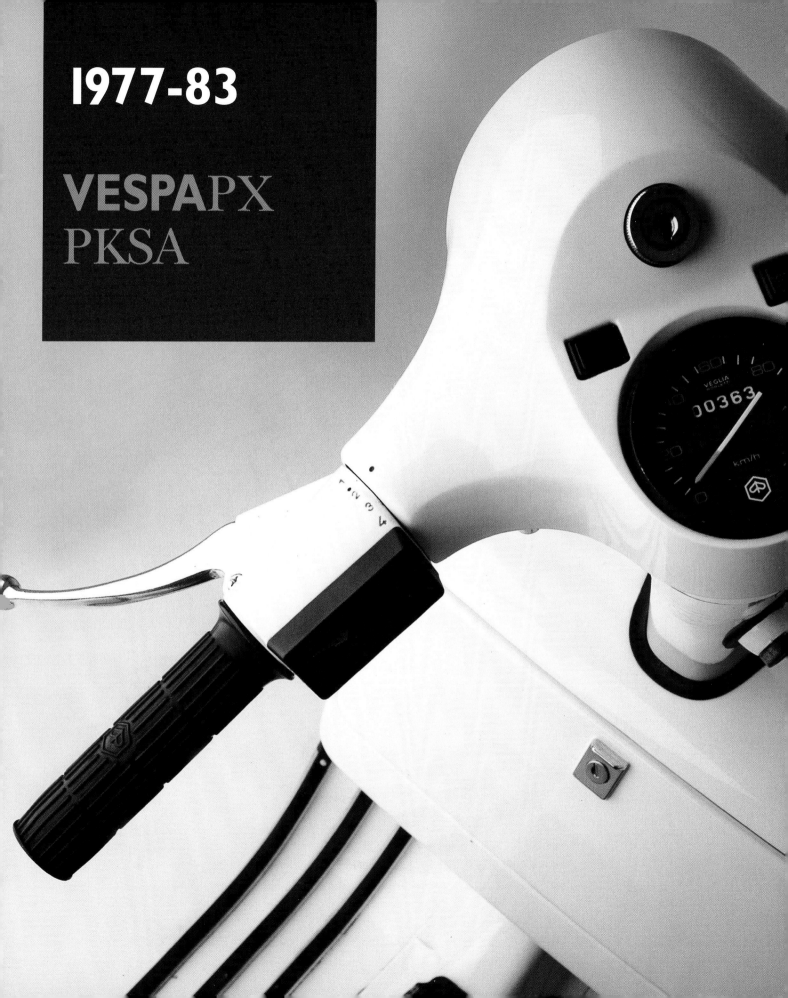

# 1977-83

# VESPA PX
# PKSA

# VESPAPX

**T**ra la fine degli anni Settanta e i primi
anni Ottanta un quadro politico
ed economico sostanzialmente instabile
incide sul mercato motociclistico internazionale
dove Piaggio riveste il ruolo di maggior costruttore
europeo di scooter, in competizione con i marchi
più prestigiosi (soprattutto giapponesi). Il mondo
produttivo con cui si confronta l'azienda si è
evoluto alla luce di due concetti portanti: l'idea
di "sistema", che mira a legare in modo flessibile
e interattivo, in fase di progetto, una serie di componenti già separate (materiali, tecniche produttive, organizzative, comunicative, economiche, di
marketing) riconfigurando l'ambiente produttivo;

La Fiat Panda è, come PX,
un esempio dello stile
e del design italiano che
si afferma tra la fine degli
anni Settanta e gli inizi
degli anni Ottanta.

Dettagli della Nuova Linea
da un depliant inglese:
il bloccaggio antifurto
dei cofani e il foro di presa
d'aria per il carburatore,
alloggiato in una scatola
in plastica sopra il motore.

## ... with cowls
## anti-theft device

The new Vespa PX 150 E is
equipped with an anti-theft device
for securing the two-cowls.
This new device, operated by two
levers located under the locable
seat, prevents the removal of the
spare-wheel.

Il rinnovamento stilistico ha inciso profondamente nella parte posteriore, definita da linee squadrate. I cofani laterali, ora molto meno espansi, sono percorsi da una modanatura leggermente rientrante nella quale si inseriscono i segnalatori di direzione, un optional irrinunciabile per molti.

Particolare della griglia, con il marchio Piaggio, posta sul "naso" dello scooter a protezione del clacson.

Il cofano motore, come il suo corrispettivo sul lato sinistro, è bloccato in posizione da un apposito gancio con molla di ritorno.

inoltre si affronta il rapporto uomo-macchina non solo in termini ergonomici, ma con un rovesciamento di priorità tra meccanica ed elettronica. Il design del prodotto si arricchisce di componenti che tendono sempre più a miniaturizzarsi, svincolando le forme dagli ingombri "tecnici" per ricondurle a valori estetici, emozionali, comunicativi.

Macchine da scrivere automatiche Olivetti come Logos 42, disegnata nel '77 da Mario Bellini, ma anche elettrodomestici da cucina, attrezzature per il lavoro, automobili come l'Alfetta o la Panda di Giorgetto Giugiaro sono alcuni dei prodotti realizzati in grandi serie, che si definiscono attraverso forme scatolari, volutamente squadrate e spigolose, individuano così le tendenze stilistiche del decennio. Questo il quadro nel quale viene configurata la "Nuova Linea" PX, presentata da Piaggio il 19 ottobre 1977, e costruita intorno alle esigenze della nuova generazione "yuppie".

La serie prevede due motorizzazioni, la 125 cc (P 125 X) e la 200 cc (modello P 200 E con accensione elettronica) quasi del tutto identiche, alle quali si affiancherà ben presto la 150 cc.

La linea è imponente, sobriamente elegante, stilisticamente rinnovata attraverso un redesign che mantiene la personalità originaria della Vespa. Le modifiche più evidenti riguardano le modanature marcatamente squadrate dei cofani laterali, ristretti di cinque centimetri, longitudinalmente configurati da una curva che si chiude nella estremità inferiore verso la ruota. I cofani

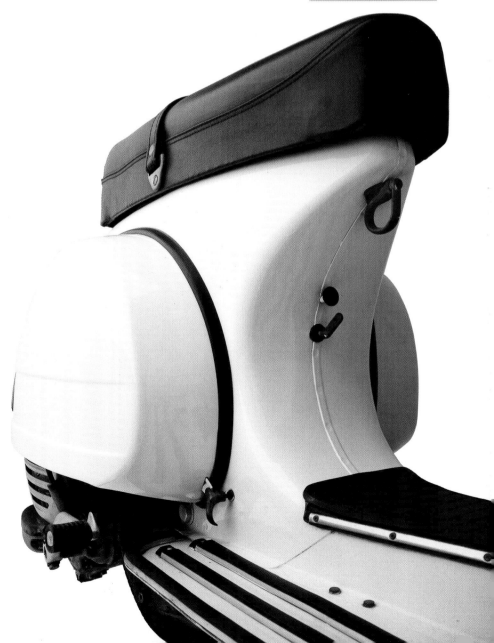

Le viste evidenziano lo stile
della Vespa "Nuova Linea".
Nel frontale risalta
il nuovo parafango rialzato
per l'aumentata escursione
del molleggio; lo scudo
porta un motivo centrale
a fascia, in buon equilibrio
con le varie componenti
e lo styling complessivo.

L'aspetto generale
è più corposo e compatto
con fiancate più strette
e dimensioni maggiori,
di seguito espresse
in millimetri: lunghezza
1.760, altezza sella 810,
altezza manubrio 980,
larghezza scudo 465,
larghezza massima 670.

Il nuovo contachilometri,
ben leggibile anche di
notte e abbastanza preciso,
è privo di parzializzatore.
Completano il quadro
una spia per le luci, una
per eventuali accessori,
e la chiave di accensione
(anche questa specifica)
a due posizioni.

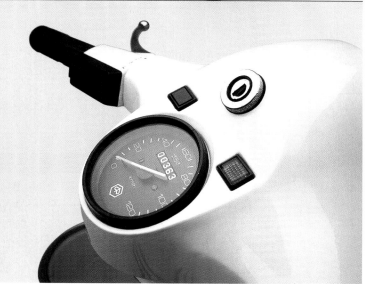

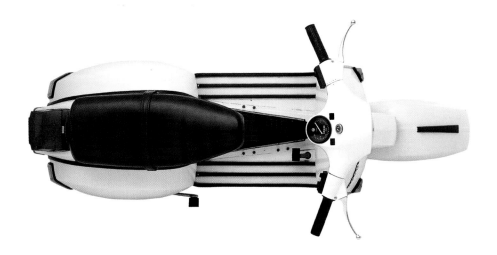

Il veicolo offre una notevole abitabilità complessiva grazie al maggior spazio nel vano della scocca. La sella in poliuretano espanso, grande e comoda, consente una posizione di guida ergonomicamente corretta, oltre a garantire un maggiore comfort anche per il passeggero.

**VESPA**PX

La sospensione posteriore è ora intonata all'anteriore (corsa 80 mm).

La sospensione anteriore adotta un ammortizzatore teleidraulico ancorato al portaganasce del freno. Ciò elimina l'affondamento in frenata, pur consentendo una maggiore escursione (91 contro 70 mm).

La nuova forma del parafango anteriore è in linea con la sagomatura della parte copristerzo sullo scudo, caratteristica della prima serie della **PX**.

Il pulsante di apertura della sella è ora dotato di serratura, con chiave specifica. Il grande fanale posteriore, malgrado l'assenza di batteria, ha un'intensità costante grazie ai regolatori elettronici.

## VESPA PX

sono staccabili (come nella 160 GS del '62 e successive) e predisposti per gli indicatori di direzione.

L'estremità posteriore del telaio, di forma scatolare, è rialzata per eliminare la forma "a becco" dei vecchi modelli; sotto è chiusa con un piccolo parafango in plastica nera che protegge dagli spruzzi e dà un tono di modernità al veicolo.

La parte anteriore è caratterizzata dal parafango ampio e squadrato, per compensare i volumi del gruppo retrostante, e dall'alto scudo con fascia centrale sporgente, modellata attraverso una curva che amplia la carenatura nel punto d'innesto al parafango e chiusa frontalmente da una griglia che nasconde il clacson. Il bauletto, di maggior capacità rispetto alle versioni precedenti, non interferisce con l'abitabilità del vano gambe.

La scocca, in lamiera portante da 15/10 mm e peso di 17 kg, è realizzata con i nuovi sistemi d'elettroforesi, in cui il processo elettrostatico di trattamento della carrozzeria garantisce la protezione delle lamiere con tecniche di verniciatura automatizzate ad avanzato standard tecnologico.

Se i comandi rimangono inalterati, il manubrio è in posizione più alta per un assetto di guida ergonomicamente corretto. La parte superiore è realizzata in plastica, facilmente smontabile; al centro compare un contachilometri circolare con accanto due spie e la chiave di accensione.

La 125 monta in posizione orizzontale il monocilindro a due tempi con distribuzione rotante e terzo travaso supplementare (dalla ET3);

la velocità massima è di 95 km/h con un
consumo medio pari a 2,17 litri ogni 100
km, la capacità del serbatoio è di otto litri.
L'impianto elettrico fornisce 12V – 80W
nelle versioni con indicatori di direzione.
L'innovazione tecnica principale riguarda
l'ingegnoso montaggio dell'ammortizzatore
teleidraulico, che non solo limita drastica-
mente l'affondamento dell'avantreno in
frenata ma consente una maggiore escursione.
L'inclinazione del canotto sterzo resta
di 25 gradi, ma l'avancorsa passa da 70 a 78
mm, migliorando così la tenuta di strada.
La PX è il modello più longevo di Vespa,
tanto che ancora oggi è in produzione.

**La disposizione dei comandi
al manubrio è invariata;
i dispositivi elettrici sono
raggruppati in una scatola
di plastica di nuovo disegno.
Notare le dimensioni
dello sportello del bauletto
con serratura; ma ben
tre diverse chiavi (forse
troppe) corredano il veicolo.**

# 1983

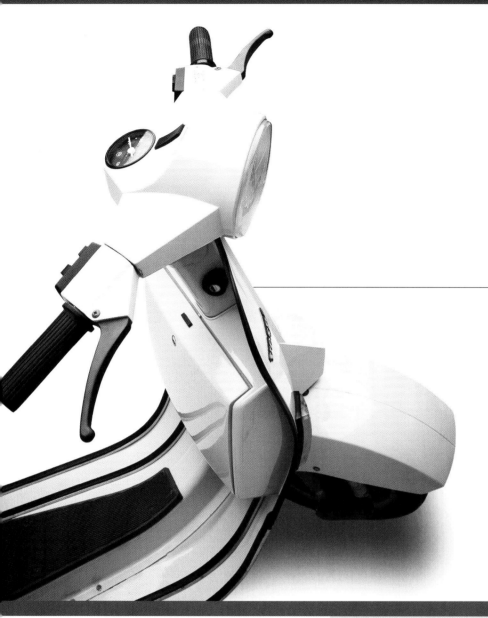

# VESPA PK

**I**l rinnovamento della gamma iniziato con
la serie PX prosegue, nel 1983, con la PK,
anche questa presentata in due cilindrate:
– la 50 cc proposta nei modelli PK 50 (base),
PK 50 S (lusso) con bauletto portaoggetti
e indicatori di direzione, e PK 50 S Elestart
ad avviamento elettrico;
– la 125 cc, in sostituzione delle versioni Standard ed ET3 di Vespa Primavera ancora prodotte
per il mercato giapponese (il veicolo a due ruote
occidentale più venduto in Giappone), nei modelli
PK 125 base e PK 125 S Automatica.
La PK 125 mantiene le caratteristiche fondamentali di ET3, come i tre travasi del cilindro

Il cambio automatico,
l'accensione elettronica
e i comandi dei due freni
sul manubrio sono studiati
per conquistare il pubblico
femminile, che trova nella
PK 50 A uno scooter pratico
e facilissimo da guidare.

L'anno in cui l'Italia vince
i Mondiali di Calcio in
Spagna (1982), Filippetti
con l'agenzia Leader
presenta «L'Italia s'è Vespa!».

Il manubrio ha i comandi manuali ridotti al minimo per un uso disimpegnato e istintivo.
A sinistra la leva in plastica del freno posteriore e la manopola girevole a due posizioni: 0 è la folle per la messa in moto, I inserisce la trasmissione automatica per la marcia che, a regime minimo, si disinserisce da sola.
La chiave di contatto a destra del cannotto di sterzo ha tre posizioni e attiva anche l'antifurto; con la stessa chiave si aprono il bauletto, i cofani laterali e la sella.

Parafango e sospensione anteriore a levetta oscillante con ammortizzatore idraulico a flessibilità variabile (escursione 80 mm). Pneumatici da 3.00" con cerchi in acciaio intercambiabili (2.10 x 10").

e l'accensione elettronica, evolvendo poi le soluzioni tecniche e stilistiche già sperimentate nella PX.

Il disegno di PK si caratterizza per le linee molto tese, quasi rette, inclinate e raccordate, che sottolineano la connotazione dinamica del mezzo, un design che si avvale delle avanzatissime tecnologie introdotte dall'azienda: il telaio è realizzato attraverso un sistema completamente diverso, che salda i gusci della scocca e del parafango anteriore con i bordi girati all'interno anziché sovrapposti. Il nuovo sistema offre grandi vantaggi soprattutto di natura estetica perché i punti di saldatura non sono più a vista.
I cofani, integrati nella scocca, alloggiano le frecce nella parte superiore della modanatura (in posizione più bassa, nella versione Automatica, rispetto a quelle della standard) che si piega lateralmente a squadra, formando la base.

È un quadrilatero chiuso anche nella parte inferiore, su cui vanno ad agganciarsi, a destra, gli sportellini per l'accesso al vano motore e, a sinistra, al vano per l'alloggiamento della ruota di scorta (la disposizione della batteria al centro della ruota, protetta da un disco in plastica, è simile a quella introdotta nel '62 dalla 160 GS).
Gli sportelli, che presentano sei feritoie inclinate, rimangono ancorati alla struttura inferiormente (soluzione inedita, introdotta per facilitare la manutenzione) e hanno dimensioni e angolo di apertura tali da garantire buona accessibilità alle parti interne; entrambi sono muniti di chiusura

La Vespa PK si presenta con una linea compatta, elegante, protettiva, abitabile. Lo scudo frontale appare più snello grazie alla modanatura centrale che supporta i loghi e la griglia del clacson.

Le viste laterali mettono in evidenza il design complessivo; la sella sporge maggiormente sul vano centrale e presenta all'estremità il nuovo gancio appendiborse, di grandi dimensioni, realizzato in materiale plastico come il rubinetto a tre vie sottostante.

# VESPAPK

Particolare del blocchetto destro con l'interruttore, il deviatore, il pulsante rosso per l'avviamento elettrico e, sotto, il pulsante clacson. I comandi elettrici sono privi di simboli grafici, causando qualche incertezza al primo approccio.

antifurto che utilizza la chiave dello sterzo, ottimizzando un problema evidenziato nella PX.

Lo scudo con lampeggiatori incorporati presenta sul bordo un profilo protettivo facilmente sostituibile; le parti che lo completano sono rimodellate attraverso forme più squadrate e spigolose, vedi il bauletto portaoggetti, la linea del copristerzo e lo scatolare di forma trapezoidale che protegge il clacson, infine dotato di regolazione acustica.

Il manubrio, costituito da una base in lega leggera e da un coperchio in plastica amovibile, alloggia il faro, il contachilometri, la spia degli indicatori di direzione e tutta la strumentazione, assumendo la funzione di "interfaccia utente"

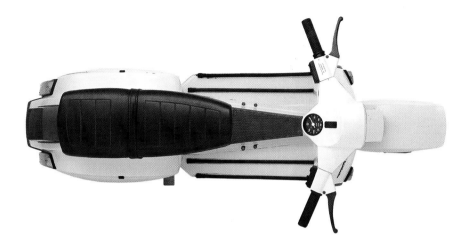

Nella vista dall'alto si nota la pedana che non prevede il foro di passaggio del pedale del freno, eliminando così possibili infiltrazioni d'acqua e di sporcizia.

L'Automatica si riconosce, oltre che per la scritta a destra sotto la sella, per gli indicatori di direzione posteriori più bassi rispetto a quelli della versione base, per le feritoie spostate più avanti sulle fiancate e per la diversa sagoma del propulsore che sporge sotto la fiancata destra.

Il fanale posteriore
è dotato di un ampio
catadiottro del tipo
a passaggio di luce,
per migliorare la visibilità
nella guida notturna.

Il cruscotto ha un disegno
molto nitido, ma ancora
abbastanza avaro di dati.
Il tachimetro è dotato
di cifre e di lancetta
luminescenti, mentre il
contachilometri è provvisto
di parzializzatore. La spia
rettangolare, in due parti,
segnala il funzionamento
delle frecce e l'inserimento
degli abbaglianti.

## VESPAPK

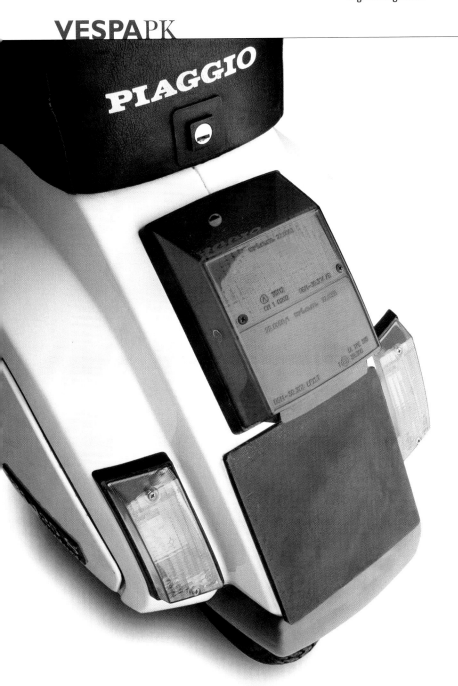

soprattutto nella versione *Automatica*, dove vi sono installati tutti i comandi per la guida e il controllo del mezzo. Proprio la versione *PK 125 S Automatica* concretizza le ricerche su cui Piaggio lavora da tempo: la realizzazione di un complesso frizione-trasmissione-cambio "intelligente" per facilitare al massimo la guida dello scooter.

Il cambio automatico, forse la modifica più radicale dal 1946, offre grandi vantaggi nella mobilità urbana e fornisce un prodotto i cui automatismi consentono maggiore attenzione alla guida, con elevati parametri di sicurezza attiva.

Scompare la manopola girevole del cambio a sinistra del manubrio, così come il pedale del freno posteriore a destra della pedana. Il freno, con azionamento a leva come quello anteriore, prende il posto della frizione: il solo manubrio ora permette il controllo e la gestione dell'intero veicolo.

Alla massima semplicità di utilizzo, enfatizzata dall'accensione elettronica, si affiancano elevate prestazioni: il cambio è programmato in modo da consentire una buona ripresa già nei primi metri di marcia. Un inconveniente è il corretto dosaggio dell'apertura della manopola del gas, dove serve un po' di pratica per far sì che gli automatismi funzionino al meglio e il consumo di carburante non sia eccessivo. Il gruppo motopropulsore totalmente riprogettato (con lamelle di ammissione e cilindro in lega leggera) è silenzioso, senza vibrazioni, infaticabile, così come nella migliore tradizione Piaggio, e si distingue per le pulegge

A dispetto del notevole
sforzo progettuale
e delle aspettative nutrite
in azienda, il primo
modello di Vespa senza
marce non avrà un esito
commerciale soddisfacente.

*del cambio automatico protette con carter in plastica. La velocità massima è di circa 90 km/h, il consumo medio di 25 km/litro. In merito al comfort, il veicolo ha dimensioni studiate per la corretta postura del pilota e offre grande abitabilità e una buona ospitalità anche per il passeggero.*

*Questo modello non riscuote l'entusiasmo del pubblico giovanile, che richiedeva forse un design brioso con innovazioni stilistiche più marcate, di pari passo con quelle tecniche. La produzione di PK 125 cessa nell'87, dopo l'uscita della Cosa: il flop commerciale di questo modello fa sì che Piaggio riproponga nel 1990 una versione aggiornata (PK 125 FL2) affiancata da una consorella automatica riservata al mercato estero.*

La nuova scritta "Vespa"
applicata sullo scudo
anteriore. La gamma
dei colori disponibili
comprende bianco,
antracite e blu cobalto.

Trascorsi ormai più di cinquant'anni, qui si racconta di cosa sia la Vespa e cosa la distingua fra le altre, di come nasca e come vada per il mondo, quali i suoi modi e quale il suo linguaggio: quale il domani, in questa lunga storia.

**1996 - 2003**

# Talk of the town

272

Cinquant'anni di Vespa sottosopra, come si conviene a uno dei nomi della grafica internazionale, Ken Cato, nato agli antipodi: Brisbane, Australia, nel '46.

Non sarebbero stati ammessi errori, in vista del '96. Sulle spalle, cinquant'anni di storia e un marchio conosciuto in ogni angolo del globo. In listino ancora la PX, che di anno in anno si riconferma quale standard di riferimento in materia di classicità e stile. Ai vertici dell'azienda un managment attrezzato culturalmente e percorso da vene di prezioso idealismo, dunque portato a giocarsi al meglio questa difficile sfida.

### Un percorso inedito per la nuova Vespa

Il tema del *commuter* di fascia alta, destinato a farsi nuovo interprete della tradizione Vespa, viene individuato già nell'autunno 1990 dalla "piattaforma". Questo termine, da allora, definisce un nucleo articolato di operatori di diversa estrazione, vale a dire marketing, progettazione, tecnologie di produzione, qualità, acquisti e rapporti con i fornitori, operativi sotto il coordinamento del responsabile di progetto.

Con il tema Vespa s'inaugura dunque la "scheda zero", in cui il marketing delinea la natura del mezzo che dovrà nascere, così come il suo utente e la fascia di prezzo di riferimento, in accordo con le strategie dell'azienda. Individuare le direttrici di sviluppo del progetto, prefigurando le fasi successive della gestazione, consentirà di integrare al meglio l'apporto tecnico e stilistico dei reparti di ricerca e innovazione.

Soluzioni avanzate, ad alto contenuto tecnologico, ancora in fase di prima elaborazione sono offerte alla piattaforma pilota, la prima delle cinque diverse che,

ormai correntemente da allora, operano nei diversi comparti: due ruote, tre ruote e veicoli commerciali. La scelta di avviare a piena elaborazione alcune fra le soluzioni offerte, consente alla piattaforma di focalizzare meglio l'oggetto che, metaforicamente e nella realtà di fatto, ormai inizia a prendere corpo.

Quel tanto che sembra trapelare oltre la sigla X-numerica adottata in azienda per i nuovi progetti, lascia credere che, stavolta, sarebbe stata davvero una nuova Vespa. Clamorosamente nuova per certi versi.

Senza marce, per dirne una. C'è già di che far prender cappello a molti, dentro e fuori l'azienda. E il motore: meglio non dirlo in giro ché tanto, a non saperlo, non si vede quasi niente, ma è... centrale. Non più laterale: dritta come un fuso corre questa Vespa, e al

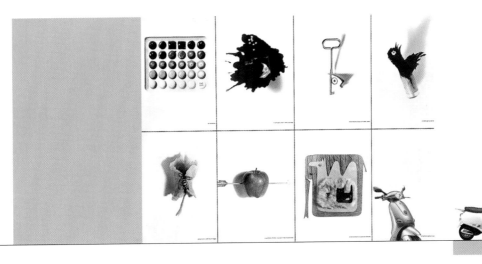

Omaggio di Filippetti al giovane Agnelli per la nascita di ET. «In principio creò il cielo e le stelle / brulichino le acque e in esse i pesci / volino gli uccelli sopra la terra... / quindi Eva si vestì di una foglia / e puntando l'indice scacciò il male dal paradiso... / tutti vivevano in pace e armonia... / Il settimo giorno montò in Vespa e filò via».

motore ci si arriva da sopra. Anzi da sotto. Insomma, da sopra e da sotto: alzi la sella, via il portacasco interno e, sotto, il motore; oppure, via le bandelline laterali appena sotto la scocca e, di nuovo, il motore. Però è un quattro tempi, non più due. Già... consuma di meno e inquina poco. Quattro tempi, anzi due. Anche due tempi, ma è il piccolo, quello con l'iniezione. Prima volta al mondo, l'iniezione sul due tempi.

Cose nuove, esito di un lavoro di anni, ma ancora tutte da scoprire per molti. Da quelli ai semafori, che sbirciano il prototipo camuffato, a quelli giù alla linea di produzione, che ciascuno ha la sua idea di come la vorrebbe; e anche su "ai piani alti", che poi alti non sono qui a Pontedera, anche lì non ce n'è due per i quali possa andar bene alla stessa maniera.

Eppure va e va bene; e allora freno a disco anteriore, e una strumentazione che neanche sembra una Vespa. Però è una Vespa, e si vede. Una nuova "piccola", erede della Primavera, in quella linea di prodotto accessibile, metropolitana, disimpegnata, da sempre "trasversale": adatta a studenti, artigiani, professionisti più o meno giovani, con una certa prevalenza del pubblico femminile. Scocca piccola ma poi, metro alla mano, è più grande della PX. Inganna il colpo d'occhio: è un fatto di equilibrio. Di equilibrio e di stile.

Sul mercato come su strada, la ET parte in *souplesse* ma allunga con decisione: nel 1997 e '98 Vespa ET4 125 è il due ruote più venduto in Europa e, nel tempo, dimostra di saper tenere il passo. Sembra destinata ad affermarsi come il nuovo classico di riferimento.

Estro e genialità nella trasfigurazione tipografica di "Vespa", che diviene scooter grazie ad Alan Fletcher, fondatore dello studio inglese Pentagram.

«Il problema allora, oltre a quello di come fare evolvere la Vespa, era quello di quando farlo». A parlare è Lucio Masut, direttore Ricerca & Sviluppo e Produzione 2 ruote di Piaggio. «Avremmo potuto lanciarla prima degli scooter in plastica, e avrebbero guardato a noi come a quelli che sanno fare "solo" la Vespa. Invece, dopo l'esperienza in quel settore, confermata dai dati di vendita in Europa, abbiamo scelto di presentare la nuova Vespa quale migliore soluzione possibile in quella stessa categoria».

VESPA CELEBRATES FIFTY YEARS 1946-1996

Dopo lo stampaggio con i robot e le presse da 600, 800 e 1800 tonnellate, l'assemblaggio della scocca è in parte automatizzato; ma nelle postazioni manuali restano determinanti l'abilità e l'esperienza degli operai specializzati.

## All down the line

Alle 18 e 30 di un pomeriggio di giugno 1996, il giorno 7 per la precisione, al termine della linea numero 5 giunge il primo esemplare della nuova generazione, una centoventicinque color verde ulivo. Foto di gruppo per il responsabile dello Stabilimento Due Ruote Grandi Serie, i suoi collaboratori, i supervisori del Centro integrato di produzione Linea 5 e solo una rappresentanza degli addetti: sono davvero troppi, una novantina in totale, divisi in due turni di lavoro. Loro materialmente montano e rifiniscono questo puzzle che conta centottanta componenti principali e, alla cadenza di una ogni duecentodieci secondi, si costituisce quale insieme completo in una Vespa.

La sua scocca metallica, unica al mondo, rinverdisce i fasti dello Stabilimento Stampaggio, nucleo della produzione sino agli anni Ottanta quando ogni due ruote Piaggio, dalla PX ai ciclomotori, era in lamiera di acciaio. La stagione degli "sferoidi" non lo penalizza più che tanto, infatti la produzione di mezzi leggeri a quattro ruote, oltre alla PX, ha alimentato il lavoro delle presse in quella fase di interregno.

L'Assemblaggio Lamierati con centotrenta operatori per ogni turno, cinque robot e diciotto postazioni manuali, cuce con 340 punti di saldatura, nessuno dei quali a vista, e 400 millimetri di saldatura a filo, gli otto elementi in lamiera che costituiscono il vero corpo dello scooter. La verniciatura elettrostatica, più a valle, è un ciclo altamente automa-

tizzato. Qui si è sperimentata sin dal febbraio 1992 la nuova organizzazione del lavoro che introduce l'Otz, vale a dire Operatore tecnico di zona, quale referente tecnico-organizzativo della squadra a lui affidata. Si alternano due turni di sessanta addetti, alcuni dei quali destinati alla manutenzione delle dodici stazioni di verniciatura: sei per il colore, sei per la successiva finitura trasparente.

Dicono si mantenga un certo orgoglio in chi, alle linee di produzione, si sente interprete e erede di una tradizione peculiare, quella della lavorazione in metallo, oggi più che mai esclusiva di questo particolarissimo scenario. È un fatto di identità collettiva, di padronanza del lavoro, di aggiornamento professionale e, al contempo, di legame con il passato.

Comincia a delinearsi una sagoma familiare: sullo sfondo già la vediamo integrata dallo scudo anteriore, pronta per un primo ciclo di verniciatura.

Presso la cabina di verniciatura, alle scocche della ET segue una PX scomposta nella scocca, le sacche laterali, il manubrio e la calandrina copri-sterzo: 32 secondi la spruzzatura, 8 il trasferimento e poco di più il "cambio colore", per garantire la massima flessibilità produttiva.

Si procede all'installazione degli impianti e del circuito elettrico, mentre scorrono i "pallet" della Linea 6. In breve tempo questa soluzione, inaugurata proprio sulla Vespa del cinquantenario, è stata adottata in tutte le linee di montaggio dello stabilimento di Pontedera.

## La nuova linea TLI agli esordi

La vera e propria linea di montaggio, infine, nel caso della ET subisce una profonda trasformazione con l'apertura della Linea 6, Stabilimento Due Ruote, a partire dall'ottobre 1998.

La sigla è TLI e indica una linea a "pallet". Non più le "bilancelle", ma semplici montanti a filo del pavimento che sostengono il veicolo all'altezza più consona e in alcune fasi di lavorazione, ove necessario, demoltiplicano lo sforzo per inclinare il pezzo. Linea "asincrona" è anche definita, poiché il pallet può svincolarsi dalla linea e derivare nel ramo parallelo dove portare a termine interventi straordinari, sino a venti minuti, per poi rientrare nel flusso. "A passo variabile", dato che la scansione dei pallet può essere modulata per ospitare veicoli di dimensioni maggiori, sino al 150 per cento della configurazione standard.

Agli addetti la Linea 6 consente di lavorare in coppia, potendosi muovere attorno al pezzo su entrambi i lati, e garantisce un ambiente di lavoro libero sopra la testa, con una illuminazione non di poco migliore. A fine linea il veicolo completo viene scaricato da fermo, riducendo al minimo i rischi di danneggiamenti anche lievi.

Il pallet, stavolta per via aerea, torna a posizionarsi all'inizio di questi 120 metri lineari con 67 postazioni di montaggio: là dove, tramite il discensore della birotaia, arrivano le scocche dal reparto verniciatura.

È solo un'altra giornata di lavoro, un'altra pagina di questa lunga storia vissuta da molti.

Siamo al tratto conclusivo della linea e il veicolo è pressoché completo. La Vespa, metallica per definizione, con ET non rifiuta la plastica là dove ha ragion d'essere: come nel vano portaoggetti, per un contatto più morbido con le ginocchia del guidatore.

L a nostra protagonista, nella sua nuova reincarnazione, vede la luce in una fase molto particolare, e non solo per la ricorrenza del cinquantenario aziendale. La ripresa sembra finalmente destinata ad affermarsi dopo la paurosa caduta che, solo due anni prima, aveva visto il mercato in Italia ridursi a un quarto di quanto registrato nel 1982, anno glorioso se mai ve ne furono.

E, in questa fase, il vento è a favore anche di là dal confine. La strategia del gruppo è sempre più quella di operare la commercializzazione all'estero tramite proprie filiali: con l'eccezione di Svizzera, Austria e Scandinavia, sin dalla primavera 2000 i paesi europei sono coperti da punti vendita direttamente controllati dall'Italia.

Intanto, con l'autunno, oltreoceano «avrà inizio la commercializzazione della gamma ET: un ritorno particolarmente atteso che risponde all'eccezionale *awareness* che Vespa continua ad avere in America».

### Il "premium" dell'Italian Style

«Look at these pictures. They suggest lightness of being. Style. Italian-ness... and the heady feeling of a romantic escapade».

Alle spalle dell'amministratore delegato, la coppia di occasionali vespisti più famosa al mondo corre sulle strade di Roma. Lui, Joe Bradley, giornalista americano residente nella capitale, è un uomo di alta statura e la piccola Vespa è quasi un giocattolo fra le sue mani: sbilanciato a sinistra, sembra poggiare il gomi-

La campagna IBM del '99 apparsa sul «New York Times» come sul «Wall Street Journal», su "Time", "Newsweek", "Business Week" e "Rolling Stone", fa la sua scelta del soggetto da ritrarre per promuovere Internet quale strumento di comunicazione e vendita.

Forse il nome di maggior prestigio fra i molti chiamati a celebrare i 50 anni della Vespa è quello di Milton Glaser, americano di New York. Personalità centrale in mezzo secolo di storia della grafica e del design, dal grande pubblico è spesso ricordato per un famoso poster di Bob Dylan che ne ritraeva il profilo in nero, a contrasto con la chioma stilizzata in ciocche dai toni sgargianti.

50 YEARS OF VESPA

to sul ginocchio mentre è alla guida. Lei, giovane principessa in incognito, segue la strada con gli occhi sbirciando sopra la spalla di lui: comunica una punta di apprensione, un senso di avventura e leggerezza, di libertà. L'innocente follia estiva di queste *Vacanze romane* conserva ancora tutta la sua freschezza e il suo fascino.

Nei locali della prima Vespa Boutique, in Sherman Oaks, 13627 Ventura Boulevard, Los Angeles, in una serata del novembre 2000 sembra di avvertire la dolce aria di Roma sulla pelle, come Gregory Peck e Audrey Hepburn nel manifesto alla parete.

«Vespa is not just a product, but a lifestyle». Questa la parola d'ordine per il lancio negli Stati Uniti. La posta in gioco è alta: la rilevanza e il prestigio della

Peter Beard è fotografo e artista, antropologo, scrittore e vespista di lungo corso, ancora memore di un viaggio in Madagascar. Amico di Karen Blixen, che gli trasmise la passione per l'Africa, ha ritratto Picasso, Francis Bacon, Salvator Dalì, Andy Warhol, e ha firmato il calendario Piaggio 2002.

La Vespa ET secondo
Vivienne Westwood,
Donna Karan, Givenchy
(sopra, da sinistra),
Dolce & Gabbana
(in basso a destra).
Si tratta di pezzi unici
battuti all'asta – pro
ricerca sul cancro –
indetta nel 2002 dalla
britannica Piaggio Ltd.
Sotto, la proposta
di Agent Provocateur
per l'asta dell'anno
precedente.

scena americana impongono di ottimizzare la strategia per i mercati "premium".

Di regola i paesi a elevato reddito pro-capite, nei quali il bisogno di mobilità sia già soddisfatto, impongono d'incentrare l'azione sui valori immateriali: si tratta di soddisfare bisogni "relazionali" ed "emozionali". Si devono combinare elementi della memoria collettiva e valori peculiari ad alcune privilegiate tipologie di utente. Ciò consente all'interlocutore di vedere nel prodotto una scelta caratterizzante, significativa nel suo percorso di individuazione personale e, al tempo stesso, il codice di appartenenza a una élite di interpreti dello stile. Questo, nel caso specifico, sarà neces-

sariamente di alto lignaggio, in quanto Italian Style, eppure *cool, hip and smart* come già predicavano i mods. Ma attenzione: operazioni del genere, per la loro stessa immateriale labilità, richiedono sostanza e qualità del prodotto.

Si dovranno affermare la forte attrattività del prodotto, anzi del marchio Vespa, e un *concept* differenziato, attivando canali di vendita esclusivi e ottimizzando l'assistenza post-vendita, senza allinearsi ai prezzi della concorrenza. Raccomandasi infatti almeno un più 10 per cento in listino, a rimarcare la "barriera di differenziazione". E niente sconti di sorta: è la *no-price competition*, che si gioca su altri terreni.

Occupare una nicchia già fortemente caratterizzata impone una importazione limitata ad arte, e comun-

Il valore aggiunto del brand
e il senso di appartenenza
sono riconfermati da
una collezione di moda
estesa dall'abbigliamento
agli accessori in pelle,
a orologi e profumi,
dalla piccola argenteria
alle pubblicazioni. Tutto
è di produzione italiana,
così come l'arredamento
che l'équipe di arredatori,
beninteso italiani,
adatta ai locali prescelti.

que una riduzione del volume di affari, ma d'altra parte consente margini superiori alla media e assicura una solida fidelizzazione del consumatore.

La nicchia è peraltro imposta dalle circostanze, almeno qui oltreoceano: grandi distanze fuori dai centri abitati e problemi di traffico urbano certamente peculiari rispetto agli standard europei. Lo scooter va qui inteso quale *fashion accessory* per una capatina allo *shopping mall* o una corsa *downtown* la sera, più che come mezzo di trasporto quotidiano nel tragitto casa-ufficio sulle *freeways* di Los Angeles.

«Half vehicle, half toy». Detto questo, riesce un po' difficile credere che l'acquirente americano interessato a Vespa sia solito frequentare concessionari in stile Hell's Angels Garage, dove il velo di grasso che ricopre ogni cosa è grato al cuore degli appassionati.

Nel Vespa Life-style, "punto di vendita" si traduce con Vespa Boutique: questo è il luogo dove si celebra il prodotto, o forse il mito, dove il cliente sperimenta il vero *Italian taste*, e non solo nel caffè espresso servito al banco.

L'esperienza boutique è in piena fase di crescita negli States, intanto che si è avviata l'acclimatazione nel vecchio continente.

In termini di venduto è facilmente prevedibile una certa prevalenza degli articoli di moda rispetto agli scooter, qui da noi; ma la formula sembra comunque avere buone potenzialità di sviluppo.

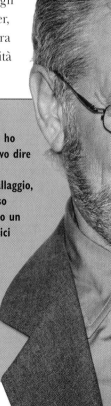

«Mi sono strappato i legamenti e non posso nemmeno dire di averlo fatto in modo onorevole, con una motocicletta potente... Sono caduto dalla mia Vespa, una Vespa che ho voluto per amore di *Vacanze Romane*».
«Il motivo per cui amo la Vespa», riprende Steven Spielberg, «è che fin da bambino avevo sul mio letto un poster di William Wyler a bordo di una Vespa mentre andava a Cinecittà per dirigere *Ben Hur*. Era una fotografia presa da una finestra del secondo piano mentre lui guidava per via Veneto sulla sua Vespa. E dato che ho sempre avuto grande ammirazione per Wyler, ho sempre desiderato una Vespa per poter essere come lui.
L'anno scorso mia moglie Kate mi ha regalato una Vespa classica, grigia, del 1962, e l'ha spedita a Long Island. Nella mia vita io ho guidato moto da cross, dirt bikes, e devo dire che sono anche piuttosto bravo...
Abbiamo tirato fuori la Vespa dall'imballaggio, ci sono saltato su, mi sono diretto verso una collinetta nel mio giardino, ho fatto un salto e... quando sono atterrato, complici forse le ruote piccole, l'atterraggio non è stato particolarmente dolce.
Il manubrio si è traversato di scatto e io sono volato in avanti!
La Vespa è un veicolo perfetto ma, lasciatemelo dire, per andare su strada: non per saltare!».

**Bill Buford**

# URBAN INSECTS

Ci sono, si dice, sedici milioni di Vespe al mondo, ma per quanto ne so io, nel primo mese che ne guido una, a New York City ce ne sono solamente due: il pezzo da museo dal colore incerto, importato dall'Italia, che a tutta birra e con gran fracasso mi ha sorpassato stamani sulla Broadway, e la mia, che si è accodata con distacco, guidata con estrema cautela, non più di un passo svelto. Non foss'altro perché non riuscivo a non pensare al tassista isterico che da un momento all'altro mi avrebbe sbattuto a lato. Esagero, naturalmente (per quanto riguarda il numero di Vespe, non circa i tassisti di New York): lo so che in una città di otto milioni di abitanti ce ne sono più di due di veicoli del genere. Ma non sembrano essere granché di più, e in ogni caso in giro se ne vedono molto poche.

Mi rendo conto di vivere un momento di privilegio, un attimo prima che la Vespa conquisti New York. Posso anche sbagliarmi, ma sospetto che questo momento, a New York, sia analogo a quello vissuto in Italia, diciamo, nel 1946. O in Francia, tre anni dopo. O in Inghilterra, due anni più tardi.

Qui, sulla mia motoretta, io sono alla vigilia di essere testimone qualcosa di molto grande, i vespri della Vespa, un crepuscolare momento di passaggio. Sto assaporando cosa si prova a essere il primo a guidare una Vespa: quante persone al mondo possono godere di un momento simile?

Prendiamo ad esempio il momento di fermarsi al rosso. Non posso fermarmi a un semaforo senza diventare immediatamente il centro dell'attenzione. New York è una città alacre, sempre affaccendata, la cui caratteristica (spesso opprimente) è il bisogno che tutti hanno di essere molto in fretta da qualche altra parte. Non è il posto adatto per gingillarsi. Ma ogni volta che aspetto il verde, non manca almeno un pedone che, passando di fretta, non dia una seconda occhiata: «Whoa, amico, una Vespa!», dice, o qualcosa del genere. E si ferma, lì in mezzo alla strada, ad ammirare cosa ho sotto il sedere. E una volta che si è fermato lui, altri rallentano e sgranano gli occhi. In una particolare occasione – una gelida mattina di gennaio: come è ovvio ero intirizzito, cominciava a nevicare e avevo una gran voglia di arrivare a casa e riscaldarmi – mi sono trovato circondato da cinque persone. Il livello delle domande non era particolarmente sofisticato («Ne sei contento? Italiana, vero?»), ma il solo fatto che ci fossero delle domande (una piccola folla sulle strisce, che il traffico avrebbe travolto appena scattato il verde) non aveva, a memoria mia, alcun precedente.

E non sono solo i passanti a commentare: anche gli operai del telefono, che gridano entusiasti, spencolandosi dai pali, fattorini nei loro furgoni, tassisti, senzatetto (uno, tutto avvolto in una vecchia coperta, mi bofonchia una lunga disquisizione sul genio della Piaggio), e tutti i ciclisti. I ciclisti sono spesso dei pony-express, schizzano via a una velocità bestiale, danno una tripla occhiata, si svitano il collo per voltarsi mentre spericolati zigzagano tra i veicoli e mi fanno il famoso segno a pollice alzato, riconoscendo in me una specie di alleato anti-auto, uno con cui condividono una maniera peculiare di spostarsi per Manhattan.

C'è una quantità di cose che trovo interessante in questa risposta alla Vespa, questa approvazione dal marciapiede, "la fiducia della strada" per così dire, nelle sue espressioni più di base.

La prima riguarda l'universale riconoscimento della Vespa, anche quando, in questo particolare momento della storia, nelle strade di New York ce ne sono così pochi esemplari. Il design dice "Italia". Quando Starbucks, il gigante americano della distribuzione del caffè, inscatola una libbra di caffè in grani tostato "all'italiana", mette il profilo di una Vespa sulla confezione. Quando un ristorante di Baltimora vuole indicare il genere di pietanze che offre, si chiama "Vespa". Quando Joe Bastianich, ristoratore italo-americano, si mette per la prima volta a produrre vino e cerca un nome da piazzare sull'etichetta, se ne viene fuori con "Vespa".

La Vespa: le ruote "di un carrello d'aereo", la sinuosa scocca metallica, la coda accogliente (tutte le qualità che i commentatori, in anni di Vespa, hanno correttamente identificato e celebrato e che costituiscono un'immagine universale e immediata, come la bottiglia della Coca-Cola o il Maggiolino Volkswagen). Ma, a differenza di Maggiolino e bottiglia, la Vespa è ancora tra noi; è ancora, nel mondo dell'immagine, moneta corrente.

A dirla tutta, ha più corso ora che all'apice della sua popolarità, quando era una colonna di tutti quei magnifici film italiani in bianco e nero, non fosse perché riesce a essere un'immagine tanto contemporanea che nostalgica.

In realtà, l'immagine ha lunga vita perché il suo messaggio esiste in due cornici, una passata e una presente, ed è sempre lo stesso. Il messaggio nostalgico parla di semplicità: il design della motoretta evoca quei tempi duri, subito dopo la guerra, in cui era richiesta una gran semplicità; ma il messaggio presente dice la stessa cosa, anche se viene detta in un tempo diverso: semplicità, in un periodo in cui le nostre vite si sono fatte complesse.

Permettetemi di darvi un quadro di quale significato può avere la Vespa in una strada di New York.

La storia motociclistica degli Stati Uniti è parente di quella dell'auto americana, o dello sport americano. È una storia di potenza. Grande, muscolare, e pericolosa.

Prendiamo ad esempio il gioco del football: in Europa è un gioco "bello", negli Stati Uniti è il "gioco dei Titani". Il gioco "bello" implica grazia e rapidità, il "gioco dei Titani" significa muscolari espressioni di potere e violenza.

Il veicolo che va per la maggiore a New York è il SUV, lo "sport utility veichle". Se guardo fuori dalla mia finestra, vedo che la strada di fronte il mio appartamento è piena di SUV parcheggiati uno dietro l'altro, una dozzina di questi così giganteschi. Sono pesanti e resistenti, fatti per durare in sempiterno.

Almeno, questa è l'idea. Hanno quattro ruote motrici, grossi motori e un numero di superlativi aspetti che danno modo a chi li guida di percorrere qualunque tipo di terreno – fiumi, montagne, colline fangose –, anche se la cosa più impervia che si trovano ad affrontare è il traffico a passo di lumaca di Times Square all'ora di punta.

Come si fa a non meravigliarsi? A cosa serve una potente 4 x 4 se devi attraversare Times Square? Si spera di farsi largo nel traffico più rapidamente degli altri montando sopra le auto e schizzando via sui loro tettucci? La gente compra questi cosi non per ciò che fanno – c'è veicolo più inutile, stando in città? –, ma per ciò che dicono: «Io, potenza – tu, niente potenza».

Il ruolo delle due ruote non è diverso.

Un anno dopo l'uscita di Vacanze romane (dove la Vespa rivestiva il ruolo di tappeto magico, un'espressione di leggerezza, amore, e profumata frivolezza mediterranea) apparve Marlon Brando ne Il selvaggio: la sua moto, una Triumph, era inglese, ma l'atteggiamento era assolutamente americano.

Le motociclette, e la vita a loro associata, rappresentavano pericolo, violenza, il fuorilegge. Una differenza che è evidente già nei nomi.

In Italia, auto e motoveicoli hanno preso nome da degli insetti: vespe, api, grilli e mosconi. Negli Stati Uniti, dove il principale produttore nazionale di motociclette è la Harley Davidson, queste ricevono denominazioni molto più robuste, "porkers", oppure "choppers". I nomi dei modelli sono Indian Chief e Road King, oppure Bob-Job, Sportster e Night-Train. E le loro imitazioni straniere vanno anche oltre: Rocket, Hurricane, Trident. Questi sono nomi di missili e di tempesta. E, di nuovo, estendono a coloro che le cavalcano la stessa affermazione: «Io, potenza – tu, niente potenza».

Forse non fa poi meraviglia che in questa città sovraffollata, sovrappopolata, claustrofobica, dallo spazio limitato, città di alti e torreggianti edifici pieni di striminziti appartamenti senza finestre, l'animale di compagnia più diffuso sia un cane gigantesco, un Danese, un Rottweiler, un robusto Labrador. Ancora, il ritornello newyorchese: «Io, potenza – tu, niente potenza».

È questa la cultura, con tutte le sue ridicole manifestazioni muscolari, da cui sono circondato durante le mie soste al semaforo, dove mi sono fermato sul mio insettino, un veicolo dal grazioso ronzìo, dalla forma perfetta e singolarmente non minacciosa.

Non fa meraviglia che la gente si sia fermata a bocca aperta: la Vespa non è solo un ben fatto veicolo a motore. A suo modo discreto e lieve, è di fatto anti-americana, è femminile, piuttosto che prepotentemente mascolina (già il suo design ricorda una bicicletta da donna, da cui è semplice salire e scendere senza doverla scavalcare con una gamba, come quelle da uomo). Non parla di potere, ma di design, il suo è un messaggio di stile. E parla anche di qualcos'altro, che io non ho apprezzato per intero fin quando la mia Vespa non è stata così lodata e ammirata

dai ciclisti cittadini: la Vespa è il più grande veicolo urbano del mondo.

La sua storia, capisco, è più complessa in Europa, dove essa è, come in Italia, anche un animale da lavoro, o in Spagna, dove è la versione modernizzata del burro, oppure in Inghilterra, dove è l'agile e astuta compagna della ribellione suburbana (mods, rockers, e così via). Ma il suo ambiente naturale è la città. New York, come Roma, ha bisogno di essere vissuta a piedi perché il suo infinito mistero sia apprezzato, non in metropolitana, o taxi, o automobile. Ma si può vedere la gran parte di tale mistero percorrendola su un veicolo all'aria aperta.

Ci ho fatto caso mentre – daccapo – ero in attesa a un semaforo: daccapo ebbi conferma da uno sconosciuto (l'autista del furgone di una pescheria) che, sì, in effetti stavo a cavalcioni di una Vespa, e che, sì, come osservò con assoluta precisione, questa veniva dall'Italia. Mi trovavo all'angolo di Lafayette, nella parte bassa di Manhattan, una strada che attraverso regolarmente quattro, cinque volte la settimana, quando sollevando lo sguardo mi accorsi che al terzo piano di un edificio nei pressi si trovava la sede centrale del Partito Socialista Americano.

In qualunque altro paese, niente di straordinario. Ma qui siamo in America. Neppure sapevo che ci fosse ancora un partito socialista, figurarsi che aveva uffici a New York. Le finestre, dal telaio metallico e molto sporche, erano tappezzate di manifesti. All'interno c'erano piante in vaso e pile di giornali ingialliti. Né più né meno di quanto ci si aspetta di

trovarci; è soltanto che non lo avevo mai visto.

Venne il verde. Proseguii, diretto verso il centro di Manhattan, e all'improvviso avvertii profumo di lillà. Lillà in questa città sporca e polverosa? Ma certo. Ero nel quartiere dei fiori. Proseguii.

Era metà pomeriggio. Scorsi alcuni cuochi che si facevano una sigaretta all'aperto. Era il momento della "tavolata di famiglia" dei ristoranti e ovunque si vedevano uomini e donne in grembiule bianco che facevano pausa in attesa del servizio serale. A Chinatown, dalle finestre di un edificio cui erano stati posti dei sigilli, vidi uscire del vapore: c'era qualcuno là dentro, e stava sicuramente lavorando in nero.

Terminai la mia giornata prendendo il traghetto per Staten Island, e mi sentivo come nuovamente incantato dal fascino di una città inconoscibile. Era questo che la Vespa mi stava insegnando: la città è inconoscibile, e perciò c'è tanto da imparare da lei.

Sono arrivato ormai a comprendere la potenza della mia Vespa. Sta nella sua assenza di potenza.

Non è un veicolo che parla di forza, non mette paura. I brividi che dà sono limitati (anche se c'è sempre qualche brivido a guidare esposti e all'aperto, che poi è il nocciolo dell'esperienza motociclistica). Questo è il vero mezzo da città, il suo habitat naturale è urbano. E, come tale, questa invenzione venuta dall'Italia mi insegna sempre più cose su casa mia in America.

B. B.

Fra gite al mare, raduni, sfilate storiche e gimcane, l'attività del Vespa Club giapponese non è molto dissimile da quella dei suoi omologhi qualche migliaio di chilometri più a ovest.

**B**izzarro il caso giapponese, dove la radicata passione per gli scooter d'epoca alimenta un fiorente mercato dell'usato e del collezionismo, tanto da giustificare una esclusiva produzione di "usato nuovo di zecca". Ma, una volta di più, è questione di passione e di stile.

### Vespe d'annata per il Sol Levante

Molto ben vista qui è la Fiat Bambino, a noi più nota come Fiat 500, anche se per una buona 600 Multipla o un'Alfa Romeo Gt Junior, lasciando stare le Ferrari, si possono fare pazzie. Un'Ape di annata è apprezzabile, anzi, in piena fase di ascesa.

Il collezionismo di auto d'epoca italiane è un feno-

meno meno limitato di quanto saremmo indotti a pensare, in questo paese oggi non più così lontano ma spesso, per noi, ancora indecifrabile negli usi, le tendenze, la dimensione quotidiana.

In ambito due ruote, "Italia" vuol dire innanzitutto Vespa e Lambretta, prima ancora degli storici marchi del grande motociclismo, da MV Agusta a Ducati, Guzzi o Gilera. E Vespa, per diversi anni, è stato quasi soltanto *vintage*, scooter d'epoca. Una passione che fino al 1999 ha alimentato una particolarissima produzione negli stabilimenti toscani: qualche migliaio di Vespe 50 e Primavera, in esclusiva mondiale da Pontedera per il Giappone. Piccoli numeri, ma significativi: tremila esemplari l'anno attraverso Narikawa, un importatore di Osaka molto legato al successo dello scooter italiano.

Sotto insegne italianeggianti come *Aranciata* (ma la citazione in lingua è apprezzata anche nelle gare in circuito per dilettanti, il *Pomodoro Racing*) negozietti di pochi metri quadri fervono della passione che accomuna rivenditori e acquirenti, allineando lustri modelli ancora freschi d'importazione e pezzi restaurati; magari qualche traccia d'olio sul pavimento e gadgets per "customizzare" il proprio scooter, così come i giapponesi tanto amano fare.

180 mila yen vale una Vespa 50 S di seconda mano, ma per il nuovo bisogna spendere quasi il doppio: prezzi in ascesa, comunque, vista la definitiva uscita di produzione. Ancora è poco, a confronto degli 850 mila yen necessari per una 150 GS restaurata, anno 1955, e non è detto che bastino. Lo scooter di Pontedera qui

Una campagna pubblicitaria innovativa e prestigiosa sceglie di illustrare convenientemente uno scorcio caratteristico della "città eterna": è la Fontana delle Tartarughe in piazzetta Mattei, nei pressi del ghetto.

**ABSOLUT ROME.**

è per gli estimatori: collezionisti e bricoleur che non badano a spese, né tantomeno a sporcarsi le mani. Detto questo, se è vero che Vespa qui significa Italia e dunque stile-arte-cultura, non meno reale è il mercato dove si porta la sfida alle grandi case nipponiche, all'orgoglio di chi oggi avverte il mezzo a due ruote, nel mondo, come fosse cosa propria.

Nasce da questa dimensione globale dello scontro l'apertura di un secondo fronte, tramite un diverso canale distributivo, per commercializzare in Giappone sia la Vespa "nuova generazione" ET, sia i prodotti di punta della gamma scooter Piaggio. Qui si aprono spazi e potenzialità diverse, qui si ha accesso al grande pubblico, alla moltitudine di quanti ambiscono a differenziarsi dalla massa: e solo in apparenza questo è un paradosso. Ai duemila eletti che nell'arco di dodici mesi hanno accesso al "vintage-di-fabbrica" si affiancano così nuovi utenti che, oltre allo stile e alla storia, vogliono tutta l'efficienza di uno strumento affilato per il *commuting* nella metropoli: la proporzione fra i due, si stima, sarà presto di uno a dieci. E per quanto "laici" al confronto, sono anch'essi "clienti a richiesta nominale" i quali sanno cosa chiedere al negoziante, dal momento che cercano stile, prestigio e il profumo dell'estate italiana, oltre alla piena affidabilità.

Di seguito, inevitabilmente, i pomeriggi nel parco con le Vespe allineate ai margini delle aiuole, la gita al mare, lui e lei sulla spiaggia con a fianco la Vespa, tre giorni in carovana per le feste natalizie, il raduno e la gimcana. Il Giappone non è poi così lontano.

Shigeo Fukuda, uno dei grandi nomi della grafica d'autore giapponese, nel 1996 si confronta con la Vespa proponendone qui un'interpretazione di estrema eleganza.

Il Cub 50 della Honda, infaticabile "mulo" a quattro tempi dal telaio in lamiera stampata, il piccolo scudo in plastica e il cambio a tre marce con frizione automatica, si stima abbia raggiunto i ventisei milioni di esemplari prodotti nell'arco di cinquant'anni.

## Nuove realtà dei paesi emergenti

Probabile che, trovandosi a immaginare Vespa negli scenari più o meno esotici dei paesi in via di sviluppo, sia necessaria una discreta messa a fuoco. La scena, dagli anni Cinquanta-Sessanta, è cambiata.

I bisogni della mobilità individuale per milioni di individui, dal Sud-Est asiatico all'America latina sino ad alcune aree del continente africano, oggi vengono in buona parte soddisfatti da un altro genere di prodotti.

La famiglia di tre, quattro o anche cinque persone, che veloce percorre i viali alla periferia di Città del Messico o le strade di Karachi o magari sguscia nel traffico mefitico di Bangkok, con tutta probabilità e buono spirito di adattamento è in sella a uno scooter costruito non a Pontedera, ma in India; e derivante da vecchi (quando non "antichi", risalenti ai primi anni Cinquanta) contratti di licenza Piaggio. Quindi perfetto contraltare di auto come la Padmini – una Fiat 1100 – o motociclette come la Royal Enfield Bullet, veicoli che altrove trovano più degno spazio nei musei.

La "via indiana allo scooter italiano", nei suoi diversi modelli, si misura piuttosto con i coriacei *workhorses* prodotti a Taiwan o nella Cina popolare: mezzi semplici al limite del rudimentale, realizzati secondo standard inaccettabili per l'utente europeo e in quantità "cinesi" (nell'arco di un solo anno, Cina e India assorbono rispettivamente qualcosa come dieci e quattro milioni di nuovi due ruote).

Il "cortile di casa" dei colossi nipponici a due ruote coincide con la vasta area del Sud-Est asiatico e del Mar della Cina: qui (a fronte, in basso) siamo a Taiwan, in coppia, in sella a uno scooter.

Piaggio Center in Viet Nam: una precisa scelta, non condivisa da altri grandi produttori, porta a commercializzare l'intera gamma "europea" su tutti i mercati esteri, senza adottare la logica della progressiva dismissione degli impianti obsoleti nei paesi in via di sviluppo.

Mercato difficilissimo, quello cinese: caratterizzato da un lato da enormi volumi di sovrapproduzione da parte delle numerose imprese di proprietà statale; e dall'altro – con danno per i costruttori stranieri che hanno impiantato propri stabilimenti nella Repubblica Popolare – dalle numerose, e spesso perfette, contraffazioni che fanno la loro comparsa nei negozi a poche settimane dal lancio del veicolo "originale".

Oggi l'acquirente del "vero" scooter italiano, a Lima come a Singapore, a Jakarta come ad Hanoi, è un emergente, esterofilo, di fascia medio-alta e motivato all'esibizione del proprio status.

La vetrina del Piaggio Center a Città di Ho Chi Minh, un nucleo urbano di oltre quattro milioni e mezzo di abitanti, ha i medesimi standard di un punto vendita europeo, e dopo le prime quattrocento Vespe ET in dodici mesi il venduto è in crescita, attorno ai duemila esemplari l'anno.

Si individua in questi scenari la progressiva evoluzione da una domanda indifferenziata a una "maggiormente segmentata", in cui iniziano a emergere "bisogni soft".

Gli orientamenti del pubblico prendono forma giorno per giorno, come se ci trovassimo a sillabare quelle stesse categorie merceologiche di riferimento che, altrove, sono da tempo cristallizzate: è l'alba del mercato reale.

In questo quadro, una middle class più o meno radicata nel paese è in genere la categoria più sensibile al "nostro" modello culturale-consumistico e,

incidentalmente, quella dotata della necessaria capacità di spesa.

Circoscritta la "nicchia aspirazionale", si forniscono tutti i necessari riferimenti che possano confermare al cliente l'esclusività di una scelta: enfasi sul prestigio internazionale del marchio, punti di vendita monomandatari e coordinati, assoluta affidabilità e alto contenuto tecnologico del mezzo, servizio post-vendita efficace e personalizzato quanto possibile.

In una fase successiva è prevedibile che lo sviluppo economico del paese contribuisca ad abbassare gradualmente la soglia di accesso al prodotto, di pari passo con la progressiva diffusione del relativo modello culturale e di consumo.

Nella città che molti ancora ricordano come Saigon, al ritorno dall'Europa o dagli Stati Uniti, esibire un clone giapponese dei prestigiosi scooter italiani è un modo di ostentare la propria eccellenza.

L'esempio americano è stato centrale nella scelta di esordire on-line già nel '95. Negli Stati Uniti la percentuale di clienti che, prima di procedere all'acquisto di una nuova auto, raccoglie informazioni in rete è decuplicata in cinque anni: nel 2002 siamo oltre il 60 per cento del totale. Meno diffusa (14 per cento) ma in crescita, la pratica di avviare on-line la procedura di acquisto.

---

Si rileva una significativa sovrapposizione fra la diffusione di Internet e la clientela dei mezzi a due ruote sul mercato italiano. Nella fascia dai 14 ai 44 anni di età si concentrano l'81 per cento degli utenti on-line e il 91 per cento dei "clienti 2R": fra 14 e 24 anni si ha il 53 per cento dei clienti e il 25 per cento degli utenti; fra 25 e 34 anni, rispettivamente il 23 e il 22 per cento; fra 35 e 44 anni il 15 e il 34 per cento.

In data 10 gennaio 1995 viene aperta la prima casella di posta elettronica Piaggio. Siamo in epoca preistorica, sulla scala temporale della comunicazione via Internet.

La nuova dirigenza aziendale, per formazione e per ragioni anagrafiche, è sensibile al tema. Giovanni Alberto Agnelli vuole portare in azienda l'esperienza americana sull'uso della rete per la comunicazione interna e non solo: comunicare con l'esterno è l'esigenza primaria.

A distanza di anni, in una progressione accelerata che non conosce soste, pure non cambia l'obiettivo primario: promuovere una immagine ad alto contenuto informativo sul prodotto e l'azienda, entrare in contatto con l'utente finale per rilevarne un profilo caratterizzante alla luce delle sue necessità e aspirazioni. La stessa vendita on-line, ultimo step evolutivo, acquista un valore aggiunto assolutamente non trascurabile in termini di informazione residuale.

### I primi tre anni di vita, poi la rifondazione

Il primo sito europeo a due ruote, poiché di questo si tratta, s'inaugura nel 1996 strutturandosi in pagine istituzionali sulla storia della Piaggio, la gamma dei prodotti, le informazioni da cartelle stampa e il *magazine* aziendale. E soprattutto il "contact us": questa è la formula magica che consente di rilevare le reazioni del pubblico in presa diretta.

Per la prima volta quel che era da sempre rimasto celato dietro ai numeri acquista voce, se non carne

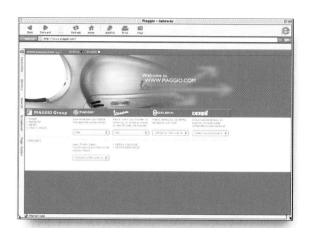

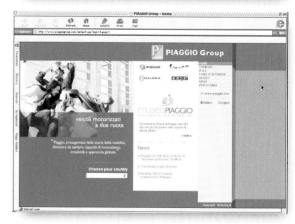

e sangue. La modalità interattiva della comunicazione fra cliente e azienda promette meraviglie. E le reazioni non si fanno attendere.

Privilegiati da una elevata alfabetizzazione informatica, gli utenti americani in particolare si attivano rivelandosi sorprendentemente legati al prodotto Vespa, di certo meglio individuato del marchio Piaggio, e sollecitano di continuo l'azienda sui tre versanti: *vintage*, associazionismo, importazione delle novità. La vivacità della risposta peserà non poco sulla decisione di tornare oltreoceano, o meglio, sui tempi e sulla strategia di lancio della ET negli Stati Uniti.

Nel triennio di avvio viene a più riprese confermata la validità di questa scelta anticipatrice, tanto che la messa a punto del nuovo sito, impiantato nel 1999 sulla scorta dell'esperienza maturata, rappresenta un punto di svolta e un termine di riferimento nel settore.

In apertura, una home page "corporate" inquadra l'azienda, dando accesso a informazioni circa il profilo aziendale con gli attuali assetti e la storia del gruppo, poi il Museo Piaggio e l'Archivio, la Divisione Motori e ancora l'Area Press, riservata agli operatori. Quindi si aprono almeno due ambiti distinti, l'uno dedicato ai "brand" Piaggio, Vespa e Gilera, l'altro incentrato sul marketing e la presentazione di alcuni prodotti, a rotazione. In bella evidenza la Vespa Boutique on-line. A parte, altri servizi accessori alcuni dei quali, in particolare, configurati come

La pagina web dedicata al Vespa Club Italia riprende lo storico marchio con tre vespe, poi adottato con infinite varianti dai Club di tutto il mondo.

Fra le diverse iniziative promozionali segnalate su <www.vespausa.com>, la possibilità di noleggiare una Vespa per fare turismo a due ruote nel Chianti.

**N**egli States si contano più di 3.000 associati ai Vespa Club, oltre 100 dei 700 siti Internet che, in tutto il mondo, aggregano gli appassionati, ma soprattutto ben 30.000 Vespe di cui la metà viene quotidianamente utilizzata dai proprietari. Con la formula dei Vespa Vintage Restoration Shops si offrono a collezionisti e restauratori dei punti vendita specializzati e ufficialmente riconosciuti: negozi dove far restaurare la propria Vespa o dove acquistare ricambi originali, gli stessi che Piaggio produce per ogni modello, a partire dalla Vespa 98 del 1946, e vende anche on-line.

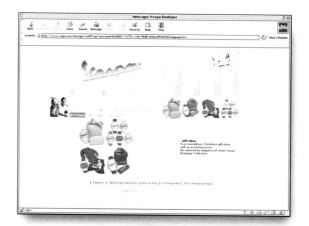

Vespa Boutique offre la medesima collezione di abbigliamento e accessori che è disponibile nei punti vendita diffusi sul territorio.

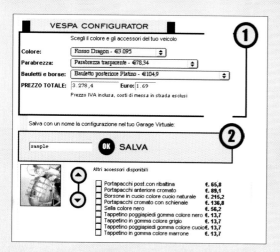

Il configuratore del Virtual Garage grazie al quale si può allestire, in dettaglio, il mezzo da richiedere in visione presso il punto vendita.

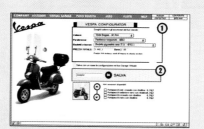

giochi, sono finalizzati in realtà al rilevamento e alla caratterizzazione dell'utente.

La novità in questo rapporto *business to consumer* (B2C) sta nella diversificazione delle procedure di vendita diretta. Non è difficile, infatti, individuare il possibile punto di crisi nella sovrapposizione fra le due dimensioni del mercato, on- e off-line, come a dire dentro e fuori la rete, rete più che mai di vendita, al pari delle migliaia di concessionari in Italia, in Europa e nel mondo. Cruciale il rapporto con quanti promuovono e vendono Vespa sul territorio: da questo la strategia "in rete per la rete", ovvero la derivazione del flusso di potenziali clienti, già fortemente orientati, sui punti vendita Piaggio.

Nella vendita *referral*, definiamola "indiretta", al visitatore del sito è offerta l'opportunità di configurare in ogni dettaglio il mezzo prescelto con le diverse opzioni possibili e tenendo sott'occhio in ogni momento l'indicazione del prezzo al centesimo. All'uscita dal Virtual Garage, inoltrando la richiesta si ha diritto a visionare un prodotto rispondente alle specifiche indicate, presso il concessionario di zona con il quale poi concludere l'acquisto.

Fra le ricadute positive si segnala un prezioso rilevamento statistico dei gusti del pubblico, repertorizzato secondo alcune categorie sensibili, come età, sesso, occupazione, precedenti esperienze di utente a due ruote e altro ancora.

Acquista finalmente un volto il potenziale vespista e lascia di sé un ritratto abbozzato, i suoi gusti: quasi una traccia dei suoi desideri.

Trova spazio adeguato
anche una presentazione
del Museo intitolato
a Giovanni Alberto Agnelli
e delle sue raccolte.

291

## Vintage on line

La vendita diretta è invece il cardine di <www.vespa-vintage.com>, vera "stanza delle meraviglie" dove collezionisti e appassionati hanno modo di visualizzare il rubinetto della miscela della Vespa 125 anno 1951, per dirne una, registrarne il numero di catalogo, procedere all'ordine e ricevere il ricambio al proprio indirizzo tramite corriere espresso in ogni parte del mondo.

Alle spalle di questa vetrina del modernariato nuovo di fabbrica stanno una produzione di ricambi ormai estesa a tutta la gamma, dalla prima 98 alla ultima quattro tempi, e una filosofia di vendita che individua nella *customer satisfaction* il fine ultimo da perseguire. Il cliente *vintage* è, in genere, competente ed esige un servizio personalizzato, pone questioni non sempre facili da risolvere, ha spesso necessità di approfondire i dettagli tecnici. Non sempre ha grande dimestichezza con la rete, ma è un entusiasta lievemente maniacale e dunque non tollera incertezze nel servizio di consulenza o ritardi nelle consegne. D'altra parte "fidelizzazione", nel suo caso, è solo un pallido eufemismo per evocare il tenace radicamento al prodotto e all'azienda.

Sul suo schermo, che si trovi in un casone del Polesine, a Tijuana oppure al settantacinquesimo piano di un grattacielo di Hong Kong, vuole ritrovare nelle parole degli interlocutori e nella qualità del servizio la stessa totale dedizione alla causa.

Il Vespa Vintage è una iniziativa di vendita B2C (business to consumer) pressoché unica nel suo genere e un test ideale, data la sua peculiarità: mercato di nicchia, con un prodotto esclusivo ad alto valore aggiunto.

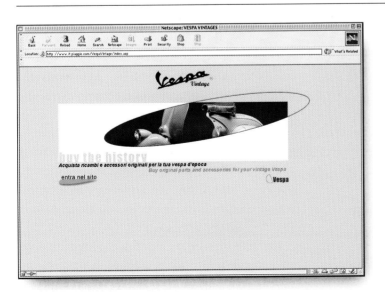

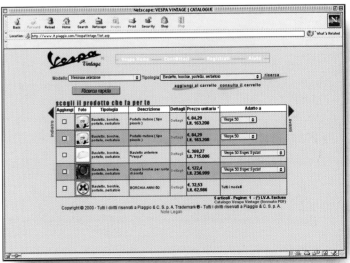

**S**iamo ai titoli di coda, o quasi. E abbiamo visto cosa ne sia stato di quella idea appena abbozzata dalla matita di Corradino D'Ascanio un giorno, poco più di cinquant'anni orsono. Ne è passato di tempo, e lo stesso oggetto ha poi mutato forma; quasi per naturale evoluzione, verrebbe da dire. In realtà è passato di mano, trasformandosi via via che nuovi interpreti si sono trovati a misurarsi con il progetto.

Di volta in volta la risposta è stata diversa, in accordo con le richieste del mercato. Affinamenti progressivi e, a volte, degli scarti imprevisti là dove si è attribuito il nome Vespa a mezzi di comprovata ortodossia ma in qualche modo più nuovi rispetto a quanto già visto in passato.

### Un multiplo d'autore, in milioni di pezzi

«In definitiva si potrebbe discutere a lungo, e noi stessi lo abbiamo fatto e lo facciamo, anche con l'aiuto degli esterni, su quali particolari in realtà "facciano una Vespa"».

Noi sta per "noi del Centro Stile": un team di designer interno all'azienda. In dialogo costante con il marketing e la progettazione, il Centro dà fondo alle proprie risorse creative per fare sì che dalle sollecitazioni e dagli umori del mercato il "nuovo" prenda forma compiuta e arrivi a stabilizzarsi.

«Per sua natura, Vespa non è sottoposta a una logica di mercato stringente. È sicuramente una *long-seller*, va concepita per essere venduta bene e nel tem-

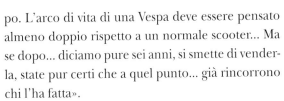

po. L'arco di vita di una Vespa deve essere pensato almeno doppio rispetto a un normale scooter... Ma se dopo... diciamo pure sei anni, si smette di venderla, state pur certi che a quel punto... già rincorrono chi l'ha fatta».

In definitiva, una Vespa deve essere metallica: questa è la nota dirimente. Poi, a livello di design, una caratteristica è proprio lo squilibrio fra la parte posteriore e l'anteriore. «Storicamente la Vespa ha sempre avuto queste code molto materne, molto avvolgenti, e un anteriore piuttosto magro, ossuto, opportunamente arrotondato ma comunque ricavato da un foglio unico di lamiera, con grande sapienza industriale. Ma in realtà, con la ET, già assistiamo a qualcosa di nuovo in questa direzione». Altra cosa fondamentale, «non facile da realizzare con i motori moderni», è lo sguancio sotto la sella. E poi, la posizione del faro. Migrato nelle prime serie dal parafango anteriore, oggi il faro deve essere nel manubrio: anche questo fa Vespa. Quanto alla sospensione anteriore, merita tornare alla cartesiana definizione di Lucio Masut: forma-funzione. All'origine della ruota a sbalzo, di derivazione aeronautica, stava la possibilità di smontare le ruote, oggi non più fondamentale, data la diffusione dei pneumatici *tubeless*. Ma da ciò nasce la sospensione monobraccio anteriore: «più efficace di una forcella tradizionale, che risentirebbe qui d'una configurazione sfavorevole, per via degli incastri di ben minore lunghezza rispetto a quanto è possibile ottenere su una moto».

A fronte: Javier Mariscal, illustratore e artista spagnolo, capace di cimentarsi con diverse tecniche e materiali, si misura con il mito e la memoria di Vespa.

Sopra: dal calendario Piaggio '98 (AReA Strategic Design, Antonio Romano). Identità e forma della Vespa: un tema sul quale, almeno ogni tanto, un filo d'ironia è prezioso.

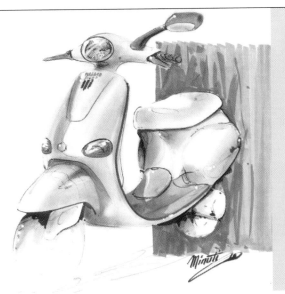

**P**rodotto due-ruote basico per la mobilità individuale, lo scooter di D'Ascanio offriva buona protezione del guidatore, bassi consumi, minima manutenzione: il mezzo ideale.
Restituì la libertà di movimento a milioni di persone, ma venne concepito tanto bene da diventare un elemento di design riconoscibile nel mondo.
Vespa è, ancora oggi e più che mai, forma-funzione: non può essere oggetto di solo design.
Mai diversa da sé nella sostanza, mai estremizzata, essa può evolvere solo in tal senso.

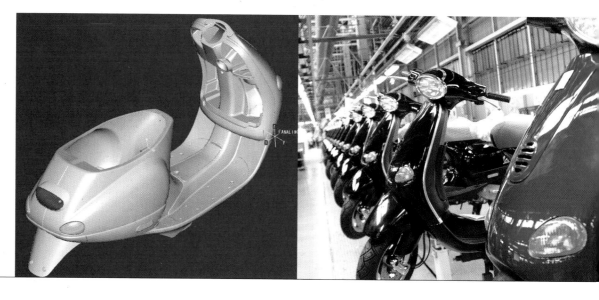

## L'altare della patria ha ruote basse

«Vespa è un tema molto difficile poiché coinvolge l'identità stessa dell'azienda... è un po' come l'altare della patria: più che un progetto, per chi lo fa, è una responsabilità enorme, non voglio dire un incubo ma quasi. Si può solo fare peggio, verrebbe da credere: l'iconografia, la bibliografia dicono che si era raggiunto il culmine alla fine degli anni Cinquanta...».

La decisione di fare una nuova Vespa dev'essere ampiamente condivisa, deve venire fuori letteralmente "dalle viscere dell'azienda".

Il Centro Stile inizia come in ogni progetto facendo bozzetti ed esplorazioni, soprattutto in termini concettuali, di quel che dovrà essere.

Alla luce del mandato riassunto nella "scheda zero", la fase successiva porta alla definizione di una prima maquette che viene pesantemente integrata con quanto deriva dalla progettazione. Sarebbe a dire: che tipo di motore mettere, che tipo di ruote, che tipo di freni mettere... e poi, quanto dovrà essere moderna questa nuova Vespa... quanto dovrà essere metallica... quanto dovrà seguire l'evoluzione dei nuovi scooter?

Calata nella realtà industriale, la elaborazione procede realizzando una, due, tre maquette o quante

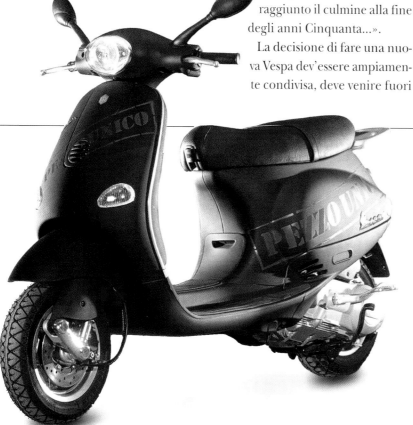

Dopo oltre mezzo secolo di storia e una crisi epocale che l'ha spinta a rinnegare l'inscindibile binomio fra il nome e la cosa (senza voler insistere nel gioco di parole), la Vespa torna a sottolineare con forza la propria identità. Per il valore che ha ormai assunto nella percezione comune, si guarda a lei come a una icona del nostro tempo: è quasi il paradosso di un prodotto industriale che ambisce alla dignità del pezzo unico. Su questo tema ha lavorato Nicola Di Carlo, vincitore del concorso Vesparte tenutosi nel 2001 fra i maggiori centri italiani di progettazione e design e il Centro Stile Piaggio; secondo classificato Paolo Maria Iemmi con "Mucca pazza", terzo classificato Raffaele Dergano & Andreas Wacthler con "The Metal Project".

La lavorazione di quello che oggi rimane l'unico scooter a scocca metallica nel mondo ha lasciato sedimentare, nel corso del tempo, una cultura aziendale assolutamente unica e della quale sono ben consapevoli operai, tecnici e progettisti della casa di Pontedera.

I tempi di progettazione si sono ristretti molto: in 15-18 mesi dalla delibera della maquette alla vendita della prima Vespa si compie tutto l'iter previsto, con la elaborazione in parallelo dei necessàri calcoli e l'approntamento dei vari servizi. Quello che più incide sta a monte: è la concezione del prodotto, per acquisire infine la ragionevole sicurezza del fatto che sarà una Vespa vincente. Questo può portare via anche degli anni.

necessarie: in questa fase l'entità della spesa, a fronte degli investimenti per la produzione, è quasi irrilevante. La Vespa rimane l'esito ultimo di una lavorazione che richiede investimenti ben più elevati a confronto dei *tupperware* (gli scooter in plastica con telaio tubolare, nel gergo dei vespisti americani).

«La riconoscibilità non implica la scelta per uno stile retró, ma è piuttosto da ricondursi al rispetto di alcuni canoni formali. Non è necessaria una scelta in chiave nostalgica. La si può anche fare, e siamo certi che un prodotto in questa chiave avrebbe un suo pubblico: sono tutti campi che l'azienda ha il dovere di esplorare, anche in sintonia con quanto accade nel settore automobilistico».

Il test di mercato è la regola per tutti i prodotti, ma su Vespa viene fatto con particolare cura: in Italia e all'estero, soprattutto in Francia, Germania e Inghilterra, «anche se quest'ultima ha gusti un po' particolari». Quando c'è il gradimento del pubblico, solo allora hanno inizio la vera progettazione e il lavoro di rifinitura nei dettagli per giungere alla successiva fase di industrializzazione, particolarmente complessa in un veicolo metallico.

«Il sogno di chi lavora a un progetto del genere è che un bel giorno quando passerà per strada, la gente dica: Toh!... la nuova Vespa».

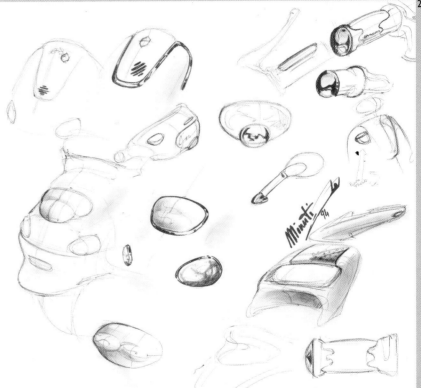

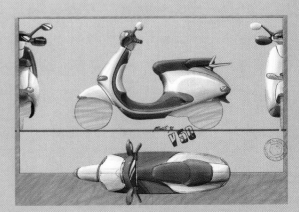

Nei bozzetti e poi nelle maquette si battono strade diverse: classiche, retró o avveniristiche, con linee più morbide o aggressive. E sempre, a cose fatte, ci si stupisce per la coerenza del percorso: quasi che la logica e la validità del progetto tornassero a imporsi ogni volta.

Sono trascorsi poco meno di cinquant'anni dagli esordi della GS 150, qui allineata fra due campioni del ciclismo su pista, inseguimento a squadre: Guido Messina e Leandro Faggin. Performante ma comunque accessibile a molti, la "Vespa degli sportivi" è tra i punti di riferimento del nuovo progetto, inizialmente battezzato con la sigla X8 da tecnici e progettisti di Pontedera.

Ancora mancavano un paio d'anni alla nascita di ET, e già fra le carte e gli appunti del Centro Stile era registrata una traccia sulla "nuova Vespa a scocca grande". Un Vespone, in realtà: Vespa al maschile, di fascia alta, nata dall'esperienza della quattro tempi che di lì a poco avrebbe visto la luce.

È cosa delicata tornare a confrontarsi sul tema, lo abbiamo appena detto, e abbiamo visto quali siano i vincoli concettuali e formali che il tema Vespa impone a quanti scelgono di misurarcisi.

Una grande storia alle spalle e, ancora, grande prestigio. I riferimenti storici non mancano, eppure questo non è un prodotto di nicchia sul quale esercitarsi in colte citazioni di stile: il varco è fra una legittima consapevolezza della propria unicità e la irrinunciabile, piena accessibilità da parte di molti.

## Non sottrarsi al confronto

Lamentarsi è difficile di questi tempi, dopo quattro anni buoni di crescita, dal '96, e lo scooter che sembra polarizzare l'attenzione del pubblico affermandosi come soluzione ideale per il traffico urbano e per avvicinare alle due ruote gli automobilisti pentiti...

Ma il vento cambia in fretta.

Non è poi cosa nuova, alla fin fine, e inevitabilmente la scena ancora cambierà, seguendo l'evoluzione del gusto e del mercato. Il nuovo utente è

Se è inevitabile rifarsi alla serie GS, inaugurata a fine 1954 ed entrata in produzione l'anno seguente, altro riferimento obbligato per cogliere il senso di questa nuova interpretazione del tema di Corradino D'Ascanio è l'inossidabile PX, che dal 1977 ancora viene prodotta e ancora continua a vendere in Italia e sui mercati esteri. Anzi, negli anni più recenti si va affermando come un retró molto apprezzato proprio perché storicamente ineccepibile, e incontra il gusto dei giovani adulti (24-35 anni) come degli adulti, con una certa prevalenza del pubblico maschile.

Collaudatori alla guida della 180 SS del '64: una sportiva che, per l'estrema versatilità e facilità di conduzione, non è troppo dissimile dalla nuova Vespa Granturismo.

Raffreddamento ad acqua e motori a quattro valvole, ma non è tutto: il tema del "nuovo Vespone" è interpretato in modo inedito anche per quanto attiene all'impianto freni, e alle sospensioni. La Vespa Granturismo, pur nel solco del rinnovamento intrapreso nel '96 con la gamma ET, è decisamente nuova ed è grande: le dimensioni sono le massime consentite non volendo tradire il progetto e l'"anima" della Vespa.

viziato, vuole la massima scelta: vuole un senzatarga travestito da motomondiale e, allo stesso modo, una granturismo a ruote basse, 160 km/h con finiture in pelle e cavalletto elettrico, per andare al lavoro in doppiopetto...

In tutto ciò forse è tempo di ritrovare il senso e la misura dell'oggetto in questione, tempo di tornare a definire le sue ragioni progettuali, il delicato equilibrio di sempre fra maneggevolezza, comfort, facilità d'uso e prestazioni. Bisogna tornare a ribadire il centro, polo di attrazione e termine di paragone per l'intera categoria: la Vespa non può sottrarsi al confronto.

La tendenza per tutti è verso la crescita dimensionale, l'aggiornamento tecnologico, l'esplicita indi-

Vespa ET4 50. Nuovo motore 4 tempi.
Consuma così poco che potrete fare molti,
ma molti chilometri in più.

*Vespa*
Liberi tutti.

Nella elaborazione della nuova Vespa, caratterizzata anche nel nome da uno spirito e da prestazioni "granturismo", è stato centrale lo sviluppo delle funzionalità di Vespa ET, veicolo prevalentemente urbano e trasversale, gradito cioè ad adulti e giovani, al pubblico maschile così come all'utenza femminile.

viduazione di uno stile. Significativo che il basso impatto ambientale e l'assoluta affidabilità meccanica, quando il motore è destinato a rimanere una "scatola nera", vengano ormai dati per acquisiti.

Forse è viziato dal troppo benessere e focalizzato sul proprio lavoro, il nostro acquirente, ma non si lascia incantare. Ha inoltre buona capacità di spesa: specie se il vento accenna a cambiare, si può star sicuri che saranno in molti a contenderselo.

### La strada per Vespa Granturismo

Nel corso della lunga gestazione, il progetto si è delineato in modo relativamente coerente, proponendosi in almeno due occasioni alla verifica di un campione mirato: giovani e adulti, vespisti e non, in netta prevalenza maschi.

Il pubblico viene così sollecitato una prima volta fra 1998 e '99, e dice la sua. Per quanto disponibile a dar credito al marchio e alla tradizione, per quanto sensibile al richiamo dello stile italiano, specie in Germania, non è disposto ad assecondare i compiacimenti di chi è al tavolo di progetto.

Il recupero dal passato deve rimanere nei limiti della piena riconoscibilità; inoltre, su certi punti fermi, il cliente non è disposto a transigere. E allora abbozzare un faro sul parafango come nei modelli anni Cinquanta, o invece, all'opposto, esibire una griglia per il radiatore (... stavolta dunque non mancano le novità sul piano tecnico) provoca una vera levata di scudi.

I quindici modelli fin qui analizzati sono stati scelti come rappresentativi delle principali tappe evolutive nello sviluppo tecnologico, stilistico, produttivo di Vespa, un marchio che vanta l'abilità di saper riscrivere il classico in chiave contemporanea, utilizzando un linguaggio che unisce in maniera complementare valori produttivi, merceologici, narrativi, comportamentali, mantenendo tutta l'intelligenza e l'autorevolezza dell'approccio originario.

L'indagine è partita con MP6, primo prototipo nonché archetipo di tutti gli scooter e si chiude con un altro prototipo appartenente alla nuova serie Granturismo, che esce sul mercato contemporaneamente alla presentazione di questo libro. Il confronto tra questi due esemplari mette immediatamente in luce quei fattori che nel tempo hanno inciso sulla pratica progettuale e produttiva: alcuni di questi sono rimasti perlopiù immutati mentre altri hanno subìto una forte trasformazione grazie all'avanzamento tecnologico ma soprattutto in funzione dei gusti e delle preferenze dei consumatori.

Elemento di continuità su cui ruota la forza di Vespa è la sua "anima metallica", la scocca portante in acciaio che connota solidità fisica oltre che temporale. Ed è su questa base che nasce il progetto Granturismo, allo studio da oltre sei anni: sulla sua definizione incidono da un lato l'andamento del mercato, dall'altro l'onerosa responsabilità della Piaggio di dare forma a un veicolo che non sia la nostalgica celebrazione di un mito ma piuttosto la sua prosecuzione, uno scooter connotato da un design evoluto, definito sotto il segno della continuità e del mutamento.

Se ET è rivolto a un target che ricerca l'oggetto alla moda

in cui estetica, immagine e sicurezza di guida sono le qualità più apprezzate (ET4 150 ha un'alta percentuale di vendite tra il pubblico femminile, che lo trova aderente alle proprie necessità), mentre PX è preferito da un utente che vuole acquistare un prodotto "sicuro" di cui conosce le consolidate caratteristiche di guida, affidabilità, robustezza, con la Granturismo si amplia la gamma dando una risposta alle esigenze di un target maschile, alla ricerca di un veicolo tipo GT per fare anche turismo, con livelli elevati di comfort e sicurezza oltre che eleganza e stile.

ET e PX fanno comunque da riferimento (quantomeno per l'utilizzo degli impianti produttivi) per la nuova Vespa, che si avvale anche delle esperienze sviluppate con Beverly 200, scooter con telaio tubolare, da cui prende spunto per alcune soluzioni. La memoria storica è rimandata a tre modelli di successo: la 150 GS del 1955, la più bella Vespa della storia, sinonimo di eleganza, stile, sportività; la 180 SS del 1964 quale esempio di scooter GT ad alte prestazioni; la 125 Primavera come riferimento tra i modelli con sacche integrate nella scocca.

L'elaborazione finale definisce un veicolo con una forte identità, che si esprime attraverso un linguaggio capace di innescare meccanismi percettivi che recuperano e danno la giusta collocazione alle relazioni tra passato e presente, tra evocazione storica e reali esigenze del vivere quotidiano, manifestando ancora una volta la peculiarità della Vespa di superare la richiesta di "prodotto alla moda" per diventare sinonimo di culto, interfaccia dei meccanismi che legano il prodotto al sistema di valori che vi gravitano intorno.

# In viaggio nel tempo

## Ornella Sessa

Attraverso ben nove maquette, ormai in fase avanzata della elaborazione stilistica, sono state esplorati, dall'alto: fanale sul parafango e manubrio con cruscotto a cristalli liquidi; faro sul manubrio e luce di posizione sul parafango; sacche asportabili o incernierate, oltre a differenti ipotesi per i gruppi ottici e gli indicatori di direzione.

Bisogno di evadere, libertà di movimento e apertura al mondo, dichiarati con una buona presa d'ironia nel manifesto firmato da Pierluigi Cerri.

Se funzionalità e stile sono i suoi tratti distintivi, ieri come oggi la Vespa rimane per molti un magico tappeto volante a due posti.

Estesa a diversi paesi europei, la successiva verifica è datata all'estate 2000. Si lavora ormai sui dettagli: X8, questa la denominazione del progetto e, per estensione, del mezzo in attesa del battesimo definitivo, ha ormai preso forma.

Messo a confronto con due maquette ben finite, il campione reagisce molto positivamente, pur differenziandosi. Il target "giovane inglese" sembra apprezzare una declinazione più rispettosa del legame con il passato, ma è poca cosa.

La Vespa Granturismo, così si è deciso quanto al nome, è finalmente matura per l'allestimento del "prototipo di stile", non più distinguibile dalla futura produzione in serie.

E allora... Allora come ogni volta fioriscono le indiscrezioni prima del lancio, le presentazioni, i commenti, l'osservazione curiosa dei primi esemplari su strada, le più o meno credibili esegesi del nuovo e della tradizione, le discussioni fra amici.

Molta è l'aspettativa, molta la voglia di provarla, la voglia di andare, di prendersi una giornata libera e quasi lasciarsi portare da lei.

È come una voglia di estate, e poco importa adesso chi abbia vent'anni e chi no. E poi i ricordi, per molti, di quando era un'altra Vespa, solo qualche anno fa. E guardando questa adesso, così grande... eppure, è lei.

È tornata un'altra volta, la nuova Vespa.

# 1996-2003

# VESPAET4
# VESPA
## *Granturismo*

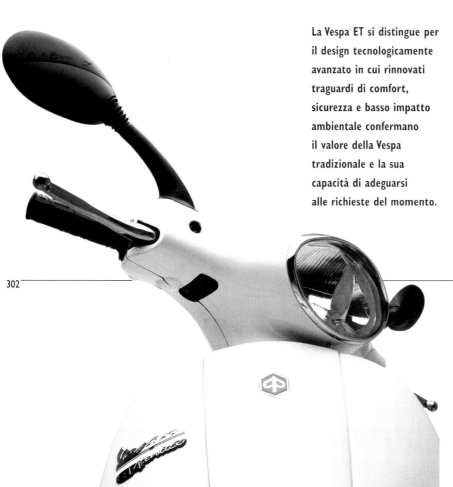

La Vespa ET si distingue per il design tecnologicamente avanzato in cui rinnovati traguardi di comfort, sicurezza e basso impatto ambientale confermano il valore della Vespa tradizionale e la sua capacità di adeguarsi alle richieste del momento.

302

# VESPAET4

La realizzazione del veicolo sostenibile: questo l'obiettivo concretizzato da Piaggio con la progettazione della serie ET presentata nel 1996, a cinquant'anni dalla nascita della prima Vespa, e proposta inizialmente nelle versioni ET4 125 cc con motore quattro tempi ed ET2 con il primo motore 50 cc a iniezione diretta. Avviamento elettrico di serie, cambio automatico con variatore, motore in posizione centrale, ruote da 10" con freno a disco anteriore, antifurto elettronico: queste le caratteristiche salienti della nuova generazione di Vespa, che fra il 1997 e il 2000 vedrà la gamma ET arricchirsi dei modelli ET2 con motore

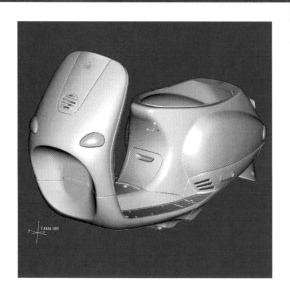

La nuova Vespa ha richiesto un grande sforzo produttivo e notevoli investimenti per la progettazione e lo sviluppo. Radicalmente nuova eppure coerente con la tradizione, la ET reinterpreta la scocca portante avvalendosi dei moderni strumenti di progettazione e della più avanzata tecnologia industriale.

La parte posteriore, morbida e filante, è caratterizzata dalla forma a goccia dei cofani laterali integrati nella scocca, sulla cui punta sono alloggiate le frecce. Inferiormente è chiusa da una carenatura in materiale plastico realizzata in tre parti, di cui due laterali apribili e dotate di catarifrangenti e griglie d'aerazione, mentre quella posteriore porta la targa e la luce per la sua illuminazione notturna.

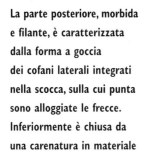

*due tempi 50 cc catalizzato, ET4 150 cc quattro tempi, ET4 50 cc quattro tempi.*

*La definizione del veicolo vede la conferma della scocca portante in lamiera d'acciaio, scelta che si riallaccia alla tradizione produttiva e propone un modello di consumo di maggior durata – la lamiera si presta a essere riverniciata o ribattuta – piuttosto che una logica di totale sostituzione con pezzi di ricambio. La scocca, la cui realizzazione ha richiesto un notevolissimo sforzo per la progettazione e lo sviluppo, è profondamente trasformata e si adegua ai più recenti standard di sicurezza e protettività; le dimensioni sono definite attraverso studi volti a ottimizzare le necessità di comfort e agilità d'uso dell'utente, mentre le proporzioni riescono a raggiungere il tanto ricercato equilibrio tra la parte anteriore e quella posteriore. Il design antropomorfo segue l'ispirazione bionica suggerita dal nome Vespa: non più fogli di lamiera piegata e stampata ma superfici modellate insieme e assemblate in modo da apparire volumi unici le cui protesi funzionali connotano immediatamente le modalità di utilizzo. Così il manubrio fa da*

Nella visione frontale
si apprezza lo scudo,
morbido e ben sagomato,
che accoglie la mascherina
centrale, ridotta al minimo,
con griglia per clacson,
e gli indicatori di direzione
dalla tipica linea a goccia.

Il nuovo progetto rivela
un accurato programma
di produzione, dallo
stampaggio – la pressa
in linea con stampi
in serie di quattro
permette che da una
bobina di lamiera posta
in testa alla linea escano,
in coda, le componenti
finite – alla saldatura tutta

robotizzata con tecnologia
a punti nascosti.
I moderni sistemi di
verniciatura automatizzati
con vernici atossiche a base
d'acqua, e un avanzato
impianto per il trattamento
degli scarichi liquidi
e gassosi, hanno molto
ridotto l'impatto
ambientale della fabbrica.

## VESPA ET4

Grande cura progettuale e costruttiva
per tutti i particolari: dagli specchietti
al rivestimento all'interno dello scudo,
in tono con quello della sella proposto
nei colori nero, marrone e grigio chiaro.
Numerosi gli accessori di serie: come
la bomboletta "gonfia e ripara" gomme,
il gancio integrato nella sella, la trousse
d'attrezzi in un apposito cassettino.
La gamma di colori selezionata
per la scocca sottolinea la "toscanità"
del mezzo: Arancio Giotto, Verde
Ulivo, Blu Livorno, Rosso Etrusco ecc.

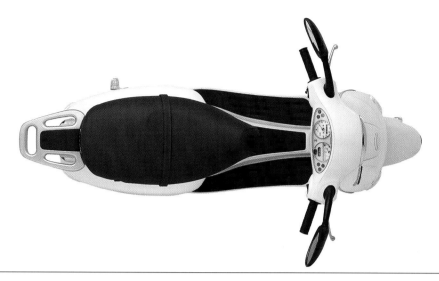

La vista dall'alto evidenzia la forma del veicolo, col portapacchi che fuoriesce dalla lunghezza massima, la sella di grandi dimensioni e la pedana ricoperta da tappetini in gomma.

"testa" e porta le frecce come antenne, lo scudo a goccia si modella per inglobare il parafango anteriore e dà forma a un ampio vano per il bauletto. Le frecce poi sembrano piccoli occhi luminosi e la pedana non è più filiforme ma presenta una sagoma corposa e robusta che ingloba i due cavalletti. La parte posteriore è composta da due semiscocche che recano l'impronta delle sacche laterali, non apribili, irrigidite da due mensole di rinforzo per dare struttura al vuoto centrale che alloggia il motore e completate da tre appendici in plastica di cui le due laterali sono asportabili mentre quella posteriore crea una sorta di coda che porta la targa.

Particolare della carenatura amovibile con catarifrangente e griglia d'aerazione, e della nuova marmitta catalitica dotata d'una protezione cromata.

Il manubrio, in due
semiscocche giunte
verticalmente, ingloba il
gruppo ottico (due lampade
allo iodio da 55 W di tipo
automobilistico e una doppia
parabola di proiezione
prismata in materiale
polimerico trasparente),
le frecce, gli attacchi per
il parabrezza, il cruscotto
e tutti i comandi.

## VESPAET4

*La scelta di disporre il compattissimo motore
monocilindrico orizzontalmente in posizione
centrale (si mantiene lo schema di motore portante
che funge da forcellone monobraccio, accoppiato
a un monoammortizzatore idraulico con precari-
co regolabile) oltre a modificare la costruzione
della parte posteriore, permette di rivoluzionare
la distribuzione dei pesi, ora con baricentro molto
più basso per una stabilità notevolmente elevata.*

*Il propulsore quattro tempi, alimentato a benzi-
na verde, ha due valvole con albero a camme
in testa comandato da catena di tipo silenzioso e raffreddamento ad aria forzata
e offre eccellenti doti prestazionali
e requisiti quali silenziosità,*

Il portapacchi ha forma
trapezoidale rastremata
verso l'esterno, è verniciato
color alluminio ed è
fornito di serie; sotto
a questo, il gruppo ottico
ovale rifinito da una
cornice in metallo cromato.

Il cruscotto, modernissimo e completo, racchiude il tachimetro-contachilometri, le spie delle luci, il doppio indicatore di direzione, la spia della riserva, l'indicatore di livello carburante; si segnala infine un orologio digitale di grande leggibilità.

Il parafango anteriore presenta un'appendice che copre in parte gli elementi della sospensione e può ricordare la 125 U del '53; l'ammortizzatore idraulico a doppio effetto e il particolare leveraggio anti-affondamento offrono grandi doti di stabilità.

economicità d'esercizio e affidabilità; il consumo è ridotto al minimo (aumenta l'autonomia, grazie al serbatoio da 9 litri) così come le emissioni nocive, a norma delle più severe leggi ambientali, e le emissioni acustiche. L'accessibilità meccanica è migliorata grazie all'asportazione dell'ampio vano sottosella (può ospitare un casco integrale o altri bagagli) e delle mezze fiancate basse che consentono di mettere a nudo il propulsore.

La ciclistica è anch'essa totalmente modificata, il braccio di supporto è sistemato a sinistra della ruota (come nella Vespa 98 cc del '46), come la leva di avviamento a pedale (per la prima volta su questo lato). I pneumatici non sono più intercambiabili, viste le diverse dimensioni (100/80 per l'anteriore e 120/70 per quello posteriore), e adottano cerchi di tipo "avio" da 10 pollici sottolineando le doti sportive e le caratteristiche di stabilità e tenuta di strada su qualsiasi fondo.

L'impianto frenante, potente in ogni condizione, è del tipo misto: anteriore a disco e posteriore a tamburo.

Il manubrio presenta nuovi comandi elettrici, più ergonomici e funzionali (vedi il dispositivo a pressione per il disinserimento degli indicatori di direzione), e ingloba un cruscotto modernissimo. La protezione antifurto assicurata dal "Piaggio Code", sistema elettronico che impedisce di avviare il motore senza chiave, è integrata dai tradizionali dispositivi quali l'anello per l'aggancio di catene antifurto e il bloccasterzo.

# VESPA
## *Granturismo*

**I**nnovazione, creatività, design sono i valori portanti di Vespa Granturismo, il nuovo scooter Piaggio che si presenta come un prodotto fortemente competitivo per stile e tecnologia. Il "progetto X8", come inizialmente battezzato, nasce dal Centro Stile Piaggio che definisce una Vespa dall'immagine evoluta, in cui le doti di sicurezza, affidabilità, comfort e alte prestazioni sono in sinergia con reali esigenze di mobilità individuale. Fra le novità tecniche di maggior rilievo si segnala l'adozione di potenti motori quattro tempi, dotati di quattro valvole e raffreddamento a liquido.

Vespa Granturismo 200, il modello di punta,

La definizione dell'aspetto generale del veicolo come di alcuni particolari stilistici passa attraverso diverse fasi di studio e affinamento.

La inimitabile scocca portante in acciaio, vera anima del progetto Vespa, qui nella sua ultima configurazione, deriva dall'esperienza condotta a suo tempo sulla ET.

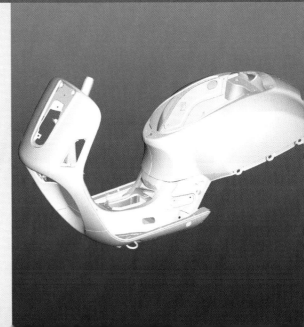

Nelle immagini il prototipo di stile della Granturismo 200, ammiraglia della gamma Vespa. Il veicolo ha un target prevalentemente maschile ed è destinato a un uso turistico oltre che urbano. Le scelte stilistiche mantengono le peculiarità di Vespa come il profilo, la scocca portante con sacche integrate e il faro sul manubrio, per una configurazione generale dalle linee pulite e compatte, secondo la sua tradizione e il suo status.

Design innovativo per il faro posteriore, a filo con la scocca come gli indicatori di direzione romboidali, e per il portapacchi robusto e capiente.

## VESPA
### *Granturismo*

ha una potenza massima pari a 20 Cv (14,7 kW) e sfiora i 120 km/h, mentre è di 15 Cv (11 kW) la potenza della Granturismo 125 cc.

La scelta di adottare un diverso sistema di raffreddamento, certo più adatto a un mezzo performante come la Granturismo, incide positivamente sulla qualità delle emissioni acustiche e sulla potenza.

Se il tradizionale sistema ad aria è più semplice ed economico (non necessitando di tubazioni, radiatore, liquido di raffreddamento, termostato, elettroventola, volano più potente), per contro ha prestazioni inferiori ed è più rumoroso.

La presenza di acqua intorno al cilindro, in effetti, è un buon insonorizzante per la rumorosità meccanica e permette una ulteriore riduzione dei livelli di inquinamento acustico, obiettivo che Piaggio persegue da sempre.

Altra importante novità riguarda la sospensione posteriore costituita da due ammortizzatori idraulici a doppio effetto con precarica regolabile a cui viene affiancato l'utilizzo di freni a disco. Ne derivano ottima tenuta di strada, comfort di guida e un'elevata sicurezza.

Nel rispetto della tradizione la scocca portante è in acciaio con rinforzi strutturali saldati: questa garantisce l'eccezionale solidità del veicolo, maggior durata e un elevato valore nel tempo.

Elemento distintivo della Granturismo è l'immagine imponente, sottolineata dalle dimensioni del veicolo che definiscono l'altezza sella a 810 mm

La nuova Vespa è la più grande mai prodotta. Le dimensioni del prototipo sono: lunghezza 1.930 mm, larghezza 710 mm, altezza sella 810 mm (in realtà la versione definitiva ha dimensioni quasi esattamente coincidenti).

## VESPA
*Granturismo*

310

Nel brief aziendale compare un significativo rapporto (PX : PK = X8 : ET) che riassume l'impostazione della Granturismo, ancora indicata con la sigla del prototipo. Piaggio ha mirato dunque a un veicolo che si avvale di un design evoluto, in parte già sperimentato su ET e sviluppato verso la definizione d'un mezzo performante con forte impatto estetico e contenuti tecnologici innovativi ma al tempo stesso essenziali.

Sul fronte risalta la nuova forma del faro a goccia verso il basso, le cui dimensioni vincolano il disegno della cravatta centrale sullo scudo; quest'ultimo è largo e corto per dar spazio alla grande ruota. Il bauletto, sul lato interno dello scudo, è liscio e continuo.

*da terra; una scelta nata dall'adozione di cerchi in lega da 12", con montati pneumatici tubeless 120/70-12 (ant.) e 130/70-12 (post.).*

*Le linee della carrozzeria hanno un andamento morbido che prende una consistenza più "nervosa" e "muscolare" nella zona pedana e nella coda in cui risalta l'innovativo gruppo ottico, totalmente inglobato nella carrozzeria così come gli indicatori di direzione dalla nuova forma romboidale.*

*La pedana è caratterizzata da un tunnel abbastanza pronunciato che garantisce la massima rigidità strutturale; la sua dimensione, leggermente ridotta, è ottimizzata per un agevole*

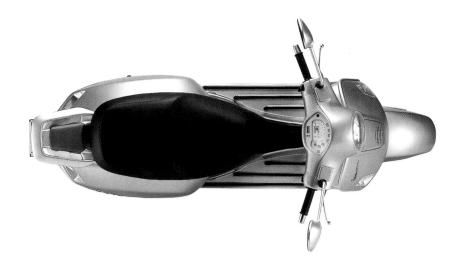

La scocca incorpora sacche
di grandi dimensioni: anche
la pedana è maggiorata,
per una forte percezione
di comfort e sicurezza.

Il faro posteriore, inglobato
nella scocca, è protetto da
un trasparente quadrato.

# VESPA
*Granturismo*

Particolare dello scudo
nel cui lato è inglobata
la griglia di raffreddamento
motore. Il manubrio
integra una strumentazione
completa e di facile
lettura, superiormente
porta gli specchietti
con i due coperchi coppe
olio che, nel prototipo,
appaiono meno in linea
con il design complessivo.

La tradizione prosegue nell'utilizzo di soluzioni storicamente collaudate come la sospensione anteriore monobraccio.

Grande innovazione per la sospensione posteriore con due ammortizzatori idraulici a doppio effetto e precarica regolabile.

## VESPA
*Granturismo*

La scocca risulta chiusa inferiormente da parafanghi in materiale polimerico del colore della carrozzeria; questi sono, come in ET, smontabili per l'accesso al motore. La marmitta catalitica sul lato destro del veicolo porta uno scudo protettivo in linea col design complessivo. Le ruote hanno cerchi in lega leggera da 12" con pneumatici tubeless 120/70 – 12 all'anteriore e 130/70 – 12 al posteriore.

appoggio dei piedi del pilota mentre quelli del passeggero trovano posto nelle apposite pedaline retrattili inglobate nella scocca e apribili manualmente con sistema articolato.

Le sacche laterali, grandi e ben raccordate, sono integrate nello stampo della scocca sia per motivi economico-strutturali che per sottolineare la continuità con ET e il legame con Primavera.

Anche lo scudo frontale ha subìto evidenti trasformazioni legate all'adozione delle ruote grandi e all'inserimento delle griglie di aerazione laterali; come su ET, qui è presente un controscudo che accoglie l'impianto di raffreddamento a doppio pacco radiante oltre al vano portaoggetti: la parte anteriore assume così un aspetto corposo e otticamente ben equilibrato col posteriore.

L'ampio manubrio, che integra comandi comodi e intuitivi e la strumentazione analogica di facile lettura, ha una inclinazione ergonomicamente corretta ed è caratterizzato dalla forma a goccia del faro.

La trasmissione rimane a cinghia con variatore automatico, scelta intrapresa con ET (dopo l'esperienza condotta su PK) e non più abbandonata.

Quanto ad abitabilità e comfort la Granturismo ha una sella particolarmente ampia, modellata secondo una forma svasata così da poggiare meglio le gambe; questo consente al pilota una postura ottimale, ben lontana da quella tipica degli scooteroni custom.

Anche il passeggero è alloggiato bene, godendo d'una posizione leggermente rialzata e di comodi appigli per le mani.

Sotto la sella, che si apre tramite pulsante posizionato davanti le gambe del pilota, è ricavato un vano capace di ospitare una coppia di caschi; il bauletto porta-documenti, nello scudo, ha lo sportello totalmente liscio ed è reso accessibile, solo quando fermi, premendo la chiave di accensione nella sua sede.

Il classico gancio portaborse, in plastica, richiudibile per il minimo ingombro, è ora posizionato sotto al manubrio, accanto al pulsante di apertura sella. Bello e comodo il portapacchi, pronto a sostenere il bauletto coordinato.

Le scelte funzionali che definiscono la nuova Vespa sono sintetizzabili in: crescita dimensionale, comfort, protettività, robustezza, durata, praticità d'uso, piena affidabilità, sicurezza. Per contro le scelte stilistiche si orientano verso un'immagine più accattivante e alla moda.

# CATALOGO
*a cura di* **Giorgio Notari**

Nel catalogare i modelli che hanno segnato altrettante tappe storiche nella lunga vita della Vespa ho usato un criterio pratico e semplice da interpretare, suddividendoli per cilindrata e poi, in sequenza, secondo l'anno di produzione. A parte ho poi considerato le Vespe sportive e, infine, le serie più recenti con motore a quattro tempi.

Nel complesso, questi sono i modelli che hanno fatto la storia della Vespa nel mondo sin dall'aprile '46, data d'inizio produzione della primogenita, di soli 98 cc. A due anni di distanza nasce la prima 125, cilindrata inalterata sino a oggi. Soltanto verso la fine del 1954 la Piaggio mette in vendita la 150, poi affiancata dalla versione sportiva, quella Vespa Gran Sport che tutti ricordano come il "Vespone".

Una data centrale è il 1959, quando gli infaticabili motori due tempi subiscono una radicale trasformazione adottando la distribuzione rotante, che ne incrementa robustezza ed economia d'esercizio. Da allora in poi tutti i motori della Vespa seguiranno questa strada, con l'eccezione di qualche modello sportivo.

Nel 1962 le novità sono due: la 150 Gran Lusso dalle linee più squadrate, e la 160 Gran Sport che alla sospensione anteriore monta un ammortizzatore idraulico a doppio effetto. Il 1963 è da ricordare per l'uscita della Vespa 50, senza targa e dunque attesissima dai quattordicenni. Sulla medesima scocca vengono allestite la 90 e, a distanza di due anni, la prima 125 "piccola" dalla quale nascerà, nel 1967, la notissima Primavera.

La 180 Super Sport è ancora del '64; l'anno seguente vengono presentate le sorprendenti 50 e 90 SS, due sportive accomunate dalla linea inconfondibile e dalle notevoli prestazioni. Ultime a montare i cerchi da 8" sono, sempre nel 1965, la Vespa 125 e la 150 Super.

A fine anni Sessanta (1968) fa la sua apparizione la 180 Rally poi sostituita dalla 200 (1972) che, prima fra le Vespe, inaugura l'accensione elettronica; del 1976 è la 125 Primavera ET3, anch'essa convertita all'elettronica.

Gli anni Settanta vedono la nascita di un modello di enorme successo, ancora oggi in produzione: la Vespa 125 PX viene infatti presentata nell'autunno del 1977. Il 1982 è invece il momento della PK sulla quale, due anni più tardi, è montato il primo cambio automatico mai apparso su di una Vespa; contemporaneamente viene costruita la P125 ETS, una versione prestazionale destinata ai giovani.

Ultimo esempio di Vespa sportiva è, nel 1985, la PX 125 T5 – scocca modificata, nuova strumentazione e un motore con cilindro in alluminio a 5 travasi – o più semplicemente Pole Position: la campagna di lancio aveva infatti per palcoscenico la Formula Uno.

A distanza di cinquant'anni dall'esordio della capostipite, nel 1996 compare una Vespa del tutto inedita e per certi versi rivoluzionaria, a cominciare dal motore a quattro tempi montato in posizione centrale nella scocca, per finire alla trasmissione automatica e al freno a disco: la 125 ET4 è presto affiancata da una 150 e da una 50, prima a due, poi quattro tempi.

Nel 2003 arriva Vespa Granturismo. Può essere considerato il compimento della rivoluzione stilistica e funzionale che Vespa aveva avviato nel 1996, in occasione del cinquantenario.

Con Vespa Granturismo si completa "in alto" la gamma dello scooter più popolare del mondo.

Imponente nelle dimensioni, la Granturismo sta alla serie ET come la serie PX stava alla PK. Si ricrea così il mito del "Vespone" affiancato ai "Vespini" con scocca più piccola. Carrozzeria portante in acciaio, potenti motori quattro tempi raffreddati a liquido, freni a disco e una linea elegante, al di sopra delle mode, incanalano la rivoluzione tecnica nel solco della tradizione Vespa.

*il Curatore*

## VESPA 50 / 1963
### (1963-83 / 658.120 es. / V5A1T)

| | |
|---|---|
| lunghezza | mm. 1630 |
| larghezza | 610 |
| interasse | 1155 |
| altezza | 980 |
| peso | kg. 70,5 |
| pneumatici | 2.3/4 x 9" |

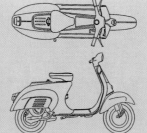

■ **MOTORE:** *V 5A 1 M* FUNZIONAMENTO CICLO OTTO A DUE TEMPI, MISCELA BENZINA-OLIO 2 %; MONOCILINDRICO CC. 49,77 (38,4 X 43), R. COMPRESSIONE 1:7,2; POTENZA MAX CV. 1,45 A 4500 GIRI/MINUTO; RAFFREDDAMENTO AD ARIA FORZATA

■ **SERBATOIO:** L. 5,2

■ **FRIZIONE:** A DISCHI MULTIPLI IN BAGNO D'OLIO

■ **CAMBIO:** A 3 VELOCITÀ, COMANDO AL MANUBRIO SUL LATO SINISTRO

■ **SOSPENSIONI:** ELEMENTI IN GOMMA (ANT.); MOLLA ELICOIDALE E AMMORTIZZATORE IDRAULICO (POST.)

■ **FRENI:** A TAMBURO, ANTERIORE Ø MM. 125, POSTERIORE Ø MM. 135

■ **IMPIANTO ELETTRICO:** MAGNETE VOLANO 6V - 20 W

■ **CONSUMO:** 1,48 L /100 KM

■ **VELOCITÀ MAX:** KM/H 39,5

---

## VESPA 50 S / 1963
### (1963-83 / 110.791 es. / V5SA1T)

| | |
|---|---|
| lunghezza | mm. 1650 |
| larghezza | 610 |
| interasse | 1160 |
| altezza | 995 |
| peso | kg. 74 |
| pneumatici | 3.00 x 10" |

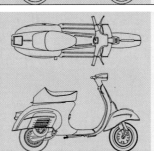

■ **MOTORE:** *V 5SA 1 M* FUNZIONAMENTO CICLO OTTO A DUE TEMPI, MISCELA BENZINA-OLIO 2 %; MONOCILINDRICO CC. 49,77 (38,4 X 43), R. COMPRESSIONE 1:7,2; POTENZA MAX CV. 2,6 A 5800 GIRI/MINUTO; RAFFREDDAMENTO AD ARIA FORZATA

■ **SERBATOIO:** L. 5,2

■ **FRIZIONE:** A DISCHI MULTIPLI IN BAGNO D'OLIO

■ **CAMBIO:** A 4 VELOCITÀ, COMANDO AL MANUBRIO SUL LATO SINISTRO

■ **SOSPENSIONI:** MOLLE ELICOIDALI, AMMORTIZZATORI IDRAULICI A DOPPIO EFFETTO

■ **FRENI:** A TAMBURO, ANTERIORE Ø MM. 125, POSTERIORE Ø MM. 135

■ **IMPIANTO ELETTRICO:** MAGNETE VOLANO 6V - 30 W

■ **CONSUMO:** 1,67 L /100 KM

■ **VELOCITÀ MAX:** KM/H 60,6

---

## VESPA 50 / 1972
### (1972-75 / 94.670 es. / V5B1T // 469.283 es. / V5B3T)

| | |
|---|---|
| lunghezza | mm. 1655 |
| larghezza | 610 |
| interasse | 1180 |
| altezza | 1000 |
| peso | kg. 72 |
| pneumatici | 3.00 x 10" |

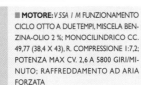

■ **MOTORE:** *V 5A 2 M* FUNZIONAMENTO CICLO OTTO A DUE TEMPI, MISCELA BENZINA-OLIO 2 %; MONOCILINDRICO CC. 49,77 (38,4 X 43), R. COMPRESSIONE 1:7,2; POTENZA MAX CV. 1,45 A 4500 GIRI/MINUTO; RAFFREDDAMENTO AD ARIA FORZATA

■ **SERBATOIO:** L. 5,2

■ **FRIZIONE:** A DISCHI MULTIPLI IN BAGNO D'OLIO

■ **CAMBIO:** A 3 VELOCITÀ, COMANDO AL MANUBRIO SUL LATO SINISTRO

■ **SOSPENSIONI:** MOLLE ELICOIDALI, AMMORTIZZATORI IDRAULICI

■ **FRENI:** A TAMBURO, ANTERIORE Ø MM. 125, POSTERIORE Ø MM. 150

■ **IMPIANTO ELETTRICO:** MAGNETE VOLANO 6V - 20 W

■ **CONSUMO:** 1,43 L /100 KM

■ **VELOCITÀ MAX:** KM/H 40

---

## VESPA ET2 50 / 1997
### (179.794 es. al 2002 / C38100)

| | |
|---|---|
| lunghezza | mm. 1780 |
| larghezza | 710 |
| interasse | 1275 |
| altezza | 1010 |
| peso | kg. 90 |
| pneumatici | 100/80-10 (ant.) 120/70-10 (post.) |

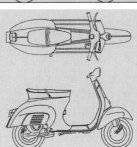

■ **MOTORE:** *C38 1 M* FUNZIONAMENTO CICLO OTTO A DUE TEMPI, MISCELA BENZINA-OLIO 2 %; MONOCILINDRICO CC. 49 (40 X 39,3), R. COMPRESSIONE 1:11,3; POTENZA MAX – ; RAFFREDDAMENTO AD ARIA FORZATA

■ **SERBATOIO:** L. 9

■ **FRIZIONE:** CENTRIFUGA AUTOMATICA A SECCO

■ **CAMBIO:** VARIATORE AUTOMATICO CONTINUO

■ **SOSPENSIONI:** MOLLE ELICOIDALI, AMMORTIZZATORI IDRAULICI A DOPPIO EFFETTO

■ **FRENI:** ANT. A DISCO Ø MM. 200, TRASMISSIONE IDR. (MANUBRIO, DX); POST. A TAMBURO Ø MM. 110 (MANUBRIO, SX)

■ **IMPIANTO ELETTRICO:** MAGNETE VOLANO 12V - 110 W; BATTERIA 12 V; ACCENSIONE ELETTRONICA

■ **CONSUMO:** 2,5 L /100 KM (40 KM/H)

■ **VELOCITÀ MAX:** CODICE

---

## VESPA 90 / 1963
### (1963-83 / 285.526 es. / V9A1T)

| | |
|---|---|
| lunghezza | mm. 1650 |
| larghezza | 610 |
| interasse | 1160 |
| altezza | 995 |
| peso | kg. 74,5 |
| pneumatici | 3.00 x 10" |

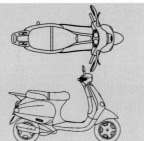

■ **MOTORE:** *V 9A 1 M* FUNZIONAMENTO CICLO OTTO A DUE TEMPI, MISCELA BENZINA-OLIO 2 %; MONOCILINDRICO CC. 88,5 (47 X 51), R. COMPRESSIONE 1:7,2; POTENZA MAX CV. 3,6 A 5250 GIRI/MINUTO; RAFFREDDAMENTO AD ARIA FORZATA

■ **SERBATOIO:** L. 5,2

■ **FRIZIONE:** A DISCHI MULTIPLI IN BAGNO D'OLIO

■ **CAMBIO:** A 3 VELOCITÀ, COMANDO AL MANUBRIO SUL LATO SINISTRO

■ **SOSPENSIONI:** MOLLE ELICOIDALI, AMMORTIZZATORI IDRAULICI A DOPPIO EFFETTO

■ **FRENI:** A TAMBURO, ANTERIORE Ø MM. 125, POSTERIORE Ø MM. 135

■ **IMPIANTO ELETTRICO:** MAGNETE VOLANO 6V / 30 W

■ **CONSUMO:** 1,76 L /100 KM

■ **VELOCITÀ MAX:** KM/H 69,2

## VESPA 98 / 1946
### (1946-47 / 17.078 es. / V98)

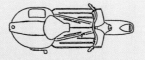

| | |
|---|---|
| lunghezza | mm. 1655 |
| larghezza | 790 |
| interasse | 1160 |
| altezza | 860 |
| peso | kg. 60 |
| pneumatici | 3.50 x 8" |

■ **MOTORE:** *V 98* FUNZIONAMENTO CICLO OTTO A DUE TEMPI, MISCELA BENZINA-OLIO 5 %; MONOCILINDRICO CC. 98 (50 X 50), R. COMPRESSIONE 1:6,5; POTENZA MAX CV. 3 A 4300 GIRI/MINUTO; RAFFREDDAMENTO AD ARIA FORZATA
■ **SERBATOIO:** L. 4,75
■ **FRIZIONE:** A DISCHI MULTIPLI IN BAGNO D'OLIO
■ **CAMBIO:** A 3 VELOCITÀ, COMANDO AL MANUBRIO SUL LATO SINISTRO
■ **SOSPENSIONI:** ANTERIORE CON DUE MOLLE A SPIRALE, POSTERIORE CON TAMPONE IN GOMMA
■ **FRENI:** A TAMBURO, ANTERIORE Ø MM. 124, POSTERIORE Ø MM. 124
■ **IMPIANTO ELETTRICO:** MAGNETE VOLANO 6V
■ **CONSUMO:** 2 L /100 KM
■ **VELOCITÀ MAX:** KM/H 60

---

## VESPA 125 / 1965
### (1965-67 / 17.099 es. / VMA1T)

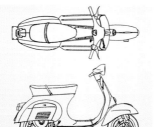

| | |
|---|---|
| lunghezza | mm. 1650 |
| larghezza | 670 |
| interasse | 1165 |
| altezza | 1005 |
| peso | kg. 78,4 |
| pneumatici | 3.00 x 10" |

■ **MOTORE:** *V MA 1 M* FUNZIONAMENTO CICLO OTTO A DUE TEMPI, MISCELA BENZINA-OLIO 2 %; MONOCILINDRICO CC. 121,16 (55 X 51), R. COMPRESSIONE 1:7,2; POTENZA MAX CV. 4,8 A 4500 GIRI/MINUTO; RAFFREDDAMENTO AD ARIA FORZATA
■ **SERBATOIO:** L. 5,6
■ **FRIZIONE:** A DISCHI MULTIPLI IN BAGNO D'OLIO
■ **CAMBIO:** A 4 VELOCITÀ, COMANDO AL MANUBRIO SUL LATO SINISTRO
■ **SOSPENSIONI:** MOLLE ELICOIDALI, AMMORTIZZATORI IDRAULICI A DOPPIO EFFETTO
■ **FRENI:** A TAMBURO, ANTERIORE Ø MM. 125, POSTERIORE Ø MM. 150
■ **IMPIANTO ELETTRICO:** MAGNETE VOLANO 6V - 50 W
■ **CONSUMO:** 2 L /100 KM
■ **VELOCITÀ MAX:** KM/H 83,8

---

## VESPA 125 Primavera / 1967
### (1967-83 / 216.477 es. / VMA2T)

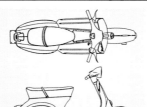

| | |
|---|---|
| lunghezza | mm. 1655 |
| larghezza | 670 |
| interasse | 1180 |
| altezza | 1005 |
| peso | kg. 78 |
| pneumatici | 3.00 x 10" |

■ **MOTORE:** *V MA 2 M* FUNZIONAMENTO CICLO OTTO A DUE TEMPI, MISCELA BENZINA-OLIO 2 %; MONOCILINDRICO CC. 121,16 (55 X 51), R. COMPRESSIONE 1:8,25; POTENZA MAX CV. 5,56 A 5500 GIRI/MINUTO; RAFFREDDAMENTO AD ARIA FORZATA
■ **SERBATOIO:** L. 5,6
■ **FRIZIONE:** A DISCHI MULTIPLI IN BAGNO D'OLIO
■ **CAMBIO:** A 4 VELOCITÀ, COMANDO AL MANUBRIO SUL LATO SINISTRO
■ **SOSPENSIONI:** MOLLE ELICOIDALI, AMMORTIZZATORI IDRAULICI A DOPPIO EFFETTO
■ **FRENI:** A TAMBURO, ANTERIORE Ø MM. 125, POSTERIORE Ø MM. 150
■ **IMPIANTO ELETTRICO:** MAGNETE VOLANO 6V - 50 W
■ **CONSUMO:** 2,01 L /100 KM
■ **VELOCITÀ MAX:** KM/H 92,3

---

## VESPA 125 Primavera ET3 / 1976
### (1976-83 / 143.579 es. / VMB1T)

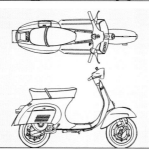

| | |
|---|---|
| lunghezza | mm. 1660 |
| larghezza | 680 |
| interasse | 1180 |
| altezza | 1000 |
| peso | kg. 78 |
| pneumatici | 3.00 x 10" |

■ **MOTORE:** *V MB 1 M* FUNZIONAMENTO CICLO OTTO A DUE TEMPI, MISCELA BENZINA-OLIO 2 %; MONOCILINDRICO CC. 121,16 (55 X 51), R. COMPRESSIONE 1:9,25; POTENZA MAX CV. 7 A 5500 GIRI/MINUTO (P. FISCALE CV. 2); RAFFREDDAMENTO AD ARIA FORZATA
■ **SERBATOIO:** L. 5,6
■ **FRIZIONE:** A DISCHI MULTIPLI IN BAGNO D'OLIO
■ **CAMBIO:** A 4 VELOCITÀ, COMANDO AL MANUBRIO SUL LATO SINISTRO
■ **SOSPENSIONI:** MOLLE ELICOIDALI, AMMORTIZZATORI IDRAULICI A DOPPIO EFFETTO
■ **FRENI:** A TAMBURO, ANTERIORE Ø MM. 125, POSTERIORE Ø MM. 150
■ **IMPIANTO ELETTRICO:** MAGNETE VOLANO 6V - 50 W; ACC. ELETTRONICA
■ **CONSUMO:** 2,14 L /100 KM
■ **VELOCITÀ MAX:** KM/H 85,92

---

## VESPA PK 125 / 1982
### (1982-83 / 7.824 es. / VMX1T)

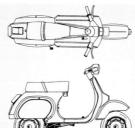

| | |
|---|---|
| lunghezza | mm. 1675 |
| larghezza | 700 |
| interasse | 1175 |
| altezza | 1070 |
| peso | kg. 87 |
| pneumatici | 3.00 x 10" |

■ **MOTORE:** *V MX 1 M* FUNZIONAMENTO CICLO OTTO A DUE TEMPI, MISCELA BENZINA-OLIO 2 %; MONOCILINDRICO CC. 121 (55 X 51), R. COMPRESSIONE 1:9,3; POTENZA MAX KW. 4,35 (CV. 5,90) A 5600 GIRI/MINUTO; RAFFREDDAMENTO AD ARIA FORZATA
■ **SERBATOIO:** L. 5,8
■ **FRIZIONE:** A DISCHI MULTIPLI IN BAGNO D'OLIO
■ **CAMBIO:** A 4 VELOCITÀ, COMANDO AL MANUBRIO SUL LATO SINISTRO
■ **SOSPENSIONI:** MOLLE ELICOIDALI, AMMORTIZZATORI IDRAULICI A DOPPIO EFFETTO
■ **FRENI:** A TAMBURO, ANTERIORE Ø MM. 150, POSTERIORE Ø MM. 150
**IMPIANTO ELETTRICO:** MAGNETE VOLANO 6V - 50 W; ACC. ELETTRONICA
■ **CONSUMO:** 2,1 L /100 KM
■ **VELOCITÀ MAX:** KM/H 84,5

---

## VESPA PK 125 S A / 1983
### (1977-82 / 8.922 es. / VAM1T)

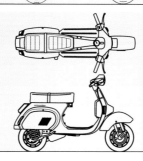

| | |
|---|---|
| lunghezza | mm. 1680 |
| larghezza | 700 |
| interasse | 1180 |
| altezza | 1070 |
| peso | kg. 90 (105,5 misc. aut.) |
| pneumatici | 3.00 x 10" |

■ **MOTORE:** *V AM 1 M* FUNZIONAMENTO CICLO OTTO A DUE TEMPI, MISCELA BENZINA-OLIO 2 %; MONOCILINDRICO CC. 121 (55 X 51), R. COMPRESSIONE 1:10,5; POTENZA MAX KW. 5,5 A 6200 GIRI/MINUTO; RAFFREDDAMENTO AD ARIA FORZATA
■ **SERBATOIO:** L. 5,8 (MISC. AUT. L. 5,8 +1)
■ **FRIZIONE:** CENTRIFUGA AUTOMATICA A SECCO
■ **CAMBIO:** AUTOMATICO CON VARIATORE A CINGHIA, COMANDO IDRAULICO
■ **SOSPENSIONI:** MOLLE ELICOIDALI A FLESSIBILITÀ VARIABILE, AMMORTIZZATORI IDRAULICI A DOPPIO EFFETTO
■ **FRENI:** A TAMBURO, ANTERIORE Ø MM. 150, POSTERIORE Ø MM. 150
■ **IMPIANTO ELETTRICO:** MAGNETE VOLANO 12V - 80 W
■ **CONSUMO:** 2,2 L /100 KM
■ **VELOCITÀ MAX:** KM/H 85,5

## VESPA 125 / 1948
### (1948 / 16.003 es. montati /V1T)

| | |
|---|---|
| **lunghezza** mm. 1650 | |
| **larghezza** 790 | |
| **interasse** 1130 | |
| **altezza** 960 | |
| **peso** kg. 70 | |
| **pneumatici** 3.50 x 8" | |

■ **MOTORE:** *V I M* FUNZIONAMENTO CICLO OTTO A DUE TEMPI, MISCELA BENZINA-OLIO 5 %; MONOCILINDRICO CC. 124,789 (56,5 X 49,8), R. COMPRESSIONE 1:6,5; POTENZA MAX CV. 4 A 5000 GIRI/MINUTO; RAFFREDDAMENTO AD ARIA FORZATA

■ **SERBATOIO:** L. 5

■ **FRIZIONE:** A DISCHI MULTIPLI IN BAGNO D'OLIO

■ **CAMBIO:** A 3 VELOCITÀ, COMANDO AL MANUBRIO SUL LATO SINISTRO

■ **SOSPENSIONI:** MOLLA ELICOIDALE (ANT.); MOLLA ELICOIDALE E AMM. IDRAULICO (POST.)

■ **FRENI:** A TAMBURO, ANTERIORE Ø MM. 124, POSTERIORE Ø MM. 124

■ **IMPIANTO ELETTRICO:** MAGNETE VOLANO 6 V

■ **CONSUMO:** 2 L /100 KM

■ **VELOCITÀ MAX:** KM/H 70

---

## VESPA 125 / 1951
### (1951-52 / 78.779 es. montati 1951, tot. 155.552 es. /V30 - V33VM1T)

| | |
|---|---|
| **lunghezza** mm. 1670 | |
| **larghezza** 790 | |
| **interasse** 1160 | |
| **altezza** 960 | |
| **peso** kg. 85 | |
| **pneumatici** 3.50 x 8" | |

■ **MOTORE:** DA *V30* A *V33 M* FUNZIONAMENTO CICLO OTTO A DUE TEMPI, MISCELA BENZINA-OLIO 5 %; MONOCILINDRICO CC. 124,789 (56,5 X 49,8), R. COMPRESSIONE 1:6,5; POTENZA MAX CV. 4 A 5000 GIRI/MINUTO; RAFFREDDAMENTO AD ARIA FORZATA

■ **SERBATOIO:** L. 5

■ **FRIZIONE:** A DISCHI MULTIPLI IN BAGNO D'OLIO

■ **CAMBIO:** A 3 VELOCITÀ, COMANDO AL MANUBRIO SUL LATO SINISTRO

■ **SOSPENSIONI:** ANT. E POST. CON AMMORTIZZATORE IDRAULICO

■ **FRENI:** A TAMBURO, ANTERIORE Ø MM. 125, POSTERIORE Ø MM. 125

■ **IMPIANTO ELETTRICO:** MAGNETE VOLANO 6 V

■ **CONSUMO:** 2 L /100 KM

■ **VELOCITÀ MAX:** KM/H 70

---

## VESPA 125 / 1953
### (1953 / 91.787 es. /VM1T - VM2T)

| | |
|---|---|
| **lunghezza** mm. 1680 | |
| **larghezza** 790 | |
| **interasse** 1160 | |
| **altezza** 960 | |
| **peso** kg. 85 | |
| **pneumatici** 3.50 x 8" | |

■ **MOTORE:** *VM I M - VM 2 M* FUNZIONAMENTO CICLO OTTO A DUE TEMPI, MISCELA BENZINA-OLIO 5 %; MONOCILINDRICO CC. 123,7 (54 X 54), R. COMPRESSIONE 1:6,5; POTENZA MAX CV. 4,5 A 5000 GIRI/MINUTO; RAFFREDDAMENTO AD ARIA FORZATA

■ **SERBATOIO:** L. 6,25

■ **FRIZIONE:** A DISCHI MULTIPLI IN BAGNO D'OLIO

■ **CAMBIO:** A 3 VELOCITÀ, COMANDO AL MANUBRIO SUL LATO SINISTRO

■ **SOSPENSIONI:** ANT. E POST. CON AMMORTIZZATORE IDRAULICO

■ **FRENI:** A TAMBURO, ANTERIORE Ø MM. 124, POSTERIORE Ø MM. 126

■ **IMPIANTO ELETTRICO:** MAGNETE VOLANO 6 V

■ **CONSUMO:** 2,19 L /100 KM

■ **VELOCITÀ MAX:** KM/H 75

---

## VESPA 125 U / 1953
### (1953 / 6.000 es. /VU1T)

| | |
|---|---|
| **lunghezza** mm. 1680 | |
| **larghezza** 790 | |
| **interasse** 1160 | |
| **altezza** 950 | |
| **peso** kg. 78 | |
| **pneumatici** 3.50 x 8" | |

■ **MOTORE:** *VU I M* FUNZIONAMENTO CICLO OTTO A DUE TEMPI, MISCELA BENZINA-OLIO 5 %; MONOCILINDRICO CC. 123,485 (56,5 X 49,8), R. COMPRESSIONE 1:6,4; POTENZA MAX CV. 4,5 A 5000 GIRI/MINUTO; RAFFREDDAMENTO AD ARIA FORZATA

■ **SERBATOIO:** L. 6,25

■ **FRIZIONE:** A DISCHI MULTIPLI IN BAGNO D'OLIO

■ **CAMBIO:** A 3 VELOCITÀ, COMANDO AL MANUBRIO SUL LATO SINISTRO

■ **SOSPENSIONI:** MOLLA ELICOIDALE (ANT.); MOLLA ELICOIDALE E AMMORTIZZATORE IDRAULICO (POST.)

■ **FRENI:** A TAMBURO, ANTERIORE Ø MM. 124, POSTERIORE Ø MM. 126

■ **IMPIANTO ELETTRICO:** MAGNETE VOLANO 6 V

■ **CONSUMO:** 2,3 L /100 KM

■ **VELOCITÀ MAX:** KM/H 65

---

## VESPA 125 N / 1957
### (1957-59 / 115.430 es. /VNA1T)

| | |
|---|---|
| **lunghezza** mm. 1735 | |
| **larghezza** 655 | |
| **interasse** 1180 | |
| **altezza** 985 | |
| **peso** kg. 87 | |
| **pneumatici** 3.50 x 8" | |

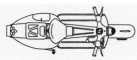

■ **MOTORE:** *V NA M* FUNZIONAMENTO CICLO OTTO A DUE TEMPI, MISCELA BENZINA-OLIO 5 %; MONOCILINDRICO CC. 123,7 (54 X 54), R. COMPRESSIONE 1:6,5; POTENZA MAX CV. 4,5 A 5000 GIRI/MINUTO; RAFFREDDAMENTO AD ARIA FORZATA

■ **SERBATOIO:** L. 7,7

■ **FRIZIONE:** A DISCHI MULTIPLI IN BAGNO D'OLIO

■ **CAMBIO:** A 3 VELOCITÀ, COMANDO AL MANUBRIO SUL LATO SINISTRO

■ **SOSPENSIONI:** ANT. E POST. CON AMMORTIZZATORE IDRAULICO

■ **FRENI:** A TAMBURO, ANTERIORE Ø MM. 125, POSTERIORE Ø MM. 127

■ **IMPIANTO ELETTRICO:** MAGNETE VOLANO 6 V

■ **CONSUMO:** 2 L /100 KM

■ **VELOCITÀ MAX:** KM/H 75

---

## VESPA 125 / 1959
### (1959-61 / 88.849 es. /VNB1T)

| | |
|---|---|
| **lunghezza** mm. 1745 | |
| **larghezza** 655 | |
| **interasse** 1180 | |
| **altezza** 985 | |
| **peso** kg. 92 | |
| **pneumatici** 3.50 x 8" | |

■ **MOTORE:** *V NB I M* FUNZIONAMENTO CICLO OTTO A DUE TEMPI, MISCELA BENZINA-OLIO 2 %; MONOCILINDRICO CC. 123,4 (52,7 X 57), R. COMPRESSIONE 1:7,2; POTENZA MAX CV. 4,6 A 5000 GIRI/MINUTO; RAFFREDDAMENTO AD ARIA FORZATA

■ **SERBATOIO:** L. 7,7

■ **FRIZIONE:** A DISCHI MULTIPLI IN BAGNO D'OLIO

■ **CAMBIO:** A 3 VELOCITÀ, COMANDO AL MANUBRIO SUL LATO SINISTRO

■ **SOSPENSIONI:** MOLLE ELICOIDALI A FLESSIBILITÀ VARIABILE, AMMORTIZZATORI IDRAULICI A DOPPIO EFFETTO

■ **FRENI:** A TAMBURO, ANTERIORE Ø MM. 125, POSTERIORE Ø MM. 127

■ **IMPIANTO ELETTRICO:** MAGNETE VOLANO 6V - 30 W; BATTERIA 6V 2-4 AH

■ **CONSUMO:** 1,91 L /100 KM

■ **VELOCITÀ MAX:** KM/H 78,5

## VESPA 125 / 1965
### (1965-69 / 24.145 es. / VNC1T)

| | |
|---|---|
| lunghezza | mm. 1740 |
| larghezza | 670 |
| interasse | 1200 |
| altezza | 1015 |
| peso | kg. 93,5 |
| pneumatici | 3.50 x 8" |

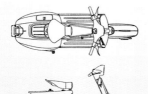

■ **MOTORE:** V NC 1 M FUNZIONAMEN-TO CICLO OTTO A DUE TEMPI, MISCELA BENZINA-OLIO 2 %; MONOCILINDRICO CC. 123,4 (52,5 X 57), R. COMPRESSIONE 1:7,7; POTENZA MAX CV. 6,16 A 5000 GIRI/MINUTO; RAFFREDDAMENTO AD ARIA FORZATA

■ **SERBATOIO:** L. 7,7

■ **FRIZIONE:** A DISCHI MULTIPLI IN BAGNO D'OLIO

■ **CAMBIO:** A 4 VELOCITÀ, COMANDO AL MANUBRIO SUL LATO SINISTRO

■ **SOSPENSIONI:** MOLLE ELICOIDALI A FLESSIBILITÀ VARIABILE, AMMORTIZ-ZATORI IDRAULICI A DOPPIO EFFETTO

■ **FRENI:** A TAMBURO, ANTERIORE Ø MM. 125, POSTERIORE Ø MM. 135

■ **IMPIANTO ELETTRICO:** MAGNETE VOLANO 6V - 50 W

■ **CONSUMO:** 2,1 L /100 KM

■ **VELOCITÀ MAX:** KM/H 86,7

---

## VESPA GT / 1966
### (1966-73 / 51.581 es. / VNL2T)

| | |
|---|---|
| lunghezza | mm. 1770 |
| larghezza | 670 |
| interasse | 1200 |
| altezza | 1045 |
| peso | kg. 95 |
| pneumatici | 3.50 x 10" |

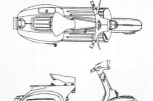

■ **MOTORE:** V NL 2 M FUNZIONAMEN-TO CICLO OTTO A DUE TEMPI, MISCELA BENZINA-OLIO 2 %; MONOCILINDRICO CC. 123,4 (52,5 X 57), R. COMPRESSIONE 1:7,8; POTENZA MAX CV. 6,27 A 5000 GIRI/MINUTO; RAFFREDDAMENTO AD ARIA FORZATA

■ **SERBATOIO:** L. 7,7

■ **FRIZIONE:** A DISCHI MULTIPLI IN BAGNO D'OLIO

■ **CAMBIO:** A 4 VELOCITÀ, COMANDO AL MANUBRIO SUL LATO SINISTRO

■ **SOSPENSIONI:** MOLLE ELICOIDALI A FLESSIBILITÀ VARIABILE, AMMORTIZ-ZATORI IDRAULICI A DOPPIO EFFETTO

■ **FRENI:** A TAMBURO, ANTERIORE Ø MM. 150, POSTERIORE Ø MM. 150

■ **IMPIANTO ELETTRICO:** MAGNETE VOLANO 6V - 50 W

■ **CONSUMO:** 2,09 L /100 KM

■ **VELOCITÀ MAX:** KM/H 92,42

---

## VESPA 125 TS / 1975
### (1975-78 / 28.703 es. / VNL3T)

| | |
|---|---|
| lunghezza | mm. 1770 |
| larghezza | 690 |
| interasse | 1200 |
| altezza | 1070 |
| peso | kg. 101 |
| pneumatici | 3.50 x 10" |

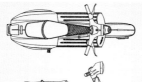

■ **MOTORE:** V NL 3 M FUNZIONAMEN-TO CICLO OTTO A DUE TEMPI, MISCELA BENZINA-OLIO 2 %; MONOCILINDRICO CC. 123,4 (52,5 X 57), R. COMPRESSIONE 1:8,2; POTENZA MAX CV. 8 A 5600 GIRI/MINUTO; RAFFREDDAMENTO AD ARIA FORZATA

■ **SERBATOIO:** L. 7,7

■ **FRIZIONE:** A DISCHI MULTIPLI IN BAGNO D'OLIO

■ **CAMBIO:** A 4 VELOCITÀ, COMANDO AL MANUBRIO SUL LATO SINISTRO

■ **SOSPENSIONI:** MOLLE ELICOIDALI A FLESSIBILITÀ VARIABILE, AMMORTIZ-ZATORI IDRAULICI A DOPPIO EFFETTO

■ **FRENI:** A TAMBURO, ANTERIORE Ø MM. 150, POSTERIORE Ø MM. 150

■ **IMPIANTO ELETTRICO:** MAGNETE VOLANO 6V - 50 W

■ **CONSUMO:** 2,17 L /100 KM

■ **VELOCITÀ MAX:** KM/H 85,7

---

## VESPA P 125 X / 1977
### (1977-82 / 197.147 es. / VNX1T)

| | |
|---|---|
| lunghezza | mm. 1760 |
| larghezza | 695 |
| interasse | 1235 |
| altezza | 1110 |
| peso | kg. 104 (105,5 misc. aut.) |
| pneumatici | 3.00 x 10" |

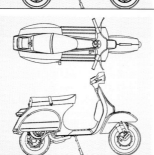

■ **MOTORE:** V NL 3 M FUNZIONAMEN-TO CICLO OTTO A DUE TEMPI, MISCELA BENZINA-OLIO 2 %; MONOCILINDRICO CC. 123,4 (52,5 X 57), R. COMPRESSIONE 1:8,2; POTENZA MAX CV. 8 A 5600 GIRI/MINUTO; RAFFREDDAMENTO AD ARIA FORZATA

■ **SERBATOIO:** L. 8 (MISC. AUT. L. 8 +1,5)

■ **FRIZIONE:** A DISCHI MULTIPLI IN BAGNO D'OLIO

■ **CAMBIO:** A 4 VELOCITÀ, COMANDO AL MANUBRIO SUL LATO SINISTRO

■ **SOSPENSIONI:** MOLLE ELICOIDALI A FLESSIBILITÀ VARIABILE, AMMORTIZ-ZATORI IDRAULICI A DOPPIO EFFETTO

■ **FRENI:** A TAMBURO, ANTERIORE Ø MM. 150, POSTERIORE Ø MM. 150

■ **IMPIANTO ELETTRICO:** MAGNETE VOLANO 6V - 60 W

■ **CONSUMO:** 2,17 L /100 KM

■ **VELOCITÀ MAX:** KM/H 85,7

---

## VESPA 150 / 1954
### (1954-55 / 15.999 es. / VLIT - VL2T)

| | |
|---|---|
| lunghezza | mm. 1700 |
| larghezza | 785 |
| interasse | 1165 |
| altezza | 1040 |
| peso | kg. 98 |
| pneumatici | 3.50 x 8" |

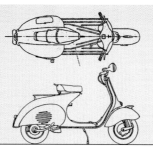

■ **MOTORE:** V L 1 M FUNZIONAMENTO CICLO OTTO A DUE TEMPI, MISCELA BENZINA-OLIO 5 %; MONOCILINDRICO CC. 145,6 (57 X 57), R. COMPRESSIONE 1:6,3; POTENZA MAX CV. 5,4 A 5000 GIRI/MINUTO; RAFFREDDAMENTO AD ARIA FORZATA

■ **SERBATOIO:** L. 6,25

■ **FRIZIONE:** A DISCHI MULTIPLI IN BAGNO D'OLIO

■ **CAMBIO:** A 3 VELOCITÀ, COMANDO AL MANUBRIO SUL LATO SINISTRO

■ **SOSPENSIONI:** MOLLE ELICOIDALI A FLESSIBILITÀ VARIABILE, AMMORTIZ-ZATORI IDRAULICI A DOPPIO EFFETTO

■ **FRENI:** A TAMBURO, ANTERIORE Ø MM. 125, POSTERIORE Ø MM. 127

■ **IMPIANTO ELETTRICO:** 6V- ALTER-NATORE 32 W E RADDRIZZATORE

■ **CONSUMO:** 2,4 L /100 KM

■ **VELOCITÀ MAX:** KM/H 82,9

---

## VESPA 150 / 1957
### (1957 / 98.699 es. / VB1T)

| | |
|---|---|
| lunghezza | mm. 1700 |
| larghezza | 730 |
| interasse | 1165 |
| altezza | 1025 |
| peso | kg. 98 |
| pneumatici | 3.50 x 8" |

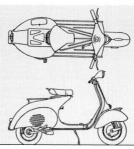

■ **MOTORE:** V B 1 M FUNZIONAMENTO CICLO OTTO A DUE TEMPI, MISCELA BEN-ZINA-OLIO 5 %; MONOCILINDRICO CC. 145,6 (57 X 57), R. COMPRESSIONE 1:6,3; POTENZA MAX CV. 5,4 A 5000 GIRI/MINUTO; RAFFREDDAMENTO AD ARIA FORZATA

■ **SERBATOIO:** L. 8,2

■ **FRIZIONE:** A DISCHI MULTIPLI IN BAGNO D'OLIO

■ **CAMBIO:** A 3 VELOCITÀ, COMANDO AL MANUBRIO SUL LATO SINISTRO

■ **SOSPENSIONI:** MOLLE ELICOIDALI A FLESSIBILITÀ VARIABILE, AMMORTIZ-ZATORI IDRAULICI A DOPPIO EFFETTO

■ **FRENI:** A TAMBURO, ANTERIORE Ø MM. 125, POSTERIORE Ø MM. 127

■ **IMPIANTO ELETTRICO:** 6V - ALTER-NATORE 32 W E RADDRIZZATORE

■ **CONSUMO:** 2,4 L/100 KM

■ **VELOCITÀ MAX:** KM/H 82,9

## VESPA 150 / 1958
### (1958-60 / 124.039 es. /VBA1T)

lunghezza mm. 1735
larghezza 710
interasse 1180
altezza 1020
peso kg. 93
pneumatici 3.50 x 8"

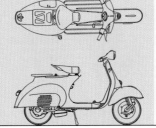

■ **MOTORE:** *V BA 1 M* FUNZIONAMENTO CICLO OTTO A DUE TEMPI, MISCELA BENZINA-OLIO 2 %; MONOCILINDRICO CC. 145,45 (57 X 57), R. COMPRESSIONE 1:6,5; POTENZA MAX CV. 5,5 A 5000 GIRI/MINUTO; RAFFREDDAMENTO AD ARIA FORZATA

■ **SERBATOIO:** L. 7,7

■ **FRIZIONE:** A DISCHI MULTIPLI IN BAGNO D'OLIO

■ **CAMBIO:** A 3 VELOCITÀ, COMANDO AL MANUBRIO SUL LATO SINISTRO

■ **SOSPENSIONI:** MOLLE ELICOIDALI A FLESSIBILITÀ VARIABILE, AMMORTIZZATORI IDRAULICI A DOPPIO EFFETTO

■ **FRENI:** A TAMBURO, ANTERIORE Ø MM. 125, POSTERIORE Ø MM. 127

■ **IMPIANTO ELETTRICO:** 6V - ALTERNATORE 35 W E RADDRIZZATORE

■ **CONSUMO:** 2,2 L/100 KM

■ **VELOCITÀ MAX:** KM/H 85

---

## VESPA 150 / 1960
### (1960 / 144.999 es. /VBB1T)

lunghezza mm. 1735
larghezza 710
interasse 1180
altezza 1020
peso kg. 93
pneumatici 3.50 x 8"

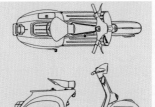

■ **MOTORE:** *V BB 1 M* FUNZIONAMENTO CICLO OTTO A DUE TEMPI, MISCELA BENZINA-OLIO 2 %; MONOCILINDRICO CC. 145,45 (57 X 57), R. COMPRESSIONE 1:6,8; POTENZA MAX CV. 5,5 A 5000 GIRI/MINUTO; RAFFREDDAMENTO AD ARIA FORZATA

■ **SERBATOIO:** L. 7,7

■ **FRIZIONE:** A DISCHI MULTIPLI IN BAGNO D'OLIO

■ **CAMBIO:** A 4 VELOCITÀ E COMANDO SUL MANUBRIO, LATO SINISTRO

■ **SOSPENSIONI:** MOLLE ELICOIDALI A FLESSIBILITÀ VARIABILE, AMMORTIZZATORI IDRAULICI A DOPPIO EFFETTO

■ **FRENI:** A TAMBURO, ANTERIORE Ø MM. 125, POSTERIORE Ø MM. 127

■ **IMPIANTO ELETTRICO:** MAGNETE VOLANO 6V - 35 W; BATTERIA 6V - 7 AH

■ **CONSUMO:** 2,12 L/100 KM

■ **VELOCITÀ MAX:** KM/H 87

---

## VESPA GL / 1962
### (1962 / 79.854 es. /VLA1T)

lunghezza mm. 1770
larghezza 675
interasse 1200
altezza 1045
peso kg. 100
pneumatici 3.50 x 10"

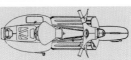

■ **MOTORE:** *V LA 1 M* FUNZIONAMENTO CICLO OTTO A DUE TEMPI, MISCELA BENZINA-OLIO 2 %; MONOCILINDRICO CC. 145,45 (57 X 57), R. COMPRESSIONE 1:7,2; POTENZA MAX CV. 6,25 A 5000 GIRI/MINUTO; RAFFREDDAMENTO AD ARIA FORZATA

■ **SERBATOIO:** L. 7,7

■ **FRIZIONE:** A DISCHI MULTIPLI IN BAGNO D'OLIO

■ **CAMBIO:** A 4 VELOCITÀ, COMANDO AL MANUBRIO SUL LATO SINISTRO

■ **SOSPENSIONI:** MOLLE ELICOIDALI A FLESSIBILITÀ VARIABILE, AMMORTIZZATORI IDRAULICI A DOPPIO EFFETTO

■ **FRENI:** A TAMBURO, ANTERIORE Ø MM. 150, POSTERIORE Ø MM. 150

■ **IMPIANTO ELETTRICO:** MAGNETE VOLANO 6V - 35 W; BATTERIA 6V - 7 AH

■ **CONSUMO:** 2,4 L/100 KM

■ **VELOCITÀ MAX:** KM/H 90,4

---

## VESPA P 150 X / 1978
### (1977-82 / 346.402 es. /VLX1T)

lunghezza 1760
larghezza 695
interasse 1235
altezza 1110
peso kg. 104 (105,5 misc. aut.)
pneumatici 3.50 x 10"

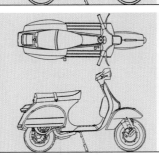

■ **MOTORE:** *V LX 1 M* FUNZIONAMENTO CICLO OTTO A DUE TEMPI, MISCELA BENZINA-OLIO 2 %; MONOCILINDRICO CC. 149,48 (57,8 X 57), R. COMPRESSIONE 1:8; POTENZA MAX CV. 9 A 5700 GIRI/MINUTO; RAFFREDDAMENTO AD ARIA FORZATA

■ **SERBATOIO:** L. 8 (MISC. AUT. L. 8 +1,5)

■ **FRIZIONE:** A DISCHI MULTIPLI IN BAGNO D'OLIO

■ **CAMBIO:** A 4 VELOCITÀ, COMANDO AL MANUBRIO SUL LATO SINISTRO

■ **SOSPENSIONI:** MOLLE ELICOIDALI A FLESSIBILITÀ VARIABILE, AMMORTIZZATORI IDRAULICI A DOPPIO EFFETTO

■ **FRENI:** A TAMBURO, ANTERIORE Ø MM. 150, POSTERIORE Ø MM. 150

■ **IMPIANTO ELETTRICO:** MAGNETE VOLANO 12V - 60 W

■ **CONSUMO:** 2,2 L /100 KM

■ **VELOCITÀ MAX:** KM/H 91

---

## VESPA 150 GS / 1955
### (1955 / 12.299 es. /VS1T)

lunghezza mm. 1700
larghezza 700
interasse 1180
altezza 1050
peso kg. 111
pneumatici 3.50 x 10"

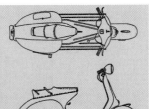

■ **MOTORE:** *V S 1 M* FUNZIONAMENTO CICLO OTTO A DUE TEMPI, MISCELA BENZINA-OLIO 6 %; MONOCILINDRICO CC. 145,6 (57 X 57), R. COMPRESSIONE 1:7; POTENZA MAX CV. 8 A 7500 GIRI/MINUTO; RAFFREDDAMENTO AD ARIA FORZATA

■ **SERBATOIO:** L. 12

■ **FRIZIONE:** A DISCHI MULTIPLI IN BAGNO D'OLIO

■ **CAMBIO:** A 4 VELOCITÀ, COMANDO AL MANUBRIO SUL LATO SINISTRO

■ **SOSPENSIONI:** MOLLE ELICOIDALI A FLESSIBILITÀ VARIABILE, AMMORTIZZATORI IDRAULICI A DOPPIO EFFETTO

■ **FRENI:** A TAMBURO Ø MM. 150, CON ALETTATURA DI RAFFREDDAMENTO

■ **IMPIANTO ELETTRICO:** MAGNETE VOLANO 6V - 20 W; BATTERIA 6V - 5 W

■ **CONSUMO:** 2,86 L/100 KM

■ **VELOCITÀ MAX:** KM/H 101

---

## VESPA 150 GS / 1958
### (1958-61 / 79.999 es. /VS5T)

lunghezza mm. 1700
larghezza 710
interasse 1180
altezza 1065
peso kg. 111
pneumatici 3.50 x 10"

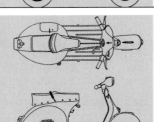

■ **MOTORE:** *V S 5 M* FUNZIONAMENTO CICLO OTTO A DUE TEMPI, MISCELA BENZINA-OLIO 6 %; MONOCILINDRICO CMC. 145,45 (57 X 57), R. COMPRESSIONE 1:6,5; POTENZA MAX CV. 7,8 A 7000 GIRI/MINUTO; RAFFREDDAMENTO AD ARIA FORZATA

■ **SERBATOIO:** L. 9,5

■ **FRIZIONE:** A DISCHI MULTIPLI IN BAGNO D'OLIO

■ **CAMBIO:** A 4 VELOCITÀ, COMANDO AL MANUBRIO SUL LATO SINISTRO

■ **SOSPENSIONI:** MOLLE ELICOIDALI A FLESSIBILITÀ VARIABILE E AMMORTIZZATORI IDRAULICI A DOPPIO EFFETTO

■ **FRENI:** A TAMBURO, ANTERIORE Ø MM. 150, POSTERIORE Ø MM. 150

■ **IMPIANTO ELETTRICO:** MAGNETE VOLANO 6V - 35 W; BATTERIA 6V - 12AH

■ **CONSUMO:** 2,86 L/100 KM

■ **VELOCITÀ MAX:** KM/H 101

## VESPA 160 GS / 1962
### (1962-64 / 59.999 es. / VSB1T)

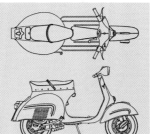

| | |
|---|---|
| lunghezza | mm. 1795 |
| larghezza | 710 |
| interasse | 1220 |
| altezza | 1045 |
| peso | kg. 111 |
| pneumatici | 3.50 x 10" |

■ **MOTORE:** *V SB 1 M* FUNZIONAMENTO CICLO OTTO A DUE TEMPI, MISCELA BENZINA-OLIO 6 %; MONOCILINDRICO CC. 158,53 (58 X 60), R. COMPRESSIONE 1:7,3; POTENZA MAX CV. 8,9 A 6500 GIRI/MINUTO; RAFFREDDAMENTO AD ARIA FORZATA

■ **SERBATOIO:** L. 9

■ **FRIZIONE:** A DISCHI MULTIPLI IN BAGNO D'OLIO

■ **CAMBIO:** A 4 VELOCITÀ, COMANDO AL MANUBRIO SUL LATO SINISTRO

■ **SOSPENSIONI:** MOLLE ELICOIDALI, DISPOSITIVI ELASTICI, AMMORTIZZATORI IDRAULICI A DOPPIO EFFETTO

■ **FRENI:** A TAMBURO, ANTERIORE Ø MM. 150, POSTERIORE Ø MM. 150

■ **IMPIANTO ELETTRICO:** MAGNETE VOLANO 6V - 35 W; BATTERIA 6V - 12 AH

■ **CONSUMO:** 2,61 L/100 KM

■ **VELOCITÀ MAX:** KM/H 103

---

## VESPA 180 Super Sport / 1964
### (1964-68 / 35.699 es. / VSC1T)

| | |
|---|---|
| lunghezza | mm. 1770 |
| larghezza | 670 |
| interasse | 1230 |
| altezza | 1065 |
| peso | kg. 116 |
| pneumatici | 3.50 x 10" |

■ **MOTORE:** *V SC 1 M* FUNZIONAMENTO CICLO OTTO A DUE TEMPI, MISCELA BENZINA-OLIO 6 %; MONOCILINDRICO CC. 181,145 (62 X 60), R. COMPRESSIONE 1:7,7; POTENZA MAX CV. 10 A 6250 GIRI/MINUTO; RAFFREDDAMENTO AD ARIA FORZATA

■ **SERBATOIO:** L. 9

■ **FRIZIONE:** A DISCHI MULTIPLI IN BAGNO D'OLIO

■ **CAMBIO:** A 4 VELOCITÀ, COMANDO AL MANUBRIO SUL LATO SINISTRO

■ **SOSPENSIONI:** MOLLE ELICOIDALI, DISPOSITIVI ELASTICI, AMMORTIZZATORI IDRAULICI A DOPPIO EFFETTO

■ **FRENI:** A TAMBURO, ANTERIORE Ø MM. 150, POSTERIORE Ø MM. 150

■ **IMPIANTO ELETTRICO:** MAGNETE VOLANO 6V - 35 W; BATTERIA 6V - 12 AH

■ **CONSUMO:** 2,475 L/100 KM

■ **VELOCITÀ MAX:** KM/H 106,5

---

## VESPA 50 Super Sprint / 1965
### (1965-71 / 2.524 es. / V5SS1T)

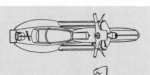

| | |
|---|---|
| lunghezza | mm. 1650 |
| larghezza | 550 |
| interasse | 1165 |
| altezza | 1000 |
| peso | kg. 80,5 |
| pneumatici | 3.00 x 10" |

■ **MOTORE:** *V 5SS 1 M* FUNZIONAMENTO CICLO OTTO A DUE TEMPI, MISCELA BENZINA-OLIO 2 %; MONOCILINDRICO CC. 49,77 (38,4 X 43), R. COMPRESSIONE 1:8,7; POTENZA MAX CV. 3,68 A 7000 GIRI/MINUTO; RAFFREDDAMENTO AD ARIA FORZATA

■ **SERBATOIO:** L. 5,6

■ **FRIZIONE:** A DISCHI MULTIPLI IN BAGNO D'OLIO

■ **CAMBIO:** A 4 VELOCITÀ, COMANDO AL MANUBRIO SUL LATO SINISTRO

■ **SOSPENSIONI:** MOLLE ELICOIDALI, AMMORTIZZATORI IDRAULICI A DOPPIO EFFETTO

■ **FRENI:** A TAMBURO, ANTERIORE Ø MM. 125, POSTERIORE Ø MM. 150

■ **IMPIANTO ELETTRICO:** MAGNETE VOLANO 6V - 50 W

■ **CONSUMO:** 2,02 L/100 KM

■ **VELOCITÀ MAX:** KM/H 78

---

## VESPA 90 Super Sprint / 1965
### (1965-71 / 5.308 es. / V9SS1T)

| | |
|---|---|
| lunghezza | mm. 1650 |
| larghezza | 550 |
| interasse | 1165 |
| altezza | 1000 |
| peso | kg. 81,7 |
| pneumatici | 3.00 x 10" |

■ **MOTORE:** *V 9SS 1 M* FUNZIONAMENTO CICLO OTTO A DUE TEMPI, MISCELA BENZINA-OLIO 2 %; MONOCILINDRICO CC. 88,5 (47 X 51), R. COMPRESSIONE 1:8,7; POTENZA MAX CV. 5,87 A 6000 GIRI/MINUTO; RAFFREDDAMENTO AD ARIA FORZATA

■ **SERBATOIO:** L. 5,6

■ **FRIZIONE:** A DISCHI MULTIPLI IN BAGNO D'OLIO

■ **CAMBIO:** A 4 VELOCITÀ, COMANDO AL MANUBRIO SUL LATO SINISTRO

■ **SOSPENSIONI:** MOLLE ELICOIDALI, AMMORTIZZATORI IDRAULICI A DOPPIO EFFETTO

■ **FRENI:** A TAMBURO, ANTERIORE Ø MM. 125, POSTERIORE Ø MM. 150

■ **IMPIANTO ELETTRICO:** MAGNETE VOLANO 6V - 50 W

■ **CONSUMO:** 2,48 L/100 KM

■ **VELOCITÀ MAX:** KM/H 95,2

---

## VESPA Rally 180 / 1968
### (1968-73 / 26.494 es. / VSD1T)

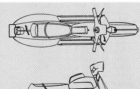

| | |
|---|---|
| lunghezza | mm. 1770 |
| larghezza | 670 |
| interasse | 1230 |
| altezza | 1070 |
| peso | kg. 106,6 |
| pneumatici | 3.50 x 10" |

■ **MOTORE:** *V SD 1 M* FUNZIONAMENTO CICLO OTTO A DUE TEMPI, MISCELA BENZINA-OLIO 2 %; MONOCILINDRICO CC. 180,69 (63,5 X 57), R. COMPRESSIONE 1:7,7; POTENZA MAX CV. 10,3 A 5700 GIRI/MINUTO; RAFFREDDAMENTO AD ARIA FORZATA

■ **SERBATOIO:** L. 8,2

■ **FRIZIONE:** A DISCHI MULTIPLI IN BAGNO D'OLIO

■ **CAMBIO:** A 4 VELOCITÀ E COMANDO SUL MANUBRIO, LATO SINISTRO

■ **SOSPENSIONI:** MOLLE ELICOIDALI A FLESSIBILITÀ VARIABILE E AMMORTIZZATORI IDRAULICI A DOPPIO EFFETTO

■ **FRENI:** A TAMBURO, ANTERIORE Ø MM. 150, POSTERIORE Ø MM. 150

■ **IMPIANTO ELETTRICO:** MAGNETE VOLANO 6V - 50 W

■ **CONSUMO:** 2,63 L/100 KM

■ **VELOCITÀ MAX:** KM/H 104,8

---

## VESPA Rally 200 / 1972
### (1972-79 / 41.274 es. / VSE1T)

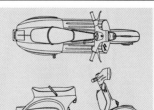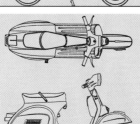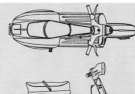

| | |
|---|---|
| lunghezza | mm. 1770 |
| larghezza | 690 |
| interasse | 1230 |
| altezza | 1077 |
| peso | kg. 107,6 |
| pneumatici | 3.50 x 10" |

■ **MOTORE:** *V SE 1 M* FUNZIONAMENTO CICLO OTTO A DUE TEMPI, MISCELA BENZINA-OLIO 2 %; MONOCILINDRICO CC. 197,97 (66,5 X 57), R. COMPRESSIONE 1:8,2; POTENZA MAX CV. 12,35 A 5700 GIRI/ MINUTO; RAFFREDDAMENTO AD ARIA FORZATA

■ **SERBATOIO:** L. 8,2

■ **FRIZIONE:** A DISCHI MULTIPLI IN BAGNO D'OLIO

■ **CAMBIO:** A 4 VELOCITÀ, COMANDO AL MANUBRIO SUL LATO SINISTRO

■ **SOSPENSIONI:** MOLLE ELICOIDALI A FLESSIBILITÀ VARIABILE E AMMORTIZZATORI IDRAULICI A DOPPIO EFFETTO

■ **FRENI:** A TAMBURO, ANTERIORE Ø MM. 150, POSTERIORE Ø MM. 150

■ **IMPIANTO ELETTRICO:** MAGNETE VOLANO 6V - 50 W; ACC. ELETTRONICA

■ **CONSUMO:** 3 L/100 KM

■ **VELOCITÀ MAX:** KM/H 116

## VESPA P 200 E / 1977
### (1977-83 / 158.899 es. /VSX1T)

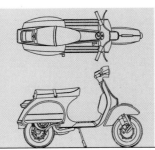

| | |
|---|---|
| **lunghezza** mm. 1760 | |
| **larghezza** 695 | |
| **interasse** 1235 | |
| **altezza** 1110 | |
| **peso** kg. 108 (109,5 misc. aut.) | |
| **pneumatici** 3.50 x 10" | |

■ **MOTORE:** *V SE I M* FUNZIONAMENTO CICLO OTTO A DUE TEMPI, MISCELA BENZINA-OLIO 2 %; MONOCILINDRICO CC. 197,97 (66,5 X 57), R. COMPRESSIONE 1:8,2; POTENZA MAX CV. 12,35 A 5700 GIRI/MINUTO; RAFFREDDAMENTO AD ARIA FORZATA

■ **SERBATOIO:** L. 8 (MISC. AUT. L. 8 +1,5)

■ **FRIZIONE:** A DISCHI MULTIPLI IN BAGNO D'OLIO

■ **CAMBIO:** A 4 VELOCITÀ, COMANDO AL MANUBRIO SUL LATO SINISTRO

■ **SOSPENSIONI:** MOLLE ELICOIDALI A FLESSIBILITÀ VARIABILE E AMMORTIZZATORI IDRAULICI A DOPPIO EFFETTO

■ **FRENI:** A TAMBURO, ANTERIORE Ø MM. 150, POSTERIORE Ø MM. 150

■ **IMPIANTO ELETTRICO:** MAGNETE VOLANO 6V - 60 W; ACC. ELETTRONICA

■ **CONSUMO:** 3 L/100 KM

■ **VELOCITÀ MAX:** KM/H 116

---

## VESPA P 125 ETS / 1984
### (1984-85 / 11.710 es. /VMS1T)

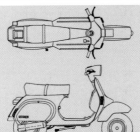

| | |
|---|---|
| **lunghezza** mm. 1680 | |
| **larghezza** 700 | |
| **interasse** 1180 | |
| **altezza** 1070 | |
| **peso** kg. 88 | |
| **pneumatici** 3.00 x 10" | |

■ **MOTORE:** *V MS I M* FUNZIONAMENTO CICLO OTTO A DUE TEMPI, MISCELA BENZINA-OLIO 2 %; MONOCILINDRICO CC. 121 (55 X 51), R. COMPRESSIONE 1:9,5; POTENZA MAX KW 6,5 A 6000 GIRI/MINUTO; RAFFREDDAMENTO AD ARIA FORZATA

■ **SERBATOIO:** L. 5,8

■ **FRIZIONE:** A DISCHI MULTIPLI IN BAGNO D'OLIO

■ **CAMBIO:** A 4 VELOCITÀ, COMANDO AL MANUBRIO SUL LATO SINISTRO

■ **SOSPENSIONI:** MOLLE ELICOIDALI, AMMORTIZZATORI IDRAULICI

■ **FRENI:** A TAMBURO, ANTERIORE Ø MM. 150, POSTERIORE Ø MM. 150

■ **IMPIANTO ELETTRICO:** MAGNETE VOLANO 12V - 80 W, ACC. ELETTRONICA

■ **CONSUMO:** 2,2 L/100 KM

■ **VELOCITÀ MAX:** KM/H 91,9

---

## VESPA PX 125 T5 / 1985
### (1985-91 / 36.061 es. al 1991 /VNX5T)

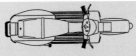

| | |
|---|---|
| **lunghezza** mm. 1820 | |
| **larghezza** 700 | |
| **interasse** 1250 | |
| **altezza** 1170 | |
| **peso** kg. 115 | |
| **pneumatici** 3.50 x 10" | |

■ **MOTORE:** *V NX 5 M* FUNZIONAMENTO CICLO OTTO A DUE TEMPI, MISCELA BENZINA-OLIO 2 %; MONOCILINDRICO CC. 123,5 (55 X 52), R. COMPRESSIONE 1:11,3; POTENZA MAX KW. 9.0 A 6700 GIRI/MINUTO; RAFFREDDAMENTO AD ARIA FORZATA

■ **SERBATOIO:** L. 8

■ **FRIZIONE:** A DISCHI MULTIPLI IN BAGNO D'OLIO

■ **CAMBIO:** A 4 VELOCITÀ, COMANDO AL MANUBRIO SUL LATO SINISTRO

■ **SOSPENSIONI:** MOLLE ELICOIDALI, AMMORTIZZATORI IDRAULICI

■ **FRENI:** A TAMBURO, ANTERIORE Ø MM. 150, POSTERIORE Ø MM. 150

■ **IMPIANTO ELETTRICO:** MAGNETE VOLANO 12V - 80 W; ACC. ELETTRONICA

■ **CONSUMO:** 2,7 L/100 KM

■ **VELOCITÀ MAX:** KM/H 100,7

---

## VESPA ET4 50 / 2000
### (20.064 es. al 2002 / C26100)

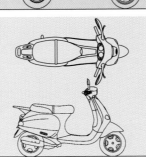

| | |
|---|---|
| **lunghezza** mm. 1780 | |
| **larghezza** 710 | |
| **interasse** 1275 | |
| **altezza** 1090 | |
| **peso** kg. 97 | |
| **pneumatici** 100/80-10 (ant.) 120/70-10 (post.) | |

■ **MOTORE:** *C26 I M* FUNZIONAMENTO CICLO OTTO A QUATTRO TEMPI, 2 VALVOLE, RAFFREDDAMENTO AD ARIA, ACCENSIONE ELETTRONICA A SCARICA CAPACITIVA CDI; MONOCILINDRICO CC. 49,9 (39 X 41,8); POTENZA MAX –

■ **SERBATOIO:** L. 9

■ **FRIZIONE:** CENTRIFUGA AUTOMATICA A SECCO

■ **CAMBIO:** VARIATORE AUTOMATICO CONTINUO

■ **SOSPENSIONI:** MOLLE ELICOIDALI, AMMORTIZZATORI IDRAULICI

■ **FRENI:** ANT. A DISCO Ø MM. 200, TRASMISSIONE IDR. (MANUBRIO, DX); POST. A TAMBURO Ø MM. 110 (MANUBRIO, SX)

■ **IMPIANTO ELETTRICO:** MAGNETE VOLANO 12V - 165 W; BATTERIA 12 V; ACCENSIONE ELETTRONICA

■ **CONSUMO:** 2,2 L/100 KM (40 KM/H)

■ **VELOCITÀ MAX:** CODICE

---

## VESPA ET4 125 / 1996
### (dal 1996 / 1.180.500 es. al 2002 / M19200)

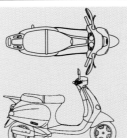

| | |
|---|---|
| **lunghezza** mm. 1780 | |
| **larghezza** 710 | |
| **interasse** 1275 | |
| **altezza** 1090 | |
| **peso a vuoto** kg. 108 | |
| **pneumatici** 100/80-10 (ant.) 120/70-10 (post.) | |

■ **MOTORE:** *M192 M* FUNZIONAMENTO CICLO OTTO A QUATTRO TEMPI, 2 VALVOLE, RAFFREDDAMENTO AD ARIA, ACCENSIONE ELETTRONICA A SCARICA CAPACITIVA CDI; MONOCILINDRICO CC. 124,02 (57 X 48,6); POTENZA MAX KW. 8 A 8000 GIRI/MINUTO

■ **SERBATOIO:** L. 9

■ **FRIZIONE:** CENTRIFUGA AUTOMATICA A SECCO

■ **CAMBIO:** VARIATORE AUTOM. CONT.

■ **SOSPENSIONI:** MOLLE ELICOIDALI, AMMORTIZZATORI IDRAULICI (POST. PRECARICA REGOLABILE)

■ **FRENI:** ANT. A DISCO Ø MM. 200, TRASMISSIONE IDR. (MANUBRIO, DX); POST. A TAMBURO Ø MM. 110 (MANUBRIO, SX)

■ **IMPIANTO ELETTRICO:** MAGNETE VOLANO 12V - 165 W; BATTERIA 12 V; ACCENSIONE ELETTRONICA

■ **CONSUMO:** 2,6 L/100 KM (60 KM/H)

■ **VELOCITÀ MAX:** KM/H 91

---

## VESPA GRANTURISMO 200 | 125 / 2003
### (M31100)

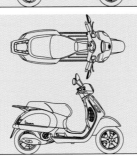

| | |
|---|---|
| **lunghezza** mm. 1940 | |
| **larghezza** 755 | |
| **interasse** 1395 | |
| **altezza** 1180 | |
| **peso a vuoto** kg. 138 | |
| **pneumatici** 120/70-12 (ant.) 130/70-12 (post.) | |

■ **MOTORE:** *M312 M | M311 M* FUNZIONAMENTO CICLO OTTO A QUATTRO TEMPI, 4 VALVOLE, RAFFREDDAMENTO A LIQUIDO, ACC. ELETTRONICA A SCARICA CAPACITIVA CDI; MONOCILINDRICO CC. 198 (72 X 48,6) | 124 (57 X 48,6); POTENZA MAX KW 14,7 A 9000 | 11 A 10000 GIRI/MINUTO

■ **SERBATOIO:** L. 10

■ **FRIZIONE:** CENTRIFUGA AUTOMATICA A SECCO

■ **CAMBIO:** VARIATORE AUTOM. CONT.

■ **SOSPENSIONI:** MOLLE ELICOIDALI, AMMORTIZZATORI IDRAULICI (POST. PRECARICA REGOLABILE)

■ **FRENI:** ANT. A DISCO Ø MM. 220, TRASMISSIONE IDR. (MANUBRIO, DX); POST. A DISCO Ø MM. 220 (MANUBRIO, SX)

■ **IMPIANTO ELETTRICO:** MAGNETE VOLANO 12V - 165 W; BATT. 12 V; ACC. EL.

■ **CONSUMO:** 2,7 | 3,0 L/100 KM (60 KM/H)

■ **VELOCITÀ MAX:** KM/H 115 | 102

# IL REGISTRO STORICO VESPA

Il Registro Storico Vespa nasce nel 1980 per tutelare il patrimonio di informazioni tecniche, storia e costume, legato all'esistenza della Vespa, e per fare conoscere i metodi di conservazione delle Vespe storiche che hanno segnato la storia delle due ruote in tutto il mondo. Manifestazioni vespistiche, mostre ed esposizioni in occasione di eventi particolari, passerelle di eleganza riservate alle sole Vespe d'epoca, hanno contribuito non poco ad accrescere l'interesse nei confronti di questo tema.

Il Registro è uno strumento di grande utilità per tutti gli appassionati e in particolar modo per i collezionisti: esso può rilasciare, dopo attento esame del mezzo, un attestato di omologazione per tutti i modelli costruiti dalla Piaggio dal 1946 al 1976.

Il Registro opera attraverso una Commissione tecnica nazionale composta da un conservatore, Luigi Frisinghelli, un segretario, Roberto Leardi, e sei commissari esperti (Umberto D'Ambrosi, Carlo Ruggero, Giuseppe Stefanelli, Uldiano Acquafresca, Giorgio Notari, Luigi Bertaso).

Attualmente vengono rilasciati tre tipi diversi di omologazione. Se il veicolo è restaurato o conservato in modo perfetto e corrisponde in tutto e per tutto alle caratteristiche originali, la valutazione è "ottimo" e viene assegnata la targa d'oro di Prima categoria. Se il veicolo presenta alcune imperfezioni nel restauro, la valutazione è "buono", con l'assegnazione della targa d'argento di Seconda categoria. La Terza categoria, con targa di bronzo, è riservata ai veicoli con notevoli imperfezioni.

I difetti vengono annotati sul libretto di omologazione; ma provvedendo a sistemare opportunamente il mezzo, lo si può sottoporre di nuovo al giudizio della commissione, che – dopo un ulteriore esame – si riserva di accordare il passaggio di categoria. I veicoli omologati, fino al 2002, sono circa 550.

Nel 1994, in seno alla Fédération Internationale des Vespa Clubs, è nato il Registro Storico Internazionale, coordinato da Luigi Frisinghelli e operativo in Austria, Germania e, a breve, in Francia e Svizzera.

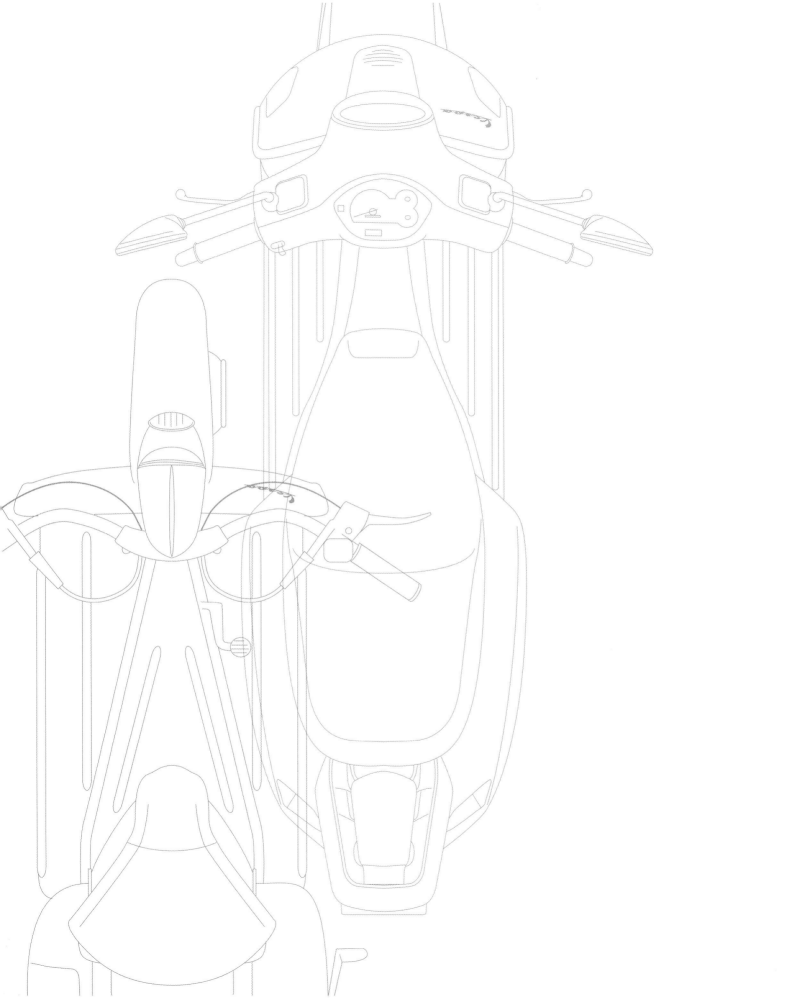

# VESPA CLUB NEL MONDO

**FÉDÉRATION INTERNATIONALE DES VESPA CLUBS**
pres.: Christa Solbach
sede: via Flaminia, 259
00196 Roma
tel./ fax (+39-06) 3201060
<fiv@rmnet.it>
presidenza: Lungotevere
Flaminio, 80
00196 Roma
tel. (+39-06) 323298

–

**VESPA CLUB AUSTRIA**
pres.: Andreas Strobach
Webgasse, 36/18
1060 Wien
tel. (+43-676) 5442651
fax (+49-89) 244381440
<vespaclubaustria@
hotmail.com>
<www.vespaclub.at>

**VESPA CLUB OF GREECE**
pres.: Kostas Kirou
Gamvetta 125
54644 Thessaloniki
tel./fax (+30-31) 0869097
<info@scootershop.gr>

**VESPA CLUB DE BELGIQUE**
pres.: Jacques Chantrain
Rue Kloth, 58
4720 La Calamine
tel. (+32-87) 657767

**VESPA CLUB ESPAÑA**
comm.: Manel
Malo López
pl. Les Termes, 16 Bjos.
08204 Sabadell (Bcn)
tel. (+34-93) 7110488/
0034-600.401875
fax (+34-93) 724.30.81
<vespaclubsabadell@
hotmail.com>

**VESPA CLUB VON DEUTSCHLAND**
pres.: Dieter Mertes
Birkenstrasse 18
66773 Schwalbach
tel. (+49-6834) 51312
fax (+49-6834) 567099
<mertes@vcvd.de>
<www.vcvd.de>

**VESPA CLUB D'ITALIA**
pres.: Roberto Leardi
via Davide Campari, 190
00155 Roma
tel./fax (+39-06) 2285646
<presidenza@vespaclub.it>
<www.vespaclub.it>

**VESPA CLUB OF BRITAIN**
pres.: Leslie Smith
The Hawthorns, Vicarage
Lane – Duffield
Derbyshire – DE56 4 EB
tel. (+44-1332) 830404 (uff.)
tel. (+44-1332) 842392
fax (+44-1332) 830202
<vcb2000@hotmail.com>
<www.motorcycle-uk.com/
VespaClubBritain.html>

**VESPA CLUB DE FRANCE**
pres.: Jean Léon Blanquart
2, Rue Bassano
21000 Dijon
tel. (+33-380) 369572
fax (+33-380) 369582
<president@vespaclub
france.com> <www.vespa
clubfrance.com>

**VESPA CLUB SAN MARINO**
pres.: Gino Giardi
Via Rio Cerbiano, 46
Murata A-8 – 47031
Repubblica San Marino
tel./fax (+39-549) 997650

**VESPA CLUB DANMARK**
pres.: Allan Houe
Silkeborgvej 582
DK-8220 Brabrand
tel. (+45-86) 253880
<fam_houe@
mail1.stofanet.dk>

**VESPA CLUB NEDERLAND**
pres.: Anton Somers
Wad 13
9843 DA Grijpskerk
tel. (+31-594) 212699
fax (+31-594) 213904
<ajsomers@wolmail.nl>
<www.castel.nl/vespavsn>

**VESPA CLUB SCHWEIZ**
pres.: Patrick Schneider
Schützenstrasse, 7
CH 8963 Kindhausen AG
tel/fax (+41-1) 7411693
<vespatrick@scooterist.ch>
<www.scooterist.ch>
<www.vespaclub.ch>

**VESPA CLUB PORTUGAL**
comm.: Vasco Alves Carvalho
Refontoura 4610
677 Felgueiras
cell. (+351) 964864222
fax (+351-255) 340389

**VESPA CLUB U.S.A.**
comm.: Rolf P. J. Soltau
1566 Capri Drive
Campbell CA 95008
tel. (+1-408) 379-1536
fax (+1-310) 604-3989

**VESPA CLUB OF CANADA**
pres.: Simone Gore
731-916 West Broadway
Vancouver, BC V5Z 1K7
tel. (+1-604) 255-6405
<info@vespaclubof
canada.com> <www.vespa
clubofcanada.com>

**FINNISH SCOOTER CLUB**
pres.: Heikki Tikkanen
P.O. Box 51 – 33101 Tampere
tel. (+358-8) 3111923
cell. (+358) 50-5751638
<tikkanen.heikki@
kolumbus.fi>

**VESPA CLUB SWEDEN**
pres.: Henrik Börjeson
P.O. Box 11216
SE 404 25 Göteborg
tel. (+46-46) 2118368
<president@scooter
klubben.com> <www.
scooterklubben.com>

**VESPA CLUB JAPAN**
pres.: Kouichi Yamanobe
Finess bld. 15-1
Nogikuno Matsudo City
Chiba 270-2243
tel. (+81-473) 733590
fax (+81-473) 733595
<vespacj@ch.mbn.or.jp>
<http://plaza17.mbn.or.jp>

**VESPA CLUB NORWAY**
pres.: Tom Arheim
Emanuelsvei 6
N-1366 Lysaker
tel. (+47) 67123287
fax (+47) 24125471
<tanked@online.no>

**VESPA CLUB PARAGUAY**
pres.: Osvaldo Huth
Candia
Avda. Eusebio Ayala, 3321
Asuncion 1203
tel. (595-21) 607-770
fax (595-21) 607-769
<comagro@comagro.
com.py>

**VESPA CLUB OF AUSTRALIA**
comm.: Nathan Donolato
2/55 Esplanade Park
Parade – Fairlight NSW
Australia 2094
tel./fax (+61-2) 93572794
<vespazari@hotmail.com>

**VESPA CLUB NEW ZEALAND**
comm.: Götz Neugebauer
17 Ruru Street
Mt. Eden Auckland
tel./fax (+64-9) 3772525
<scootemo@ihug.co.nz>
<www.scooterhouse.conz>

**VESPA CLUB D'ALGERIE**
pres.: Hamoud Benyoucef
Mosbah
Mont Fleury, 87
16015 Ruisseau Alger
tel. (+213-21) 672860
cell. 0044-7899886345
fax (+213-21) 233334

**VESPA CLUB VENEZUELA**
comm.: Fabio Serafini
Arcuri
Av. Castellana Chacao
61680 – Caracas 1060 - A
tel. (+58-2) 2634055
fax (+58-2) 2633654
<fabios@telcel.net.ve>

**VESPA CLUB LUXEMBOURG**
pres.: Marco Frattini
4/4 Route de Longwy
L-1940 Luxembourg
tel. (+352) 091385941
fax (+352) 453714

**VESPA CLUBE DO BRASIL**
comm.: Rolf P. Adam
Rudolf Steiner Str. 2
28816 – Brinkum
Stuhr – Germany
tel. (+49-421) 8099967
<vespaclubedobrasil@
gmx.net>

**VESPA CLUB ARGENTINA**
comm.: Salvador Mateo
Ruiz
Urquiza 2535 3 "A"
2000 Rosario (R.A.)
tel.-fax (+54-341) 4372582
<vespaclubargentina@
hotmail.com>

**VESPA CLUB OF SOUTH AFRICA**
comm.: Ben Vandenberg
P.O. Box 30172
Tokai Cape 7966
tel. (+27-21) 7122661
fax (+27-21) 7122896
<www.vespa.za.net>

**INDONESIA VESPA CLUB**
comm.: Arfan Joelianto
Jalan Pratista Utara III
No. 7 – Antapani
Bandung 14092, West Java
tel. (+62-22) 7207359
<fivindonesia@yahoo.com>

**VESPA CLUB SINGAPORE**
Piaggio Asia Pacific Pte Ltd
pres.: Royston Ho
19 Genting Road
Singapore 349478
tel. (+65) 5474466
fax (+65) 5474277
<piaggios@singnet.com.sg>

**VESPA CLUB OF TAIWAN**
pres.: Christopher Yang
no.7 Alley 216
Chiah Sing St, 110 – Taipei
tel. (+886-2) 27367265
fax (+886-2) 27364249
<nuart@ms7.hinet.net>

# INDICAZIONI BIBLIOGRAFICHE

L'Archivio Storico aziendale intitolato a Antonella Bechi Piaggio ha costituito la principale fonte documentaria utilizzata per la stesura e l'allestimento del volume.

Inoltre, fra le pubblicazioni edite dall'azienda:

"Piaggio – Rivista della produzione e organizzazione Piaggio", periodico 1949-80

"Piaggiornale – Periodico di informazione aziendale edito da Piaggio S.p.A.", bimestrale 1993-95, mensile 1996-

"Vespa Servizio – Notiziario dei Venditori della Vespa", periodico bimestrale 1955-1965

Aa. Vv., *Il mito di Vespa*, Pontedera 1995

Boldrini Maurizio, Calabrese Omar, *Il libro della comunicazione*, Pontedera 1995

Calabrese Omar, Livolsi Marino, *Il libro dell'Ape*, Pontedera 1998

Fanfani Tommaso, *Una leggenda verso il futuro. La storia della Piaggio,* Piaggio & C. S.p.A. – Fondazione Piaggio, Pisa (1994) II ed. 2001

*Piaggio & C. – 75 anni di attività*, Genova 1960

Oltre a questi, si segnalano:

Bassi Alberto, Mulazzani Marco, *Le macchine volanti di Corradino D'Ascanio*, dicembre 1999 – gennaio 2000 Spazio Giorgetti di Milano, Electa – Giorgetti Spa, Milano 1999

Bettinelli Giorgio, *Brum Brum – 254.000 chilometri in Vespa*, Feltrinelli, Milano 2002

idem, *In Vespa – da Roma a Saigon*, Feltrinelli, Milano 1997-2000

Biancalana Stefano, *La Piaggio nel primo decennio successivo alla fine della seconda guerra mondiale. Nascita e affermazione della Vespa*, Tesi di Laurea discussa con il prof. Tommaso Fanfani, Università degli Studi di Pisa, a.a. 1993-94

Biancalana Stefano, Marchianò Michele, *La Vespa… e tutti i suoi vespini*, Giorgio Nada Editore, Vimodrone, n.e. 1999

Crainz Guido, *L'Italia repubblicana*, Giunti Gruppo Editoriale – Castermann 2000, Firenze

*Dossier Vespa* in "Motociclismo d'epoca", n. 2 anno II 1996

*Due ruote di libertà – Cicli e motocicli. Storia, tecnica e passione*, 14 settembre – 16 ottobre 1999 Palazzo dell'Arte, Milano, Electa, Milano 1999

Filippetti Gilberto, "Fuori disselciano" in *Il mito di Vespa* op. cit.

Ginsborg Paul, *Storia d'Italia dal dopoguerra a oggi*, Einaudi, Torino 1989

Lanza Marco, Marcelli Stefano (a cura di), *Quelli della Vespa – Immagini e memorie del movimento operaio di Pontedera*, Pontedera 1996

Leardi Roberto, *Cinquant'anni di Vespa Club d'Italia 1949-1999*, CLD, Fornacette 1999

Leardi Roberto, Frisinghelli Luigi, Notari Giorgio, *Vespa tecnica 1 – 1946-55*, CLD, Pontedera 1998

idem, *Vespa tecnica 2 – 1956-64*, CLD, Fornacette 1999

idem, *Vespa tecnica 3 – 1965-76*, CLD, Fornacette 2000

idem, *Vespa tecnica 4 – Record and Special Production*, CLD, Fornacette 2001

idem, *Vespa tecnica 5 – 1997-2002*, CLD, Fornacette 2002

Leardi Roberto, *Scooters italiani degli anni '40/'60*, Polo Books, Roma 1998

idem, *Vespa – Storia di una leggenda*, Polo Books, Roma 1999

Mondini Alberto, *Un'elica e due ruote: la libertà di muoversi – Vita di Corradino D'Ascanio*, Nistri-Lischi, Pisa 1995

"Motor Collection. Motori da collezione", n. 2 anno VII 1977

Passetti Lanciotto, *Tratti di vita – dieci anni di antifascismo e trenta di lotte operaie alla Piaggio*, Bandecchi e Vivadi, Pontedera 2001

Rawlings Terry, *Mod, a Very British Phenomenon*, Omnibus Press, London 2000

Rossi Ezio, Trini Castelli Auro, *Vespa da mito a culto* in "Ottagono" n. 149 aprile 2002

Sparrow Andrea & David, *Motor Scooters Colour Family Album*, Veloce Publishing Plc, Dorchester 1998

idem, *Vespa Colour Family Album*, Veloce Publishing Plc, Dorchester 1995-99

Tartaglia Daniela, *La Piaggio di Pontedera 1944/78*, La Nuova Italia, Firenze 1981

Tessera Vittorio, *Innocenti Lambretta*, Giorgio Nada Editore, Vimodrone 1999

idem, *Scooters made in Italy*, Giorgio Nada Editore, Vimodrone 1993

Walker Alastair, *Scooterama – Café Chic & Urban Cool*, Carlton Books Ltd, London 1999

In particolare, per la evoluzione stilistica e progettuale della Vespa in quanto prodotto industriale:

Aa. Vv., *Storia del disegno industriale*, Electa, Milano 1991

Bürdek Berhard E., *Design, teoria e prassi del disegno industriale*, Mondadori, Milano 1992

CENTROKAPPA, *Il design italiano degli anni 50*, RDE, Milano 1977

Frateili Enzo, *Il disegno industriale italiano 1928/1981*, Celid, Torino 1982

Sampietro Silvio, Scevola Annamaria, *Prodotto industriale italiano contemporaneo*, Edizioni Archivolto, Milano 1999

Segoni Roberto, *Corradino D'Ascanio: nel segno dell'invenzione* in "Rassegna", anno VI 18/2, giugno 1984

Il periodico "Motociclismo", pubblicato da Edisport Editoriale Spa, Milano, è stato una fonte preziosa per i dati sull'andamento del mercato e, in particolare, per le prove su strada dei diversi modelli della Vespa dal 1946 a oggi.

# INDICE DEI NOMI

# REFERENZE FOTOGRAFICHE

Archivio "Motociclismo": 254
Archivio Storico Fiat, Torino (cortesia): 13 a, 258 bs
Archivio Storico Olivetti, Ivrea: 12
Archivio Storico Piaggio "Antonella Bechi Piaggio", Pontedera: 16-17*, 18 as, 18 ad, 18 c, 18 bs, 20, 21, 22, 23, 24 ad, 24 bs, 24 bd, 25, 26, 27, 30 bs**, 30 bd**, 31 as, 31 ad, 31 c, 32 as, 33 bd, 34 bd, 36, 37 ad, 37 c, 37 b, 38, 39 bc, 39 bd, 40-41, 41, 42 ad, 50 bs, 50 bd, 56 ac, 56 ad, 56 cd, 58 bs, 59 a, 59 bs, 60 as, 60ad, 61, 62, 63 bs, 63 bd, 64, 65, 66, 67, 68, 69, 70, 71 a, 71 bd, 72 as, 72 ad, 73 a, 73 bs, 75 as, 75 ad, 76 as, 76 ad, 76 bs, 77 a, 78 as, 78 ac, 78 ad, 78 bs, 79, 80 bs, 80 bc, 84 bs, 84 bc, 84 bd, 85, 86**, 87, 88 as, 89 a, 89 bs**, 89 bd**, 90, 91, 92 as, 92 b, 94 bs, 94 bd, 100 bs, 106 bs, 106 bd, 112as, 112 cs, 112 cd, 112 bs, 112 bc, 112 bd, 114, 115 as, 115 b, 116 as, 116 ac, 116 b, 118, 119, 120, 121, 122, 123, 124 bs, 124 bd, 125, 126 a, 126 c, 127 ad, 127 b, 128, 129 bs, 130, 131 a, 132, 133 as, 133 b, 134 as, 134 ad, 135 a, 135 c, 138, 140, 141 a, 142, 143 cs, 146, 147, 148, 150 bs, 150 bd, 156 bs, 156 bd, 162 bs, 168 as, 168 bs*, 168 bd*, 171, 172, 173 b, 174, 175 b, 176, 177 as, 178, 179a, 179 bs, 179 bd*, 180 b, 181 bd, 183 ad, 183 bs, 183 bc, 184 bs*, 185 bs*, 185 bd*, 186*, 187 a, 188 as, 188 b*, 189 a, 189 b*, 190 b*, 192 a, 192 c*, 192 bd*, 193*, 194 a, 195 a, 196, 197 a, 197 b*, 198 ad*, 198 b*, 204 bs, 204 bd*, 205 as*, 205 ad*, 206 a, 206 bs*, 206 bd*, 208 bs, 208 bd, 214 bs, 214 bd, 220 bs, 220 bd, 226 ad, 226 cs*, 226 bc, 228 s*, 229*, 230 a, 232, 233 a*, 233 bs*, 233 bd, 235 b, 238, 239 c*, 239 bs, 239 bd, 240 a, 240 b, 241, 242b*, 243 a, 243 b*, 244 a, 244 c, 245, 246, 247 bd, 248 b, 249 b, 251 a, 255, 256, 258 bd, 264 bs, 264 bd*, 270 ac, 270 ad (Italo Lupi, foto Leo Torri), 272 bs (Ken Cato), 273 bd (Alan Fletcher), 277 a (Milton Glaser), 277 b, 284 a, 285 bd (Shigeo Fukuda), 287 a, 292 (Javier Mariscal), 296 bc, 297 a, 297 bs, 298 as, 300 bs (Pierluigi Cerri)

* *foto* Tam Fagiuoli          ** Astrazioni Fotografia

AReA Strategic Design, Roma, (foto M. Fadda): 293 a
ArteStudio di Stefano Niccolai, Pontedera: 133 ad
Bernini Giuseppe – CREC Piaggio, Pontedera (cortesia): 239 a
Bettinelli Giorgio (cortesia): 226 cd, 236, 237
Corbis / Grazia Neri, Milano: 10, 13 b, 28 bd, 29 b, 44 bs, 44 bd, 134 bs, 137 as, 139 d, 143 bd, 170, 180 a, 183 as, 183 bd, 201, 203, 205 b, 226 ad, 226 bd, 240 c, 247 bs, 248 a, 279 b, 287 b, 300 bd
Corbis / De Bellis, Milano: 226 bs, 249 a, 270 bs, 286 a
© Disney / foto G. Slocombe / cortesia Buena Vista International Italia: 144 bd
Doveri Carlo (cortesia): 131 bs
Electa, Milano, dal volume *Due ruote di libertà, cicli e motocicli, storia tecnica e passione*: 30 a
Farabola Foto, Milano: 198 as
Fedele / Gioffré, Archivio Storico in Cavallaro (RC): 56 as
Filippetti Gilberto, Firenze (cortesia): 187 b, 190 a, 273 a
Flos, Bovezzo (BS) (cortesia): 14
Fondazione Corriere della Sera – si ringrazia per l'utilizzo della tavola di Achille Beltrame tratta dall'Archivio Storico del Corriere della Sera: 35 a
Getty Images / Laura Ronchi, Milano: 280, 281, 282, 283
Granata Press Service, Milano: 286 b
Hulton Archive / Laura Ronchi, Milano: 28 ad, 29 as, 29 ad, 42 c, 135 b, 136 b, 168 ad, 168 c, 184 bd, 199, 228 d, 247 a
IBM (per gentile concessione): 276
Keystone / Grazia Neri, Milano: 175 a
"L'Espresso", Roma (cortesia): 204 bc
Magnum / Contrasto, Milano: 226 as, 230 b

Marka, Roma: 270 bd
Masini Lara-Vinca, Firenze: 191 b
"Max" – Rcs, Milano (cortesia): 244 b
Milagro-Dpp: 234
Mondadori, Milano (cortesia): 177 b
Notari Giorgio: 100 bd
Olycom, Milano: Publifoto: 32 ad, 40 as, 56 bs, 56 bd, 58 c, 59 bd, 63 a, 71 bs, 72 b, 74, 75 b, 76 bd, 77 b, 78 bd, 84 c, 115 ad, 117 a, 117 b, 127 as, 129 bd, 134 bd, 173 a, 194 b, 195 bs, 195 bd
Petronio Giovanni: 11, 46 cs, 46 cd, 47 a, 47 cs, 47 cd, 52 cs, 52 cd, 53 a, 53 cs, 53 cd, 96 cs, 96 cd, 97 a, 97 cs, 97 cd, 102 a, 102 cs, 102 cd, 103 cs, 103 cd, 108 cs, 108 cd, 109 a, 109 cs, 109 cd, 152 cs, 152 cd, 153 a, 153 cs, 153 cd, 158 cs, 158 cd, 159 a, 159 cs, 159 cd, 164 cs, 164 cd, 165 a, 165 cs, 165 cd, 210 cs, 210 cd, 211 a, 211 cs, 211 cd, 216 a, 216 cs, 216 cd, 217 cs, 217 cd, 222 cs, 222 cd, 223 a, 223 cs, 223 cd, 260 cs, 260 cd, 261 a, 261 cs, 261 cd, 266 cs, 266 cd, 267 a, 267 cs, 267 cd, 300 a, 304 cs, 304 cd, 305 a, 305 cs, 305 cd, 310 cs, 310 cd, 311 cs, 311 cd
Photomovie, Milano: 185 a, 231
Piaggio & C.: 270 c, 274, 275, 278, 279 a, 288, 289, 290, 291, 293 bs, 294, 295, 298 d, 299, 302 bs, 302 bd, 308 bs, 308 bd, 314-315
Pictorial Press, London: 144 bs
Reporters Associati, Roma: 112 ad, 139 cs, 141 b, 177 ad
Roncaglia & Wijkander, Roma (foto Zelal – Marco Biondi): 298 as
Samugheo Chiara: 126 bs, 126 bd
Santoro / "Elle" (cortesia): 129 a
"Scootering Magazine", Weston-super-Mare, Somerset (UK): 181 ad
St. Pauls International, Milano (cortesia): 188 ad
Studio Lanza: 2, 5, 6-7, 8, 10-11, 12-13, 15, 19, 31 b, 33 a, 39 a, 43, 44 a, 45, 46 b, 48, 49, 50 a, 51, 52 bs, 52 bd, 53 bs, 53 bd, 54, 55, 57, 60 b, 73 bd, 88 b, 93, 94 a, 95, 96 a, 96 bs, 96 bd, 97 b, 98, 99, 100 a, 101, 102 b, 103 a, 103 b, 104, 105, 106 a, 107, 109 b, 110, 111, 113, 116 ad, 131 bd (cortesia C. Doveri), 144 a, 145 d, 149, 150 a, 151, 152 b, 153 bs, 153 bd, 154, 155, 156 a, 157, 158 b, 159 bs, 159 bd, 160, 161, 162 a, 163, 164 b, 165 b, 166, 167, 169, 207, 208 a, 209, 210 b, 211 bs, 211 bd, 212, 213, 214 a, 215, 216 bs, 216 bd, 217 a, 218, 219, 220 a, 221, 222 b, 223 b, 224, 225, 227, 235 a, 235 c, 250, 251 b, 252, 253, 257, 258 a, 259, 260 b, 261 bs, 261 bd, 262, 263, 264 a, 265, 266 b, 267 bs, 267 bd, 268, 269, 270 as, 271, 272 bd, 273 bc, 293 bd, 296 bs, 297 bd, 301, 302 a, 303, 304 bs, 304 bd, 305 b, 306, 307, 308 a, 309, 310 a, 310 b, 311 a, 311 bs, 311 bd, 312, 313, 316, 336
Su concessione del Ministero per i Beni Culturali e Ambientali – Archivio di Stato di Pescara: 18 bd, 24 as, 33 bs, 33 bc, 34 bs, 35 b, 37 as, 88 ad (divieto di riproduzione)
TBWA / Italia per Absolut Vodka (cortesia): 285 a, 285 bs
Telepress, Roma: 139 a, 143 a
Tessera Vittorio, Museo Scooter & Lambretta, via Mazzini 4, Rodano, Milano (cortesia): 80 bd, 81 b, 82 as, 82-83, 83 a
The Audrey Hepburn Foundation: 145 s
"Time Out", London: 137 b
Veloce Publishing Ltd. © David Sparrow (cortesia): 182 c, 182 b
Vespa Club of Japan (cortesia): 284 b
Viking Press (cortesia): 92 ad